楽しい体育理論の授業をつくろう

佐藤豊・友添秀則 編著
Yutaka Sato　Hidenori Tomozoe

大修館書店

はじめに

　新しい学習指導要領では、中学校の各学年で3単位時間以上、高等学校の各学年で6単位時間以上（1単位時間は50分）が必修になります。

　それを聞いて、体育の授業なのに教室で座学を行うのは、生徒の欲求に合わないといった感想をお持ちの先生もいるのではないかと思いますが、本当にそうでしょうか。先生自身が敬遠されているということはないでしょうか。「保健体育の学習は息抜きの時間なのか」と尋ねられたら、保健体育の教員は当然ながら「学習するための時間である」と答えるでしょう。しかし、私たち教師は、本当に体育の意義や価値を伝える内容を提供できていたでしょうか。

　体育での生徒の感想の第一に「楽しかった」というものが返ってきます。その楽しさの背景には「好きな種目を自由にできたから」「座学ではなく体を動かすことができたから」といった理由が多いかもしれません。これらの感想を改めて考えてみますと、体育の授業に対する感想と言えるのでしょうか。仮に毎日放課後1時間体を動かす時間を設けて、安全管理を民間団体に委託したとしたら、あるいは地域のスポーツクラブで生徒が自由に週2回の体験を体育の授業の代替として行うとしたら、それ以上の感想が返ってくることがあるかもしれません。

　子どもたちは、おいしい食べ物が大好きです。ケーキやカレーライス、ハンバーガー、さらにはアイスクリーム、オムライス、ラーメンなどなど。一方、健康の保持という視点でみれば、親は、ビタミン、ミネラルなどを含む5大栄養素をバランスよく食べることを子どもたちに求めるでしょう。にんじん、ブロッコリー、ほうれん草、海草類、お味噌汁など、好き嫌いの激しい子どもたちは食べたがらない傾向があります。お父さんお母さんは、にんじんをすりつぶしたり、味付けを変えたり様々な料理のテクニックを使ってわが子の口に多くの種類の食べ物が入るように工夫しています。

　これは、なぜでしょうか。親はバランスのよい食事が健康で長生きにつながるということを知っているからです。そしてわが子を愛しているからです。

　子どもたちも、成長とともに、親のそうした思いを理解します。また自らも自立的に健康管理のためのバランスのよい食生活を営むことに向かいます。

この例えが的を射ているかはわかりませんが、体育の学習において体育理論は、生涯にわたる豊かなスポーツライフを継続するために欠かせない食材なのです。なぜ体を動かす必要があるのか、けがをせず適切で合理的な体力の高め方はどうしたらよいのか。また、なぜスポーツをする必要があるのか、人生を生きる上でスポーツがどのような価値をもつのかなど、自ら行おうとする意志は確かな知識があってこそ生まれてくるのではないかと思うのです。

　その最低ラインが、各学年、中学校3時間、高等学校6時間の体育理論に込められた意味ではないでしょうか。

　本書は、「体育理論」という料理の苦手な方や初めて料理を作る方に向けたレシピと呼べるかもしれません。第1章では共同編者であり、今回の学習指導要領解説体育理論の中心的役割を果たされた友添秀則先生による「料理人としての心構え」を記しています。第2章では「料理のポイント」を、第3章では「食材を理解するために」、第4章では「子どもにあった料理を作るために」、第5章では「食べた子どもの身になったかを確認（評価）するために」、そして第6章では「全国の優れた料理人による実践例」を記しています。本書を読んでいただければ、自分も「体育理論」という料理をつくってみようと思っていただけると思います。

　なお、本書では、できる限り専門的な用語を使用せず、初めて手にとった方でも理解をしていただけるよう、編集に心がけました。

　体育は、一部のスポーツ好きの生徒が学ぶものではなく、全国のすべての生徒にとって、身近で学びたいと思う学習であることが、高等学校第3学年まで必修で行うための必須条件だと思います。本書が新たな体育学習の可能性の扉を拓く礎になることを願っています。

　最後になりましたが、本書の刊行に向けて授業を実践いただき、執筆にご尽力いただいた先生方に感謝の気持ちを記しておきます。特に、大越正大先生、西塚専助先生、杉山正明先生には、実践事例のとりまとめに多大なるお力添えをいただき、心からの感謝の念を表明するとともに、本書の編集を担当いただいた大修館書店の松井貴之さんに、記してお礼を申し上げたいと思います。

編者を代表して　　佐藤　豊
2011年8月

| 楽しい体育理論の授業をつくろう　目次 |

はじめに………iii

第1章　体育理論はなぜ必要か………1

(1)―― なぜ体育で理論を重視するのか……… 1
(2)―― なぜうまくならないのか、なぜうまくかかわれないのか……… 4
(3)―― 体育で理論を教えてきたのか……… 5
(4)―― 問われる体育的学力……… 7
(5)―― スポーツの消費者とスポーツの創造者……… 9
★教育コラム01　PISAと体育的学力………11

第2章　体育理論のポイントを考える………13

(1)―― 体育学習で扱う「知識」とはなにか………13
(2)―― 体育理論はどのように変わったのか………16
★教育コラム02　改訂4-4-4のまとまりと知識の位置づけ………21

第3章 体育理論を理解するために………23

(1)──── 本章の使い方………23

(2)──── 中学校へのアプローチ………26
　　　　①中学校・第1単元──26
　　　　②中学校・第2単元──38
　　　　③中学校・第3単元──50

単元に役立つワンポイント
中学校・第1単元：どこまでをスポーツというの？………62
中学校・第2単元：スポーツは社会性の形成に役立つの？………63
中学校・第3単元：「なでしこ」の精神、「謝謝」で心を結ぶ………64

(3)──── 高等学校へのアプローチ………66
　　　　①高等学校・第1単元──66
　　　　②高等学校・第2単元──82
　　　　③高等学校・第3単元──98

単元に役立つワンポイント
高等学校・第1単元：現代スポーツの特徴ってなに？………114
高等学校・第2単元：松井の5連続敬遠の経験を通して考える作戦と戦略
　　　　　　　　………115
高等学校・第3単元：「時間がない」のナゾ？
　　　　　　　　運動・スポーツができない理由………116

★教育コラム03 ドイツ、イギリス、アメリカにみる体育理論
　　　　　　　　─国による異なる位置づけ─………117

第4章 体育理論の授業をつくろう………121

(1)──── 図式で考える単元計画づくり………121
　　　　①図式で単元計画を考えるメリット──121

　　　　　②単元の構造図の意味──125
　　　　　③単元の構造図の作成──127
　　　　　　　　ア．Ａゾーンの作成／イ．Ｂゾーンの作成／
　　　　　　　　ウ．Ｃゾーンの作成

(2)─── 意欲を高める授業づくり………141
　　　　　①発問を使いこなす──141
　　　　　　　　ア．発問レベルの考え方／イ．発問レベルと学習活動の連動
　　　　　②集団の変化をとらえて授業を組み立てる──147
　　　　　　　　ア．初めての段階／イ．やや進んだ段階／ウ．進んだ段階
　　　　　③その他の工夫──149
　　　　　　　　ア．教師の手立てのマイナス面を意識する／
　　　　　　　　イ．追い込みのテクニック

第5章　体育理論の学習評価………151

(1)─── 学習評価の考え方・進め方………151
　　　　　①新しい学習評価の考え方──151
　　　　　②知識に関する領域の評価規準の設定──153
　　　　　③評価方法の検討──155
　　　　　　　　ア．評価規準の作成手順／イ．評価方法の検討
(2)─── テスト問題の考え方と作り方………159
　　　　　①「知識・理解」を問う問題作成のポイント──160
　　　　　　　　ア．本書での作成例とその解説／イ．問題作成の基本パターン
　　　　　②「思考・判断」を問う問題作成のポイント──164
　　　　　③評価規準の設定と観点別学習状況の総括の仕方──164
　　　　　　　　ア．各観点の評価の仕方／イ．観点別学習状況の総括の例
★資料　　授業づくりに役立つURL………172

第6章 楽しい授業にチャレンジ………173

- (1) 授業案に入る前に………173
- (2) 中学校の授業にチャレンジしよう………176
  - ①中学校1年＜運動やスポーツの多様性＞——176
  - ②中学校2年＜運動やスポーツの意義や効果＞——188
  - ③中学校3年＜文化としてのスポーツの意義＞——200
- (3) 高等学校の授業にチャレンジしよう………212
  - ①高等学校1年＜スポーツの歴史・文化的特性や現代のスポーツの特徴＞——212
  - ②高等学校2年＜運動やスポーツの効果的な学習の仕方＞——230
  - ③高等学校3年＜豊かなスポーツライフの設計の仕方＞——248
- (4) 体育理論を深めよう　—スポーツ科学への誘い—………266
- ★資料　体育理論の知識の発展と系統性のイメージ図——270
- (5) スポーツ関連職業と資格のあれこれ………272
  - ①スポーツにかかわる職業の全体図——272
  - ②スポーツに関連した主な職業と資格——274

資料編 体育・スポーツにかかわる法規・憲章………279

①中学校学習指導要領　279　②高等学校学習指導要領　280　③スポーツ振興法　281　④ユネスコ 体育およびスポーツに関する国際憲章　282　⑤新ヨーロッパ・スポーツ憲章　282　⑥オリンピック憲章　283　⑦スポーツ振興基本計画　284　⑧世界ドーピング防止規程　285　⑨アテネ宣言　286　⑩スポーツ立国戦略　287　⑪スポーツ基本法　288　⑫スポーツ基本計画　293

第1章　体育理論はなぜ必要か

＊体育の授業として理論を学ぶ理由を知る
＊新学習指導要領で求められる体育的学力を理解する
＊保健体育科教師こそがスポーツの創造者であることを理解する

(1) なぜ体育で理論を重視するのか

　学習指導要領が改訂されて、体育理論の時間数が決められ、教室で行うことになりました。私たち教師の立場からいえば、今まで通り、体育館やグラウンドで実技の授業の中で行えばそれですむのに、教室でしっかりと決まった時間数を取って理論を教えなければならないというのは、正直なところ、負担が増えてしまうと考える人もいるのではないでしょうか。
　しかし、運動やスポーツが社会にとって一層、重要になる21世紀を生きる子どもたちにとっては、これまでの中学校の「体育に関する知識」や高校の「体育理論」で扱ってきた学習内容や授業のやり方では、限界があるということなのです。
　まず、学習指導要領の改訂をめぐって、少し大きな視点から考えてみたいと思います。世界の先進諸国では1990年代に入ってから、進展する情報化社会や激しくなる国際競争の中で、変化する社会に対応して継続的に教育改革を行いました。そこでは何よりも、国際的な競争に勝ち抜く力を備えた次の世代の若い人たちを、いかにうまく養成するかが求められました。具体的な教育という現場でも、教育の成果の保障、言い換えれば、教育のアカウンタビリティーが求められました。つまり、教育の結果として子どもたちにいったい何が保障され、どういった学力が形成されたのかが問われたのです。
　先進諸国では教育改革にやや遅れて、学校体育の改革も積極的に行われました。そこでは、体育の学習での意味のある経験、つまり楽しさの保障をしっかり行うことに加えて、子どもの運動やスポーツの技能の習熟が一層求められるようになりました。具体的には、レジャーの準備教育としての体育の側面を残しつつも、劣化する子どもの身体の問題や運動能力の低下を前にし

て、体つくりや体力の形成、技術の獲得を体育の学習の成果として保障しようとする、いわゆる体育のアカウンタビリティー（教育責任）を果たすことができる体育への転換が図られました。そして、体育で教えるべき学習内容^{注1}と体育で保障すべき体育的学力^{注2}を明確にして、子どもに一定の技術の獲得や体つくりの方法が日常生活において活用されることがめざされました。もちろん、技術の獲得や体つくりの方法の日常生活への活用は、運動技術の構造の理解や運動の行い方についての知識、また身体づくりの方法の理解とそれについての知識等の学習内容が体育的学力として子どもたちにしっかりと身に付いていることが前提になります。

　このような先進諸国の教育改革や体育改革の影響を受けて、日本の教育改革や体育の改革も行われてきました。具体的には、平成19年9月に出された中央教育審議会の「審議の概要」では、これからの社会では様々な知識が重要な役割を担うとする「知識基盤社会」の時代にあって、基礎的な知識・技能の習得とこれらを活用する思考力、判断力、表現力等をこれまでにも増して一層伸ばしていくことが提言されました。さらに確かな学力を子どもたちに身に付けさせるとともに、学習の成果としての学力の保障が何よりも重視されました。

　このことを受けて体育でも、体育的学力をしっかり身に付けさせるために、学習指導要領では、①技能、②態度、③知識、思考・判断の3つの枠組みに沿って、学習内容が子どもたちの発達の段階に応じて明確に示されました。そして、このような学習内容をしっかり身に付けるベースとして「わかること（知識）」が重視されました。ここでいう知識は、言葉や文章など明確な形で表わすことができるものだけではなく、勘や直感、経験に基づいた知恵などの暗黙知を含むものです。これらは、意欲や思考力、運動の技能の源となるものです。これからの体育は、身体活動を通して知識の重要性を認識するとともに、実技と知識の相互の関連を踏まえた授業が展開されていくことが求められます。そして、これらの知識の核になるのは、各運動領域に共通する内容に精選された科学的知識、つまり体育理論であり、これが体育の学習に際して、これまで以上に重視されることになりました。

　いま求められている体育は、運動やスポーツをすることで適度に汗をかいて楽しいだけで終わったり、運動やスポーツの技術が断片的にできるだけではダメだということなのです。知識基盤社会という今の時代を的確にとら

え、そして 21 世紀に生きる子どもたちの長い生涯を見渡す時、彼ら彼女らが健康で生きがいをもって生涯を生き抜いていくには、運動やスポーツが一層重要になってきます。だからこそ、運動やスポーツを知的なレベルでとらえ、できることと同時に、運動やスポーツの仕方、あるいは運動やスポーツの原理や法則、そしてそれらの社会的な意味や文化的意義をわからせること、こういったことが重視される体育授業が求められるのです。もうお分かりだと思いますが、このような体育を実現していくには、何よりも体育理論が重視されなければならないということなのです (図 1-1 参照)。

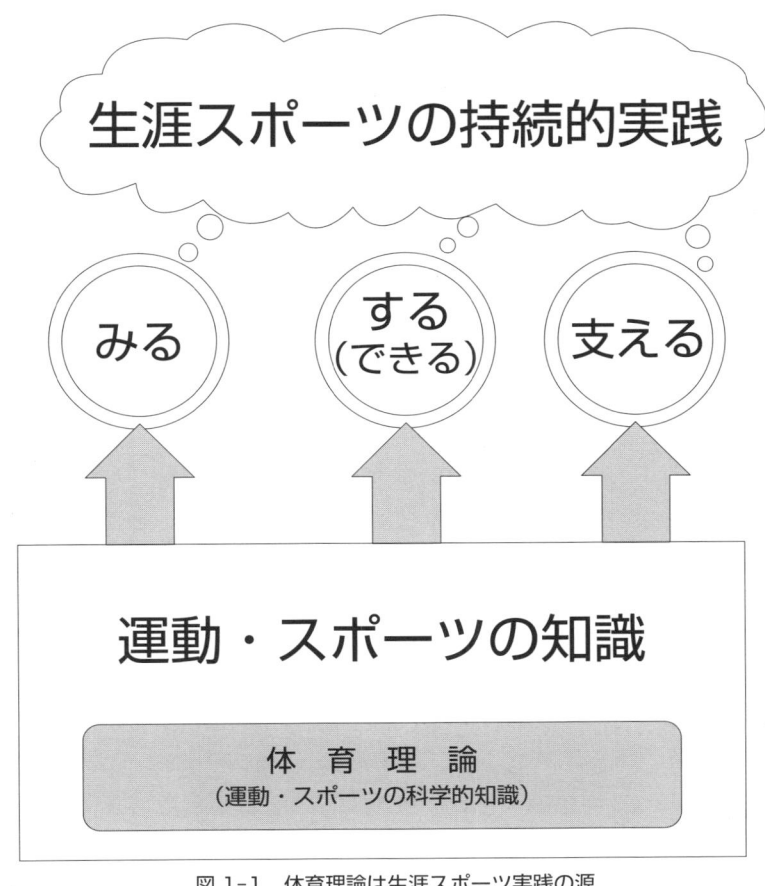

図 1-1　体育理論は生涯スポーツ実践の源

(2) なぜうまくならないのか、なぜうまくかかわれないのか

　少し抽象的な話になりましたので、ここからは少し具体的な例を挙げて話を進めていきたいと思います。
　先日見学した小学校の体育の授業（バスケットボール）でのことです。"普段着"の授業を見させていただこうと思い、通常の授業を参観させていただきました。先生は熱血先生で、熱い指導の下、ゲームを多く重ねれば子どもは誰もがうまくなるし、仲よくなると私によく話して下さっていました。
　チームごとのシュート練習が終わって、今から始めるゲームの作戦を考える課題になりました。シュート練習はあまりうまくこなしているとは思えませんでしたが、作戦タイムになって、熱心に子どもたちが話し合っています。私は、彼ら彼女らがどんな作戦を考えようとしているのかを聞いてみたいと思って、あるチームにそっと近づきました。「今日、塾あるの？」「今日帰ったら遊べる？」「今日さ、テレビに○○が出るんだって」……。○○は今、人気のタレントです。私を部外者だと思ってか、これが普段通りの授業なのでしょう。さすがに、先生が来たら、作戦らしきものの話に切り替わりましたが。
　先生の意図した作戦の学習課題が子どもたちに具体的に理解されていないのか、話し合うべき作戦の意味が子どもたちに課題として落ちていない（理解されていない）のでしょう。先生の課題提示の教授技術のまずさを問題として挙げるよりも、先生自身が運動学習を知的な認識学習として位置づけるそのことの意味を理解せず、流行りの球技の「戦術学習」を表層的に理解したつもりになっていることに大きな問題があると感じた授業でした。
　子どもたちはできなければ楽しくありません。もちろん、先生はできることを保障する義務を負っています。できないと仲間や集団への帰属感も確かに薄くなります。しかし、ある運動ができたとしても、それは偶然かもしれません。スポーツ運動学の研究者、マイネル（Kurt Meinel）が言うように、9歳から12歳頃のゴールデンエイジの時期は、パフォーマンスを見ただけでできるようになる「即座の学習」が可能です。運動やスポーツで、ある技術が単にできたところで、それは偶然かもわかりません。「できること」を対象化し、「わかる」こと、つまり運動の学習を知的な認識の対象として理解

できなければ、技術の言語化はできませんし、仲間との技術の共有は難しくなります。

　体育では、技術を媒介として仲間づくりが行われていきますから、運動やスポーツの技術を認識の対象とすることで初めて学習集団が構成されるようになります。また、運動を知的に理解させていかなければ、学び方や運動の法則は理解できませんし、同じ系統の他の種目への技能の転移は困難になってきます。さらに、技術を分析したり、評価したりして楽しむ、つまり、運動やスポーツを「見て楽しむ能力」も保障できません。先生は生涯スポーツの意義を一生懸命教えようとしても、子どもたちは何か新しいスポーツをやってみたいという意欲もわかなくなってしまいます。

　加えて、体育授業の中で、運動やスポーツの学習集団がどのように作られ、発展していくのかを子どもたちに知的にわからせること、言い換えれば、運動集団やスポーツ集団がどのように作られていくべきかという知識をしっかり理解させ、確実に身に付けさせることも大切な学習になってきます。

　一般に体育の「運動技術」は、子どもたちの身体的成長や成熟で、教えなくとも、また理解できなくても、ある程度できるようになります。一方、数学の「三平方の定理」を成長とともに子どもが自然に思いつくことはまずあり得ません。厳しい言い方になりますが、先の先生の授業は、一見、元気よく盛り上がっているようにみえても、子どもたちの技術が決してうまいとは言い難く、また子どもたちの元気がよい割には、かかわりが少ないように感じられました。先生は子どもたちにとても好かれていますし、子どもとの相互作用は申し分ないですので、授業評価をとると結構よい評価を得てしまいます。しかし実際のところ、子どもたちはあまり学んではいないのです。

(3) 体育で理論を教えてきたのか

　毎日、大学で学生に接していると、体育で一体何を学んできたのだろうと疑問に思うことがあります。体育・スポーツ系の学部に勤め、体育・スポーツにかかわる専門的、科学的研究成果を教えているからこそ、そう感じるだけなのでしょうか。

　そこで、高校の保健体育の教科書（体育編）から任意にピックアップしたキーワードを学生が知っているかを尋ねてみました。調査対象は、都内の2

つの大学の体育・スポーツ系学部・学科に在籍する1、2年生（総数197名）です。5月初めの調査で、1年生はもちろん、2年生でも教養科目が中心ですから、本格的に体育・スポーツの勉強を始める前だと考えてよいでしょう。

図1-2の結果をみて、読者の皆さんはどのように思われるでしょうか。〈スポーツ振興基本計画〉を「知っている」と答えた人は15％、〈レジャー社会〉は18％、〈練習曲線〉は21％、〈クローズドスキル〉もわずか15％です。他方で、〈クールダウン〉や〈ストレッチング〉〈メンタルトレーニング〉は90％以上の学生が知っていると答えています。これらの用語は、体育で学ばなくとも、テレビや雑誌、インターネットを通して頻繁に目にする言葉です。

ここに挙げた用語は、高校までの体育で学んでおくべき重要な学習内容です。体育・スポーツの学部・学科に入学している学生ですらこのレベルですから、一般の大学生や若い人たちがいかに体育・スポーツにかかわる知識を学んでこなかったかは容易に推測できるのではないでしょうか。正直なところ私は、このデータをみて愕然としました。一体、高校までの体育で彼ら彼女らは何を学んできたのだろうかと考え込んでしまいました。しかし、調査後、多くの学生たちから「中・高校の体育の授業は実技ばかりで、体育の意義やスポーツ文化を相対化する、体育・スポーツにかかわるこういった基本的な知識や理論を教えられてこなかった」といった意見を耳にしました。

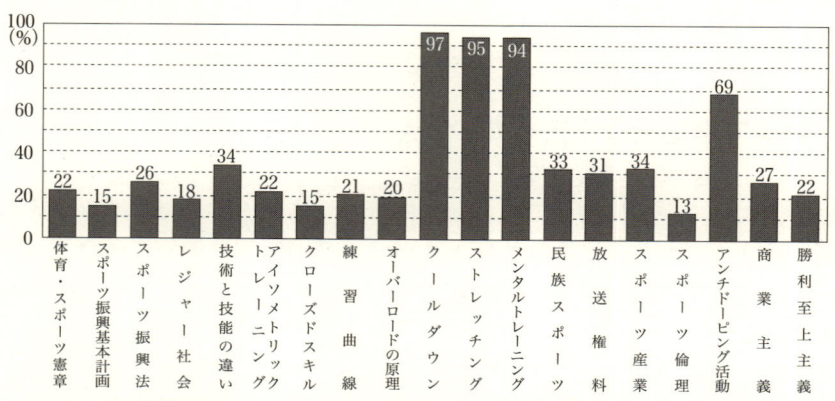

図1-2　保健体育で学んだ用語を知っており、その内容をおおまかに説明できるか

（4）問われる体育的学力

　図1-3は、尿ドーピングで用いられる器具です。バルーン（風船）に薬物に汚染されていない他人の尿を入れ、自分の肛門に隠して、検査官の目をすりぬけようとするものです。ここに示した器具は、アテネ五輪の時に、男子ハンマー投げの金メダルをはく奪されたアヌシュ選手が用いたものと同型のものだと言われています。室伏広治選手が繰り上がりで金メダルを獲得したので、アヌシュ選手の名前は記憶に残っているのではないでしょうか。

　ところで、図1-4は1988年から2007年までの陸上女子100mの当該年度の上位10傑の平均タイムの推移です。大学院のゼミで調べた際、誰もが記録は直線的に伸びていると思ったのですが、図に示したように実際の記録は、1988年をピークに（1998年に少しもち直しますが）低落傾向にあります。1988年は若くして亡くなった、あのジョイナー選手がソウル五輪で100m、200mで優勝した年です。100mの世界新も1988年に出されたものですが、ジョイナー選手の記録は20年あまりが過ぎた今でもまだ破られていません。その他の男女の陸上競技種目の多くは、例外はありますが、冷戦の崩壊した1990年頃を一つのピークに、その後若干の波はありますが、記録は横ばいか低落傾向を示しています。図1-4に示した100m女子では、

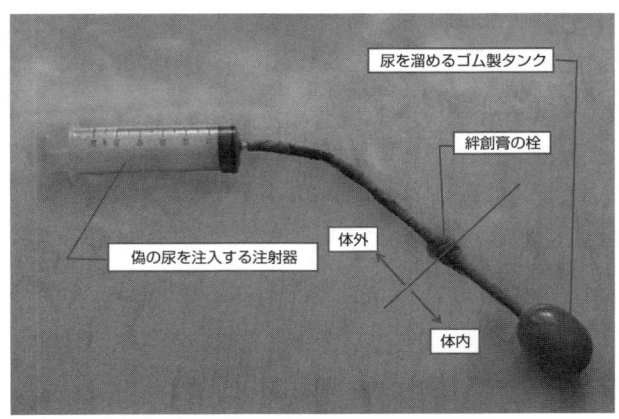

図1-3　尿をすりかえる器具
注射器で他人の尿をゴム製のタンクに注入し、検査時に体内（直腸）に隠したタンクからその尿を排出し検査をすり抜ける。

波がありながらも記録をもち直しますが、1999年に世界アンチドーピング機構（WADA）が設立され、ドーピングの血液検査の導入の影響からか記録が落ちていきます。どうやら、ある意味では記録向上の限界が近いと言うことができそうです。今後、アスリートはさらなる新記録をめざして、薬物ドーピングや血液ドーピング、尿ドーピング、中絶ドーピング等を超えて、今度は遺伝子ドーピングに手を染めるのでしょうか。

現代のトップスポーツはいま、大きな岐路にさしかかっています。未知の記録のために、新たなパンドラの箱を開けるべきなのでしょうか。このような状況を前にして、人類の貴重な文化資源である「スポーツ」を、私たちは一体どこへ連れていこうとしているのでしょうか。スポーツは社会と表裏一体の関係ですから、スポーツのこれからの在り方を考えることは、私たち人間の生き方や社会そのものの在り方を考えることでもあります。今、私たち自身のスポーツ観の基底をなす、体育的学力が問われているように思えてなりません。

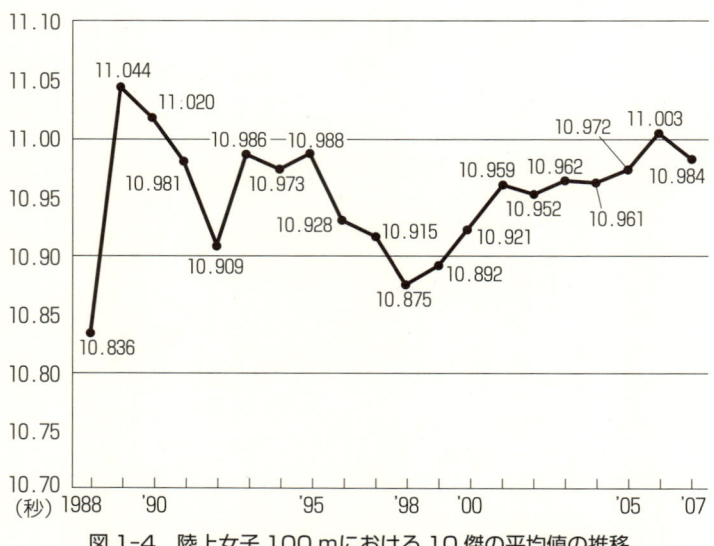

図1-4　陸上女子100mにおける10傑の平均値の推移

（5）スポーツの消費者とスポーツの創造者

　読者の皆さんは、なぜ、体育で子どもたちに生涯にわたって運動やスポーツに親しむ資質や能力を身に付けさせるべきだと考えますか。あたりまえだと思っていることを、立ち止まって考えてみることは大切です。

　先にも記しましたが、スポーツは健康で生きがいのある生活を送る上で重要な媒体です。国民医療費が国家財政をひっ迫させ、他方でメタボリックシンドロームに苦しみ、地域やコミュニティーの中で、あるいは勤め先で孤独を感じている人々に、スポーツは大きな効用を発揮します。日常の不景気に心がふさぐ時、アスリートの未知の記録への挑戦は私たちに勇気と感動をもたらしてくれます。

　スポーツを私たちに有用な文化にしていくためには、それを単に「プレイ」するだけでは、またプレイする能力だけでは実現しないのです。勝利至上主義や弱肉強食にまみれたスポーツを相対化したり、スポーツで地域を再生したり、スポーツを生き甲斐づくりの重要なパートナーにしたり、スポーツをする権利をみんなで実現していくためには、何よりも運動やスポーツに関する知的リテラシーが必要なのです。中学生になると、青空の下での体育授業をちょっと我慢してでも、教室で運動やスポーツの広範で精選された知識を学ばせることは、長い目でみたら、子どもたちの人生をきっと豊かにしてくれます。

　体育は、運動やスポーツにかかわる文化を媒介にして、それを伝え変革し、創造していく過程で自らを形成（身体形成・人格形成）していく教科です。広い意味でのスポーツの文化に働きかけながら自らを形成していくこと、そのプロセスには、自らの学びを相対化していくための知的な理論学習は不可欠です。運動やスポーツを学ぶ意味を「学ぶ」には、運動やスポーツを知的に、かつ理論的に学ぶことが必要です。

　私たち体育にかかわる教師の仕事は、単にプレイとしてのスポーツを消費するスポーツの消費者を育てることにあるのではありません。21世紀に生きる子どもたちの未来という大きな視点に立って、スポーツという人類が生み育ててきた文化の創造者を育てることにあると思います。私たちのスポーツについて強く、そして深く考え、スポーツという文化を新たに創造していくために、今、体育には「理論」の学習が求められています。そして何より

も体育理論の授業の充実がこれからの社会における体育の存在意義を決めるように思います。

　スポーツのスキルなら地域のスポーツクラブでも、また有料にはなってもスポーツ教室でいくらでも学べます。ところが社会や自分にとってのスポーツの意味や意義、スポーツが育んできた文化的内容を、科学的・体系的に学ぶことができる機会は、学校の体育の授業だけなのです。だからこそ、税金を投入してでも、誰もが等しく体育の授業を学ぶ必要があるのです。

　私たち体育にかかわる教師は、子どもたちの生涯にわたるスポーツライフに責任をもっています。そういう意味では、コーチャーとしてではなくティーチャーとして、自信をもって熱い気持ちで体育理論の授業を展開しようではありませんか。これから本書で展開される体育理論の授業づくりへの具体的な内容や提案は、きっと読者の皆さんのこれまでの体育に対する考え方や体育観を大きく変える契機となるに違いありません。

<注>
1. 本書では「学習内容」を「学習者が学ぶべき内容」として捉えています。同時に、この学習内容は、教師の側からみた時、「学習者に教えるべき内容」、つまり「指導内容」ということになります。
2. 本書では「体育的学力」を「学習者が体育の学習内容を身に付けることによって備わった能力」という意味で用いています。詳しくは、第1章の後の「教育keyword　PISAと体育的学力」を参照して下さい。

<参考文献>
・友添秀則(2009)体育の人間形成論、大修館書店.
・友添秀則編(2008)現代スポーツ評論18：いま学校体育を考える.
・友添秀則編(2008)スポーツのいまを考える、創文企画.
・友添秀則編(2009)スポーツの現在を検証する、創文企画.
・友添秀則(2009)いま、体育になぜ知の学習が必要なのか、体育科教育57巻10号(8月号)、pp.10-14.
・友添秀則(2010)求められるスポーツの思想、現代スポーツ評論23：スポーツ思想を学ぶ、pp.8-15.

★教育コラム 01

PISAと体育的学力

　ピザが日本の教育の方向に大きな影響を与えたのを御存じでしょうか。
　いいえ、ピザは、あのイタリア料理のピザではありません。正確には PISA (Programme for International Student Assessment) と表記します。この PISA は、国際的な経済の発展と安定を協議することを目的に作られた、経済協力開発機構 (OECD) という組織が行う、生徒の国際的な学力調査のことです。この学力調査の目的は、教育の国際的な比較によって、それぞれの国の教育方法を改善することにあるといわれています。
　現在では、先進国を中心とした 70 以上の国・地域の約 50 万人の生徒 (義務教育段階を終了した 15 歳の生徒) を対象に、「読解力 (日本の国語に相当)」「数学的リテラシー (数学に相当)」「科学的リテラシー (理科に相当)」「問題解決能力」の 4 分野について、主に記述式で解答を求める設問で調査が行われています。試験時間は 2 時間です。
　第 1 回目の調査は 2000 年に行われ、以後 3 年ごとに 2003 年、2006 年、2009 年と行われてきました。表をご覧ください。これはフィンランド、韓国、オーストラリア、ドイツ、日本の読解力の過去 4 回の調査結果の順位をグラフに表したものです。
　これまでの調査では、フィンランドが常に上位にありました。だから近年、多くの日本の教育研究者や現場の先生方が、フィンランドの教育から多くを学ぶために、視察に出かけたり、フィンランド式の教育をレポートした雑誌や本が書店に並んだりしました。そして PISA の学力調査の結果は、少なからず各国の教育政策に影響を与えるようになりました。

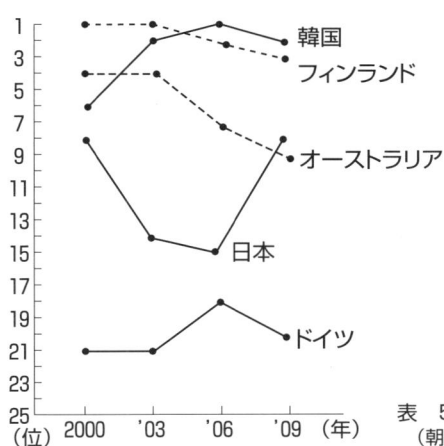

表　5 カ国の順位の推移 (読解力)
　　（朝日新聞、2010 年 12 月 19 日から引用）

2000年の調査では、日本は読解力で8位、数学的リテラシーで1位、科学的リテラシーで2位と世界でトップ層に位置していました。しかし、その後、2003年、2006年と成績は低下を続け、国の「ゆとり教育」が、その原因ではないかと大きな批判を浴びるようになりました。PISAの調査結果は、平成17（2005）年に始まった中教審の教育課程の基準の見直しの議論に反映されていきました。

その後の2009年の調査では、日本は読解力で8位（前回15位）、数学的リテラシーは9位（前回10位）、科学的リテラシーは5位（前回6位）となり、2006年の前回調査からいずれの分野でも上昇がみられました。

体育的学力とは

PISAが各国の教育政策に少なからず影響を及ぼすようになると、先進諸国では、教育によって学習者に一定の学力を保障すべきとする教育のアカウンタビリティー（教育成果を保障する責任）が問われるようになりました。特にドイツでは、"PISAショック"といえるほど、PISAで低迷する結果を反映して大幅に授業数を増加させ、学力の向上に努めました。

日本でも、新しい教育課程では、すべての学習者に学習内容をしっかりと身に付けさせることで一定の学力を保障することが重要な課題になりました。このような動向は、もちろん体育でも同じで、これまであまり問われることがなかった、体育における学習内容や学力の問題が中央教育審議会の「健やかな体を育む教育の在り方に関する専門部会」で盛んに議論されました。

これまでの体育は、皆さん御存じの「楽しい体育」といわれてきたものです。これは、楽しさを体育学習の核に置きながら、学習者に各運動の特性に触れさせ、何よりも楽しさを経験させることが重要であると考えられてきたものです。だから、体育で何を学ばせるべきかといったことや、体育で保障すべき学力とは何かといった議論はあまりなされることがありませんでした。

しかし実際、教育として重要な役割を担う体育では、学ぶべき内容はたくさんあります。それらには、①体の動かし方や、運動・スポーツの行い方に関する内容、②運動やスポーツにおける体力、健康・安全に関する内容、③運動やスポーツの実践につながる態度に関する内容、④運動やスポーツの生涯設計に関する内容等、実に多くのものがあります。中学校と高等学校の新しい学習指導要領では、これら体育の学習内容を運動領域では大きく、「技能（体つくり運動は「運動」）」「態度」「知識、思考・判断」の3つのカテゴリーに沿って整理しまとめています。さらにこの他に、体育の学習内容には「体育理論」があります。

ところで、ここまで「学力」という言葉を何気なく使ってきました。皆さんは、いったいどういう意味だとお考えでしょうか。学力を定義することはなかなか難しいですが、本書では「学習者が学習内容を身に付けることによって備わった能力」ととらえたいと思います。このことから本書では、体育的学力を各運動領域で示された「技能」「態度」「知識、思考・判断」および「体育理論」で示された体育の学習内容を学習者が身に付けた能力のことと考えたいと思います。

第2章　体育理論のポイントを考える

＊新学習指導要領において何がどう変わったかを知る
＊体育学習における知識とは何かを理解する
＊指導内容の体系化を理解する

（1）体育学習で扱う「知識」とはなにか

　体育理論における「知識」を考える上で、体育学習を支える「知識」を総合的にとらえておくことは大切なことです。
　しかし「知識」といっても、学習指導要領解説の運動に関する領域で示される「(1)技能、(2)態度、(3)知識、思考・判断」における「知識」がある一方で、体育理論で学習する内容も「知識」です。
　それでは、「知識」とは何をさしているのでしょうか。
　中学校学習指導要領解説では、「知識」について、次のように記載されています。

> 2　保健体育科改訂の趣旨　ア改善の基本方針　（抜粋）
> 　知識については，言葉や文章など明確な形で表出することが可能な形式知だけでなく，勘や直感，経験に基づく知恵などの暗黙知を含む概念であり，意欲，思考力，運動の技能などの源となるものである。また，動きの獲得を通して一層知識の大切さを実感できるようにすることが必要である。

　例えば、サッカーの一場面で、「あの場面では、ディフェンスのプレッシャーがあまりなく、自分の前にスペースがあったので、パスではなくてドリブルを使った方がよかったのではないか」とアドバイスをしたとしましょう。
　この表現が①授業として、②指導内容との整合性、③学習過程のどの段階で、などの視点で適切かどうかの検証は必要ですが、サッカーを楽しむ上での共通言語として少なくとも「パスは、一定の距離にある味方にボールを

蹴ってわたすことであり、ドリブルは、ボールを自ら保持しながら進むことである」という2つの用語の名称と意味についての知識を持っていないとこの場面でのアドバイスの言葉は理解すらされず、相手に伝わりません。

次に、「サッカーというゴール型のゲームは、仲間と連携して陣地に進入して相手のゴールを奪い合うタイプのスポーツであること」「その具体的な方法には、ボール操作（パス、ドリブル、キープなど）とボールを持たない動き（仲間からボールを受け取る場所への移動や、相手の動きを引きつけて仲間がドリブルする空間を作り出すなど）によって戦う方法がある」といった知識が前提となり、アドバイスの言葉の意味が認知されることになります。さらに、判断が正しいかを検討する際には、今どのような学習課題に取り組んでいるのか、どのようなルールでゲームを行っているのかという条件によっても導き出される結論が異なるでしょう。

しかし、この話は、技能に関連した「知識」の話であり、教師の実際の授業では、①技術の種類（パスやスペースへの走り込みなど）、②技術の行い方（体の使い方やボールの扱い方）、③練習の仕方、④どのような場面で主に用いられるのか、などを学習指導要領に示された例示を取り上げて学習させることになるでしょう。

学習指導要領では技能の例示として、

> ・ゴール方向に守備者がいない位置でシュートをすること。
> 　（中学校第1学年及び第2学年　球技：ゴール型「ボール操作」）

とありますが、この例示を解釈すると、「ディフェンスがいない条件で、ゴールの枠内にシュートを打つ動作ができること」をめざしていると読み取れます。例えば、技術では、インサイドキックやヘディングという形式知をさらにかみくだいて、「ゴールにパスをするように、最後までボールをよく見て、コントロールを重視して」といった指導言語（暗黙知）を用いてシュートの基本動作を学習することになると考えられます。知識を活用することで動きの獲得や課題が明確となり、学習への意欲が高まったり、修正すべきポイントが見つけやすくなったりするということを「改善の基本方針」でも述べているといえます。

それでは、もう一歩踏み込んで、授業者の視点から、技能以外に扱う知識はないかを考えてみたいと思います。

具体的には、スポーツでは、相手を誤って倒してしまったら、相手への気遣いをすることや試合後には相手の健闘を讃えるなどのマナーやルールを守るなどの態度にかかわる知識や、その運動やスポーツの楽しさを一層味わうための知識として、特性や成り立ち、サッカーに必要な体力などの知識は、サッカーを通して学ぶことでより理解が進みます。

　今、ここでスポーツの実践者を養成しているのであれば、あるいは運動部活動であれば、これで十分という考え方もあるでしょう。しかし、体育の授業で相手にする生徒の9割以上にとっては全教科の学習の一部であり、将来、プロスポーツには進まず、生涯スポーツの実践者として、あるいはその理解者としてスポーツにかかわることになります。だからこそ、技能以外のスポーツの教養も伝えることですべての生徒が体育を学習することの意味が見いだせるのではないでしょうか。そうだとすると「なぜ、今サッカーをするのか」「今、スポーツを学ぶことは自分の人生にどのような有益なことをもたらすのか」「どのような段階を経て技術が身に付いていくのか」など体育学習の根元にかかわる知識や、「スポーツが社会に対してどのように貢献しているのか」、あるいは「どのような課題があるのか」「スポーツは国民にとって必要なのか不必要なのか」「どのようなかかわり方があるのか」などのスポーツそのものへの見方、考え方を学ぶことは、すべての生徒にとって大切なことなのです。そのようにスポーツ全体に共通する知識は、より効果的、効率的に学習できるよう中学校・高等学校における「体育理論」で学ぶことになります。

　結論として、学習指導要領に込められた体育の知識の総合体とは、①体の動かし方や運動の行い方に関する知識、②体力や健康・安全に関する知識、③運動実践につながる態度に関する知識、④生涯スポーツの設計に関する知識の4つに分類され、これらが領域の特性に応じて、運動に関する領域と体育理論に整理されているのです。これらを総合的に学ぶことで、生涯を通じた豊かなスポーツライフを実現するための資質や能力が養われるといえます。

(2) 体育理論はどのように変わったのか

これまでも体育理論は、必修として位置づけられており、年間指導計画上もすべての学校に位置づけられてきました。しかしながら、現行の学習指導要領では、内容の取扱いで「指導に当たっては，内容の『H体育に関する知識』との関連を図るとともに，」という一文によって拡大解釈され、ともすればおろそかにされてきたという傾向があったといえます。

新しい学習指導要領では、発達の段階に応じた指導内容の体系化・明確化をコンセプトとしてすべての領域の見直しを行っています（コラム参照）。

授業者にとって、何を教えたらよいのかが学習指導要領において、ある程度具体化されていないとどのように授業を展開したらよいのかがまちまちと

中学校学習指導要領解説
3　保健体育科改訂の要点　(2) 内容及び内容の取扱いの改善について
シ　体育理論
　「体育理論」については，基礎的な知識は，意欲，思考力，運動の技能などの源となるものであり，確実な定着を図ることが重要であることから，<u>各領域に共通する内容や，まとまりで学習することが効果的な内容に精選するとともに，高等学校への接続を考慮して単元を構成した</u>。内容については，従前の「体育に関する知識」において，(1)運動の特性と学び方及び(2)体ほぐし・体力の意義と運動の効果で構成していたことを改め，(1)運動やスポーツの多様性，(2)運動やスポーツが心身の発達に与える効果と安全及び(3)文化としてのスポーツの意義で構成することとした。
　また，各領域との関連で指導することが効果的な各領域の特性や成り立ち，技術の名称や行い方などの知識については，各領域の「(3)知識，思考・判断」に示すこととし，<u>知識と技能を相互に関連させて学習させることにより，知識の重要性を一層実感できるように配慮した</u>。
　そのため，「内容の取扱い」に，引き続きすべての学年で履修させることを示すとともに，指導内容の定着がより一層図られるよう「指導計画の作成と内容の取扱い」に，<u>授業時数を各学年で3単位時間以上配当すること</u>を示した。

（※下線は筆者）

なってしまいます。そのため、体育理論における「改善の特徴」は、①授業者および学習者の視点から単元が構成されたこと、②教える内容が明確化され厳選されたこと、を挙げることができるでしょう。

①については、指定の時間数（中学校各学年3単位時間以上、高等学校6単位時間以上）に合わせて、中学校が3章3単元の構成、高等学校が3章4単元の構成となっています（図2-1を参照）。このことから、中学校では、確実な知識の習得を中心に、無理をしない範囲で思考力・判断力を高めておくことが大切だと思います。また、高等学校では、中学校と比べて2単位時間分の余裕があります。中学校における知識の習得が不十分なケースやすでに記憶が薄れていることを考え、復習的な時間にしたり、活用的な学習として一層の知識の重要性が実感したりできるような授業づくりが可能です。

②については、まとまりで教えることが効果的な内容（座学でしっかりと取り扱うべき内容）と、運動に関連させて教える内容に分類されたことです（図2-2を参照）。このことにより学習評価が行いやすくなると考えられます。

中学校（平成20年3月改訂）	高等学校（平成21年3月改訂）
H　体育理論	**H　体育理論**
第1学年 (1) 運動やスポーツの多様性 　ア．運動やスポーツの必要性と楽しさ 　イ．運動やスポーツの多様なかかわり方 　ウ．運動やスポーツの学び方	**第1学年** (1) スポーツの歴史，文化的特性や現代のスポーツの特徴 　ア．スポーツの歴史的発展と変容 　イ．スポーツの技術，戦術，ルールの変化 　ウ．オリンピックムーブメントとドーピング 　エ．スポーツの経済的効果とスポーツ産業
第2学年 (2) 運動やスポーツが心身の発達に与える効果と安全 　ア．運動やスポーツが心身に及ぼす効果 　イ．運動やスポーツが社会性の発達に及ぼす効果 　ウ．安全な運動やスポーツの行い方	**第2学年** (2) 運動やスポーツの効果的な学習の仕方 　ア．運動やスポーツの技術と技能 　イ．運動やスポーツの技能の上達過程 　ウ．運動やスポーツの技能と体力の関係 　エ．運動やスポーツの活動時の健康・安全の確保の仕方
第3学年 (1) 文化としてのスポーツの意義 　ア．現代生活におけるスポーツの文化的意義 　イ．国際的なスポーツ大会などが果たす文化的な意義や役割 　ウ．人々を結び付けるスポーツの文化的な働き	**第3学年** (3) 豊かなスポーツライフの設計の仕方 　ア．各ライフステージにおけるスポーツの楽しみ方 　イ．ライフスタイルに応じたスポーツとのかかわり方 　ウ．スポーツ振興のための施策と諸条件 　エ．スポーツと環境
個人からみたスポーツの意義	社会からみたスポーツの意義

図2-1　体育理論の中学校、高等学校の系統性

18

中学校

体育に関する知識 （旧）　　　　　　体育理論 （新）　　　各学年3単位時間以上

(1) 運動の特性と学び方
　各種の運動の特性に応じた学び方や安全の確保の仕方について理解するとともに，自己の生活の中での生かし方を理解する。

(2) 体ほぐし・体力の意義と運動の効果
　体ほぐしの意義と行い方及び体力の意義と体力の高め方について理解する。また，運動の心身にわたる効果について理解する。

[第1学年]
運動やスポーツの多様性
ア　運動やスポーツの必要性と楽しさ
イ　運動やスポーツへの多様なかかわり方
ウ　運動やスポーツの学び方

[第2学年]
運動やスポーツが心身の発達に与える効果と安全
ア　運動やスポーツが心身に及ぼす効果
イ　運動やスポーツが社会性の発達に及ぼす効果
ウ　安全な運動やスポーツの行い方

[第3学年]
文化としてのスポーツの意義
ア　現代社会におけるスポーツの文化的意義
イ　国際的なスポーツ大会などが果たす文化的な役割
ウ　人々を結び付けるスポーツの文化的な働き

運動に関する領域

体つくり運動
[第1学年及び第2学年]
(3)体つくり運動の意義と行い方、運動の計画の立て方
[第3学年]
(3)運動を継続する意義、体の構造、運動の原則

体つくり運動以外の運動に関する領域
[第1学年及び第2学年]
(2)健康・安全に気を配ること
(3)特性や成り立ち、技術の名称や行い方、関連して高まる体力など
[第3学年]
(2)健康・安全を確保すること
(3)技術の名称や行い方、体力の高め方、運動観察の方法など

　これまでの体つくり運動の指導内容は、体つくり運動で学習するよう整理されるとともに、運動領域固有の特性や魅力、体力の高め方、歴史などは選択した領域に応じて学習することとなる。また、3年では、新たに文化としてのスポーツの意義を指導することになる。

図2-2　中学校、高等学校の新旧対照から見たポイント

高等学校

体育理論 （旧）

(1) 社会の変化とスポーツ
　変化する現代社会におけるスポーツの意義や必要性を理解できるようにするとともに，運動にはそれぞれ歴史・文化的に形成された意義，独自の技術・戦術及び規則があることを理解できるようにする。
　また，個及び集団の状況に応じたスポーツとのかかわり方や豊かなスポーツライフの設計と実践について理解できるようにする。

(2) 運動技能の構造と運動の学び方
　運動技能を構造的に理解できるようにするとともに，その上達過程と上達の程度を把握する方法を理解できるようにする。また，自己の能力に応じて運動技能を高めるなど運動に親しむための学び方について理解できるようにする。

(3) 体ほぐしの意義と体力の高め方
　自己の体に気付き，体の調子を整えたり，仲間と交流したりする体ほぐしの意義と行い方について理解できるようにする。また，自己の体力や生活に応じて体力を高めるための課題を把握し，トレーニングの方法などその高め方について実践的に理解できるようにする。

体育理論 （新）　各学年6単位時間以上

[入学年次]
1　スポーツの歴史，文化的特性や現代のスポーツの特徴
　▶ア　スポーツの歴史的発展と変容
　▶イ　スポーツの技術，戦術，ルールの変化
　◀ウ　オリンピックムーブメントとドーピング
　　エ　スポーツの経済的効果とスポーツ産業

[その次の年次]
2　運動やスポーツの効果的な学習の仕方
　ア　運動やスポーツの技術と技能
　◀イ　運動やスポーツの技能の上達過程
　◀ウ　運動やスポーツの技能と体力の関係
　　エ　運動やスポーツの活動時の健康・安全の確保の仕方

[その次の年次以降]
◀3　豊かなスポーツライフの設計の仕方
　ア　各ライフステージにおけるスポーツの楽しみ方
　イ　ライフスタイルに応じたスポーツとのかかわり方
　ウ　スポーツ振興のための施策と諸条件
　エ　スポーツと環境

運動に関する領域

体つくり運動
[入学年次(中学校第3学年)]
(3)運動を継続する意義、体の構造、運動の原則
[高等学校(それ以降の年次)]
(3)体つくり運動の行い方、体力の構成要素、実生活への取り入れ方

体つくり運動以外の運動に関する領域
[入学年次(中学校第3学年)]
(2)健康・安全を確保すること
(3)技術の名称や行い方、体力の高め方、運動観察の方法など
[高等学校(それ以降の年次)]
◀(3)技術の名称や行い方、体力の高め方、課題解決の方法、競技会、発表会、試合の仕方など

> 高等学校では、オリンピック・ムーブメントとドーピング、スポーツ産業、スポーツ施策、スポーツと環境などの社会的視点が強調されている。

また、中学校第1学年と高校第3学年、中学校第2学年と高校第2学年、中学校第3学年と高校第1学年がおおよそ対応しており、中学校では個人としてのスポーツの意義を中心に、高等学校では批判的思考を踏まえつつ、社会とのかかわりに視点を向けて、スポーツの価値を学習するようスパイラルな内容構成となっています。

　新しい学習指導要領では、中学校「体育に関する知識」は、高等学校との接続を踏まえ、「体育理論」の名称に統一されています。また、これまで重複していた知識の内容が、「体育理論」「体つくり運動」「その他の運動領域」に整理され、指導内容が明確に示されています。一方、それぞれの学習が別個にあるのではなく、すべてが生涯にわたる豊かなスポーツライフの実現に向けた知識といえます。その視点を押さえつつ、相互に関連され、体育理論で学習した知識が各運動領域において、また各運動領域で学習した体験が体育理論の理解につながっていくよう指導を工夫することが求められるのだと言えます。

★教育コラム02

改訂 4-4-4 のまとまりと知識の位置づけ

　体育理論は、中学校から高等学校までの6年間に必修として位置づけられます。この時期は「多くの運動を体験させる時期」、そして「少なくとも一つの運動やスポーツに親しむ時期」にあたります。教材の工夫をした限定的なものから、共通の文化を持つ学習教材へ次第に移行が図られる時期でもあります。

　また、中学校第3学年から始まる領域や種目の選択に向けて、なぜ選択させる必要があるのか、それぞれの領域にはどのような特徴があるのかについて理解を深めていくことが大切です。

　下表を見ていただくと分かるように、体力を高める領域と体育理論、保健の知的理解を中心とした領域をはさむように、器械運動から武道までの生徒にとって魅力的な領域が配置されています*。

　生徒が自ら領域を選び少なくとも一つの運動やスポーツに取り組めるようにするためには、それを支える体力や知識が欠かせないといったメッセージが領域の配列にも込められているのです。

小学校			中学校		高等学校		
1．2年	3．4年	5．6年	1．2年	3年	入学年次	次の年次	それ以降
様々な動きを身に付ける時期		多くの運動を体験する時期			少なくとも一つのスポーツに親しむ時期		
体つくり運動			体つくり運動		体つくり運動		
器械・器具を使っての運動遊び	器械運動	器械運動	器械運動	器械運動	器械運動		
走・跳の運動遊び	走・跳の運動	陸上運動	陸上競技	陸上競技	陸上競技		
水遊び	浮く・泳ぐ運動	水泳	水泳	水泳	水泳		
表現・リズム遊び	表現運動	表現運動	ダンス	ダンス	ダンス		
	ゲーム	ボール運動	球技	球技	球技		
			武道	武道	武道		
				体育理論	体育理論		
	保健領域		保健分野		科目保健		

＊　注）学習指導要領解説では、器械運動、陸上競技、水泳、球技、武道、ダンスの順で示されている。

図　体育の分野　指導内容の体系化

第3章　体育理論を理解するために

＊体育理論で示された内容を知る
＊体育学習における中学校・高等学校の系統性を理解する
＊体育理論の授業イメージを持つ

(1) 本章の使い方

　本章は体育理論の授業づくりにあたって必要となる、中学校と高等学校の体育理論の学習指導要領解説をより深く理解するために設けられています。ここでは、まず本章の読み進め方について、中学校の学習指導要領を例にしながら説明します。

中学校学習指導要領（体育理論　抜粋）
(1) 運動やスポーツが多様であることについて理解できるようにする。（中学校1年）
　　ア　運動やスポーツは、体を動かしたり、健康を維持したりするなどの必要性や、競技に応じた力を試すなどの楽しさから生みだされ発展してきたこと。
　　イ　運動やスポーツには、行うこと、見ること、支えることなどの多様なかかわり方があること。
　　ウ　運動やスポーツには、特有の技術や戦術があり、その学び方には一定の方法があること。
(2) 運動やスポーツの意義や効果などについて理解できるようにする。（中学校2年）
　　ア　運動やスポーツは、身体の発達やその機能の維持、体力の向上などの効果や自信の獲得、ストレスの解消などの心理的効果が期待できること。
　　イ　運動やスポーツは、ルールやマナーについて合意したり、適切な人間関係を築いたりするなどの社会性を高める効果が期待できること。
　　ウ　運動やスポーツを行う際は、その特性や目的、発達の段階や体調などを踏まえて運動を選ぶなど、健康・安全に留意する必要があること。
(3) 文化としてのスポーツの意義について理解できるようにする。（中学校3年）
　　ア　スポーツは文化的な生活を営み、よりよく生きていくために重要であること。
　　イ　オリンピックや国際的なスポーツ大会などは、国際親善や世界平和に大きな役割を果たしていること。
　　ウ　スポーツは、民族や国、人種や性、障害の違いなどを超えて人々を結び付けていること。

上に示したように、中学校の各学年では、1年生では(1)、2年生では(2)、3年生では(3)[注1]の大項目について学習します。高等学校も同様に、大項目(1)(2)(3)を各年次に学習します。本書ではこの大項目を「単元」と呼んでいます。そして中学校1年生では第1単元、2年生では第2単元、3年生では第3単元と表示しています。高等学校も同様です。さらに、それぞれの単元(大項目)には、ア、イ、ウ[注2]として示された小項目がありますが、本書ではこれを「小単元」と表示しています。高等学校も同様です。

　本章では、中学校の第1単元から高等学校の第3単元までの学習指導要領解説に示された内容を、小単元ごとにキーワード形式で詳細に解説しています。各小単元について見開き4ページをあて、中学校で9つの小単元(3年間×3小単元)と高等学校で12の小単元(3年間×4小単元)の計21単元を解説しています。

　図1をご覧ください。最初の見開き2ページの縮尺版です。Aゾーンは、解説を行う単元名を示しています。さらにBゾーンは、具体的に解説される小単元を示しています。Cゾーンは、解説される小単元の学習指導要領の本文です。Dゾーンは、学習指導要領解説をそのまま載せています。この解説には、授業づくりに必要と考えられるキーワードに番号が付けられています。Eゾーンは、中学校と高等学校のそれぞれ関連する小単元が示され、中・高での学習内容の系統性がわかるようにしてあります。

　図1に示したように、小単元を解説した最初の見開き2ページでは、授業づくりを行う際に、まずはこれだけを見ていただければその小単元に示された体育理論の授業ができるように作られています。

　「**1 授業の目標**」では、最初に単元の目標が述べられ、そのあとで、当該の小単元の授業で生徒に何を理解させればよいかが端的に示されています。「**2 必ずおさえたい授業のポイント**」では、小単元の目標を達成しようとする際の教えるべきポイントが示されています。「**3 授業のためのキーワード解説**」ではDゾーンで示された学習指導要領解説の本文で、授業づくりに際して重要となるキーワードをわかりやすく説明しています。まずはこのキーワードを押さえて授業づくりを行っていただけるとよいでしょう。

　そして、次の見開き2ページの「**4 より授業を深めるためのキーワード解説**」では、Dゾーンで示されたキーワードの中から重要度の高いものについて、より詳細に解説しています。また、必要に応じて「**3 授業のための**

キーワード解説」で述べることができなかったけれど、授業を行う際に役立つキーワードを解説しています。

　本章は、体育理論の具体的な授業づくりの第一歩です。さあ、授業づくりをスタートしましょう。

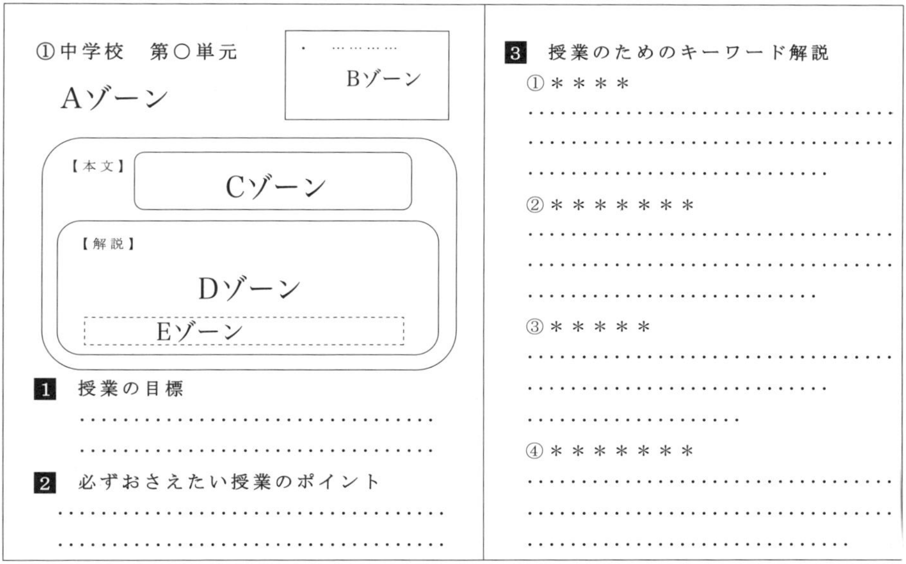

図1　本章の最初の見開き2ページの構成

<注>
1．学習指導要領では「体育分野　第3学年」の体育理論(1)と表記されていますが、ここでは便宜上(3)と表わしています。
2．高等学校の小項目は、ア、イ、ウ、エの4つがあります。

(2) 中学校へのアプローチ

①中学校・第1単元　運動やスポーツの多様性

ア	運動やスポーツの必要性と楽しさ
イ	運動やスポーツへの多様なかかわり方
ウ	運動やスポーツの学び方

【本文】（1）運動やスポーツが多様であることについて理解できるようにする。
　　　　ア　運動やスポーツは、体を動かしたり、健康を維持したりするなどの必要性や、競技に応じた力を試すなどの楽しさから生みだされ発展してきたこと。

【解説】　運動[①]やスポーツ[②]は、体を動かしたり、健康を維持したりする必要性[③]や、競技に応じた力を試したり、自然と親しんだり、仲間と交流したり、感情を表現したりするなどの多様な楽しさ[④]から生みだされてきたことを理解できるようにする。
　　　　運動やスポーツは、人々の生活と深くかかわりながら、いろいろな欲求[⑤]や必要性を満たしつつ発展し、その時々の社会の変化とともに、そのとらえ方も変容してきたことを理解できるようにする。
　　　　また、我が国のスポーツ振興法などにおけるスポーツの理念を踏まえながら、スポーツが、競技だけでなく、体つくり運動、ダンスや野外活動などの身体運動などを含めて、広い意味で用いられていることについても触れるようにする。

　　　　★高校との関連を意識しよう➡高校　第1単元ア、イ、第3単元ウ

1 授業の目標

　第1単元では、体育理論を学び始めた中学校期の生徒が、これからの長い生涯で運動やスポーツを豊かに実践できるようになるには、運動やスポーツに合理的に取り組む中で、何よりも楽しみや喜びを味わうことが重要であることを学ばせます。そのためには、運動やスポーツを受動的に行うのではなく、それらの必要性を知的に理解したり、ライフステージ（人生の各段階）に応じた運動やスポーツの多様な親しみ方や学び方があることを体系的に学習したりすることが必要です。

　この小単元（第1単元　ア）では、運動やスポーツが人々の生活と深くかかわりながら、人々の多様な必要性や独自の楽しさによって生み出され、支えられ、発展してきたことを学ぶとともに、それらのとらえ方も変容してきたことを理解することを目標にします。

2 必ずおさえたい授業のポイント

　ここでは、運動やスポーツが、必要性や独自の楽しさから生み出され発展してきたことを学ぶとともに、そのとらえ方も変容してきたことを理解できるようにすることがポイントです。なお、高校第1単元で、スポーツの歴史や技術、戦術、ルールの変化を学ぶため、ここではスポーツがどのような必要性や欲求から生まれたのかにポイントを置いて教えましょう。

3 授業のためのキーワード解説

①運動
　体育で用いられる「運動」は、体を動かす活動を意味して用いられています。したがって、「運動」は「身体活動」と同じ意味です。具体的には、一定の課題の解決をめざして、体を繰り返し動かしたり、練習したりする身体活動をさしています。

②スポーツ
　現代ではスポーツは広い意味で用いられ、健康や楽しみのために行われる身体活動（運動を含む）の総称です。具体的には、バスケットボールなどの各種球技はもちろんのこと、柔道や剣道などの武道、創作ダンスやヒップホップダンスなどの各種ダンス、キャンプや登山などの野外活動、健康づくりのための体つくり運動や体操などを含んだ広い意味で用いられます。

③必要性
　私たち人間の健康は、動くことによって保たれています。古代ギリシャではギュムナスティケーと呼ばれる健康体操が考案されていました。他方、人間は労働と密接に関係した運動を競技化し、盛んに行ってきました。このように、運動やスポーツは、労働で体を動かす必要性や健康を保つ必要性から生まれてきたのです。

④楽しさ
　現在、目にする運動やスポーツは楽しみの中から生み出され、育まれてきたものです。ウォーキングのように体そのものを動かす楽しさから、競争する楽しさ、野外で自然と親しむ楽しさ、仲間や人々と交流する楽しさ、体を使って何かを表現する楽しさなど、多様な楽しさを経験するという点で、運動やスポーツは私たちの生活にとってかけがえのないものです。

⑤欲求
　運動やスポーツは、楽しさという人々の欲求を満たす働きを持っています。運動やスポーツが人々の欲求を充足させる働きは、運動やスポーツを魅力あるものにしています。

4 より授業を深めるためのキーワード解説

【運動】　「運動」という言葉は、しばしば「スポーツ」と同じ意味で用いられるが、スポーツが競争を中心とした独自の特徴を持ったものであることを考えると、「運動」の意味はスポーツとは異なることを理解しておくことが必要である。日本語としての「運動」は、1) 物体が時間の経過とともに空間的な位置を変える物理的な運動や、2)「社会運動」や「労働運動」のように一定の目的を達成するために活動することを意味する場合が多い。これらの運動は英語のmotion や、movement によって表わされる。しかし、体育で用いられる「運動」は、「身体活動」と同じ意味で用いられ、英語の exercise で表わされる。

生活習慣病の予防を目的に 2006 年に厚生労働省から出された「健康づくりのための運動指針2006」では、「運動」を「身体活動のうち、体力の維持・向上を目的として計画的・意図的に実施するもの」と規定しているが、ここでの運動も同様と考えてよい。

【スポーツ】　sport という語は英語を通して世界に広まったが、イギリスで生まれたものではなく、ラテン語の deportare (運び去る、運搬する、移る) に由来するといわれる。この言葉が古代のフランス語の deporter に受け継がれ、次第に内面的・精神的な移動や転換を意味する「喜びや楽しみ」を表わすようになった。さらに 13～14 世紀に中世の英語である deport (楽しみ、娯楽、気分転換＜名詞＞) に変化し、やがて 16～17 世紀には disport (気晴ら、娯楽＜名詞＞) を経て sport に変わっていった。

sport は 17～18 世紀になると、野外での自由な活動や狩猟を主に意味するようになる。そして 19 世紀までは、sport は狩猟とほぼ同じ意味で使用されたという。しかし、狩猟を意味する sport は 18 世紀中頃から 19 世紀に盛んになった組織的ゲーム (ラグビーやサッカーの原型となったフットボールなど＝近代スポーツと呼ばれるもの) である運動競技を意味する用語に変化していく。さらに、19 世紀後半にはアメリカで、バスケットボールやバレーボールなどの新しいスポーツが生まれる頃にはほとんどの場合、競技の意味で用いられるようになった。この時期以降、スポーツは競争や激しい肉体活動を特徴とする活動をさすようになる。このように、狭義には、スポーツとは 18 世紀中頃から 19 世紀末までの時期に、最初はイギリスで、その後引き続いてアメリカで生まれた、競争や機会の平等という独特の形式をもった文化ということができる (狭義のスポーツの意味)。スポーツが日常生活で重要な位置を占めるようになった現在では、スポーツは健康や楽しみのために行われる身体活動の総称となって、武道やダンス、野外活動や体つくり運動、健康体操などを含んで、スポーツと呼ぶようになっている (広義のスポーツの意味)。

【必要性】　人間の健康は動くことによって保たれている。古くは、今からおよそ 6000 年前、メソポタミア、エジプト、インドや中国などの古代といわれた時代にも、都市が生まれ、人々の階層化が進んで労働をしなくともよい階級が生まれてくると、彼らは運動不足で肥満症が問題になり、健康問題が起こったといわれる。そこで、中国では導引、インドではヨガ、ギリシャではギュムナスティケーと呼ばれる健康体操が考案された。また、スペインのバスク地方では、丸太切りや草刈り、石のかつぎ挙げなどの労働と密接に関係した運動が現在では競技化され、盛んに行われている。このように、運動やスポーツは、労働の場面で体を動かす必要性や健康を保つ必

要性から生まれてきた。

【楽しさ】　運動やスポーツは人々がさまざまな楽しさを追求する中で生まれてきたものである。遠い昔、羊飼いの子どもたちが仕事の合間に牧場の柵を越える競争をして楽しんだり（ハードル走）、野ウサギの巣に小石を木で打って入れることを楽しんだり（ゴルフ）、野原で牛や羊の膀胱を奪い合って騒いだり（フットボール＝ラグビー・サッカーの原型）、木の板で雪原を滑ったり（スキー）、川や海で漁の合間に泳ぎを競ったり（水泳）、馬に早く飛び乗ることを楽しんだり（跳馬）、強さを競い合ったり（格闘技）、急流を小さな船で下ったり（カヌー）、誰よりも高い山に挑もうとしたり（登山）、お祭りで人々と踊って楽しんだり（ダンス）等など、私たちが今、目にする運動やスポーツは楽しみの中から生み出され育まれてきたものである。

【欲求】　人々は運動やスポーツを健康や体を動かす必要性からだけではなく、人々の時代ごとの考え方や生活を反映させながら、そこに多様な楽しさを見出し、運動やスポーツを作り上げてきた。そのような意味では、運動やスポーツは人々の必要性を満たす働き（必要充足機能）とともに、楽しさという欲求を満たす働き（欲求充足機能）を持っているということができる。これらの必要充足機能や欲求充足機能は具体的な運動やスポーツの特性として表れる。どのような運動やスポーツにもさまざまな欲求を満たす特性があるが、それぞれの特性的要素の強いものを挙げると以下のようになる。

強く表れる特性的要素	種　目	楽しさ
競争的要素（主に欲求充足）	球技　陸上競技　水泳（競泳）	競争する楽しさ
記録向上の要素（主に欲求充足）	陸上競技　水泳（競泳）	記録を達成する楽しさ
技の達成的要素（主に欲求充足）	器械運動　体操競技	技を達成する楽しさ
対人的要素（主に欲求充足）	武道	競争する楽しさ
自己表現的要素（主に欲求充足）	ダンス	表現・模倣する楽しさ
自然体験的要素（主に欲求充足）	登山　野外活動	克服する楽しさ
健康づくり的要素（主に必要充足）	体つくり運動　体操　健康体操	

【スポーツ振興法】　1961（昭和36）年に制定されたスポーツ振興法はスポーツの定義を行ったわが国唯一の法律である。第二条で「この法律においてスポーツとは、運動競技及び身体運動（キャンプ活動その他の野外活動を含む）であって、心身の健全な発達を図るためにされるものをいう」と定義された。この法律は東京五輪を前にして、国民のスポーツ振興を意図して出されたものであるが、ここに示された定義は、スポーツを競技や様々な身体運動を含む広義のものとしてとらえ、これ以降の日本におけるスポーツの考え方の基本となった。

一方、欧米の先進諸国でも1960年代以降、スポーツ・フォー・オール運動（みんなのスポーツ運動）が展開され、1975年にヨーロッパ・スポーツ・フォー・オール憲章、1978年に体育・スポーツ国際憲章が制定されるが、スポーツが人間にとっての基本的人権のひとつであるという理念のもとに、スポーツが競技だけではなく、レクリエーションなどを含んだ広い意味での身体活動であるとする立場を取っている。【資料編を参照】

①中学校・第1単元　運動やスポーツの多様性

ア	運動やスポーツの必要性と楽しさ
イ	運動やスポーツへの多様なかかわり方
ウ	運動やスポーツの学び方

> 【本文】(1) 運動やスポーツが多様であることについて理解できるようにする。
> 　　　　イ　運動やスポーツには，行うこと，見ること，支えることなどの多様な
> 　　　　　かかわり方があること。
> 【解説】　運動やスポーツには，直接「行うこと」[①]，テレビなどのメディアや競技場での観戦を通して，これらを「見ること」[②]，また，地域のスポーツクラブ[③]で指導したり，ボランティアとして大会の運営や障がい者の支援を行ったりするなどの「支えること」[④]など，多様なかかわり方があることを理解できるようにする。
> 　　また，運動やスポーツの歴史・記録などを書物やインターネットなどを通して調べるかかわり方があることについても触れるようにする。
>
> ★高校との関連を意識しよう➡高校　第3単元ア，イ，ウ，エ

１　授業の目標

　第1単元では、体育理論を学び始めた中学校期の生徒が、これからの長い生涯で運動やスポーツを豊かに実践できるようになるには、運動やスポーツに合理的に取り組む中で、何よりも楽しみや喜びを味わうことが重要であることを学ばせます。そのためには、運動やスポーツを受動的に行うのではなく、それらの必要性を知的に理解したり、ライフステージ（人生の各段階）に応じた運動やスポーツの多様な親しみ方や学び方があることを体系的に学習したりすることが必要です。

　この小単元(第1単元　イ)では、運動やスポーツには、直接ゲームをプレイしたりして「行うこと」、またスタジアムに行ったり、テレビなどのメディアを通して「見ること」、さらにさまざまな形で「支える」ことなどの多様なかかわり方があることを、体育の授業や運動部活動、テレビ観戦、地域のスポーツ活動など、生徒の身近で具体的な活動や経験から理解することを目標にします。

２　必ずおさえたい授業のポイント

　ここでは、運動やスポーツが「行う」だけのものではなく、「見る」「支える」といった多様なかかわり方があることを理解できるようにすることがポイントです。なお、高校第3単元で、年齢段階に応じたスポーツの楽しみ

方や、暮らし方に応じてスポーツとのかかわり方が変化することを学ぶため、ここではスポーツの多様なかかわり方にポイントを置いて教えましょう。

❸ 授業のためのキーワード解説

①行うこと

運動やスポーツのかかわり方では、実際にジョギングやサッカーをプレイしたりする「行うこと」(「するスポーツ」ともいう)が中心です。1960年代以降の高度経済成長は、経済的な豊かさだけでなく労働時間の短縮をもたらし、多くの余暇時間を生み出しました。その結果、人々は生活の楽しみや自己実現を求めて、積極的にスポーツに参加するようになりました。しかし他方で、生活のオートメーション化を生み、人々に運動不足による生活習慣病をもたらし、医療費の増大を生みました。それに対して各国政府が展開したのがスポーツ振興の一環としての「スポーツ・フォー・オール運動」で、スポーツへの参加人口が1970年代以降急激に増加しました。

②見ること

スポーツ観戦に代表される「見るスポーツ」は、今日「行う(する)スポーツ」以上に多くの人々を魅了しています。プロ野球やサッカー(Jリーグ)、大相撲、ゴルフ、ボクシング、ボウリング、カーレース、競輪、競馬や競艇など多様なものがあり、日本人の全人口の6割以上が何らかのプロスポーツを観戦したという報告があります。今後はインターネットや携帯電話での観戦が普及し、「見るスポーツ」は一層身近になると思われます。

③スポーツクラブ

学校、地域、企業などでスポーツ活動をすることを主な目的として組織された集団や組織で、学校の運動部や総合型地域スポーツクラブ、スポーツ少年団、企業の運動部、民間企業のフィットネスクラブ等の商業スポーツクラブも含まれます。これまでは同世代を中心に小人数で単一種目を中心にしたチームが前提でしたが、2000年に文部省(現文部科学省)から出された「スポーツ振興基本計画」以後、多世代の人たちの楽しみや社交、健康、競技といった多様な志向を吸収できるように多種目で構成され、地域住民が自主的に運営する総合型地域スポーツクラブが設立され、全国で運営されています。

④支えること

スポーツ大会の運営を支えるスポーツボランティアなど、さまざまな活動内容があります。行ったり、見たりする以上の楽しさや喜びを感じ、情熱を傾ける人たちも多くいます。

4 より授業を深めるためのキーワード解説

【行うこと】　運動やスポーツのかかわり方の中心的な存在だが、現代社会では生活のオートメーション化によって、多くの人々に運動不足による生活習慣病がもたらされ、医療費の増大を生んでいる。成人が週に1回以上スポーツを実施した割合の推移(図3-1)をみると、ここ30年近く上昇を続け、2009(平成21)には男性46.3%、女性44.5%(全体45.3%)になり、国民の半数近くが週1回以上「行うスポーツ」をしていることがわかる。また、過去1年間に「よく行った(実施頻度が高い)」運動・スポーツの年次比較(表3-1)をみると、成人は体操やジョギング、散歩(ぶらぶら歩き)、ウォーキング等が上位を占めるが、10代では競技性の高い種目が上位を占める。クラスでどんな種目をよく行うかを調べ、自分たちのスポーツ行動を改めて確認させてみることも大切である。また、この表と比べることで地域の特徴についても理解させてみよう。

表3-1　過去1年内に「よく行った」運動・スポーツ種目の年次比較
(出典:笹川スポーツ財団『青少年のスポーツライフ・データ2010』p. 30)

順位	中学校期 (n=568)		高校期 (n=471)		大学期 (n=173)		勤労者 (n=66)	
1	サッカー	22.4	バスケットボール	20.4	ウォーキング	18.5	野球	25.8
2	バスケットボール	21.8	筋力トレーニング	18.9	ボウリング	17.3	バスケットボール	24.2
3	野球	21.8	サッカー	17.2	筋力トレーニング	16.2	ボウリング	21.2
4	ジョギング・ランニング	14.4	バレーボール	15.5	バレーボール	15.6	ウォーキング	15.2
5	筋力トレーニング	14.1	ジョギング・ランニング	14.4	ジョギング・ランニング	14.5	サッカー	15.2
6	バドミントン	13.4	バドミントン	14.0	バドミントン	14.5	バドミントン	15.2
7	バレーボール	13.2	野球	11.7	サッカー	12.7	ソフトテニス	10.6
8	ソフトテニス	11.3	卓球	10.2	野球	12.7	体操(軽い体操・ラジオ体操など)	10.6
9	卓球	10.0	ソフトテニス	7.4	卓球	11.0	卓球	9.1
10	水泳(スイミング)	9.0	ウォーキング	7.2	テニス	11.0	キャッチボール	7.6
	陸上競技	9.0			バスケットボール	11.0	筋力トレーニング	7.6

*「よく行った」運動・スポーツ種目:過去1年間に行った運動・スポーツのうち、実施回数の多い種目
*2009年のデータは過去調査との比較のため、上位3種目のみを分析対象としている

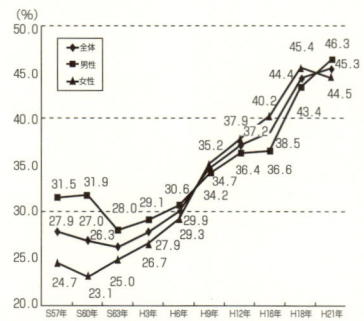

図3-1　成人の週1回以上スポーツ実施率の推移
(出典:内閣府「体力・スポーツに関する世論調査」に基づく文部科学省推計)

【見ること】　中学校期の生徒では、運動部活動を通して1つの種目を中心に練習するようになるとともに、自分の得意な種目をテレビで観戦したり、時には直接スタジアムや競技場に出向いて観戦する機会を持つようになる。また、自分のやっているスポーツだけではなく、オリンピックやサッカーのワールドカップ等を通して、さまざまなスポーツを見ることに興味を覚えるようになっていく。(財)日本プロスポーツ協会によると、同協会加盟のプロスポーツ団体(17種目)の2004年シーズン1年間の観客動員数はおよそ8,388万人であった。日本の推計人口が1億2,769万人(2008年10月現在)であり、全人口の6割以上の人たちが何らかのプロスポーツを観戦したことになる。また、オリンピックは、現在では国連加盟国数よりも多い国や地域から参加する世界の一大イベントであるが、世界でのオリンピックのテレビ観戦者数は、シドニー大会(2000年)では延べ37億人、アテネ大会(2004年)では延べ49億人、北京大会(2008年)では47億人を数え、世界の人口のおよそ7割に相当する人たちが見ていることになる。他方、ワールドカップ・サッカーはオリンピック以上に多くの人たちをスタジアムに動員している。観客動員数はアメリカ大会(1994年)で359万人、ドイツ大会(2006年)で336万人を数えた。このドイツ

大会では、214カ国で延べ263億人がテレビ中継を観戦した。

【スポーツクラブ】　「スポーツ振興基本計画」で提唱されている「総合型地域スポーツクラブ」だが、2008（平成20）年度の調査では全国のクラブ数は2,768、過去6年間で5.1倍に増加し、総合型を育成している市町村の数も1,046と過去6年間で2.5倍に増えている。2005（平成17）年度時点では、38都道府県が各都道府県の総合型地域スポーツクラブの拠点となる広域スポーツセンターを設置している。

【ボランティア】　今では日本語として定着しているものの、意味を説明するのは難しい言葉である。ボランティア（volunteer）とは、自らすすんで自らの知識や技能を社会活動などに奉仕する人や奉仕することをさす。例えば、恵まれない子どもの学習指導、老人や身障者の介護、地域や街の清掃作業、紛争被災地への援助などの活動がある。教育、福祉、環境、国際などさまざまな領域があり、スポーツもボランティアが必要とされる1つの領域である。スポーツで活動するスポーツボランティアには「行うスポーツ」での技術指導や大会運営、審判だけではなく、「見るスポーツ」での観客の誘導や整理、スタジアムでのゴミの分別収集や清掃など、多様な活動がある。活動は自らの自発的な気持ちから行われるものであり原則報酬はないが、活動を通して、スポーツの場で多くの出会いがあり、人から感謝され、自分自身が成長する大切な機会となる。

> 事例：　JリーグのドエフC東京には、サポーターから自発的に生まれた「市民スポーツボランティア」という組織がある。ボランティアは、参加できる試合日を事前にエントリーし、次のような活動を行う。
> ・缶やビン入り飲料の紙コップへの移しかえの補助
> ・会場の列の整理と誘導（座席位置の案内）
> ・ゲーム終了後のスタンドのゴミの分別回収
> このほかにもいろいろな場面でスポーツボランティアが活動している。インターネットを利用して、スポーツボランティアの活動を生徒に調べさせてみると、多くの人たちがスポーツを支えていることをより具体的に理解させることができるだろう。

【支えること】　表3-2に示した分類以外に、地域のクラブでの技術指導のように一定期間行われるものと、イベントでのボランティアのように一回限りの単発で行われるものとに分類できる。できるだけ身近な例から、スポーツの支え方について考えさせることが大切である。

表3-2　支え方による「支えるスポーツ」の分類

支え方	支える場面の例	具体例
技術指導やその補助	・スポーツクラブで ・スポーツ少年団で ・運動部活動で	・コーチとして　・コーチの補助として ・ボール出し　など
大会の運営やその補助	・学校の運動会で　・地域の運動会で ・地域のスポーツ大会で	・進行係として　・用具の準備と後片付け ・放送係として ・観客の整理と誘導　など
選手のサポート	・障がい者アスリートのバックアップ ・マラソン大会で	・盲人マラソンの伴走者として ・大会での選手の給水係として　など
スポーツイベントでの清掃活動	・大会の終了後に ・ウォーキング大会の終了後に	・ゴミの分別回収　など

①中学校・第1単元　運動やスポーツの多様性

ア	運動やスポーツの必要性と楽しさ
イ	運動やスポーツへの多様なかかわり方
ウ	運動やスポーツの学び方

【本文】（1）運動やスポーツが多様であることについて理解できるようにする。
　　　　ウ　運動やスポーツには，特有の技術や戦術があり，その学び方には一定の方法があること。

【解説】　運動やスポーツには，その領域や種目に応じた特有の技術[1]や作戦[2]，戦術[3]，表現の仕方があり，特に運動やスポーツの課題を解決するための合理的な体の動かし方などを技術といい，競技などの対戦相手との競争において，戦術は技術を選択する際の方針であり，作戦は試合を行う際の方針であることを理解できるようにする。また，技術や戦術，表現の仕方などを学ぶにはよい動き方を見付けること，合理的な練習の目標や計画を立てること，実行した技術や戦術，表現がうまくできたかを確認することなどの方法[4]があることを理解できるようにする。

　その際，運動やスポーツにおける技術や戦術，表現の仕方を学習する必要性を一層理解できるよう，それらが長い時間をかけて多くの人々によって，その領域や種目に特有のものとして作られてきたことについても触れるようにする。

　　★高校との関連を意識しよう➡高校　第2単元ア、イ

１　授業の目標

　第1単元では、体育理論を学び始めた中学校期の生徒が、これからの長い生涯で運動やスポーツを豊かに実践できるようになるには、運動やスポーツに合理的に取り組む中で、何よりも楽しみや喜びを味わうことが重要であることを学ばせます。そのためには、運動やスポーツを受動的に行うのではなく、それらの必要性を知的に理解したり、ライフステージ（人生の各段階）に応じた運動やスポーツの多様な親しみ方や学び方があることを体系的に学習したりすることが必要です。

　この小単元（第1単元　ウ）では、運動やスポーツには、領域や種目に応じた特有の技術や作戦、戦術などがあり、これらを学ぶには一定の合理的な方法があることを、授業や部活での練習場面や経験などを振り返らせながら、理解することを目標にします。

2 必ずおさえたい授業のポイント

　ここでは、運動やスポーツには、領域や種目に応じた特有の技術や作戦、戦術などがあり、これらを学ぶには一定の合理的な方法があることを理解できるようにすることがポイントです。なお、高校第2単元で、運動やスポーツの学習の仕方や技能の上達過程を学ぶため、ここでは技術、作戦、技能などの用語や学び方の基礎的な理解にポイントを置いて教えましょう。

3 授業のためのキーワード解説

①技術

　個々の運動やスポーツの課題を解決するために用いられる合理的な体の動かし方や運動の仕方をさします。例えば、逆上がりは鉄棒の上にあがるという課題を解決するための技術です。同様に、柔道の大外刈りは、相手を後ろに倒すという課題を解決するための技術であり、またバレーボールのレシーブは相手のサーブやアタックを受けるという課題を解決するための技術です。

②作戦

　作戦は、試合やゲームを行う際の方針です。試合やゲームに臨む際、相手チームの特徴や弱点などを考慮して、味方チームが有利に試合やゲームを展開できるようにするためのチーム全体の連携行動の方針です。具体的には、対戦相手が自陣に戻るのが遅い場合、相手の弱点を突いて、速攻という方針で点を取りにいくなどがあります。

③戦術

　実際の試合やゲーム場面では、相手やまわりの状況に応じて、最適の技術を選んだり、技術と技術を組み合わせたり、仲間と協力してプレイすることが求められます。このように試合やゲーム場面などの特定の状況下では、合理的で効果的な行動の仕方が求められますが、これを戦術といいます。

④方法

　スポーツの技術や戦術などを効率的に学ぶには一定の方法があります。具体的には、うまい人がなぜよい動きができるのかを見つけることで、自らのプレイやフォームを改善することができます。また、実現可能な目標や計画を立てれば、日々の練習に効果的に取り組むことができます。さらに、練習で試した技術や戦術などがうまくできたかを確認し、うまくできていない場合には、再度フォームや戦術の修正を行ったりすることは有効です。

4 より授業を深めるためのキーワード解説

【技術と技能】　スポーツを上手に行うためには、そのスポーツを行うのに必要な運動の仕方や合理的な体の動かし方、換言すれば、運動技術の構造がわかっておくことが必要である。つまり、スポーツができるためには「わかること」が前提条件となる。このことは、数学や英語などの教室で行う座学でも同様で、数学の公式がわかったり、英語の文法を理解することが授業や学習の目標となる。しかし、身体活動を伴って行われる体育では、わかるだけでは学習が成立したとはいえず、わかることを前提とした上で、学習の対象となる技術そのものができるようになることが必要である。つまり、スポーツを行うのに必要な合理的な体の動かし方や運動の仕方である運動技術を身に付け、それを実際に試合やゲームの中で発揮できる能力（技能）が求められる。技術を知っているだけで、実際にそれを発揮できる技能がなければ技術を実行することはできない。

図3-2に示すように、バレーボールの試合でスパイクという技能を決めるためには、味方や相手の動き、さらにボールの動きを的確にとらえ、スパイクの動作や力をタイミングよく調節して、正確なスパイク動作を行うことが必要である。この場合、スパイク動作の行い方が技術であり、正確なスパイク動作を発揮するための状況判断力、体力や精神的能力を合わせた能力がスパイクという技能である。

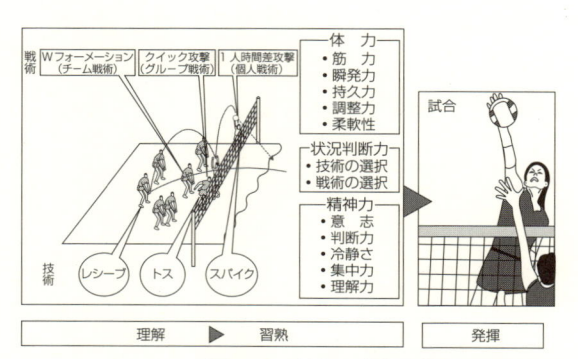

図3-2　技術と戦術と技能の関係（バレーボールの例）

【技能とは】
運動課題を解決するために、身に付けた技術を発揮できる能力のこと。
（高校第2単元での指導内容）

【作戦】　作戦（operation）を立てるには大きく2つのポイントがある。1つは、味方チームの特徴を最大限に生かすというものであり、もう一つは、相手チームに対応して作戦を立てるというものである。足の速い人が多くいれば速攻中心で作戦を立てたり、パスが得意な人が多くいればパスをつないで攻撃するパスプレー中心の攻撃の作戦を立てることが効果的である。ただし、速攻という得意な作戦でゲームに臨んでも、足の速い人が相手チームに徹底的にマークされれば、その時の相手チームの状況に応じて適宜作戦を組み替えていくことも必要になる。いずれにしても、作戦を立てる際には、作戦と密接に結びついた戦術的知識を豊富に持っていることが重要になってくる。

【戦術】 試合やゲームの場面では、さまざまな課題が生じるが、これらの課題を合理的、効果的に解決していくための行動の仕方のプログラムを戦術(strategy)という。戦術には、チーム全体にかかわるもの、チームの一部にかかわるもの、個人にかかわるものなどが

表3-3 共通する動きに着目したゲームの分類（球技）

ゴール型	ネット型	ベースボール型
バスケットボール ハンドボール 水球　サッカー ホッケー　ラグビー アメリカンフットボール	バドミントン テニス　卓球 バレーボール	野球 ソフトボール クリケット ティーボール

ある。このことを図3-2を参照しながら説明する。チーム全体のサーブレシーブの隊形であるWフォーメーションはチーム戦術である。また、セッターとアタッカーの連係プレイであるクイック攻撃は、チームの一部がかかわるためグループ戦術と呼ばれる。さらに、プレイヤーがボールを打つタイミングや場所を判断する1人時間差攻撃は個人戦術である。このように戦術には、行動のプログラムにかかわるプレイヤーがチーム全体から個人によって行われるものが含まれる。また、サッカーやバスケットボールなどの攻防が入り乱れるゴール型とテニスやバレーボールなどの攻防が分離するネット型では、求められる戦術(特にボールを持たない動き方＝off the ball movement)が異なってくる。このようなボールゲームの種目間に共通する動きに着目して(表3-3参照)、新学習指導要領では型別に分類されている。戦術学習では一般に「ゲーム(戦術的課題の提供)→戦術的気づきを促す発問→課題練習(スキルゲーム)→ゲーム(成果の確認)」という学習過程を組むが、これらの考え方を基にした実践も多く行われている。

【学び方の方法】 運動技能を高めるには合理的な学び方を知っておく必要がある。一般に運動技能の上達では、初心者の段階ではさまざまな試行錯誤を繰り返し、その後、意図的に自分で調節しながら徐々にうまくできるようになって、遂には意識しなくてもできるようになる段階を経るといわれている。特に試行錯誤の段階では、うまい人のプレイを直接見たり、ビデオなどで見ることによって、どのように動けばいいのかがわかり、できばえが安定するようになる。また、シュートなどのプレイの結果を確認するフィードバック情報を得ることは技能を高める上で必要である。自分が行おうとしたシュートと、実際のシュートを比べてみて、どこがうまくいかなかったのかを確認することで、技術を修正できる。さらに練習では計画的な学び方を行うようにすることが大切である。まず、試しのゲームなどで、自分やチームの現在のレベルを知り、現在のレベルにあった実現可能な個人・チームの目標を設定する。この実現可能な目標から個人やチームで取り組む必要のある運動課題を設定し、この課題を達成することをめざして、ねらいが明確で成果を確かめやすい練習内容や方法を決めるとよい。学習成果は記録しながら、そのデータをもとに練習計画を評価し、必要であれば修正を加える。このように運動技能の学習では、ＰＬＡＮ−ＤＯ−ＳＥＥのサイクル(図3-3)を明確にして取り組むことが大切である。

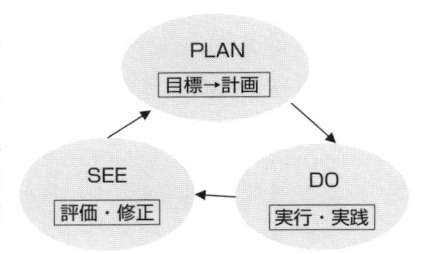

図3-3　合理的な学び方のサイクル

②中学校・第2単元 運動やスポーツが心身の発達に与える効果と安全

ア	運動やスポーツが心身に及ぼす効果
イ	運動やスポーツが社会性の発達に及ぼす効果
ウ	安全な運動やスポーツの行い方

【本文】（2）運動やスポーツの意義や効果などについて理解できるようにする。
　　　　ア　運動やスポーツは，身体の発達やその機能の維持，体力の向上などの効果や自信の獲得，ストレスの解消などの心理的効果が期待できること。

【解説】運動やスポーツは，心身両面への効果が期待できることを理解できるようにする。
　体との関連では，発達の段階①を踏まえて，適切に運動やスポーツを行うことは，身体の発達②やその機能，体力や運動の技能を維持，向上させるという効果があることや食生活の改善と関連させることで肥満予防の効果③が期待できることなどを理解できるようにする。
　心との関連では，発達の段階を踏まえて，適切に運動やスポーツを行うことで達成感を得たり，自己の能力に対する自信をもったりすることができること，物事に積極的に取り組む意欲の向上が期待できること，ストレスを解消したりリラックスしたりすることができること，自分の感情のコントロールができるようになることなどの効果が期待できることを理解できるようにする。
　なお，ここでの体力の扱いについては，体力には，「健康に生活するための体力」と「運動をするための体力」があることを取り上げる程度とする。

★高校との関連を意識しよう➡高校　第2単元ア、ウ、第3単元ア、イ

1 授業の目標

　第2単元では、中学校の第2学年になった生徒が、これからの長い生涯で運動やスポーツを豊かに実践できるようになるには、運動やスポーツの意義や効果、安全に運動やスポーツを行う必要性やその方法について理解できるようになることが重要です。そのためには、運動やスポーツを行うことから心身の発達や社会性を高める効果が期待できることや、そのような効果を得ていくためには運動やスポーツを行う際に健康や安全に留意することが必要になることを体系的に学習したりすることが必要です。

　この小単元（第2単元　ア）では、発達の段階に応じて、安全に運動やスポーツを行うことにより、心と体の両面への効果が期待できることを理解することを目標にします。

2 必ずおさえたい授業のポイント

　ここでは、発達の段階に応じて、安全に運動やスポーツを行うことにより、心と体の両面への効果が期待できることを理解することがポイントです。なお、高校第3単元で、各ライフスタイルにおける身体的、心理的、社会的特徴に応じたスポーツの楽しみ方があることを学ぶため、ここでは運動やスポーツが心身に及ぼす効果にポイントを置いて教えましょう。

3 授業のためのキーワード解説

①発達の段階

　新学習指導要領では、学校段階の接続および発達の段階に応じて指導内容を整理し、明確に示すことで内容の体系化を図ることが試みられました。その結果、小学校1～4年生が「各種の運動の基礎を培う時期」、小学校5～中学校2年生が「多くの領域の学習を経験する時期」、中学校3年～高校3年が「卒業後に少なくとも一つの運動やスポーツを継続することができるようにする時期」と大別されました。【p.21参照】

②身体の発達

　スキャモンは、体組織の成長のパターンをその特徴から「一般型」「神経系型」「生殖器型」「リンパ系型」の4つの型に分類しました。一般型は、身長や呼吸器等であり、幼児期まで急速に発達しますが、その後は次第に緩やかになり、二次性徴が出現し始める思春期に再び急激に発達します。神経系型は、脳、脊髄、視覚器、頭径であり、出生後より急激に発育し、4、5歳までには成人の80%程度に重量を増していきます。この神経細胞がまだつながりやすく、体力的にもいろいろな動作ができようになる時期は9～12歳だといわれています。生殖器型は、睾丸、卵巣、副睾丸等であり、学童期前半まではわずかに成長するに留まりますが、思春期になると急激に発達します。リンパ系型は、胸腺、リンパ節等であり、10代前半で200%近くに達してから、成人レベルまで低下していきます。

③肥満予防の効果

　農林水産省の「食事バランスガイド」(2010年版)によれば、12～17歳の男子で身体活動量が低い場合には2,200Kcal±200Kcal（女子：1,400～2,000Kcal)、ふつう以上の場合では2,400～3,000 Kcal（女子：2,200Kcal±200Kcal）が摂取の目安とされています。スポーツ活動を行っている場合には、身体活動のレベルに応じて適宜必要量の摂取すべきとされています。また、活発に活動することは消費エネルギーを増やし、身体機能が活性化させ、糖や脂質の代謝が活発となり、内臓脂肪が減少し、肥満を予防する効果が期待されています。

4 より授業を深めるためのキーワード解説
【健康に生活するための体力と運動をするための体力】

パテ(Pate)は、体力を「運動に関係する体力要素」と「健康に関係する体力要素」に分類した(図3-4)。健康に生活するための体力は、彼のいう健康に関係する体力要素であり、有酸素能力、筋力／筋持久力、身体組成、柔軟性から構成される。これに対し、運動をするための体力は、彼のいう運動に関係する体力であり、健康に生活するための体力に加え、敏捷性、筋パワー、スピード、平衡性から構成されている。なお、近年では、有酸素運動に加え、筋力維持・向上のための身体活動が健康確保のために重要な役割を果たす可能性があると指摘されるようになっており、筋力あるいは筋持久力と健康の関係に注目が集まっている。

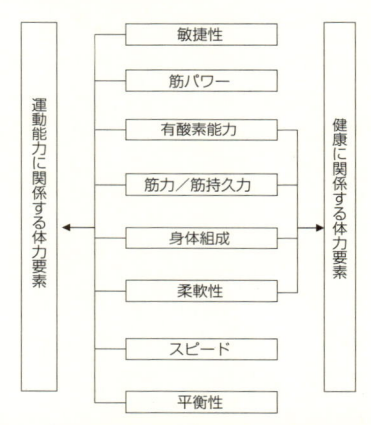

図3-4 パテの示した運動能力に関係する体力要素と健康に関係する体力要素(澤田、2010)

【健康づくりのための健康指針2006】

厚生労働省は、2006年に「健康づくりのための運動基準2006」と「健康づくりのための運動指針2006」を公表した。そこでは、3メッツ以上の身体活動を用い、23メッツ・時／週以上(毎日8,000～10,000歩に相当)、その中に4メッツ・時／週以上(ジョギングやテニスを毎週約35分間、歩速では1時間の実施)を含めて実施することが目安として提案されている。同報告書が使用しているメッツ・時とは、運動強度の指数メッツ(MET：metabolic equivalent)に運動時間を掛けた値である。また、メッツは、身体活動の強さを、安静時の何倍に相当するかで表す単位であり、座って安静にしている状態が1メッツ、普通歩行が3メッツに相当する。同報告書では、図3-5のように、運動と生活活動、それらの強度が区別されている。

なお、標準的な体格の場合、1.0メッツが体重とほぼ同じエネルギー消費量となる。そのため、メッツ・時が、身体活動量を定量化する場合に頻繁に用いられている。また、運動をした時に消費されるエネルギー量は、個人の体重により異なる。そのため、次の簡易式が示されている。

運動中に消費したエネルギー(Kcal) ＝ 体重×(メッツ×時)×1.05

中強度以上の運動 速歩、ジョギング、テニス、水泳	中強度以上の生活活動 歩行、床そうじ、子どもと遊ぶ、介護、庭仕事、洗車、運搬、階段	中強度以上 (3メッツ以上)
低強度の運動 ストレッチング	低強度の生活活動 立位、オフィスワーク、洗濯、炊事、ピアノ	低強度

図 3-5 「健康づくりのための運動基準 2006」で示されている運動と生活活動、それらの強度

【ストレス解消】

　ストレスという言葉は、1936年にセリエ(Selye)が人間の行動に用いたことで、日常用語として定着するようになった。

　ストレスは、いやだと感じる刺激やできごと（ストレッサー）により感情的、気分的、身体的反応（ストレス反応）をあわせて表現する言葉として用いられることが多い。このストレス反応を低減するために行われる認知的、行動的努力が「コーピング」と呼ばれる。また、コーピングを行うためには、身体的健康、自己効力、問題解決スキル、社会的スキル、ソーシャルサポート等、その人が利用可能な資源を活用することが必要になる。ラザラス(Lazarus)によれば、コーピングの方略は2つに分けられる。ストレッサーやその環境条件に働きかけ、変化させようとする問題焦点型コーピングとストレッサーに対する認知や情動を調整しようとする情動型コーピングである。前者は、問題を明確にする、情報を集める、解決策を検討する、問題解決を実行する等の行動を含んでいる。後者は、回避する、距離をおく、見方を変える、気晴らしをする等、深い情動やストレス反応を低減させるための対処をさす。ストレスにさらされている際に健康を守るには、ストレスに対する正しい知識やコーピングの方法を身につけていること、ストレスに対する耐性を高めること、ストレッサーを回避したり、ストレッサーを生み出す要因を解消するために環境を調整することが有効になる。このようなストレスを生み出す環境や個人の状態を積極的に調整することを、ストレス・マネジメントという。ストレス・マネジメントの方法としては、刺激への介入、評価過程への介入、対処方法への介入、ストレス反応への介入の4つがある。また、これらそれぞれに環境調整、認知療法、ソーシャルスキルトレーニング、自律訓練法等のリラクセーションが用いられる。なお、ストレスそのものは、決して悪いものではない。過小なストレスと過剰なストレスの場合には作業効率は低く、ある程度のストレスのときに最も作業効率がよくなることは、その例である。

②中学校・第2単元　運動やスポーツが心身の発達に与える効果と安全

ア	運動やスポーツが心身に及ぼす効果
イ	運動やスポーツが社会性の発達に及ぼす効果
ウ	安全な運動やスポーツの行い方

【本文】（2）運動やスポーツの意義や効果などについて理解できるようにする。
　　　　イ　運動やスポーツは、ルールやマナーについて合意したり、適切な人間関係を築いたりするなどの社会性を高める効果が期待できること。

【解説】　運動やスポーツを行う際に求められる社会性は、ルールやマナー①に関する合意を形成することや適切な人間関係②を築くことであるととらえ、運動やスポーツを行うことを通してそれらの社会性③が発達していく効果が期待されることを理解できるようにする。
　その際、ルールやマナーに関して合意形成をするためには、仲間の技能・体力の程度、施設等の状況に応じて正規のルールを緩和したり、プレイの際の配慮について互いの意見の違いを調整したりすることが必要になること、適切な人間関係を築くためには、仲間と教え合ったり、相手のよいプレイに賞賛を送ったりすることが期待できる人間関係づくりが必要になることを理解できるようにする。また、運動やスポーツを行う過程で形成された社会性が、日常生活の場でも発揮されることが期待できることを理解できるようにする。

★高校との関連を意識しよう➡高校　第3単元ア、イ

1 授業の目標

　第2単元では、中学校の第2学年になった生徒が、これからの長い生涯で運動やスポーツを豊かに実践できるようになるには、運動やスポーツの意義や効果、安全に運動やスポーツを行う必要性やその方法について理解できるようになることが重要です。そのためには、運動やスポーツを行うことから心身の発達や社会性を高める効果が期待できることや、そのような効果を得ていくためには運動やスポーツを行う際に健康や安全に留意することが必要になることを体系的に学習したりすることが必要です。
　この小単元（第2単元　イ）では、運動やスポーツがルールやマナーについて合意したり、適切な人間関係を築くなどの社会性を高める効果を期待できることを理解することを目標にします。

2 必ずおさえたい授業のポイント

　ここでは、運動やスポーツがルールやマナーについて合意したり、適切な人間関係を築くなどの社会性を高める効果を期待できることを理解できるようにすることがポイントです。なお、高校第3単元で、各ライフスタイルにおける身体的、心理的、社会的特徴に応じたスポーツの楽しみ方があることを学ぶため、ここではスポーツが社会性の向上に与える効果にポイントを置いて教えましょう。

3 授業のためのキーワード解説

①ルールとマナー
　英語のルールという言葉は、規程、規則、法則以外にも、慣例、標準等を意味することがあります。ルールが設定されることにより、解決すべき課題やその解決方法が設定され、その解決に取り組む人間の行動が制約されることになります。一方、マナーは、一般的にはテーブルマナーなどと呼ばれるように、互いが相手を気遣いながら、気持ちよく行動できるために取られる所作をさします。

②人間関係
　人間関係は、その営み方が意図的、非意図的に学習されることにより改善されていきます。そのため、人間関係の改善を意図する際には1)参加者間の肯定的な相互依存関係を生み出し、2)フェイス－トゥ－フェイスで展開される相互作用を重視するとともに、3)個人の説明責任／個人的な責任を向上させ、4)個人間ならびに小集団でかかわり合える技能を学習させ、5)グループ内での省察を促す過程を意図的に設定することが重要になります。

③社会性
　最も広義には、その社会が支持する生活習慣、価値規範、行動基準などに沿った行動がとれるという、社会的適応性をさします。最も狭義では、他者との円滑な対人関係を営むことができるという対人関係に限定されて用いられます。そのため、社会性は個人が自己を確立しつつ、人間社会の中で適応的に生きていく必要な諸特性と定義されることもあります。その意図は、環境をよりよい方向に変革しようとする態度を含めた、積極的、能動的態度と同時に、社会の慣習や社会的規範を取り入れていく側面の双方を位置づけることにあります。子どもたちは、人との関係を発達させながら、自己意識を発達させ、性役割を学習し、他者を認知する能力を高め、自らの攻撃衝動をコントロールすることを学び、次第に道徳性を身につけ、他者に対して愛情のこもった行動ができるようになっていきます。

4 より授業を深めるためのキーワード解説
【スポーツのルール】
　スポーツのルールは、通常、1) 競技場や施設、整備が備えるべき条件といった競技を行うための条件整備に関する内容、2) 競技の目的や行い方といった競技の実施に関する内容、3) 競技の結果の処理に関する内容ならびに 4) 表彰等に関する事項やその他の内容で構成されている。また、審判や競技の判定上の細則、競技の運営管理に関する事項が含まれることもある。競技で求められるモラルやマナーは、2) に含まれて成文化されていることもあれば、成文化されていないこともある。

　ルールを設定する際には、1) 当該のスポーツの基本的な特徴を保持するという原則、2) 人命尊重、安全確認を尊重するという原則、3) 対等、平等、公正を担保するという原則、4) 技術の高度化を追求することを保証する原則、5) 不合理性を排除する原則、6) 秩序を保持する原則、7) 物質的欲望を排除する原則等に対する配慮が加えられている。

　また、ルールには、プレイの仕方そのものを規定している第一次ルールと、プレイの仕方には大きな影響を与えない第二次ルールが存在する。

　なお、ルールは、あくまで人々の合意の上に成立している。しかし、スポーツを行う当事者間の合意でルールが決まるスポーツもあれば、当事者間の合意では決まらない場合も見られる。メディアや協会の論理でルールが変更されることは、その例である。

　このことは、ルールを設定する際には、参加者の条件を踏まえ、誰が、誰の立場を優先し、どのような手続きで合意を形成するのかという問題が、常に派生することを意味している。この過程では、ルールを設定する当事者は、さまざまな立場の利害関係の調整も求められる。

　実際、協会組織のもとで管理されているスポーツでは、選手の思いでルールが変更されることは少なく、協会や観衆、メディアの要請によりルールが変更されるケースが多い。これに対し、学校の授業や学校外において仲間内で実施されるスポーツでは、当事者の誰もが参加できる条件を重視したルール変更がなされやすいといえる。

【スポーツ教育論と仲間学習論にみる人間関係改善に向けた提案】
　スポーツ教育論を展開する人々は、授業においてチームを固定することを提案している。スポーツ教育が実施されると、生徒は即座にチームの一員とされ、その関係がシーズン期間中維持される。そして、そのような恒常的人間関係の中で生み出されるチームのメンバーシップが、役割の分化やグループに対する個人の責任観を生み出すことになると考える。それはまた、個人の成長を促していくといえる。確かに、チームの固定化によって問題が生み出される危険もある。しかし、チーム内の人間関係に対処していくことにより、生徒たちは成長していくと考えられている。むしろ、チームが試合に負け続けている時こそ、チームが結束するチャンスだと考えられることになる。

　スポーツ教育モデルでは、チームの目標が予め設定され、生徒はチームあるいは小集団として学習に取り組み、役割を担い、互いに肯定的なフィードバックを与え合い、肯定的な相互依存関係が求められる。そのため、スポーツ教育モデルに関する研究では、生徒の運動技能、戦術なら

びに社会的技能(social skills)が向上したことが報告されている。

あるいは、高校用のカリキュラムとして開発されたスポーツ教育モデルに依拠する平和のためのスポーツ(Sport for Peace)モデル(Ennis et al., 1999)もまた、小集団あるいはチームを活用し、シーズン制を取り、生徒に役割を割り振り、他のチームと競うために個々人がチーム内で共同することを求める。このモデルに関する研究でも、クラスのコミュニティ内で学習への従事や参加率が向上したことが報告されている。また、このカリキュラムの構造は、技能上位者と技能下位者の男子や女子の責任感を向上させ、信頼や相互の尊敬感を向上させたという。

人間関係改善に向けた手続きについては、教師の設定した課題の範囲内で双方向的な教え合いを求める仲間学習において明示されている。仲間学習では、固定したメンバーが、互いに教え役(チューター)を交互に演じていく。このシステムを用い、教師は、次のような技能を生徒に学習させていく(Metzler, 2000)。

1) チューターは、学習者の能力や欲求に敏感になる。
   (特に、学習者が困難を抱えていたり、必要な情報が肯定的なものではない場合)
2) 学習者は、チューターも失敗を犯すことがあることや教師と同じレベルではないことを意識する。
3) 学習者は、チューターの発する否定的なフィードバックは個人に向けられたものではないことを意識する。
4) 教師は、クラスと定期的に論議し、好ましいチューターと学習者の役割行動を強化し、このモデルで求められている責任を思い起こさせる。

これらの指摘は、役割や責任感、コミュニケーションスキルの学習が、人間関係の改善に向けて求められることを示している。

【日常生活への転移】

WHOによれば、ライフスキルは「日常生活で生じる様々な問題や要求に対して、建設的かつ効果的に対処するために必要な能力」と定義されている。また、その構成要素として意志決定、問題解決、創造的思考、批判的思考、効果的コミュニケーション、対人関係スキル、自己意識、共感性、情動への対処、ストレス対処が挙げられている。それらは、個人的スキル、社会的スキルならびに対人的スキルに分類される(中込、2007)。スポーツ経験がこれらライフスキルの獲得に貢献できることを支持する報告が示されている。ダニッシュ(Danish)は、スポーツ経験で獲得されたスキルがライフスキルへの転移に及ぼす要因として表3-4を挙げている。

表3-4 ライフスキルへの転移に関する要因(Danish et al. 1995)

1) スポーツ場面で獲得したスキルが他の場面においても価値があるという信念をもつ。
2) 自らが獲得している身体的・心理的スキルに気づく。
3) どのようにスキルを獲得したのかを知る。
4) 異なる状況にスキルを応用する自信をもつ。
5) スポーツ以外の場面での役割を見つけようとする。
6) 支援してくれる人を探し始めようとする。

②中学校・第2単元　運動やスポーツが心身の発達に与える効果と安全

ア	運動やスポーツが心身に及ぼす効果
イ	運動やスポーツが社会性の発達に及ぼす効果
ウ	安全な運動やスポーツの行い方

【本文】(2) 運動やスポーツの意義や効果などについて理解できるようにする。
　　　　ウ　運動やスポーツを行う際は、その特性や目的、発達の段階や体調などを踏まえて運動を選ぶなど、健康・安全に留意する必要があること。

【解説】　安全に運動やスポーツを行うためには、特性や目的に適した運動やスポーツを選択し、発達の段階に応じた強度[①]、時間、頻度に配慮した計画を立案すること、体調、施設や用具の安全を事前に確認すること、準備運動[②]や整理運動を適切に実施すること、運動やスポーツの実施中や実施後には、適切な休憩や水分補給を行うこと、共に活動する仲間の安全にも配慮することなどが重要であることを理解できるようにする。
　また、野外での活動では自然や気象などに関する知識をもつことが必要であることや、運動やスポーツの実施中に発生した事故や傷害[③]の初歩的な応急手当の仕方についても触れるようにする。
　なお、運動に関する領域で扱う運動種目等のけがの事例や健康・安全に関する留意点などについては、各運動に関する領域で扱うこととする。

　　　★高校との関連を意識しよう➡高校　第2単元ウ、エ

1 授業の目標

　第2単元では、中学校の第2学年になった生徒が、これからの長い生涯で運動やスポーツを豊かに実践できるようになるには、運動やスポーツの意義や効果、安全に運動やスポーツを行う必要性やその方法について理解できるようになることが重要です。そのためには、運動やスポーツを行うことから心身の発達や社会性を高める効果が期待できることや、そのような効果を得ていくためには運動やスポーツを行う際に健康や安全に留意することが必要になることを体系的に学習したりすることが必要です。
　この小単元(第2単元　ウ)では、安全に運動やスポーツを行うためには、それを実施する前、実施中ならびに実施後に適切な配慮が必要になることを理解することを目標にします。

第3章 体育理論を理解するために

2 必ずおさえたい授業のポイント
　ここでは、安全に運動やスポーツを行うためには、それを実施する前、実施中ならびに実施後に適切な配慮が必要になることを理解することがポイントです。なお、高校第2単元で、活動に伴う危険性を理解し、危険を回避することを学ぶため、ここでは特性や安全に適した運動やスポーツの実施前、実施中、実施後の安全の確保にポイントを置いて教えましょう。

3 授業のためのキーワード解説
①発達の段階に応じた強度
　運動の強度と持続時間が、1つのトレーニングにおける全エネルギー消費を決定します。そのため、「強く×短い運動」か「弱く×長い運動」の処方が考えられます。障害予防や継続性から見た場合には、中程度の運動強度が好ましいといわれています。また、持久性運動を例にとれば、運動の強度は個人の最大酸素摂取量の何％かに相当する強度の心拍数で処理することが基本となっていました。しかし、運動強度の指標として最近では％最大酸素摂取予備能力(VO_2R：最大酸素摂取量－安静時酸素摂取量)が使われるようになっています。アメリカスポーツ医学会(ACSM)では、健康な成人のための運動処方に際して40/50％～85％の最大酸素摂取量予備能力あるいは最大心拍予備(HRR：最大心拍数－安静時心拍数)を勧めています。中程度の強度は最大酸素摂取量予備能の40～59％に該当しますが、体力の低い人に対しては最大酸素摂取量予備能の40～49％の強度が勧められています。

②準備運動
　主運動への準備のための運動をさします。1) 主運動がスムーズに実施できるように体を温めるという機能と 2) 主運動につながる準備の運動としての機能という、2つの機能を備えています。

③運動やスポーツの実施中に発生した事故や傷害
　平成20年度に中学校内での体育の授業中に発生した事故の多くは、球技実施時に発生しています。また、課外活動時における野球の被害件数が多くなっています。体育活動中の事故の原因は、未熟な技能や練習環境に起因するものが多いといえます。あるいは、用具の管理に起因する事故もみられます。事故を防止するには、危険なプレイを避けることや競技場面で予想される事故に対する知識を豊かにすること等が求められます。
　なお、学校内で発生した死亡事故や障害に関する事例や統計的データは、「学校安全Web」(http://naash.go.jp/anzen/)から入手可能になっています。

4 より授業を深めるためのキーワード解説
【運動強度の分類】
　運動強度を判断する際には、目的に応じて多様な指標が用いられる。心肺持久力でいえば最大心拍数はその例である。しかし、運動中の心拍数を測定することは容易ではない。そのため、簡便な方法として、運動している際に個人が感じる主観的な印象を運動強度の指標にすることができる（自覚的運動強度）。表3-5は、日本体育協会が自覚的運動強度と最大心拍数に対する比率を対応させて示している例である。

表3-5　心肺持久力の運動強度の分類（日本体育協会、2004）

強度	自覚的運動強度	最大心拍数に対する比率（％）
非常に楽	＜10	＜35
楽である	10〜11	35〜54
中程度	12〜13	55〜69
きつい	14〜16	70〜89
かなりきつい	17〜19	≧90
最大	20	100

　また、バーベルのような一定の荷重負荷のもとで筋活動を行う等張性トレーニングでは、期待する効果に応じて表3-6のような最大反復回数を目安とすることができる。

表3-6　等張性トレーニングにおける最大反復回数と期待できる主な効果
　　　（日本体育協会、2004を参照）

最大反復回数	主な効果
1〜4	筋力増加
4〜11	筋肥大
12〜	筋持久力の増加

【水分補給】
　体重が1％減少すると体温が0.3℃上昇し、体重の3％の水分が失われると、運動能力や体温調整機能が低下する。したがって、運動による体重減少が2％を切らないように水分を補給することが必要になる。汗からは塩分も同時に失われ、疲労からの回復も遅れる。そのため、水分補給には0.1％〜0.2％程度の食塩水が適当だといわれる。環境条件によって発汗量も異なるが、競技開始までに空気の温度が28℃までであれば250ml、28℃以上であれば500ml程度の水分を補給し、競技中には発汗量の50〜80％を補給することが原則といわれる。できる限り飲水のための休憩を入れ、自由に水分を補給することを促すことで、発汗量の80％の補給が可能になる（図3-6）。

運動強度			水分摂取量の目安	
運動の種類	運動強度(最大強度の%)	持続時間	競技前	競技中
トラック競技バスケットサッカーなど	75～100%	1時間以内	250～500ml	500～1,000ml
マラソン野球など	50～90%	1～3時間	250～500ml	500～1,000ml/1時間
ウルトラマラソントライアスロンなど	50～70%	3時間以上	250～500ml	500～1,000ml/1時間 必ず塩分を補給

<注意>
・環境条件によって変化しますが、発汗による体重減少の70～80%の補給を目標とする。気温の高い時には15～20分ごとに飲水休憩をとることによって、体温の上昇が抑えられる。1回200～250mlの水分を1時間に2～4回に分けて補給する。
・水の温度は5～15℃が望ましい。
・食塩（0.1～0.2%）と糖分を含んだものが有効である。運動量が多いほど糖分を増やしてエネルギーを補給しましょう。特に1時間以上の運動をする場合には、4～8%程度の糖分を含んだものが疲労の予防に役立つ。

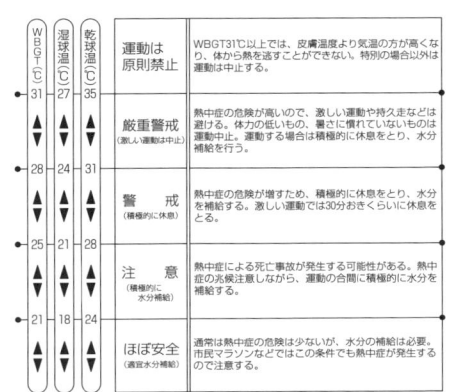

WBGT(℃)	湿球温(℃)	乾球温(℃)		
31	27	35	運動は原則禁止	WBGT31℃以上では、皮膚温度より気温の方が高くなり、体から熱を放すことができない。特別の場合以外は運動は中止する。
28	24	31	厳重警戒(激しい運動は中止)	熱中症の危険が高いので、激しい運動や持久走などは避ける。体力の低いもの、暑さに慣れていないものは運動中止。運動する場合は積極的に休息をとり、水分補給を行う。
25	21	28	警戒(積極的に休息)	熱中症の危険が増すため、積極的に休息をとり、水分を補給する。激しい運動では30分おきくらいに休息をとる。
21	18	24	注意(積極的に水分補給)	熱中症による死亡事故が発生する可能性がある。熱中症の兆候に注意しながら、運動の合間に積極的に水分を補給する。
			ほぼ安全(適宜水分補給)	通常は熱中症の危険は少ないが、水分の補給は必要。市民マラソンなどではこの条件でも熱中症が発生するので注意する。

・熱中症予防のための指標・WBGT（湿球黒球温度）
 WBGT（湿球黒球温度）とは、人体の熱収支に影響の大きい気温、湿度、輻射熱の3つを取り入れた指標で、乾球温度、湿球温度、黒球温度の値を使って計算します。
・WBGT（湿球黒球温度）の算出方法
 屋外：WBGT＝0.7×湿球温度＋0.2×黒球温度＋0.1×乾球温度
 屋内：WBGT＝0.7×湿球温度＋0.3×黒球温度
 環境条件の評価はWBGTが望ましい。
 湿球温度は気温が高いと過小評価される場合もあり、湿球温度を用いる場合には乾球温度も参考にする。
 乾球温度を用いる場合には、湿度に注意。湿度が高ければ、1ランクきびしい環境条件への注意が必要。

図3-6　運動強度と水分補給の目安（日本体育協会）　図3-7　日本体育協会　熱中症予防運動指針（日本体育協会）

【自然や気象に関する知識：熱中症予防運動指針】

　運動をする際には、さまざまな環境要因がその安全性や効果に影響を与える。なかでも、温熱ストレスほど生命を脅かすものはない。また、運動環境の設定に際しては、温度や湿度に加え、気流や太陽光にも配慮が求められる。この点を考慮する簡単な温度指標として日本体育協会では、熱中症予防運動指針を示している（図3-7）。

　図3-7で示されている乾球温度は空気の温度であり、湿球温度は、球部を湿ったガーゼで包んだ温度計によって測定される温度であり、通常は気化熱により乾球温度より低い温度を示す。熱中症の予防には空気の温度のみではなく、空気の乾燥度も踏まえた対応が必要になる。

【初歩的な応急手当】

　ねんざや外傷になった際に、患部を冷やして安静にすることで血液循環を抑え、痛みを軽減し、症状の悪化を防ぐ方法としてアイシングがある。その方法は、RICEとして知られている。Rは安静（Rest）、Iは冷却（Ice）、Cは圧迫（Compression）、Eは挙上（Elevation）をさす。患部を圧迫することで内出血や腫れを抑えることができる。また、患部を心臓より高くすることで、患部への血液循環を抑えることができる。一般的には、20分程度が効果的といわれる。

　また、切り傷や擦り傷などの傷の応急処置には、湿潤療法がある。これは、まず、消毒薬を使わず、水道水などで傷を洗い、傷口を乾かさないように患部にワセリンを塗り、ラップでパックする方法である。ただし、熱や腫れ、膿が出ている際には使えない。傷が早く治る、傷跡が残りにくいといったメリットがある。

③ 中学校・第3単元 文化としての
　スポーツの意義

ア	現代生活におけるスポーツの文化的意義
イ	国際的なスポーツ大会が果たす文化的な意義や役割
ウ	人々を結び付けるスポーツの文化的な働き

【本文】（3）文化としてのスポーツの意義について理解できるようにする。
　　　ア　スポーツは文化的な生活を営み，よりよく生きていくために重要であること。
【解説】　現代生活[①]におけるスポーツは，生きがい[②]のある豊かな人生を送るために必要な健やかな心身，豊かな交流や伸びやかな自己開発の機会を提供する重要な文化的意義[③]をもっていることを理解できるようにする。
　　　　また，国内外には，スポーツの文化的意義を具体的に示した憲章やスポーツの振興に関する計画などがあることにも触れるようにする。

★高校との関連を意識しよう➡高校　第3単元ア、イ、ウ

1 授業の目標

　第3単元では、第1学年で学んだ運動やスポーツの多様な見方や考え方、および第2学年で学んだ自分たちの心身の発達に及ぼす運動やスポーツの効果や安全の確保についての学習を踏まえて、スポーツが人々の生活や人生を豊かにするかけがえのない文化となっていることを学びます。そのためには、現代生活においてスポーツが果たす役割や文化的な意義を知るとともに、そのような文化としてのスポーツが世界中に広まり、さまざまな違いを超えて人々を結びつける働きをもっていることを学習します。
　この小単元（第3単元　ア）では、現代生活の特徴が人々の心身に及ぼす影響や課題を明らかにし、そのような課題を解決するためにスポーツが生きがいのある豊かな人生を送るための重要な文化としてとらえることができること、またそのような文化的意義を具体的に示した憲章や振興計画があることなどを理解することを目標にします。

2 必ずおさえたい授業のポイント

　ここでは、現代生活におけるスポーツが私たちの生活をよりよくしていくという意味において、文化的な意義をもつものとしてとらえられることを理解できるようにすることがポイントです。なお、高校第3単元で、各ライフステージにおけるスポーツの楽しみ方やライフスタイルに応じたスポーツのかかわり方、およびスポー

ツ振興のための施策と諸条件を学ぶため、ここでは現代生活の諸問題を解決するスポーツの基本的な役割とその文化的意義にポイントを置いて教えましょう。

3 授業のためのキーワード解説
①現代生活
　現代生活の特徴は、経済的な豊かさによって人間の基本的な生活に必要な衣・食・住に関連した物質に恵まれ、お金さえあれば欲しいモノがすぐに手に入るところにあります。また、科学技術の発展がそのような生活の利便性を高めるとともに、情報通信技術（ICT）の飛躍的な進歩が誰でも、いつでも、どこでも日常生活の中で情報を受信するばかりでなく発信することをも可能にしています。他方、労働時間の短縮や平均寿命の伸びは、人々が自由に過ごすことができる自由時間を増やし、その中で一人ひとりが自由に目標を設定して、より充実した生活を営もうとする特徴も現われるようになっています。

②生きがい
　生きがいとは、生活の中で生きていることの充実感を味わったり、味わおうとしたりする状態です。これまでの人類の歴史の大半は、安全に生きていくために必要な最低限の衣・食・住を充足させるために時間を費やしてきました。しかし、これらの欲求が満たされると人間は、もっと自分らしく生きたいとか、より健康でありたいといったより高次の欲求をもつようになります。私たちが暮らす現代の生活では、このような自己を実現しようとする欲求が生きがいとして意識されるようになります。

③文化的意義
　現代生活の中で人々がよりよく生きる内容は、心身の健康を求めたり、他者との豊かな交流をはかること、あるいは無理なく伸び伸びと自分の能力の可能性を開発したり追求したりすることととらえられます。文化には「cultivate＝耕す、開墾する、（才能などを）みがく、洗練する」といった意味が含まれています。スポーツは、現在の自分の健康状態や他者との人間関係、あるいは現在の能力の状態に満足することなく、身体活動や運動によって競争したり、自らの目標を達成・克服したりしてこの能力を高めようとする行為です。その意味で、スポーツは文化そのものであると同時に、現代における人々の生活をより豊かにしていく文化として存在する理由を持つことになります。特に現代生活の特徴からみると、青少年に対する教育的意義ばかりでなく、生涯にわたるこの文化的意義が重要になってきます。

4 より授業を深めるためのキーワード解説

【現代生活】　現在の中学生が、自分たちが生きている現代生活の特徴を適確に言い当てることは案外難しい。なぜなら、自分の日々の生活はすでに与えられた環境の中で営まれており、その日常は、まさにごく当たり前の日常「性」として中学生に認識されているからである。彼ら彼女らの周囲には、当たり前のように生活に便利なモノがあふれ、ごく簡単に遠く離れた人との通信が可能であり、自分たちの生活への欲望は比較的容易に満たされ、それが生活の基準となっている。この日常生活の基準の当り前さを「特徴」として、あえて示すためには、そうではない生活との比較が必要になってくる。

　この比較の観点には、空間的なものと時間的なものとが考えられるが、前者は「現代」という同時代に生きている世界の人々の中で、経済先進国の仲間入りをしているわが国が、例えば近隣のアジア諸国と比較して、いかに物質的に豊かな生活が送られているかを考えてみればよいであろう。具体的には日常生活における衣・食・住をめぐる豊かさである。また、後者の時間的な比較は、少なくとも戦後のわが国が経済の豊かさを求めて急速に（1960～70年代のわずか20年ほどの間に）高度経済成長を成し遂げ、人々が利便性のある生活環境へと急激に変化させられていったことを踏まえておく必要がある。この日常生活の変化の急激さこそが、私たち人間の心と体の健康にさまざまな問題を引き起こしている原因でもある。過去には、公害による身体の健康への悪影響が「公害病」として問題となったが、それは環境対策を推進することである程度の解決が図られた。しかし、なお環境の利便性は、普通に体を動かして生活していてもその消費カロリーが摂取カロリーに及ばなくなってしまうような、いわば運動不足状態を日常化する生活を人々に強いている。

　一方、現代生活では労働時間の減少や平均寿命の伸びによって自由時間が増大し、この自由時間を自分の生きがいのある人生のためにどのように過ごすべきなのかが重要な課題となってきている。また、物質的な利便性に恵まれ、生活水準が向上することは、他方で栄養の過剰摂取や前述した運動不足による肥満や生活習慣病を引き起こす原因にもなっている。さらに、情報通信網の発達は気軽に、いつでも、どこでも他者とコミュニケーションができてストレスが解消される反面、一方的な情報通信によって非難されたり、誤解されたりするような機会も増えるため、過度のストレスがかかるような事態が起こることもある。このような現代生活におけるさまざまなストレスによって、わが国における自殺者は1998年から連続して年間3万人を超える事態になっていることもまた事実であり、現代生活における人々の生きがいをどのように求めるのかは、きわめて重要な課題であることが理解される。

【生きがい】　物質的で経済的な豊かさを求めてきたこれまでの人々の生き方や生活の特徴は、生活していく上での「不足」感が前提となっていた。生活に必要な衣・食・住にまつわる「不足」は比較的明確であり、誰にもわかりやすい状態である。人々が1970年代までに高度経済成長を成し遂げることができた背景には、このような「不足」感を克服しようとするわかりやすい目標が共通に設定できたからである。つまり、量的な比較によって生活の豊かさが測られると信じられていたのである。

ところが、1973～74年の第一次石油ショック、続く1978～79年にかけての第二次オイルショックを経て、わが国の経済成長は一転して停滞し、モノの豊かさはかえって環境破壊をもたらすとともに心身のストレスに代表される健康問題を引き起こした。人々は、これまで経験したことがないモノの豊かさに到達したことによって、初めてそれが自動的に自分たちを幸福にするものではないことを知ったのである。1980年代以降のわが国では、「どれだけのモノを持っているのか」という所有価値(to have)によって生活が豊かになるのではなく、「いかに生きようとしているのか」という実存価値(to be)によって、すなわち「生きがい」を持つことが生活の豊かさにつながるという考え方が広がっていくのである。

そこで重要になってくるのが、一人ひとりの人間が生活の中でどのような欲求を充足させたいと願っているのかという欲求の段階を一般的に押さえておくことである。アメリカの心理学者であるマズロー(A.H.Maslow)は、人間の欲求が、①生理的欲求、②安全欲求、③社会的欲求、④尊敬欲求、⑤自己実現欲求、の5段階から成り立っており、それぞれ①から順次、低次元の欲求が満足させられた後により高次元の欲求が満足させられる段階が現われると説いた。ここでいう「生きがい」とは自己実現欲求およびその充足と同じ意味であり、病気でない状態としての健康から心身ともによりよく生きている状態としての健康へ、また単なる知り合いから互いを深く理解し合う豊かな交流へ、さらには与えられた課題をこなすことから自ら課題を設定しこれにのびのびと挑戦して新たな自己の可能性への追求へ、といった欲求およびその充足をさしている。

このような機会を提供する内容の1つとしてのスポーツは、現代生活をより豊かにする文化の1つとしてその意義が見出されるようになる。

【憲章やスポーツ振興計画】　スポーツを文化としてとらえ、現代生活におけるその社会的価値や意義を国の政策として積極的に推進していこうとする動きは、まず1970年代のヨーロッパにおいて憲章という形で成文化された。1975年に開催された第1回ヨーロッパ・スポーツ担当閣僚会議では「ヨーロッパ・みんなのスポーツ(Sport for All)憲章」が採択されたが、その中でスポーツはあらゆる人種や性別、年代や階層などの違いを超えてすべての人々がその参加を保障され、享受される生活文化であること、またそのためには国が積極的にスポーツ政策を推進していく必要性があること、などが示された。また、1978年のユネスコによる「体育およびスポーツに関する国際憲章」では、スポーツの文化的意義がスポーツ参加の平等性を確保する権利として保障されなければならないという立場から、「スポーツ権」が主張されている。なお、1992年の「新ヨーロッパ・スポーツ憲章(倫理綱領)」では、スポーツの文化的意義の重要性をフェアプレイの遵守に求め、その精神の広がりが社会的に重要な価値を持つことを新たに示している。

わが国では、1961年に制定された「スポーツ振興法」に基づき、2000年に「スポーツ振興基本計画」が策定された。その前文では、スポーツが「人生をより豊かにし充実したものにする世界共通の文化の一つである」と述べられ、その文化的意義が世界共通であることが示されている。また、そこでは、①スポーツの振興を通じた子どもの体力の向上、②地域におけるスポーツ環境の整備・充実、③国際競技力の総合的向上、の3つが方策の柱となっている(2006年改定)。なお、2010年の「スポーツ立国戦略」でも「新たなスポーツ文化の確立」がめざされている。【資料編を参照】

③中学校・第3単元 文化としての
　スポーツの意義

ア	現代生活におけるスポーツの文化的意義
イ	国際的なスポーツ大会が果たす文化的な意義や役割
ウ	人々を結び付けるスポーツの文化的な働き

【本文】(3) 文化としてのスポーツの意義について理解できるようにする。
　　　　イ　オリンピックや国際的なスポーツ大会などは，国際親善や世界平和に大きな役割を果たしていること。

【解説】　オリンピック競技大会や国際的なスポーツ大会①などは，世界中の人々にスポーツのもつ教育的な意義や倫理的な価値②を伝えたり，人々の相互理解を深めたりすることで，国際親善や世界平和③に大きな役割を果たしていることを理解できるようにする。
　　　　　また，メディアの発達④によって，スポーツの魅力が世界中に広がり，オリンピック競技大会や国際的なスポーツ大会の国際親善や世界平和などに果たす役割が一層大きくなっていることについても触れるようにする。

★高校との関連を意識しよう➡高校　第1単元イ、ウ、エ

1 授業の目標

　第3単元では、第1学年で学んだ運動やスポーツの多様な見方や考え方、および第2学年で学んだ自分たちの心身の発達に及ぼす運動やスポーツの効果や安全の確保についての学習を踏まえて、スポーツが人々の生活や人生を豊かにするかけがえのない文化となっていることを学びます。そのためには、現代生活においてスポーツが果たす役割や文化的意義を知るとともに、そのような文化としてのスポーツが世界中に広まり、さまざまな違いを超えて人々を結びつける働きをもっていることを学習します。
　この小単元(第3単元　イ)では、第3単元のアで学んだ現代生活におけるスポーツの文化的意義が主に個人の生活からみた側面として取り上げられるのに対して、オリンピック競技大会をはじめとする国際的なスポーツ大会が国際親善や世界平和に大きな役割を果たしていること、またメディアの発達によってその役割が一層大きくなっていることなど、主に社会的な側面からも取り上げられることを理解することを目標にします。

2 必ずおさえたい授業のポイント

　ここでは、オリンピック競技大会をはじめとする国際的なスポーツ大会が

国際親善や世界平和に大きな役割を果たしていることを理解できるようにすることがポイントです。なお、高校第3単元で、オリンピックムーブメントやメディアの発達を学ぶため、ここでは国際的なスポーツ大会が果たす親善や平和の意義とその広がりにポイントを置いて教えましょう。

3 授業のためのキーワード解説

①オリンピック競技大会や国際的なスポーツ大会

オリンピック競技大会とは、国際オリンピック委員会(IOC)が主催して1896年に古代オリンピック発祥の地、ギリシャのアテネで第1回大会が始まり、それ以降原則的に、4年ごとに開催されてきた国際総合スポーツ競技大会のことです。現在、オリンピアード競技大会(夏季オリンピック)とオリンピック冬季競技大会(冬季オリンピック)からなっています。その他、国際的なスポーツ大会として、単一競技ではサッカー、ラグビーなどのワールドカップ大会やテニスのウィンブルドン大会(全英オープン選手権)、複数競技ではアジア大会などの大陸別大会やイギリス連邦大会などがあります。

②教育的な意義や倫理的な価値

近代スポーツが18世紀から19世紀にかけてイギリスのパブリックスクールで誕生したことからわかるように、スポーツには青少年を健全に育成する教育的な意義があると考えられ、またそのような意義のある文化として開発されました。それは、スポーツマンシップやフェアプレイの精神に代表されるように、自らが規律や規範を守ろうとする内面的な倫理性を重んじることでエリート教育の一環としても考えられました。

③国際親善や世界平和

近代オリンピックを開催しようとしたフランスのクーベルタンは、その目的をスポーツを通じた国際親善や世界平和の実現においていました。古代オリンピックにならって4年ごとに開催するのも、古代ギリシャの都市国家では、エケケイリアというオリンピックによる休戦が実現していたからだといわれています。

④メディアの発達

メディアの同時配信性が高まったのは1950年代後半から60年代にかけてのテレビの開発と普及によるところが大きいのですが、オリンピック競技大会や国際的なスポーツ大会におけるスポーツの魅力は、このようなメディアの発達によって多くの人々に伝えられるようになりました。その結果、スポーツの国際親善や世界平和に果たす役割がより一層大きくなっていきました。

4 より授業を深めるためのキーワード解説

【オリンピック競技大会】 文化としてのスポーツの意義を理解する際、オリンピック競技大会開催の目的が、そもそもスポーツ競技の結果によって互いの国や個人の優劣を比較することにあったのではなく、スポーツを通じて青少年の心身を鍛え、世界の若者が交流して平和な世界を築くことに貢献することにあったことは重要である。この背景には、19世紀末のヨーロッパにおいて国家間の紛争が絶えず、多くの若者が戦争に駆り出されていく現状があった。これに対して、オリンピック競技大会の創始者であるフランスのクーベルタン（Pierre de Coubertin）は、古代ギリシャで4年ごとに開催された古代オリンピックにおけるエケケイリア（オリンピックによる休戦）をモデルとしつつ、世界の若者にスポーツに限らず幅広い文化、芸術活動を推進し、これらによる交流の機会を設けることによって次代の平和教育の基礎を築き、国家間の紛争の根を取り除こうとしたのである。このような平和をめざすオリンピック運動の哲学が、オリンピズムと呼ばれるものである。

オリンピック夏季大会は、図3-8に示されているように第1回大会が1896年に古代オリンピックゆかりの地であるギリシャのアテネで開催されたのを皮切りに、これまで29回開催され（世界大戦での3回の中止を含む）、第30回大会はロンドン（イギリス）、第31回大会はリオデジャネイロ（ブラジル）が予定されている。参加選手数や参加国・地域数は、近年増加の一途を辿り、ますます隆盛を極めている。その参加国・地域数は、2010年現在、国際連合の加盟国数192ヶ国を上回っており、それだけ国際的に強い影響力を及ぼす大会になっている。

【国際的なスポーツ大会】 国際的なスポーツ大会の代表はオリンピック競技大会であるが、そ

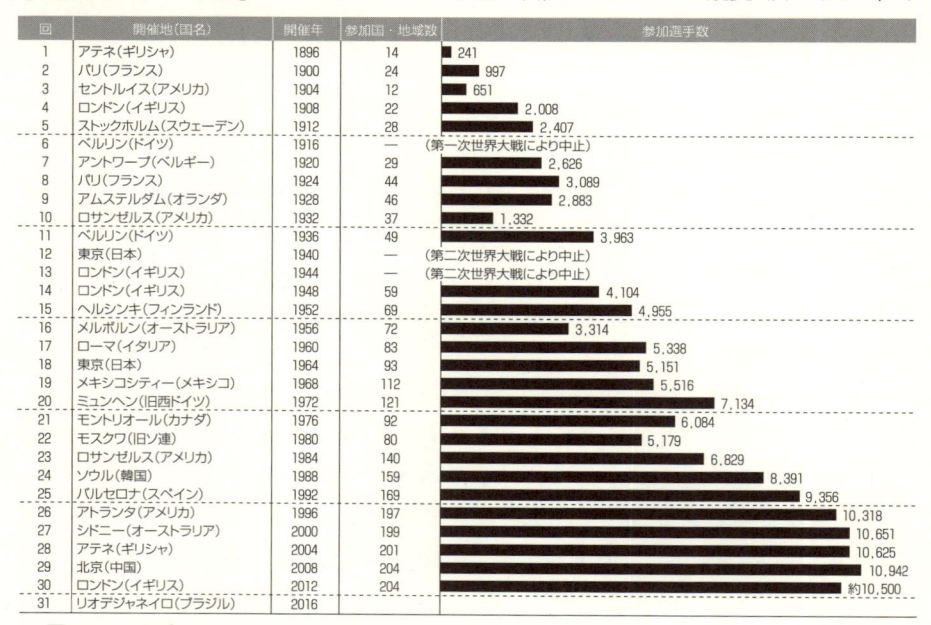

回	開催地（国名）	開催年	参加国・地域数	参加選手数
1	アテネ（ギリシャ）	1896	14	241
2	パリ（フランス）	1900	24	997
3	セントルイス（アメリカ）	1904	12	651
4	ロンドン（イギリス）	1908	22	2,008
5	ストックホルム（スウェーデン）	1912	28	2,407
6	ベルリン（ドイツ）	1916	―	（第一次世界大戦により中止）
7	アントワープ（ベルギー）	1920	29	2,626
8	パリ（フランス）	1924	44	3,089
9	アムステルダム（オランダ）	1928	46	2,883
10	ロサンゼルス（アメリカ）	1932	37	1,332
11	ベルリン（ドイツ）	1936	49	3,963
12	東京（日本）	1940	―	（第二次世界大戦により中止）
13	ロンドン（イギリス）	1944	―	（第二次世界大戦により中止）
14	ロンドン（イギリス）	1948	59	4,104
15	ヘルシンキ（フィンランド）	1952	69	4,955
16	メルボルン（オーストラリア）	1956	72	3,314
17	ローマ（イタリア）	1960	83	5,338
18	東京（日本）	1964	93	5,151
19	メキシコシティー（メキシコ）	1968	112	5,516
20	ミュンヘン（旧西ドイツ）	1972	121	7,134
21	モントリオール（カナダ）	1976	92	6,084
22	モスクワ（旧ソ連）	1980	80	5,179
23	ロサンゼルス（アメリカ）	1984	140	6,829
24	ソウル（韓国）	1988	159	8,391
25	バルセロナ（スペイン）	1992	169	9,356
26	アトランタ（アメリカ）	1996	197	10,318
27	シドニー（オーストラリア）	2000	199	10,651
28	アテネ（ギリシャ）	2004	201	10,625
29	北京（中国）	2008	204	10,942
30	ロンドン（イギリス）	2012	204	約10,500
31	リオデジャネイロ（ブラジル）	2016		

図3-8 夏季オリンピックへの参加状況の推移（出典：IOC、JOCのホームページより作成）

の他の国際的なスポーツ大会は、大きく競技種目別大会とオリンピックのような総合スポーツ大会とに分けられる。競技種目別大会には、陸上競技や水泳などの個人種目を中心とした大会やサッカーやラグビーのワールドカップに代表されるような集団種目を中心とした大会などがある。また、アジアやヨーロッパのような地域または大陸規模を範囲とする大会や、2ヶ国間あるいは数ヶ国間で行う交流大会などもある。さらに、テニスのウィンブルドン大会やゴルフのマスターズ大会などは私的なクラブが主催する大会であるが、国際競技連盟(IF)主催の選手権大会より権威と伝統があるとされる。総合スポーツ大会には、オリンピック競技大会を頂点としてアジア競技大会などのような一定の地域や大陸の範囲の参加国によって行われるものや、イギリス連邦競技大会などのように旧植民地のような過去あるいは現在の政治的なつながりによって行われるものがある。

【ユースオリンピック競技大会】 IOCは、2010年に14〜18歳の選手を対象にした第1回ユースオリンピック競技大会をシンガポールで開催した。この開催の目的は、若者のスポーツ離れを食い止め、オリンピック精神を体験するための青少年教育や交流を通じて、スポーツのもつ教育的な意義や倫理的な価値を伝えることである。そのため、参加選手は全体の25%がトップ選手、同じく25%が各国オリンピック委員会による推薦・派遣、残りの50%は大陸別均衡を考慮して選出される。通常の競技とは別に、文化・教育プログラム(Culture and Education Program：CEP)に参加することが義務づけられている。そこでは、①オリンピズム、②能力の発達、③健康かつ幸福なライフスタイル、④社会的責任、⑤豊かな表現、という5つの教育的テーマに沿って7つのタイプの活動を行い、オリンピックの意義を実感し表現することがめざされている。

【国際親善や世界平和】 当初から世界平和をめざす目的で開催されたオリンピック競技大会では、現実の政治の動きとは関係なくその理想がめざされたがゆえに、逆に現実の政治に利用され影響されることもしばしばであった。図8に示されるように、3回に及ぶ戦争(世界大戦)による中止や1980年のモスクワ大会におけるアメリカや日本など西側諸国の参加ボイコットなどは、オリンピック競技大会が掲げる世界平和の実現が理想にすぎないことを示しているようにも思われる。しかし、スポーツを人間の調和のとれた発達に役立て、もって人間の尊厳を保持し平和な社会を実現しようとするオリンピズムの目標は、メディア、特にテレビメディアの発達によってスポーツの文化的な魅力がライブ感覚で世界中に同時配信されるオリンピック競技大会の中継を通じて着実に広がっている。事実、国際連合は、古代オリンピックのエケケイリア(大会期間中の休戦)にならったIOCによる大会期間中におけるあらゆる国際紛争の停止への呼びかけに賛同して、1994年のリレハンメル冬季オリンピック大会からこれを積極的に後押ししている。

　他の国際的なスポーツ大会においても、例えば国際サッカー連盟(FIFA)が主催するワールドカップ大会では、2002年に開催された日韓大会でカメルーンの練習会場を提供した大分県中津江村の村民との交流や日本と韓国の国民同士の理解が深まったことなどが話題となった。また、1994年に広島で開催されたアジア競技大会における一館一国運動(公民館における住民と選手との交流促進)やこれに影響された1998年の長野冬季オリンピック大会における一校一国運動(学校単位における生徒と選手の交流促進)など、具体的で計画的な交流や活動による国際親善が図られている。このような運動は、その後、他の国際的なスポーツ大会にも広がりつつある。

③中学校・第3単元 文化としての スポーツの意義

ア	現代生活におけるスポーツの文化的意義
イ	国際的なスポーツ大会が果たす文化的な意義や役割
ウ	人々を結び付けるスポーツの文化的な働き

【本文】（3）文化としてのスポーツの意義について理解できるようにする。
　　　　ウ　スポーツは，民族や国，人種や性，障害の違いなどを超えて人々を結び付けていること。

【解説】　スポーツには民族や国，人種や性，障害の有無，年齢や地域，風土といった違い①を超えて人々を結び付ける文化的な働き②があることを理解できるようにする。
　　　　その際，「スポーツ」という言葉自体③が，国，地域や言語の違いを超えて世界中に広まっていること，年齢と性，障害などの違いを超えて交流するスポーツ大会④が行われているようになっていることなどについても触れるようにする。

★高校との関連を意識しよう➡高校　第1単元ウ、第3単元ア、イ、ウ、エ

1 授業の目標

　第1単元では、第1学年で学んだ運動やスポーツの多様な見方や考え方、および第2学年で学んだ自分たちの心身の発達に及ぼす運動やスポーツの効果や安全の確保についての学習を踏まえて、スポーツが人々の生活や人生を豊かにするかけがえのない文化となっていることを学びます。そのためには、現代生活においてスポーツが果たす役割や文化的な意義を知るとともに、そのような文化としてのスポーツが世界中に広まり、さまざまな違いを超えて人々を結び付ける働きをもっていることを学習します。

　この小単元（第3単元　ウ）では、第3単元のイで学んだ国際的なスポーツ大会が国際親善や世界平和に大きな役割を果たしていることを踏まえて、スポーツが高度な競技スポーツの世界だけでなく、一般の人々の参加するスポーツの世界においても、さまざまな違いをもった人々を結び付ける文化的な働きをもっていることを理解することを目標とします。

2 必ずおさえたい授業のポイント

　ここでは、スポーツが社会的にさまざまな違いをもった人々を結び付ける働きをもった文化であることを理解できるようにすることがポイントです。

なお、高校第1単元でオリンピックムーブメントを、同じく第3単元で各ライフステージにおけるスポーツの楽しみ方やライフスタイルに応じたスポーツのかかわり方を学ぶため、ここではそれらの基礎となる人々を結び付けるスポーツの働きにポイントを置いて教えましょう。

3 授業のためのキーワード解説

①民族や国、人種や性、障害の有無、年齢や地域、風土といった違い

　人々は同じヒト科の哺乳類として生まれてきますが、生まれながらにして違う肌の色をもち、異なる国に所属し、性や年齢によっても区分されます。わが国は日本列島に住む比較的均一な単一民族国家だといわれていますが、それでも地域によって方言があったり、気候や風土にも違いや特徴があったりします。また、近代以降誕生した国民国家と呼ばれる国の体制は、異なる民族同士が同じ国に所属していたり、異なる国に所属していても同じ民族であったりと非常に複雑な様相を呈しています。このように人々は、いわば生物的、文化的、社会的にさまざまな違いを背負って生きています。

②人々を結び付ける文化的な働き

　さまざまな違いをもった人々は、同じことを考えたり、感じたり、行ったりすることで同じ人間として結びつく文化的な工夫をしてきました。例えば、共通の言語を使用したり、音楽や美術などの芸術を生み出したり、同じ目的とルールを共有することでスポーツを行ったりすることなどが挙げられます。なかでもスポーツは、世界中の人びとを共通に結び付ける大きな文化的な働きをもっています。

③「スポーツ」という言葉自体

　「スポーツ」という言葉自体は英語ですが、今日、この言葉は世界中どこへ行っても通用するものになっています。外来語は、必ずといってよいほどそれぞれの国語に翻訳され、その表現（発音）や意味が変化したり、加工されたりします。しかし「スポーツ」という発音は共通に理解される言語になっていて、その文化的特徴が人々を結び付けるところにあることがわかります。

④違いを超えて交流するスポーツ大会

　国際スポーツ競技大会が競争による結果としての優劣に重きを置きがちになるのに対して、性や年齢、障害の有無などの違いを前提にして、それらの人々が共にスポーツを楽しみ、交流することを目的とするスポーツ大会が数多く開催されるようになっています。

4 より授業を深めるためのキーワード解説

【民族や国、人種や性、障害の有無、年齢や地域、風土といった違い】 人間は誰一人として同じではなく、一人ひとりの顔が違うように(SMAP「世界に一つだけの花」♪のように)異なる存在である。しかし、この違いが生物的、社会的、文化的な背景の違いから意識され始めると、そのまとまりの単位がその他の違うまとまりの単位との間で利害を生み出す原因となり、両者の間に差別や偏見を引き起こすことがある。主に肌の色(白人、黒人、黄色人など)による人種や男、女といった性による違い、あるいは先天的・後天的な障害の有無などは、生物としての人間の遺伝的な、あるいは機能的な違いによるものである。民族はその土地や地域に長く住んだり、同じ宗教を共有したり、生活を共にして移動したりするなどして、他の共同体と区別される一定の文化的特徴をもつ共同体のことである。これに対して国とは、一般に近代以降の国民国家をさしており、主に政治的、経済的、社会的背景によってさまざまな民族を統合したり、あるいはこれを逆に分割したり、またまったく新たな移民が中心になってこれを成立させたりといったように、きわめて意図的、政治的に形成された社会的な仕組みと考えられる。単一民族国家と呼ばれるわが国でも、アイヌの人たちや歴史的には在日韓国人が多く住み、近年では中国や東南アジア諸国、あるいはブラジルなどから多くの人々が日本に働きに来ているように、そう単純な１つの民族による国家でもない。地域や風土は、中央と地方、都会と田舎、熱帯と寒帯といった空間的、気候的な違いによる生活や暮らしぶりの違いを意味することが多い。

本来、このような違いは比較のカテゴリー(項目)によって区分されているに過ぎないものである。しかし、歴史的にみるとこのような比較が、そもそも優劣や差別を生み出すために意識され、形成されてきたことも否めず、それだからこそ未だに差別や偏見は根強く残っている。例えば、人類の歴史は、一面民族や国などの違いによる紛争や闘争の歴史といっても過言ではない。また、人種や性、障害の有無による不当な差別は、現在でもなお未だに続いている。とかく若いことのみに価値を置いて高齢者を疎んじたり、年齢を重ねることに対する嫌悪感や拒否反応を抱いたりすること(アンチ・エイジング)などは、年齢による不平等や差別を生み出す原因ともなっている。このように、人類は自らの同一性(アイデンティティー)を形成するために、一方で他との違いを求めながら、他方でその違いが差別や偏見を作り出し、強めることを防ぐために、互いが理解し合い結びつくための文化を創り出さずにはおれない存在なのである。

【人々を結び付ける文化的な働き】 例えば、ボールが１個あれば、あるいはそこにちょっとした広場があれば、人々は集まってボールを投げたり、蹴ったり、体操をしたり、ジョギングをしたりしてスポーツを気軽に楽しむことができる。そこでは、人々がスポーツを通じて知り合い交流したり、互いの絆を深め合ったりする機会や場ができることになる。

スポーツのこのような人々を結び付ける働きは、どこから生まれてくるのであろうか。スポーツの文化的特徴の１つは、それがプレイ(遊び)であり、特に競争を伴うところにある。そこでは「これは、スポーツである」という互いの了解のもとで現実生活の利害やルールとは離れた、そのスポーツだけにしか通用しないルールを互いに平等に受け入れ、フェアな態度で全力を尽くして競争の結果を求めようとする。競争は英語で competition と表記されるが、com は with と同

義で、「〜と共に」という意味が含まれている。すなわち、スポーツで競い合うためには、その前提として敵である相手を共に競い合うための「共同の相手」として認め合うことが必要なのであり、それによって結び付けられるという文化的な営みがなければ、そもそも成立しないということなのである。したがって、スポーツは人々を結び付ける働きがあるからこそ「スポーツ」として成立している文化であるともいえる。

　このようなスポーツの文化的特徴に基づいて、スポーツには、人々を結び付ける働きをさらに強化するさまざまな場面（シーン）や儀式のようなものがある。例えば、試合前後で握手やおじぎをしたり、練習や試合場面で声掛けや互いに集まって励まし合ったりすること（チームワーク）などは、プレイヤー同士の関係を深めるものである。また、マラソン選手を沿道で応援したり、ゲーム観戦で応援したりすることは、プレイヤーと観戦者との関係をより一層深める行為である。ラグビーでは「ノーサイド (no side)」の精神や「アフター・マッチ・ファンクション (after match function)」といった儀式がよく知られている。前者は試合が終了した瞬間に敵との境界（サイド）がなくなることでさらに互いの絆が深まることが大切だという精神のことであり、後者は試合後に正装して互いの健闘を讃え合う交流会のことである。近代スポーツ発祥の地、イギリス生まれのスポーツでは、このような「社交」の働きが特に強調され、尊重されている。

【「スポーツ」という言葉自体】　世界の人口構成比からみると、最も多くの人々が使用している言語は中国語であり、2位がスペイン語、そして3位が英語である。では、なぜ世界で使用される言語が1位ではない「スポーツ」という英語が、世界中で通用する発音と意味をもつようになったのか。なぜそれは、スポーツを受容した国々にそれぞれ翻訳されながらも（例えば、わが国では「競技」や「運動競技」など）、「スポーツ」という言葉自体はそのまま残ったのか。その理由の1つとして考えられるのは、これまで民族や国を超えて人々を1つに結び付けるような共通の文化が存在しなかったことである。近代スポーツは、18〜19世紀にかけてイギリスという1つの国が生んだ、いわば（世界的な視野からみると）特殊な地域スポーツといってよいものだろう。しかし、このスポーツがもっている文化的な特徴は、民族や国のさまざまな違いを超えて、それぞれの社会が共通に近代化していく上で重要であると考えられた。これに対して、それぞれの国や地域でこれまで発達してきた身体運動文化（のちに「民族スポーツ」と呼ばれるもの）とそれを支える社会には、このイギリス産のスポーツにあるような考え方を完全に自国語に翻訳して表現する意味や言葉をもたなかったということなのである。

【交流するスポーツ大会】　性や年齢、障害の有無などの違いを超えて交流することを目的としたスポーツ大会は、主に既存の競技スポーツの中で工夫されるものとニュースポーツと呼ばれる新たなスポーツルールのもとで考案され開発されたものとに分けられる。前者には、健常者が障害者の伴走者となって障害者のマラソン大会を支え交流することや、親子や大人と子ども、あるいは男女が一緒になってバレーボールやバドミントンなどの大会に参加することなどが挙げられる。後者には、キンボールと呼ばれるスポーツのように大きなボールを落とさないように協力し合うものや、当初は高齢者用に開発されたゲートボールやグラウンドゴルフなどの大会に若者や障害者が一緒になって参加することなどが挙げられる。

コラム　中学校第1単元に役立つワンポイント

～どこまでをスポーツというの？～

　中学校の第一単元では、生徒に運動やスポーツの多様性を理解させることを目的にしています。ところで、下表に示すものは2010年に中国の広州で行われたアジア競技大会の実施種目です。ただし、実際に行われていないものを3つ含んでいます。それはいったいどの種目でしょうか？見事、当ててみて下さい。

Q. 2010年アジア競技大会の種目でないものは？　答えは3つ

カバディ　アーチェリー　陸上競技　バドミントン　綱引き　馬術
水泳（競泳・ダイビング・水球・シンクロナイズドスイミング）　野球
バスケットボール　ボクシング　　クリケット　卓球　武術太極拳
自転車競技　　フェンシング　ローラースケート　ゴルフ　サッカー
フットサル　体操競技　ハンドボール　ホッケー　近代五種　セーリング
射撃　ソフトボール　テコンドー　テニス（ソフトテニス）　チェス
トライアスロン　バレーボール　重量挙げ　ダンススポーツ　ビリヤード
レスリング　ボウリング　ドラゴンボート　ラグビー　セパタクロー
スカッシュ　空手　柔道　シャンチー（中国将棋）　漕艇
カヌー／カヤック　ドッジボール　囲碁

　答えは「綱引き」「フットサル」「ドッジボール」です。
　見事、正解となったでしょうか。これら3つ以外の種目は実際に行われました。でも、カバディやスカッシュはわかるとしても、囲碁やチェス、将棋までスポーツの中に入れるのはちょっと変な感じがしますよね。
　どこまでをスポーツというのか、実はなかなか難しい問題なんです。イギリスでは恋をすることから山登りまでを含んで広くスポーツという言葉が使われています。一方、アメリカではスポーツ雑誌で有名な『スポーツイラストレイテッド』誌で、トランプのブリッジの戦術の解説記事まで載っていたことがありました。実際、スポーツはいま、こうしている間にも世界のどこかで生まれ、消滅しているといえるでしょう。
　身体運動を伴って、遊戯性や競争の形式をもったものだけがスポーツとはいいきれない時代が来ています。このような点でもスポーツの多様化は進んでいるのかもしれません。

コラム　中学校第2単元に役立つワンポイント
～スポーツは社会性の形成に役立つの？～

　"スポーツをすれば、社会性が高まる"。このような指摘を、よく耳にします。ここでいわれる社会性は、良好な人間関係を築けることという意味合いです。しかし、スポーツの世界においても、監督と選手の間で良好な関係が築けず、チームとしてはいい結果が残せなかったという話もあります。それが原因で2010年のサッカーのワールドカップにおいて、フランスが敗退したことは、記憶に新しいところです。逆に、チーム内のメンバー間に良好な人間関係が構築されれば、自ずと結果がついてくるともいえます。このことは、スポーツの世界においても、そこで追求する価値観に対する合意形成の仕方やコミュニケーションの技能等を意図的に学習していくことが必要になることを示しています。この合意形成やコミュニケーション能力の育成に関しては、体育の授業においても、すでに一定の手続きが紹介されています。共同学習がそれです。

　共同学習は、1）生徒間に学習成果の獲得をめざす共同的関係を生み出すこと、2）肯定的なグループの関係を生み出すように促していくこと、3）生徒の自己評価を発達させること、ならびに4）学習成果を豊かにすることを意図した学習だといわれます。また、1）チームとして獲得する報償を明確に設定するとともに、2）個人として負うべき責任を明示し、3）参加者が成功に向けて実質的に学習機会が均等に保障されることになります。そのため、チームのメンバーが、各々の能力に応じて互いに協力し合わなければ解決できない課題が意図的に設定されることになります。実際、スポーツを行う際に設定されている課題は、1）参加者を互いに競争的関係におく課題、2）参加者が互いに関与しなくていい課題、3）参加者が互いに協力し合うことを必要とする課題に区別できます。

　他方で、課題解決に向けては、チームのメンバー間で話し合いがスムーズに展開される必要があります。そのためには、話し合いを効果的に進めるためにコミュニケーションの技術を学習していく必要があります。例えば、次の技術です。

- ・他人の話を聞く
- ・葛藤を解決する
- ・他人を援助したり、励ましたりする
- ・順番を守る
- ・他人が成功した際に喜びを表現する
- ・個人ではなく、アイデアを批判できる能力を示す

　これらは意図的に学習させるほどのものでないとの指摘もよく耳にします。しかし、人々が互いに交流する際に用いるコミュニケーションの技術や価値観は、実に多様です。それだけに、まずは、このような技術を実際に使う機会をスポーツを営む場面で意図的に提供していくことが必要になるのではないでしょうか。

> コラム　中学校第3単元に役立つワンポイント
>
> ## ～「なでしこ」の精神、「謝謝(シェシェ)」で心を結ぶ～

　第3単元では、さまざまな違いをもった人々がスポーツによって結び付き、国際的なスポーツ大会が人々の相互理解を深め、国際親善や世界平和に大きな役割を果たすことを学びました。しかし、大きな国際大会では、どうしても選手は国同士を代表して戦うことから、政治的問題があった場合などには勝敗の結果が敵対的な国民感情を生み出したり、増幅させたりする場合も少なくありません。

　2007年9月に中国・杭州市で行われた女子サッカーのワールドカップでは、日本代表の「なでしこジャパン」がドイツと戦いました。約4万人の中国人観客のほとんどはドイツを応援し、あからさまに日本のプレイにブーイングを浴びせ、試合前の日本の国歌斉唱では多くの観客が起立をしないほどでした。この背景には、領土問題や反日デモによって冷え込んだ両国の政治的関係がありました。ところが、試合終了後「なでしこジャパン」の選手たちは、「ARIGATO 謝謝 CHINA」と書いた横断幕を掲げ、中国の観客に向かっておじぎをしました。淡々と大会のホスト国である中国の人々に対して感謝の気持ちを伝えたのです。

　中国のメディアは、「中国のブーイングは日本の横断幕に負けた」「日本人は不快な気持ちを乗り越える勇気を見せたが、中国人にはその勇気がなかった」などと指摘しました。「なでしこ」が見せたフェアプレイの精神と敵対する相手国に対する感謝の気持ちが、中国国内で反省の声を呼び起こし、日中関係に新たな親善の心を結んだのです。

（朝日新聞朝刊、2007年9月26日）

第3章 体育理論を理解するために 65

(3) 高等学校のアプローチ

①高等学校・第1単元　スポーツの歴史、文化的特性や現代のスポーツの特徴

ア	スポーツの歴史的発展と変容
イ	スポーツの技術、戦術、ルールの変化
ウ	オリンピックムーブメントとドーピング
エ	スポーツの経済的効果とスポーツ産業

【本文】（1）スポーツの歴史，文化的特性や現代のスポーツの特徴について理解できるようにする。
　　ア　スポーツは，人類の歴史とともに始まり，その理念が時代に応じて変容してきていること。また，我が国から世界に普及し，発展しているスポーツがあること。

【解説】　スポーツ[①]は，世界各地で日常の遊びや労働などの生活から生まれ，次第に発展し今日に至っていること，歴史的な変遷を経て，現代では，競技だけでなく，体操，武道，野外運動，ダンスなど広く身体表現や身体活動を含む概念[②]として，スポーツが用いられるようになってきていることを理解できるようにする。また，近年では，諸外国に普及，発展している日本発祥のスポーツ[③]があることを理解できるようにする。
　　なお，現代のオリンピック競技種目[④]の多くは，19世紀にイギリスで発祥し発展してきたことについても触れるようにする。

> ★中学校との関連を意識しよう➡中学校　第1単元ア

1 授業の目標

　中学校では、すでに運動やスポーツの必要性と楽しさ、スポーツの文化的意義、国際的なスポーツ大会などが果たす役割、スポーツの文化的な働きなどについて学習しています。第1単元では、それらの学習を踏まえ、スポーツがどのように発展し、どのような役割を果たしているのかといったスポーツの歴史、文化的特性や現代のスポーツの特徴などについて理解できるようにします。
　この小単元（第1単元　ア）では、スポーツは、歴史的な変遷を経て今に至り、現代では、競技だけでなく、さまざまな身体表現や身体活動を含む概念になってきていること、さらに、外国に普及、発展している日本発祥のスポーツがあることを理解することを目標にします。

2 必ずおさえたい授業のポイント

　ここでは、スポーツの歴史とスポーツの概念、わが国で発祥したスポーツ

があることを理解できるようにすることがポイントです。
3 授業のためのキーワード解説
①スポーツ
　すでに古代文明が始まるまでに人類は、狩猟や走・跳・投での競争、さまざまな球戯（ボールゲーム）を行っていました。そして、古代文明のエジプトやメソポタミア、中国、インド、インカにおいても水泳、競走、踊り、体操、格闘技、さまざまな球戯（ボールゲーム）などが行われていました。
　古代ギリシャの古代オリンピックでは、競走、五種競技、レスリング、ボクシング、戦車競走などが行われていました。このように地球上のいろいろなところで行われていたスポーツは、その後もそれぞれの地域で受け継がれ民族スポーツとして発展していきました。特にその中でも、イギリスで伝えられてきたスポーツは19世紀に洗練され世界中に広まることになりました。
②概念
　スポーツの概念は、スポーツがそれぞれの時代や社会での娯楽や楽しみ、遊びに密接にかかわっているため、その意味は固定的なものではなく、時代や社会の変化に応じて多様に変化してきました。スポーツが社会や人々にとって極めて重要な存在となった今、スポーツは競技だけを意味するのではなく、楽しみや健康を求めて自発的に行われる身体活動を広く意味するようになりました。
③日本発祥のスポーツ
　日本で生まれたスポーツには柔道、剣道、相撲などの武道の他に、ソフトテニスや軟式野球、競輪などもあります。これらの日本発祥のスポーツは、必ずしも、そのすべてが世界組織をもち、世界中に普及しているとはいえませんが、国際柔道連盟（IJF）のように加盟国・地域が200に達するものもあり、オリンピック種目として世界中に多くの愛好者がいるものもあります。
④オリンピック競技種目
　オリンピック競技に採用されるには、その競技の普及の程度など一定の条件を満たす必要があります。夏季大会の種目でみると、陸上競技、ボート、バドミントン、サッカー、ボクシング、レスリング、テニス、卓球、クレー射撃、カヌー、アーチェリーなどの種目は、19世紀頃にイギリスでそれまで行われてきたスポーツを再編したり、新たに発祥させたりして、その後世界に普及・発展させたものです。

4 より授業を深めるためのキーワード解説

【スポーツ概念の変容】 中学校の第1単元の解説(p.28)で述べたように、sportの語は英語を通して世界に広まったが、sportは17～18世紀になると、ジェントリ階級の文化を強く反映し、野外での自由な活動や狩猟を主に意味するようになった。そして新興ブルジョアジー階級が台頭してくる19世紀までは、Sportは狩猟とほぼ同じ意味で使用されたという。しかし、狩猟を意味するSportは18世紀中頃から19世紀に新興ブルジョアジーが推進した組織的ゲーム(ラグビーやサッカーの原型となったフットボールなど＝近代スポーツと呼ばれるもの)が盛んになるにつれ、次第に運動競技を意味する用語に変化していくようになった。さらに、19世紀後半にはアメリカで、バスケットボールやバレーボール、アメリカンフットボールなどの、イギリス発祥のスポーツを改良した新しいスポーツが生まれるようになった。そしてこの時期以降、スポーツは遊戯や競争、激しい肉体活動を特徴とする活動をさすようになる。このように、スポーツは歴史的には、中世以降イギリスで伝承されてきたものが、18世紀中頃から19世紀末までの時期に、イギリスで近代スポーツとして洗練・整備され、その後引き続いてアメリカで生まれた文化である。

ジェントリ 「ジェントリ」とは、イギリスの下級貴族であったが、16世紀頃から、地主階級として狩猟などを盛んに行った。彼らは高い教養や道徳性から人々の尊敬を集めた。こういった彼らの考えや道徳性がその後のスポーツに反映され、スポーツマンシップやフェアプレイの精神になった。スポーツといえば、まさに「ジェントルマンの文化だ」というわけである。

新興ブルジョアジー テニスやサッカーのボールはゴムでできているが、イギリスが産業革命や植民地政策でアジアに進出しなければ、ボールも誕生していなかったであろう。1760年代にイギリスで始まった産業革命を通して資本主義を確立し、それを担った人たちが新興ブルジョアジーである。彼らの子弟がジェントリ階級の子弟と共に、中高一貫教育的な寄宿制のパブリックスクール(ラグビー校が有名)で中世以来人々に伝えられてきた運動(民族伝承運動)を近代スポーツとして作り上げた。

狩猟 すでに8世紀には、貴族は自分の領地で、熊、イノシシ、シカ、オオカミ、野牛、ガチョウ、ウサギ、など、手当たり次第に狩りを行ったが、時代が経つにつれ、タカ狩りが中心になった。だから、近代スポーツが生まれる前の17～18世紀頃は、スポーツとはタカ狩りを意味した時代でもあった。

イギリス発祥のスポーツを改良した新しいスポーツ イギリス生まれのラグビーやサッカーは、新興ブルジョアジーの子どもたちの社交を目的に作られてきた。だから、勝敗をめぐって対立しないように、あまり得点が入らず、引き分けになるようにゲームができている。そして、ゲームが終わったら、敵も味方もないノーサイドになる。一方、資本主義下のアメリカで改良された新しいスポーツは、バレーボールやバスケットボールのように、必ず勝敗がついたり、得点に差がつくようにゲームが作られた。このように、スポーツは、人々の生活や考え方、時には生き方を反映させて作り上げられてきた。

●学びを深める！　いろいろなスポーツのとらえ方

　古代ギリシャの運動競技はスポーツか？
　なかなか難しい問いである。ここで述べたこととの関連では、古代ギリシャの運動競技はスポーツということにはならない。しかし、古代ギリシャの運動競技も広い意味でのスポーツだと考える研究者もいる。彼らに従えば、中世ヨーロッパに伝えられてきた民族伝承運動や日本の蹴鞠、相撲、綱引き等もスポーツということになる。ただし厳密にいえば、図3-9に示したように、イギリスで近代に生まれ（やや遅れてアメリカで生まれたものも含む）、その後世界に広まってグローバル化を果たしたスポーツを「近代スポーツ」ないしは「国際スポーツ」と呼び、人類が誕生して以降、世界の各民族に伝承されてきたさまざまな身体運動や身体活動を「民族スポーツ」ないしは「伝統スポーツ」と呼んで区別する（民族スポーツには消滅してしまったものもある）。現代では、オリンピック種目となった「国際スポーツ」から、各民族に伝承されてきたいわゆる伝統スポーツ、またニュー・スポーツ等を含んで広義のスポーツが構成される。このように、いまやスポーツは、身体表現や身体活動を含む広い概念として用いられるようになっている。

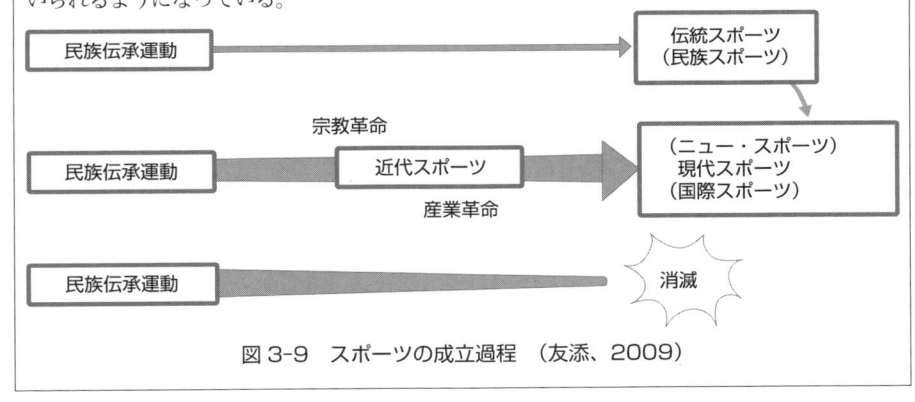

図3-9　スポーツの成立過程　（友添、2009）

【19世紀にイギリスで成立したスポーツ】

イギリスでは18世紀中頃から19世紀に、新興ブルジョアジーによって、それまでの民族伝承運動（民族スポーツ）が再編され、新たに組織化され、後にオリンピック種目として発展する近代スポーツが成立する。この時期は、ほぼ産業革命が進行する時期であり、表3-7のように19世紀後半になって近代スポーツは一応の完成をみる。

表3-7　イギリスで各競技団体が組織された年
：スポーツは18世紀中半から19世紀に成立した。

種目	年	種目	年	種目	年
競馬	1750	陸上競技	1866	テニス	1888
ゴルフ	1754	水泳	1869	バドミントン	1895
クリケット	1788	ラグビー	1871	フェンシング	1898
登山	1857	ボクシング	1884		
サッカー	1863	ホッケー	1886		

①高等学校・第1単元　スポーツの歴史、文化的特性や現代のスポーツの特徴

ア	スポーツの歴史的発展と変容
イ	スポーツの技術、戦術、ルールの変化
ウ	オリンピックムーブメントとドーピング
エ	スポーツの経済的効果とスポーツ産業

【本文】（1）スポーツの歴史，文化的特性や現代のスポーツの特徴について理解できるようにする。
　　　　イ　スポーツの技術や戦術，ルールは，用具の改良やメディアの発達に伴い変わり続けていること。

【解説】　スポーツの技術や戦術，ルールは，用具や用品，施設などの改良によって変わり続けている[①]こと，特に現代では，テレビやインターネットなどのメディアの発達[②]などによっても影響を受けていることを理解できるようにする。
　　　　その際，用具等の改良やメディアの発達は，記録の向上を促したり，人々にとってスポーツをより身近なものにしたりする反面，ルールを変えたりスポーツの商品化を促したりするとともに，時には，スポーツそのものを歪める可能性[③]があることについても触れるようにする。

　★中学校との関連を意識しよう➡中学校　第1単元ア、イ、第3単元イ

1 授業の目標

　中学校では、すでに運動やスポーツの必要性と楽しさ、スポーツの文化的意義、国際的なスポーツ大会などが果たす役割、スポーツの文化的な働きなどについて学習しています。第1単元では、それらの学習を踏まえ、スポーツがどのように発展し、どのような役割を果たしているのかといったスポーツの歴史、文化的特性や現代のスポーツの特徴などについて理解できるようにします。
　この小単元（第1単元　イ）では、スポーツの技術や戦術などが、用具や施設などの改良によって変化し、特に現代では、メディアの発達などによっても影響を受けていることを理解できるようにすることを目標にします。

2 必ずおさえたい授業のポイント

　ここでは、スポーツの技術や戦術などが変化し続けていること、特にメディアの発達などによっても影響を受けていることを理解できるようにすることがポイントです。

3 授業のためのキーワード解説
①変わり続けている
　陸上競技の棒高跳のポール（棒）は、木製、竹製、金属製のものが用いられ、1950年代の後半からはグラスファイバー製が使われるようになりました。グラスファイバー製のポールは反発力が強く、それまでの棒高跳の技術を大きく変え、着地用マットの改良とともに、記録を大きく向上させました。このように用具や施設などの改良は、いろいろなスポーツの技術や戦術、ルールを大きく変え、パフォーマンスや記録を向上させてきました。

②メディアの発達
　メディア（media）とは情報やメッセージを伝達すモノや装置をさします。具体的には、新聞・雑誌・テレビ・ラジオやインターネットのことですが、現在では携帯電話などの多様なデジタル機器も含まれるようになりました。スポーツの普及と発展にとって、メディアは大きな影響を及ぼしてきました。当初は記録や結果だけを伝えた新聞から、実況で試合の様子を伝えるようになったラジオ、さらに映像で放送するようになったテレビなど、スポーツとメディアは極めて近い関係を保ってきました。近年では、アメリカのESPNなどにみられるように、スポーツ専門のチャンネルが生まれ、スポーツは一層メディアとの関係を深めています。

③スポーツそのものを歪める可能性
　メディアはスポーツというコンテンツをより多くの視聴者に提供する中で、スポンサーとなった企業から多額の広告収入を得ます。その一方で、より広告効果を高めたり、視聴者の関心を一層得るために、メディアはスポーツの運営に干渉するようになりました。具体的には、試合が放送時間内に収まるようにルールの改定を求めたり、生中継によって高視聴率を獲得するためにアスリートのコンディションを無視した競技開始時間を決めたりするようになりました。また、アスリートにとっては危険であっても、見栄えのよい技やパフォーマンスを求め、ルールを変えるよう要求するようになりました。

　メディアは、古くから現在に至るまで、スポーツを人々にとって身近な存在にしてきたというプラス面がありますが、スポーツを商品化し、さらにスポーツの世界に商業主義を持ち込んだ側面も否定できません。メディアによるスポーツの商品化は、時には、スポーツの本質を歪めたりする可能性があることに注意を払う必要があります。

4 より授業を深めるためのキーワード解説

【変わり続けている】 スポーツの技術が用具や施設などの改良によって変わり続けている例として棒高跳を挙げた。棒高跳の競技規則（ルール）ではポールに関して「ポールの材質（材料の混合を含む）、長さ、太さは任意であるが、表面は滑らかでなければならない」（日本陸上競技連盟競技規則 第183条 棒高跳 11. 棒高跳用ポール）と記されているだけである。つまり、表面が滑らかでさえあれば、ポールの材質、長さ、太さに関してはどのようなものであってもよいということである。このようなルールを背景に当初は木の棒がポールとして使用されたが、竹のしなやかさが跳躍に有利であることから1900年頃を前後して竹製のポールが用いられるようになった。跳躍技術が向上してくると、今度は竹製のポールでは高度化した技術に耐えることができなくなり、頻繁に折れるようになったために金属製のポールが使用されるようになった。金属製のポールは、その材質から丈夫ではあっても記録が頭打ちになり、1960年代に入ると、金属製に替えてグラスファイバー製のポール（グラスポール）が使われるようになった。グラスポールは軽量でしなりや反発力が強く、記録を大きく向上させた。グラスポールをうまく使うには、踏み切りまでのスピードの加速や、より高い位置にポールをかざしての踏み切り、さらに空中での身体さばきやバランスをとるための高度な身体能力が求められ、棒高跳びの技術を大きく変えてきた。

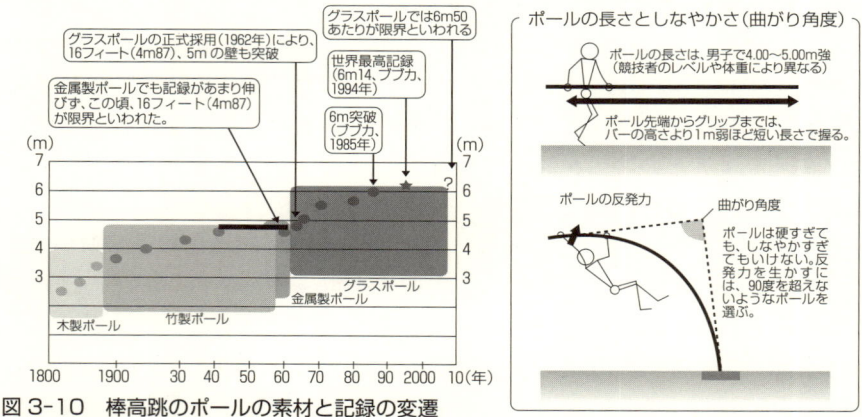

図3-10 棒高跳のポールの素材と記録の変遷
（出典：TDKホームページ http://www.tdk.co.jp/techmag/athletic/200707u/index.htmから引用）

走高跳びの技術やルールも同様に、用具の改良によって大きく変化してきた。1864年のイギリスのオックスフォード大学とケンブリッジ大学の対抗戦で初めて高跳びが行われたが、着地地点にはマットや砂場は用意されていなかったという。この時の記録は1m65であった。また、この頃の走高跳びでは、確実に足から着地する必要があるため、はさみ跳び（正面跳び）の技術が発達した。なお、着地の安全性を配慮して、安全な姿勢で着地するかが成績に加えられたともいう。また、1880年頃になると、着地地点にマットが置かれたり、砂場が用意されたりするようになり、次第にフォームの改良が行われていった。1912年には、斜めから助走してバーに近い方の足で踏み切り、バーの上で身体を横に回転しながら越えるロールオーバーという跳び方で

2m00の世界記録が出されたが、"この跳躍はダイビングである"という批判が生まれ、「バーを越える時は両足が先に越えること、頭は腰より低くなってはならない」とルール改正がなされた。1930年代に入ると、このルールが削除されて、体をバーに水平にし、バーを下に見ながら回転するベリーロールという跳び方が生まれた。1968年のメキシコオリンピック大会では全天候型トラックのもとで、現在のマットと同様のものが使用され、アメリカのフォズベリー選手は背面跳びという新しい跳び方で2m24を跳び、これ以降、背面跳びが走高跳びの主流となった。このように走高跳びの技術は、施設やルールなどに強く影響を受けて変わってきた。

【スポーツとメディア】　スポーツの普及と発展にとってメディアは大きな影響を及ぼしてきた。新聞は早い時期からスポーツの勝敗の結果や記録を取り上げ、実際に競技場に来ることができない多くの人たちに情報を伝えた。毎日新聞社は購買数の増加をねらって、1901年にはすでに長距離走、水泳などの大会主催者となっている。大正時代に入ると、朝日、毎日の両新聞社は中等学校野球（現在の高校野球）を主催するようになり、1927年にラジオの実況放送が始まると、野球の早慶戦と並んで国民的な関心を集めるようになった。ラジオのスポーツ放送は水泳や陸上競技、相撲、サッカーと各競技に広がり、1936年のベルリンオリンピックの日本での実況放送は、200m平泳ぎで優勝した前畑秀子選手の活躍もあって大きな反響を呼んだ。この年のラジオ聴取契約数は290万に達し、前年から50万近く増加した。戦後は、ラジオからテレビに主役が変わったが、スポーツ番組は常に高い視聴率を獲得してきた。視聴率調査の開始（1962年）からの全局高世帯視聴率番組ベスト10の中にスポーツ番組が7つを占めている（2010年7月7日現在）。例えば、2002年のFIFAワールドカップの日本対ロシアのゲームには、関東地区のテレビ所有世帯の66.1％が観戦した。このようにメディアにとってスポーツは、多くの視聴率を獲得できるためスポンサーからの多額の収益を得ることができる優良コンテンツであると同時に、他方、スポーツの側もメディアに取り上げられることによって多くのファンやサポーターを獲得したり、放送権料を得たりするようになった。現在では、スポーツはインターネットやモバイル（携帯電話等）にとっても重要なコンテンツになってきた。

参照 全局高世帯視聴率番組50（テレビ視聴率ベスト50）
http://www.videor.co.jp/data/ratedata/all50.htm

【メディアがスポーツを歪める可能性】　スポーツの世界にメディアを通してスポンサーからの巨額のマネーが入り、スポーツの人気もメディアに取り上げられるか否かに左右されるようになると、メディアからのスポーツ界へのパワーは一層強力になってきた。選手のコンディションにかかわりなく、テレビ局の圧力で競技時間がスポンサーの要求する放映時間に合わせられたり、テレビを意識したルールの改変等が行われるようになった。体操競技では、長く行ってきた10点満点法を上限なしに変え、これまでの難度以上の技を評価できるようにした。また、柔道衣のカラー化やバレーボールのサイドアウト制からラリーポイント制への変更、卓球のオレンジボールの採用や1ゲーム21点先取制から11点先取制への変更など、これらはゲームが放送時間内にうまく収まるために試合時間を短縮したり、あるいは視聴者を飽きさせないためにエキサイティングな場面を意図的につくりだしたり、テレビ映えを意識したルール変更ということができる。このような事態はスポーツの本質を歪めるだけではなく、選手を危険にさらすことにもなる。

①高等学校・第1単元　スポーツの歴史、文化的特性や現代のスポーツの特徴

ア	スポーツの歴史的発展と変容
イ	スポーツの技術、戦術、ルールの変化
ウ	オリンピックムーブメントとドーピング
エ	スポーツの経済的効果とスポーツ産業

【本文】（1）スポーツの歴史，文化的特性や現代のスポーツの特徴について理解できるようにする。

　　　ウ　現代のスポーツは，国際親善や世界平和に大きな役割を果たしており，その代表的なものにオリンピックムーブメントがあること。また，ドーピングは，フェアプレイの精神に反するなど，能力の限界に挑戦するスポーツの文化的価値を失わせること。

【解説】　現代のスポーツは，国際親善や世界平和に大きな役割を果たしており，その代表的なものにオリンピックムーブメントがあること，オリンピックムーブメント[①]は，オリンピック競技大会を通じて，人々の友好を深め世界の平和に貢献しようとするものであることを理解できるようにする。

　　また，競技会での勝利によって賞金などの報酬が得られるようになるとドーピング[②]（禁止薬物使用等）が起こるようになったこと，ドーピングは不当に勝利を得ようとするフェアプレイの精神に反する不正な行為であり，能力の限界に挑戦するスポーツの文化的価値[③]を失わせる行為であることを理解できるようにする。

　　その際，ドーピングが重大な健康被害[④]を及ぼすことについても取り上げるようにする。

　　なお，指導に際しては，中学校で「国際的なスポーツ大会などが果たす文化的役割」を学習していることを踏まえ，オリンピックムーブメントとドーピングに重点を置いて取り扱うようにする。

　　★中学校との関連を意識しよう➡中学校　第3単元イ、ウ

1　学びの目標

　中学校では、すでに運動やスポーツの必要性と楽しさ、スポーツの文化的意義、国際的なスポーツ大会などが果たす役割、スポーツの文化的な働きなどについて学習しています。第1単元では、それらの学習を踏まえ、スポーツがどのように発展し、どのような役割を果たしているのかといったスポーツの歴史、文化的特性や現代のスポーツの特徴などについて理解できるようにします。

第3章 体育理論を理解するために　75

　この小単元（第1単元　ウ）では、オリンピックムーブメントに代表されるように、現代のスポーツが世界平和に大きな役割を果たしていること、競技での報酬が得られるようになって、ドーピングが起こるようになったこと、ドーピングは重大な健康被害をもたらすとともに、スポーツの文化的価値を失わせる行為であることを理解することを目標にします。

2 これだけは教えよう

　ここでは、オリンピックムーブメントを中心にスポーツが世界平和に大きな役割を果たすこと、ドーピングが起こるようになったこと、ドーピングはスポーツの価値を失わせる行為であることを理解できるようにすることがポイントです。

3 授業のためのキーワード解説

①オリンピックムーブメント

　オリンピックムーブメントは、近代オリンピックを始めたクーベルタンが提唱したもので、スポーツを通じて、友情、連帯、フェアプレイの精神を培い相互に理解し合うことにより、世界の人々が手をつなぎ、国際理解や国際親善を通して世界平和をめざす運動のことです。

②ドーピング

　スポーツの世界で、スポンサーから多くの賞金が得られるようになると、ドーピングが起こるようになりました。ドーピングとは、スポーツにおいて競技能力を向上させる可能性がある手段（薬物あるいは方法）を不正に用いることです。ドーピングは、フェアプレイ精神に反する行為であり、選手の健康を損ね、薬物の習慣性や青少年への悪影響など社会的な害を及ぼすなど、スポーツそのものを破壊する行為です。

③スポーツの文化的価値

　オリンピックや世界大会等での勝利や世界新記録をめざして、アスリートは日々、全身全霊を傾けて努力しています。誰もが為し得ないパフォーマンスを演じたり、ゲーム場面で従来考えられもしなかった戦術を展開したり、人類未踏の新記録を達成したりする行為は、人類の新たな可能性をひらくという意味で、真理や美を探求する科学研究や芸術活動と共通する文化的な意味を持っています。

④健康被害

　ドーピングでは筋肉増強剤やペプチドホルモン、興奮剤、利尿剤等の多様な薬物が長期間多量に用いられるため、副作用として高血圧、腎不全、心臓疾患、精神疾患など生命にかかわる甚大な健康被害をもたらすことがあります。

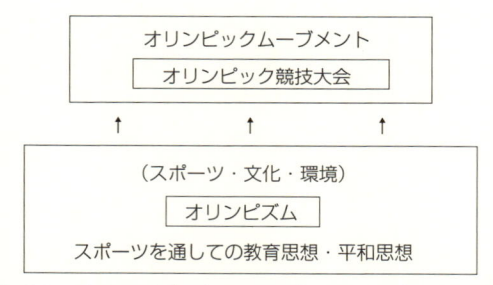

4 より授業を深めるためのキーワード解説

【オリンピズムとオリンピックムーブメント】 スポーツを通じて、世界の人々が手をつなぎ、国際理解や国際親善を図りながら世界平和をめざす運動をオリンピックムーブメントということは先に述べたが、このオリンピックムーブメントはオリンピズム（オリンピックの理念）に基づいて展開される。オリンピズムは、クーベルタンが1896年にオリンピックを復興して以降、さまざまな形で伝えられてきたが、1991年にIOCのオリンピック憲章の根本原則（p.286を参照）に定められた。そこではオリンピズムは、スポーツによって心身ともに調和のとれた若者を育成し、平和な国際社会の実現に寄与するという一種の教育思想、平和思想として定義された。

このオリンピズムを世界に広める運動が、オリンピックムーブメントである。夏季と冬季のオリンピック競技大会も、オリンピックムーブメントの一部として展開される。だから、教育思想であり、平和思想であるオリンピズムを次の世代へ受け継いでいくために、大会期間だけではなく、大会以外でもさまざまな形で積極的にオリンピックムーブメントが推進されるのである。このような背景があって、オリンピック大会では勝つことではなく、参加することに意義があるといわれる。

IOCはオリンピック憲章に則って、オリンピックムーブメントを展開する中で、オリンピズムを世界に広め、以下に示す役割を担っている。

IOCの役割

オリンピックムーブメントの推進／スポーツを人類に役立てること／オリンピック大会の開催／差別の撤廃と男女平等の実現／平和の推進／スポーツ倫理やフェアプレイ精神の普及／あらゆる暴力の禁止／アンチ・ドーピング活動／競技者の健康の保持／政治や悪しき商業主義からのスポーツの保護／競技者のキャリアサポートの支援／スポーツ・フォー・オール運動の推進／環境問題への取り組み／適正規模のオリンピック大会の開催／オリンピックの遺産（レガシー）の継承とその推進／スポーツと文化・教育の融合の支援／国際オリンピックアカデミーやオリンピック教育機関への支援

IOCは、オリンピックムーブメントを通して、「スポーツによる世界平和」をめざしているが、IOCの設立100周年記念総会では、これまでの「スポーツと文化の融合」に加えて、「環境」が新たにオリンピズムに取り入れられ「スポーツ、文化、環境」がオリンピズムの3つの柱になった。

図3-11 オリンピズムとオリンピックムーブメントの関係

【アンチ・ドーピング運動】　1976年にオリンピック憲章から「アマチュア」という言葉が消え、1984年のロサンゼルス五輪が民営五輪として成功を収めると、スポーツの世界に本格的に商業主義が導入されるようになった。その結果、オリンピックなどの国際的な大会での勝利が競技者に巨額のマネーをもたらすようになった。冷戦崩壊後、スポーツの世界に商業主義が蔓延し始めると、ドーピングも頻発するようになり、IOCはアンチ・ドーピング運動に積極的に取り組み、アンチ・ドーピング活動を展開するようになった。1999年には世界アンチ・ドーピング機構（WADA）が設立され、2001に日本にも日本アンチ・ドーピング機構（JADA）が設立された。2005年には、国連ユネスコ総会で「ドーピング防止に関する国際規約」が採択され、わが国も翌年締結し、ドーピングの撲滅に取り組んでいる。

【ドーピングとは】　ドーピング（禁止薬物使用等）は、競技能力を向上させる可能性がある薬物または方法を不正に用いることであるが、JADAの世界ドーピング防止規定（World anti-doping code）には、ドーピングとは次の違反行為の1つ以上が発生することと規定されている。

①競技者の検体（尿や血液）に、禁止物質等が存在すること。②競技者が禁止物質若しくは禁止方法を使用すること、またはその使用を企てること。③正当な理由がないのに検体の採取を拒否すること。④競技会以外での検査に関連した義務に違反すること。⑤ドーピング・コントロールの一部に不当な改変を施し、又は不当な改変を企てること。⑥禁止物質や禁止方法を保持したりすること。⑦禁止物質や禁止方法の不正取引を行うこと。⑧競技者に対して禁止物質や禁止方法を投与したり、使用したりすること等。

【ドーピングの変遷】　ドーピングで使用される薬物は、検査と検査逃れのイタチごっこを繰り返しながら、下表に示すように麻薬系の薬物から、蛋白同化ステロイド等の筋肉増強剤、ホルモン製剤へ移行し、近年では遺伝子を操作する遺伝子ドーピングの時代に入ったといわれている。

表3-8　使用薬物からみたドーピングの変遷

年代	ドーピングの主な方法
1960年代まで	アンフェタミン、コカイン、エフェドリンなどの興奮剤やヘロインやモルヒネなどの麻薬系薬物の使用が中心で、検出方法も容易である。
1970年代以降	直接競技力を高める筋肉増強剤や蛋白同化ステロイドなどが用いられる。
1980年代以降	蛋白同化ステロイドが検出可能になると、従来のステロイド剤に代わって検出が難しいスタノゾールが乱用される。
1990年代以降	スタノゾールが検出可能になると、今度は、赤血球を増加させるペプチドホルモン（ヒト成長ホルモン、エリスロポエチンなど）などが用いられるようになる。ペプチドホルモンは尿検査での検出が難しく、血液検査が導入される。
2000年代	ドーピングのためだけの薬物が開発され、遺伝子を操作して競技能力を向上させたり、けがの回復を早めたりする遺伝子ドーピングが行われる可能性が指摘されている。

①高等学校・第1単元　スポーツの歴史、文化的特性や現代のスポーツの特徴

ア	スポーツの歴史的発展と変容
イ	スポーツの技術、戦術、ルールの変化
ウ	オリンピックムーブメントとドーピング
エ	スポーツの経済的効果とスポーツ産業

【本文】（1）スポーツの歴史，文化的特性や現代のスポーツの特徴について理解できるようにする。
　　　　エ　現代のスポーツは，経済的な波及効果①があり，スポーツ産業が経済の中で大きな影響を及ぼしていること。

【解説】　現代におけるスポーツの発展は，例えば，スポーツ用品，スポーツに関する情報やサービス，スポーツ施設などの広範な業種から構成されるスポーツ産業②を発達させたこと，現代のスポーツ産業は経済活動に大きな影響③を及ぼしていることを理解できるようにする。
　　その際，スポーツに関連した様々な職業④があることについても触れるようにする。

★中学校との関連を意識しよう➡中学校　第1単元イ、第3単元イ

1 学びの目標

中学校では、すでに運動やスポーツの必要性と楽しさ、スポーツの文化的意義、国際的なスポーツ大会などが果たす役割、スポーツの文化的な働きなどについて学習しています。第1単元では、それらの学習を踏まえ、スポーツがどのように発展し、どのような役割を果たしているのかといったスポーツの歴史、文化的特性や現代のスポーツの特徴などについて理解できるようにします。

この小単元（第1単元　エ）では、現代のスポーツの発展は、広範な業種から構成されるスポーツ産業を発達させたこと、現代のスポーツ産業は経済活動に多大の影響を及ぼしていることを理解できるようにすることを目標にします。

2 これだけは教えよう

ここでは、現代のスポーツの発展がスポーツ産業を発達させたこと、現代のスポーツ産業は経済活動に大きな影響を及ぼしていることを理解できるようにすることがポイントです。

3 授業のためのキーワード解説
①経済的な波及効果
　現代社会では、スポーツは経済活動にさまざまな側面で重要な役割を果たしています。スポーツが経済に及ぼす影響をスポーツの経済波及効果といいます。
②スポーツ産業
　スポーツ用品等を生産するスポーツ製造業をはじめ、スポーツ新聞やスポーツ雑誌、テレビやインターネットなどスポーツに関する情報を提供する「スポーツ情報産業」や、スポーツ施設の提供と運営を行うスポーツスクール業、スポーツ施設の建設を行う「スポーツ建設業」など、スポーツにかかわる経済活動をスポーツ産業といいます。近年では、プロスポーツが盛んになるにつれ、選手の契約を扱う「スポーツエージェント業」や外国への観戦旅行や国内でのスキーツアーなどを扱う「スポーツツーリズム業」なども生まれ、スポーツ産業は多様な業種から構成されています。
③経済活動に大きな影響
　1984年のオリンピック・ロサンゼルス大会は税金は使われず、運営費はテレビの放送権料やスポンサーからの協賛金によって賄われました。これ以降、スポーツの世界にはテレビなどのメディアが進出しスポーツは大きなマーケットを伴ったビジネスの対象になり、ビジネス化が進むようになりました。現在では、放送権料、広告料収入、入場料収入、観戦するための交通費や飲食費、スタジアムの建設費、観戦のための電化製品の購入費など、「見るスポーツ」に関連した消費が経済に大きな影響を及ぼしています。またスポーツ愛好者の増加は、フィットネスジムやスポーツクラブなどを活況にし、スポーツ用品が大量に消費されるとともに、インストラクターやトレーナーなど多くの人たちが働くようになっています。このように「するスポーツ」に関連した消費も大きく、スポーツは経済に大きな影響を及ぼしています。
④スポーツに関連した様々な職業
　スポーツが社会における重要な経済活動になるにつれ、スポーツに関連した多くの職業が生まれました。それらには、監督やコーチ、インストラクター、体育教師等のスポーツの指導に関するもの、Jリーガーやプロ野球選手などのプロスポーツ選手、選手をサポートするトレーナー、スポーツ新聞の記者や編集者、スポーツライター等、またアスリートのプロ契約などを扱うスポーツエージェント等、さまざまな職業があります。【p.275を参照】

4 より授業を深めるためのキーワード解説

【スポーツの経済波及効果】 オリンピック競技大会やサッカーのワールドカップのように、スポーツのメガイベントが開催されると、新しく多くの需要が生みだされ、さまざまな生産活動が行われるようになる。この需要によって生み出される消費活動にかかわる数字を推計したものを「経済波及効果」という。スポーツのメガイベントは開催国だけではなく、世界中に「経済波及効果」を及ぼすが、一般に「経済波及効果」には「直接効果」「第1次波及効果」「第2次波及効果」の3つがあるといわれている。

具体的に直接効果とは、スポーツイベントにかかわるスタジアムや体育館、プールなどのスポーツ施設の建設費やスポーツイベントに関連する道路や交通網などのインフラの整備・建築費、スポーツイベントそのものの運営費や観客の入場料、飲食費、交通費、宿泊費などの消費にかかわるものである。

第1次波及効果は、スポーツイベントという事業を展開するにあたって必要となる、原材料を供給するための生産活動やサービスの需要によって起こる効果である。例えば、スポーツ施設建設に必要となる建築資材の生産や流通、消費にかかる一連の効果である。また、ゲーム状況を電気機器や情報端末で視聴したりするために、テレビや携帯電話、パソコンなどの消費の増加も生まれる。このように、第一次波及効果は直接効果に比べれば、極めて広い範囲にまたがって起こる経済効果でもある。

ところで、「直接効果」と「第1次波及効果」による生産活動の増加は、これらの生産活動に従事する多くの雇用者の所得を増加させるが、スポーツイベントがらみで得た所得の増加分がさらに消費に波及して、さまざまな産業の生産活動を刺激し、消費を増やす効果を生むようになる。これを「第2次波及効果」という。

2010年に行われた南アフリカ共和国でのサッカーワールドカップ」での三井住友アセットマネジメント社の事前推計によれば、直接効果のスタジアムの建設や増改築だけでも、17億ユーロ(約2,200億円)に上り、スタジアムでの直接観戦者の数は累計で約300万人に達すると予測され、ホテルの宿泊や観戦者のスタジアム内外での飲食に伴う高い経済効果が見込まれるという。

ワールドカップ開催を契機に南アフリカでは、道路や鉄道網などのインフラが整備され、大きな経済効果を生むことも推測された。また、大会開催にあたっては、新規雇用も8万人程度増えると推計され、雇用者所得が増加することによる消費が、第2次波及効果として新しい生産活動を誘発することが期待された。

このようにスポーツは現代社会にあって、経済に大きな影響を及ぼし、スポーツのメガイベントの経済波及効果は一国のみならず、世界の景気を左右するほど大きなものとなっている。

【スポーツ産業】 スポーツ産業は、近年では基幹産業の1つに数えられ、その市場規模も推計15兆円といわれ、現代社会では重要な産業領域を構成している。歴史的には、スポーツ産業そのものの成立は古く、日本にスポーツが伝播された明治時代以降、成立・発展してきた。

伝統的なスポーツ産業の領域には、図3-12に示すように、①スポーツサービス・情報産業、②スポーツ用品産業、③スポーツ施設・空間産業の3つが考えられる。

第1のスポーツ産業の領域は、スポーツサービス・情報産業であるが、1897(明治30)年には、スポーツ雑誌ともいうべき「運動界」が創刊され、1911(明治44)年には「野球界」、1923(大正12)年には横組みグラフ雑誌の「アサヒスポーツ」が発刊された。しかし、これらは一部の愛好家に親しまれたもので、決して大きな市場を形成したものではなかった。また、1925(大正14)年にはラジオ放送

が始まり、1927(昭和2)には甲子園の中等学校野球大会の放送が開始された。しかし、実際のところ、これも情報伝達が一方的に行われただけで、雑誌同様に、市場を形成するというものではなかった。スポーツの場所やサービスを提供するスポーツサービスも、町には、柔・剣道の道場や水練場があり、柔・剣道師範や水泳師範がいたが、広く市民を対象としたスポーツサービスが行われたわけではなかった。第2のスポーツ産業の領域は、スポーツ用品産業であり、明治時代の後半からグラブやバット、ボールなどの野球用品が製造・販売されてきた。しかし、1960年代以後始まった高度経済成長期までは、スポーツ用品産業は長く、町の運動用具店を中心に扱われてきたように、市場規模も小さなものであった。第3のスポーツ施設・空間産業は、スポーツ施設の提供であるが、戦前でも公営の体育館や陸上競技場、球技場や民営のテニスコート、ゴルフコースがあった。しかし、前者は選手や学生の利用が主であり、後者は一部の富裕階層の人たちが利用しただけであった。

　このように、スポーツ産業は高度経済成長までは小規模で、高度経済成長を経て日本経済が飛躍的に発展するのを契機として、20世紀後半になってようやく、市場規模を大きく拡大した。現在のスポーツ産業は図3-13に示したように、従来からのスポーツ産業領域が発展するにつれ、新たな複合領域を生み出すようになった。具体的には、スポーツ用品産業とスポーツサービス・情報産業が重なって、「スポーツ関連流通業」が生まれ、スポーツサービス・情報産業とスポーツ施設・空間産業が重なって「施設空間マネジメント業」が生まれてきた。そして3つの領域のすべてが重なったところにハイブリッド(異種混合的)産業としての「プロスポーツ」と「スポーツツーリズム」が生まれた。このように現代社会においてスポーツ産業は、様々な既存の産業と混合しながら、基幹産業として大きな位置を占めつつあり、一層発展している。

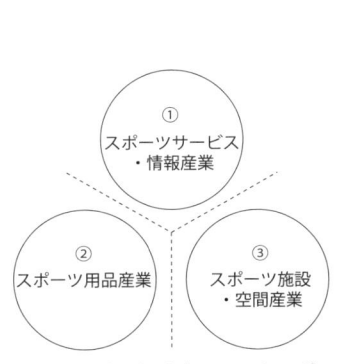

図3-12　個別に存在していたスポーツ産業の伝統的3領域
(出典:原田宗彦『スポーツ産業論第5版』杏林書院、2011年)

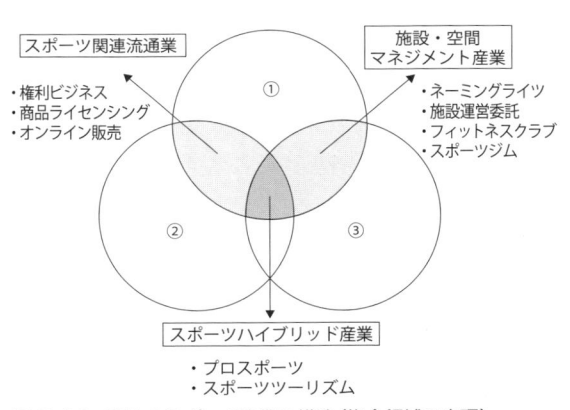

図3-13　現在のスポーツ産業の構造(複合領域の出現)
(出典:原田宗彦『スポーツ産業論第5版』杏林書院、2011年を改変)

②高等学校・第2単元　運動やスポーツの効果的な学習の仕方

ア	運動やスポーツの技術と技能
イ	運動やスポーツの技能の上達過程
ウ	運動やスポーツの技能と体力の関係
エ	運動やスポーツの活動時の健康・安全の確保の仕方

【本文】（2）運動やスポーツの効果的な学習の仕方について理解できるようにする。
　　　　ア　運動やスポーツの技術は，学習を通じて技能として発揮されるようになること。また，技術の種類に応じた学習の仕方があること。

【解説】　個々の運動やスポーツを特徴付けている技術[①]は，練習を通して身に付けられた合理的な動き方としての技能という状態で発揮されること，技術には，絶えず変化する状況の下で発揮されるオープンスキル型[②]と状況の変化が少ないところで発揮されるクローズドスキル型があること，その型の違いによって学習の仕方が異なることを理解できるようにする。
　　　　その際，中学校の「運動やスポーツの学び方」で示した作戦や戦術の考え方に加え，戦略が長期的展望における練習や戦い方の方針であることなども含めて，体系的にとらえることが効果的な学習を進める上で有効であることについても触れるようにする。

★中学校との関連を意識しよう➡中学校　第1単元ウ

1 授業の目標

　中学校では、すでに運動やスポーツには特有の技術や戦術があり、その学び方には一定の方法があることについて学習しています。第2単元では、それらの学習を踏まえ、運動やスポーツを継続するには技術の特徴に応じた学習の仕方があることや技能を高めるためには、どのように取り組めばよいのか、健康、安全の確保の仕方など、効果的な運動、スポーツの学び方について体系的に理解できるようにします。

　この小単元(第2単元　ア)では、技術と技能の違いや技術の種類に応じた学習の仕方があることを理解することを目標にします。

2 必ずおさえたい授業のポイント

　ここでは、技術と技能の違い、技術の種類に対応した学習の仕方があることを理解できるようにすることがポイントです。

3 授業のためのキーワード解説
①技術と技能
　運動やスポーツを行う際には、解決すべき課題があります。人間は、より効率的な解決方法を求め、常に工夫を重ねてきました。その成果としての「特定の運動課題を効果的に遂行するための合理的かつ効率的な運動の実施方法」が運動技術と呼ばれています。走り高跳びにおける正面跳びやベリーロール、背面跳びは、運動技術の例です。それは人類が長い時間をかけて工夫、発展させてきた文化といえます。そのため、写真や映像等で理解することが可能です。

　しかし、いくらその実施方法を理解しても実際にそれができるわけではありません。背面跳びの行い方を写真や映像等から理解しても、実際に背面跳びができるわけではありません。理解した運動技術をできるようにした能力が、運動技能といわれるものです。そのため、同じ運動技術を行っても、当然ながら、発揮された運動技能には未熟なレベルから習熟したレベルまで個人差がみられることになります。

②オープンスキル型とクローズドスキル型
　オープンスキル型とクローズドスキル型という分類は、運動が行われる環境に着目した分類法でした。球技や柔道・剣道のように、刻々と変化する環境の中で発揮される技術がオープンスキル、陸上競技や水泳、体操競技のように、いつも安定した環境の中で実施される技術がクローズドスキルと呼ばれました。しかし、その後、どの運動にもオープンな要素とクローズドな要素が含まれていることが指摘され、両者は二分法ではなく、連続体としてとらえられるようになりました。そして現在では、クローズドスキル型、オープンスキル型という運動技術の種類は、運動の手がかりとなる感覚情報の安定性に注目した分類となっています。

　オープンスキル型の場合、刻々と変化する相手や味方の動きやボールの動きといった外的な情報が、判断の手がかりとなります。これに対してクローズドスキル型では、運動を行う競技場や器具ができる限り変化しないように一定に保たれています。この場合、運動を行う主な手がかりは自分の動きに関する筋運動感覚的な情報となります。そのため、オープンスキル型では外的なフィードバックが、クローズドスキル型では内的なフィードバックが、学習時に重要になってきます。

4 より授業を深めるためのキーワード解説

【技術の種類に応じた学習の仕方】 運動技能を上達させるには、運動学習を行う必要がある。ここでいう運動学習とは「知覚を手がかりとして運動を目的に合うようにコントロールする能力である運動技能が上達していく過程」をさす。テニスでいえば、相手の打球のコースや球種の違いをより細かく、正確に見分けられるように知覚が変化していく。そして、このような手がかりの違いに対応した微妙な運動ができるようになっていく。

このような運動学習の主流となっている理論は、人間を一種の情報処理モデルとみなす理論である。このシステムで最も基本となるメカニズムが、フィードバック制御とフィードフォワード制御である。フィードバックは、自分の実行した運動を情報として取り入れ、次の運動を修正する手がかりとして利用する働きをさす。これに対してフィードフォワードは、先回りして運動を開始する仕組みをさす。

クローズドスキル型の技術は、予め実行されるべき運動が決まっている。そのため、何度も同じ運動を繰り返すことで動きを習慣化することが求められる。この際、運動を実施した際の筋運動感覚に注意を集中することで内的フィードバックを得ることが重要になる。しかし、筋運動感覚に注意を向け、意識化することは難しい。そのため、注意を向けるべき身体の部位を特定し、そこに注意を向けて運動することが必要になる。また、運動直後に自分が行った動きを言葉で表現することでも、運動実行中に身体の動きに注意を向けることが容易になる。もっとも、一般には、初心者は自分の動きを感じることが難しい。そのため、自分がどのように動いているのかが分からない、ある程度感じてもそれが不正確であり、実際の動きとそれがずれるといった現象が頻繁にみられる。そのため、このような場合には、結果に関する情報をフィードバックすることが重要になる。ビデオや指導者の言語による教示、指導者が学習者の動きをまねることも効果的である。

これに対してオープンスキル型の技術では、状況に応じて行うべき運動を素早く判断して対応することが重要になる。そのため、環境からの感覚情報に注意を向け、外的フィードバックを利用した正確な予測に基づいて、柔軟に運動を選択して実行する練習が重要になる。この予測能力を高めるには、外的な刺激を受け入れて解釈する情報処理と予測の手がかりとなる外的情報をピックアップするように知覚を誘導する情報処理の２つが必要になる。このような２つの情報処理の過程が相互作用することで、素早く、的確な予測ができるようになっていく。そのためのトレーニング法として認知的トレーニングが用いられる。

認知的トレーニングは、予測の手がかりとなる外的刺激とは何かを理解し、それを見分けて反応する練習法をさす。その際には、写真や映像も利用されている。また、このようなトレーニングを実施することで、予測の正確性だけではなく、予測に基づく反応時間も早くなったことが報告されている。また、初心者に対する比較的短時間の認知的トレーニングによっても大きな学習成果が得られることが報告されている。オープンスキル型の技術の学習に際しては、初心者のうちから予測の手がかりが何かを明確にし、それに基づき運動を選択して実行する練習を行うことが大切になる。

【多様性練習】　運動の練習をする際には、一般には、同じ動きを何回も繰り返して練習することが多い。しかし、試合の場面を想定すれば、同じ状況で技能を発揮することはまずあり得ない。実際には、異なる条件の中で効果的に技能を発揮することを可能にする練習の仕方が求められる。例えば、サッカーのシュートの練習の際に、距離や位置、蹴り方を変えることのように、多様な動きを取り入れた練習を工夫することが大切である。このような多様性練習の効果は、感覚運動スキーマが形成されやすいと考えられることからも支持されている。ここでいう感覚運動スキーマとは、運動を様々に変化させて、練習の仕方や運動のやり方についての意図と運動した時の感覚と運動の結果の関係についてのルールのことである。

　しかし、多様性練習に関する研究の中には、その効果を支持しない研究もみられる。支持しない研究のほとんどは、複数の動きを連続してひとまとめにしたブロック練習で行われていた。これに対し、多様性練習の効果を支持する研究では、一回一回異なる動きをするランダム練習(BACACBのような課題の系列)とシリアル練習(ABCABCのような課題の系列)が設定されていた。また、ブロック練習とランダム練習を比較すると、練習中はブロック練習の方が高いパフォーマンスを示したのに対し、少し時間をおくとランダム練習の方が成績がよくなる逆転現象がみられたことが報告されている。

　練習中はパフォーマンスが順調に向上することもあり、一般にはブロック練習を採用しがちである。特に、初心者の場合には練習時に上達したことを実感させやすいこともあり、ブロック練習が効果的である。しかし、中長期的な視点に立てば、ランダム練習ないしはシリアル練習の方が効果的に学習が進行することになる。そのため、この点を学習者に最初に伝えておくことや、学習の初期には短期間ブロック練習を組み入れ、徐々にランダム練習に移行していくという方法も考えられる。

【戦略】　スポーツでは、試合に臨むに際して様々な方針が立てられる。また、それぞれの方針は、それを適用する時間の長さに対応して戦術、作戦、戦略に区別される。

　「戦術」は、ゲーム中の個々の場面において解決すべき課題を効果的に解決するための方針である。一方、「作戦」は、試合に臨む際の方針である。対戦相手を踏まえ、先行逃げ切り型のゲームを行う、あるいは、低得点の攻防に持ち込むといった方針である。

　これに対し「戦略」は、シーズン、年間、あるいは、複数年にわたり設定される方針をさす。例えば、プロ野球でいえば、シーズン終了後にチームの成果を評価し、次のシーズンに達成すべき成果を設定し、その実現に向け、どの選手を残し、どのような選手を補強するのかを決めていくことや、シーズン前に取り組むべき課題やシーズン中に対応すべき課題を整理し、その達成に向けて取り組む際の方針、選手起用の方針等をさす。

②高等学校・第2単元　運動やスポーツの効果的な学習の仕方

ア	運動やスポーツの技術と技能
イ	運動やスポーツの技能の上達過程
ウ	運動やスポーツの技能と体力の関係
エ	運動やスポーツの活動時の健康・安全の確保の仕方

【本文】(2) 運動やスポーツの効果的な学習の仕方について理解できるようにする。
　　イ　運動やスポーツの技能の上達過程にはいくつかの段階があり，その学習の段階に応じた練習方法や運動観察の方法，課題の設定方法などがあること。

【解説】　運動やスポーツの技能の上達過程[1]を試行錯誤の段階，意図的な調整の段階及び自動化の段階の三つに分ける考え方があること，これらの上達過程の段階や技能の特徴及び目的に即した効果的な練習方法があることを理解できるようにする。
　　その際，技能の上達過程は，各段階で上達の速度が異なること，プラトーやスランプの状態[2]があることについても取り上げるようにする。
　　なお，指導に際しては，中学校では「運動観察の方法」を，高等学校では，「課題解決の方法」を運動に関する領域に示しているので，各領域に応じた行い方を取り上げる際に，一層実践的に理解ができるよう配慮することが大切である。

★中学校との関連を意識しよう➡中学校　第1単元ウ

1 授業の目標

　中学校では、すでに運動やスポーツには特有の技術や戦術があり、その学び方には一定の方法があることについて学習しています。第2単元では、それらの学習を踏まえ、運動やスポーツを継続するには技術の特徴に応じた学習の仕方があることや技能を高めるためには、どのように取り組めばよいのか、健康、安全の確保の仕方など、効果的な運動、スポーツの学び方について体系的に理解できるようにします。
　この小単元（第2単元　イ）では、運動やスポーツの上達過程には複数の段階が存在し、その段階に応じた練習方法や運動観察の方法、課題の設定方法があることを理解することを目標にします。

2 必ずおさえたい授業のポイント

　ここでは、運動やスポーツの上達過程には複数の段階が存在し、その段階

に応じた練習方法や運動観察の方法、課題の設定方法があることを理解できるようにすることがポイントです。

3 授業のためのキーワード解説
①技能の上達過程
運動技能の上達における学習段階について、現在、スポーツ心理学において最も広く受け入れられている考え方が、1) 試行錯誤の段階、2) 意図的な調整の段階、ならびに 3) 自動化の段階という分け方です。

試行錯誤の段階は、それまでまったく行ったことがない運動を始めて学習する段階をさし、どのようにすればいいのかは分かっているが、実際にはできない段階をさします。この段階では、運動の全体像について理解することが課題となります。

意図的な調整の段階は、反復練習を長期間続けることで運動が安定してできるようになっていく段階をさします。この時期には、フィードバックを意識し、注意を集中して運動をコントロールすることにより、運動が洗練されていきます。

この段階に続き、特に意識しなくても機械的、反射的に運動ができる段階が来ます。この段階を、自動化の段階と呼びます。定着の段階では運動のコントロールに注意が向けられていますが、自動化の段階になると他のことに注意を向けることが可能になります。

②プラトーとスランプの状態
学習の上達過程において、習熟レベルの低い者が、成績の停滞を招いた場合を「プラトー」と呼びます。プラトーの原因としては、練習時間が少なく、その練習時間内ではそれ以上の上達が望めない状況であること、練習方法の問題、学習の移行段階の問題、悪い癖がついた場合、動機づけの低下、疲労の蓄積等が考えられます。

これに対し、ある程度パフォーマンスが向上した中級者以上の上級者に認められる成績の停滞や後退現象を「スランプ」と呼びます。スランプの原因としては、疲れやけが等の身体的要因、フォームの修正等による技術的要因、新しい用具を使用した際等の用具的要因ならびに自信の低下等の心理的要因が指摘されています。しかし、スランプに陥った当初は、これらの原因がはっきりせず、その結果、スランプの長期化、対処の困難といった現象が生み出されています。

4 より授業を深めるためのキーワード解説
【技能の上達過程とそれに対応した技術の練習方法】 　初級の段階では、課題を理解し、実際に行う段階である。この段階では、学習者が何回か試みた後に成功できる学習状況を設定しておくことが重要になる。また、この段階では自分の運動を細部まで正確に知覚する能力が発達していないため、コーチ等、外部からの情報に強く依存している。しかし、学習者の情報処理能力を考えると、学習者にあまりに多くの情報を提供し過ぎたり、次々と課題を与えるべきではないとされている。そのため、この段階では、1)幇助、2)地形や用具を利用した学習支援、3)運動の一部を取り除き単純にする、4)ゆっくり行う、5)用具を用いないで、あるいは軽い用具で練習する、6)パートナーや相手プレイヤーをつけないで練習させる、7)用具を動かさないで練習する、8)フィードバック情報を強化する、といった練習方法が提案されている。

　中級段階では、情報の受容、処理能力が向上していくこともあり、言語を活用することが効果的になっていく。言語により運動を明確に再現させることで、中級段階の選手の場合、例えば、「ここで腕を力一杯引く」といった、自分自身への指示による活動がより効果的になっていく。

表3-9　技能の上達段階に対応した練習法

能力段階（学習段階）	技術トレーニングの目標	指導や練習の主要な方法	技術の特徴
初級： 基本構造（技術の粗協調）が形成される段階	・目標技術に眼を向けさせる。大ざっぱな運動表徴をつくりださせる ・基礎となる運動経験を収集させる ・基本経過を習得させる（運動の粗協調）	・示範、説明 ・技術を習得させるために遂行条件をやさしくして練習させる	・運動の強さが不適切 ・過度に緊張した運動の遂行やタイミングの合わない力の投入、前の運動と後の運動の間が途切れる ・導入動作が大きすぎる、あるいは小さすぎる ・運動の正確性がほとんどない、あるいは一定していない ・やるたびに運動が違ってしまう
中級： 技術の洗練と定着（精協調の発生）がはかられる段階	・運動表象を精密化する ・むだな動きや過剰な筋緊張を除去する（運動の精協調） ・妨害されても安定してできるということがはじめて要求される ・試合のなかではじめて試みられる	・観察課題を課し、協力して運動分析を行わせる ・やさしくした遂行条件を徐々にむずかしくして、運動を何度も反復させる ・普通の条件下で練習させる。はじめて難しい条件が加えられる	・慣れ親しんだ、やりやすい外的条件のもとでは容易に技能を発揮できる。しかし、不慣れな、難しい条件下では大きな技術的欠点を示したり、克服したはずの欠点が再び見られる ・過剰な筋力の消費が最低限におさえられ、過度の不随意な随伴運動が消失する
上級： 技術の完成段階（精協調の安定と可変的対応能力の発生）	・自分で修正する能力を身につけさせる ・いっそうの安定化と自動化をはかる ・極端なストレス状況のなかで技術を定着させることによって、さまざまな条件の変化に適応できるようにする ・新しい技術や新しいバリエーションを開発する ・試合日程に合わせてトップコンディションにもっていく ・技術トレーニングと体力トレーニングを結びつける ・運動者の個性を十分に生かす	・運動知覚と運動観察の訓練を強化する ・運動の強度を強める ・遂行条件を変化させる ・細部に注意を向けさせる ・妨害因子を増やしていく ・ストレス状況や極限状況をつくり出す ・技術を試合のなかで試させる ・技術に関連した体力を養成するためのスペシャルメニューを行わせる	・不慣れな条件下でも安定して技能を発揮できる ・運動の遂行には注意を向けなくてもよくなる

また、運動経験の拡大とならび、トレーニングの際に出す要求に変化をつけたり、試合に近い状況で技能を発揮させることで、学習者を動機づけることも可能になる。しかし、その際には、練習条件を変えることや試合で行うことを要求するのが早すぎる場合、運動の欠点が定着する危険を見過ごしてはならない。

上級者に対しては、技能が発揮される条件を変化させたり、試合よりも高い負荷をかけたり、学習者が自分自身をコントロールする能力を高めることを意図したトレーニングをすることが必要になってくる(表3-9、表3-10参照)。

表3-10 トレーニング段階における技術、体力、戦術の位置づけ(グロッサー、1995)

基礎トレーニング (最初のトレーング段階、5～8歳)	基礎技術の習得を含め、一般的な体力や巧みさを多面的に養成することが大切である。
専門トレーニング (9～12歳)	技術の習得が前面に押し出される。反応や回数をかけるトレーニングやパワーや有酸素持久力、柔軟性のトレーニングが行われる。
競技力トレーニング (13～16歳)	技術、戦術、体力に同程度の重み付けがなされる。持久的種目の場合は、有酸素持久力と無酸素持久力が前面に出される。
最大競技力トレーニング(15/16歳以降。トレーニング開始後6～8年)	戦術に関して、スポーツ種目毎に技術または体力のいずれか一方が重視される。

【メンタルトレーニング】　メンタルトレーニングは、通常、困難な状況でも心が折れないタフさ(メンタルタフネス)を身に付けるという側面と自分自身をうまくコントロールできる柔軟な対応能力(セルフコントロール)を身に付けるという2つの側面から理解されている。しかし、メンタルトレーニングで扱えるのは、通常、セルフコントロールが中心になる。それは、価値観や信念を形成する日常的な営みに依拠しながら、より高いパフォーマンスを生み出すために、ストレスへの柔軟な対応の仕方やセルフコントロールの手段を身に付けていくことと定義できる。また、1)自分を知るという段階、2)問題解決のための対策を立てて試すという段階、3)何がどう効果的か、どう修正すべきか、今不要なものは何かを振り分ける段階、の3つの段階が循環的に展開されることが一般的である。代表的なメンタル技法には、リラクセーション、サイキングアップ、イメージトレーニング、ゲームプランやルーティン、ポジティブトーク等がある。メンタルトレーニングを行うことで、安定して実力を発揮したり、能力を向上させる確率を高めたり、精神的なタフさや競技へのポジティブな価値観を形成できる可能性がある。

【目標設定】　目標設定は、「自己分析、練習目標の設定、練習手段の工夫、計画、練習の実施、評価」という一連のプロセスを踏んで行われる意図的、組織的で計画的な練習方法をさす。評価では、結果に応じて次の対応が2つに分かれる。目標が達成された場合には自己分析の結果を踏まえ新しい目標が設定され、目標が達成できない場合にはその原因を分析する。通常、この原因は、設定した目標が高すぎる場合と練習方法が不適切であることが考えられる。目標が高すぎた場合には、目標の変更を、練習方法が不適切な場合は練習方法を修正することになる。

目標設定に際しては、1)短期的な目標を設定する、2)具体的な目標を設定する、3)挑戦的かつ現実的な目標を設定する、4)目標設定のための方策を明確にする、5)フィードバックを利用することが効果的である。

②高等学校・第2単元　運動やスポーツの効果的な学習の仕方

ア	運動やスポーツの技術と技能
イ	運動やスポーツの技能の上達過程
ウ	運動やスポーツの技能と体力の関係
エ	運動やスポーツの活動時の健康・安全の確保の仕方

【本文】(2) 運動やスポーツの効果的な学習の仕方について理解できるようにする。
　　　ウ　運動やスポーツの技能と体力は，相互に関連していること。また，期待する成果に応じた技能や体力の高め方があること。

【解説】　運動やスポーツの技能と体力は，相互に関連していること，運動やスポーツの技能を発揮する際には，個々の技能に応じて体力を高めること[1]が必要になることや期待される成果に応じた技能や体力の高め方[2]があることを理解できるようにする。
　　　なお，指導に際しては，運動に関する領域で「体力の高め方」を，体つくり運動で「運動の計画と実践」，「体つくり運動の行い方」，「体力の構成要素」，「実生活への取り入れ方」などを示しているので，各運動やスポーツに関する実践的な高め方や体力の構成要素などについては，各運動に関する領域を中心に扱うこととし，ここでは，運動やスポーツの種類によって主に求められる技能と体力の違いなどに重点を置いて取り扱うようにする。

★中学校との関連を意識しよう➡中学校　第1単元ウ、第2単元ア

1 授業の目標

　中学校では、すでに運動やスポーツには特有の技術や戦術があり、その学び方には一定の方法があることについて学習しています。第2単元では、それらの学習を踏まえ、運動やスポーツを継続するには技術の特徴に応じた学習の仕方があることや技能を高めるためには、どのように取り組めばよいのか、健康、安全の確保の仕方など、効果的な運動、スポーツの学び方について体系的に理解できるようにします。
　この小単元(第2単元　ウ)では、運動やスポーツの技能と体力が相互に関連していることや期待する成果に応じた技能や体力の高め方があることを理解することを目標にします。

2 必ずおさえたい授業のポイント

　ここでは、運動やスポーツの技能と体力が相互に関連していることや期待する成果に応じた技能や体力の高め方があることを理解できるようにすることがポイントです。

3 授業のためのキーワード解説
①個々の技能に応じて体力を高めること
　運動の上手下手の個人差が派生する原因を説明するために「運動能力」(motor ability)という概念が用いられます。この運動能力は通常、多くの運動に共通性の高い一般的な能力とその運動に特に必要とされる特殊性の高い能力に区別されています。

　例えば、筋力や持久力、瞬発力等のエネルギー系体力は、多くの運動の基盤となっている共通性の高い能力だと考えられています。筋力や持久力を高めることで多くの陸上競技の選手やサッカー、柔道の選手が競技成績を高めることができることはその例です。しかし、一輪車でバランス能力を向上させても、サーフィンやスキーでうまくバランスが取れるわけではありません。このことは、バランスを取る能力はそれぞれの運動に特殊性が高いことを示しています。そのため、特殊性の高い運動能力は「運動技能」と呼ばれ、知覚を手がかりとして運動を目的に合うようにコントロールする学習された能力と定義されています。また、運動技能が上達していく過程は「運動学習」と呼ばれています。このように、それぞれの運動によって手がかりとなる知覚情報が大きく異なるため、運動技能は特殊性が高くなります。

　他方で、発揮されるパフォーマンスにおいては運動技能とエネルギー系の体力の関与の仕方は連続的です。例えば、ゴルフのパットでは運動技能が大きく成績を左右します。これに対し、重量挙げ等ではエネルギー系の体力がパフォーマンスを大きく規定します。そのため、運動技能の練習とエネルギー系体力のトレーニングのバランスの取り方が大切になります。

②期待される成果に応じた技能や体力の高め方
　運動は技能に着目すると、体操競技や水泳などのクローズドスキル系と球技などのオープンスキル系に大きく分けることができます。

　クローズドスキル系の技能では、主に自らの動きの質を高めるために当該種目のパフォーマンスに関連した体力を中心に高めることが有効です。他方、オープンスキル系の技能では、自らの動きの質を高めるとともに、対戦相手の動きや状況に応じた判断が求められます。そのため、複数の判断を伴う状況設定の中で体力を高める実戦的な練習が有効になります。なお、体力を高めるトレーニングの原則には、個別性、過負荷、漸進性、反復性、特異性などがありますが、これらについては体つくり運動で学習しています。

4 より授業を深めるためのキーワード解説

【オーバーロードの原則】 先に述べたように、トレーニングの原則の中には「過負荷」があるが、これはオーバーロードの原則ともいう。練習やトレーニングによって技能や体力を向上させるには、それまで行っていた以上の難度や負荷の高い運動を行う必要がある。トレーニングによって、技能や体力が向上するのは、筋肉や持久力等の適応作用のためである。筋肉や持久力は日常生活で使っている以上の負荷を受けると、その負荷に耐えられるように筋力や持久力のレベルを向上させ、それによって技能も向上する。

【超回復】 トレーニング効果は、負荷とその後の回復を単位にして得られる。負荷を与えすぎると生理機能は低下する。休養をとることで生理機能が徐々に回復し、さらに高いレベルに高まる。この現象を「超回復」と呼ぶ。超回復のピーク時にトレーニング負荷がかけられると生理機能を一層高めることになる。これに対し、疲労から十分に回復する前に負荷がかけられると生理機能のレベルが低下してしまう。加えて、負荷が大きすぎると疲労の程度も大きく、回復に時間を要する。他方で、負荷が小さすぎると回復しても超回復が起こらず、向上がみられない結果となる。

【トレーニングと疲労】 トレーニングを行うと必ず疲労する。しかし、トレーニング効果を期待するのであれば、病的な疲労に陥ることなく、生理的疲労の限界をいかに高めるかが重要になる。

疲労の原因は、エネルギーの枯渇、疲労物質の蓄積、脱水による電解質代謝の異常、中枢性調節力の失調等が考えられる。そのため、病的な疲労に陥らないためには、エネルギー源の適切な補給、疲労の除去、適切な水分補給等が必要になる。バランスの取れた食事も疲労対策としては重要になる。

【期待する成果に応じた技能や体力の高め方：期分け】 トレーニングを効果的に進めるには、長期的視点からトレーニングの時期を分けることが必要になる。この時期は、次の3期に大別できる。

1) 準備期：競技に必要な基礎的要素を養成する時期。
2) 試合期：最高の競技力を獲得し、それを維持する時期。
3) 移行期：けがや慢性疲労等、トレーニングに伴う弊害を軽減する時期。あるいは、準備期と試合期の間のトレーニング課題の変化に対応する時期。

準備期には、特定の体力要素に偏ることなく、全面的にトレーニングを実施することが大切になる。一般的にトレーニング効果を得るためには1週間に2～3回のトレーニングが必要になると言われる。そのため、1週間に2～3回、それぞれの体力要素に応じたトレーニングを実施すればよいことになる。なお、この時期にはトレーニングの量が比較的多くなりがちである。そのため、トレーニングの量と回復能力のバランスを取ることが重要になる。

試合期になると、体力トレーニングに割く時間が短くなる傾向がある。そのため、試合に合わせてトレーニングの強度や頻度を徐々に減少させ（テーパリング）、疲労を残さない配慮が必要になる。しかし、トレーニング量が低下した状態が長く続くと、筋力等を高いレベルで維持できなくなる。そのため、テーパリングに際しては、次の点がポイントなる。

1) 試合期にはトレーニング量を減らし、技術練習や試合によって受ける身体への負担との調整を行う。
2) 試合期の体力低下を最小限にするため、オーバートレーニングにならない程度の体力トレーニングを実施する。
3) ある程度の低下を見込み、準備期に高いレベルの体力を身に付ける。
4) 試合期が長期にわたる場合は、試合の重要度あるいは難易度に応じて、テーパリングと体力維持のための負荷のタイミングを調整し、期間全体を通してあるレベルを維持できるようにする。

【筋のトレーニング】　筋は、その収縮様式により発揮される張力が異なり、トレーニング効果も異なる。この点を踏まえ、筋のトレーニング方法は、表3-11のように区別されている。

表3-11　筋の収縮様式からみたトレーニングの違い

アイソメトリックトレーニング	関節を固定したまま筋を緊張させるトレーニング。
アイソトニックトレーニング	関節を動かしながら筋を収縮させるトレーニング。
アイソキネティックトレーニング	マシーンなどで動作のスピードを制御し、一定のスピードで運動するトレーニング。
プライオメトリックトレーニング	反動を利用し、瞬間的にエキセントリックからコンセントリックの収縮を行うことで、爆発的な筋力の養成ができるトレーニング。

　なお、筋肉は、パワー、スピードの発揮の中心になる速筋（白筋）とスタミナの発揮に機能する遅筋（赤筋）がある。パワー、スピードを高めるためには速筋を鍛えることが必要になる。そのためには、ウェイトトレーニングが有効である。瞬発力を必要とする種目の選手が、ウェイトトレーニングをするのは、そのためである。
　一般に、筋肉づくりのウェイトトレーニングは重量負荷のもとで実施される。しかし、骨格の発達が続いている若年者の場合には、軽量負荷で実施するとよい。なお、15～30分のウェイトトレーニングであっても成長ホルモンの分泌は活性化する。そのため、トレーニングを長時間実施する必要はなく、トレーニング後は休養させ、筋肉づくりを促すことが大切になる。　負荷を大きくすることで、筋肥大、筋力強化に効果が期待できる。負荷を小さくし、スピードを上げることで、パワーの向上が期待できる。

【持久力のトレーニング】　持久力のトレーニングでは、運動強度の目安を1分間当たりの心拍数を用いる。心拍数が毎分180回程度のランニングと短い休憩とをはさんで繰り返す「インターバルトレーニング」と全力でのランニング数本を十分な休憩をはさんで実施する「レペティショントレーニング」がある。他方で、心拍数を毎分140～170回程度にし、30～60分間実施する持久走のように、それほど高くない強度で長時間持続する持久走トレーニングもある。この場合、心肺機能のみではなく、酸素を使って筋力を出し続ける能力の向上が期待できる。

②高等学校・第2単元　運動やスポーツの効果的な学習の仕方

ア	運動やスポーツの技術と技能
イ	運動やスポーツの技能の上達過程
ウ	運動やスポーツの技能と体力の関係
エ	運動やスポーツの活動時の健康・安全の確保の仕方

【本文】(2) 運動やスポーツの効果的な学習の仕方について理解できるようにする。
エ　運動やスポーツを行う際は，気象条件の変化など様々な危険を予見し，回避することが求められること。

【解説】　運動やスポーツを行う際には，活動に伴う危険性を理解し，健康や安全に配慮した実施が必要になること，身体やその一部の過度な使用によってスポーツにかかわる障害①が生じる場合があること，気象条件や自然環境の変化など様々な危険を予見②し回避することが求められること，けが防止のための対策，発生時の処置，回復期の対処などの各場面での適切な対応方法があることを理解できるようにする。
　なお，指導に際しては，中学校の「安全な運動やスポーツの行い方」の学習を踏まえるとともに，各運動に関する領域に，「健康・安全を確保すること」を示しているので，個別の具体例については触れる程度とし，各運動に関する領域に共通する内容を中心に扱うようにする。

★中学校との関連を意識しよう➡中学校　第2単元ウ

1 授業の目標

　中学校では、すでに運動やスポーツには特有の技術や戦術があり、その学び方には一定の方法があることについて学習しています。第2単元では、それらの学習を踏まえ、運動やスポーツを継続するには技術の特徴に応じた学習の仕方があることや技能を高めるためには、どのように取り組めばよいのか、健康、安全の確保の仕方など、効果的な運動、スポーツの学び方について体系的に理解できるようにします。

　この小単元(第2単元　エ)では、運動やスポーツを行う際には、活動に伴う危険があることやそれに配慮した実施が必要になること、気象条件などの危険を予知すること、けが防止のための対策や発生時の処理、回復期の対処等、各場面での適切な対処法があることを理解することを目標にします。

2 必ずおさえたい授業のポイント

　ここでは、運動やスポーツを行う際には、活動に伴う危険があることを理

解することやそれに配慮した実施が必要になること，気象条件などの危険を予知すること、けが防止のための対策や発生時の処理、回復期の対処等、各場面での適切な対処法があることを理解することがポイントです。

3 授業のためのキーワード解説

①スポーツにかかわる障害

　スポーツ障害は、長期にわたりスポーツ活動を続けた結果、それぞれの種目に固有の痛み、炎症や骨の変形によってスポーツ活動が妨げられる現象をさします。同じ動作を強い負荷で繰り返すことにより、骨、関節、腱、靱帯、神経や筋肉に発生する軽度の傷害の繰り返しによる炎症がその原因です。テニスプレイヤーのテニス肘、野球の投手の野球肩や野球肘、バレーボール選手やバスケットボール選手のジャンパー膝が、その例です。

　スポーツ傷害は、スポーツ外傷とも呼ばれ、身体組織が損傷するほどのスポーツ活動中の過大な衝撃による外傷をさします。最も頻度の高いスポーツ傷害は、競技者同士の衝突によるものであり、サッカー、ラグビー、バスケットボール、アメリカンフットボールのように攻守が交錯するスポーツ種目で多発します。特に、競技のスキルレベルが未熟であり、補強筋群が未発達なジュニア段階に犠牲者が多くみられます。このようなスポーツ外傷の発生を予防するために、用具の着用や開発、ルールの修正が加えられています。

②危険を予見

　自然体験活動において参加者が自分で安全を確保できるためには、1）自分の周りに存在する危険を知っているか、2）危険を避ける技術や体力があるか、3）事故に遭遇する行動や態度を取っていないかが重要になります。そのため、まずは、参加者が自分の安全を確保できるように、危険因子を参加者に理解させることが重要になります。また、危険を予知できるようにするために、日常生活の中や机上で危険回避の練習をしておくことが必要になります。例えば、社団法人全国子ども会連合会では、事故を未然に防ぐために独自の危険予知のトレーニング方法を開発しています。そこでは、絵を見て、1）どんな危険がかくれているか（危険の発見）、2）これが危険のポイントだ（特に重要なものは何か）、3）私ならこうする（具体的な対策をたてる）、4）私たちはこうする（みんなで実行する行動目標を決める）という4段階で論議等を重ねながら危険の予知能力をつける工夫がなされています。

4 より授業を深めるためのキーワード解説

【スポーツ外傷・障害の発生要因と予防への対応】 スポーツ外傷・障害の要因は、一般的には、1) スポーツを実践している人の要因、2) スポーツの方法、内容、仕方の要因、3) スポーツの施設、設備、用具、自然条件、社会的環境等の環境の要因、4) スポーツの指導方法、内容、管理体制などの指導、管理の要因、に区別することによって問題点や具体的な予防対策を講じることができるようになる。表3-12は、野球肘を例としたその具体例である。

表3-12 野球肘の発生要因と予防対策（武藤芳照、2009）

	発生要因	予防対策
1. 個の要因 野球をする者の身体・心理の要因	・関節・筋の柔軟性の不足 ・「急な身体発達」への認識の欠如 ・食事・睡眠・遊びなどの生活習慣の乱れ	・関節の動きをよく見ること ・日常的なストレッチングの徹底 ・選手自身のセルフチェックの普及 ・小・中学生期のメディカルチェックの実施 ・身長の定期的計測 ・食事・睡眠・遊びなどの生活習慣の改善など
2. 方法の要因 野球の練習・トレーニング方法、投球・打撃・守備・走塁の技術・方法などの要因	・練習回数、練習時間の過多（例：24時間練習） ・個人練習の過多（秘密練習、自主練習） ・上肢に依存した投球方法 ・間違った練習、トレーニング（1,000本ノック、水抜き・油抜き、罰ランなど）	・発育・発達期に即した適正な練習量（日数・時間） ・過度な個人練習の抑制 ・全身を使った投球方法の指導・普及 ・間違ったトレーニング法の禁止など ・「休むことの大切さ」の指導・普及（「ゆとりと休養の日」の設定）
3. 環境の要因 野球を取り巻く自然環境、社会環境および人工環境としての用具、施設、防具、服装、靴などの要因	・適切な防具の不使用 ・新しい防具、障害予防具への理解の欠如 ・チーム専用バス（移動を容易にし、その乱用により試合数の増加を招く） ・新規購入される野球用具（副賞による用具購入を目的とした招待試合の増加） ・過剰・扇動的な報道（「痛み止めを打って…」）など	・適切な防具の使用 ・障害予防への理解の促進のための指導・教育 ・チーム専用バスの適正な利用 ・用具購入を目的化した招待試合の抑制 ・報道関係との適切な協力関係の形成、過剰・扇動的な報道の抑制など
4. 指導・管理の要因 野球の指導者の資質、指導体制、規則、競技の管理・運営体制、保護者の姿勢などの要因	・選手を取り巻く大人たちの立場と名声と利得を優先する姿勢 ・保護者の過度の介入と支援 ・過密な試合日程 ・投手の連投 ・年間試合数の過多 ・指導者の子どもの心身の特性、障害予防への知識と意識の欠如 ・プロ野球入団にあたり、健康状態・障害状況を確認しないままの手続き	・選手を主役と考え、その将来を見据えた大人たちの姿勢と態度の醸成 ・スポーツ現場、特に小・中学校期のメディカル・チェック（エコーの活用を含む）の実践と普及 ・医療機関における二次検診での適切なX線撮影（関節肢位の工夫など）による正確な検診の徹底 ・「急速な身体発達」への理解を深める教育の充実 ・選手管理方法の一つとしての、身体の定期的計測の導入 ・延長戦の短縮（18回から15回へ） ・甲子園大会出場前投手の肩・肘関節機能検査の実施およびその結果に基づく「投球禁止」規則の設定 ・甲子園球場のレントゲン室設置 ・野球指導者への障害予防の指導・教育の充実（講習会・研修会の実施、ビデオ教材の作成と全国無償配布） ・「ゆとりと休養の日」（おおむね月曜日）の設定 ・年間試合数の減少 ・障害を有する選手への練習時の配慮（チームメイトの理解をうながすための赤い帽子の着用などの工夫） ・プロ野球入団に際し、健康状態・障害状況を確認する手続きの工夫など

日本臨床スポーツ医学会では、青少年の野球障害に対する低減策として、小学生は1日50球、週200球以内、中学生は1日70球、週350球以内、高校生は1日100球、週500球以内を推奨している。また、高校野球では12月から2月までの冬期間の対外試合の禁止と週1回の練習休息日を設けて、障害の予防に努めている。

また、徳島県では20数年にわたり少年野球肘の検診を実施している。検診は、アンケート調査、大会現場での一次検診、病院での二次検診の3段階で実施されている。受診率は、一次検診で

1993年に56.3%であったが、2007年には90%を越えた。しかし、二次検診の受診率は30%前後に留まっている。この結果は、子どもの障害に対する認識の高まりを示す一方で、理解の深まりが見られないことを示唆している。その意味では、チームや団体での知識やノウハウの蓄積が必要になるといわれている。

なお、個々の競技団体においてもスポーツ医科学に関する情報が積極的に提供されている。

【回復期の対処】　スポーツ選手が何らかの外傷・障害によって身体の機能を低下させたり失ったりした際に、的確なリハビリテーションを行ってスポーツ活動あるいは競技が可能となるような身体的トレーニングをアスレティックリハビリテーションという(図3-14)。それは、日常生活動作を取り戻すことを目的としたメディカルリハビリテーションとは異なる。そのため、個々の種目の専門性を踏まえ、その種目を行う上で必要な体力要素や運動様式を踏まえたものでなければならない。具体的には、主にどの筋肉をどのように使うのか、静的か動的か、単発的か反復的か等を踏まえたトレーニングの処方が必要になる。

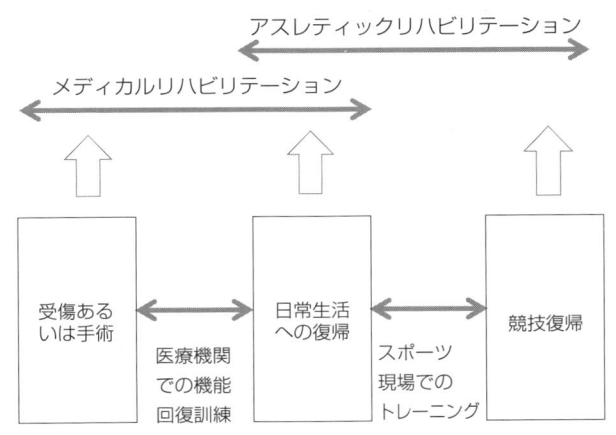

図3-14　アスレティックリハビリテーションの位置づけ

【メディカルチェック】　スポーツに関連した突然死を起こした選手のほとんどは、循環器系疾患を有していたと報告されている。しかし、基礎疾患がない場合にも突然死が起こっている。そのため、スポーツに関連した突然死を予防していくためには、まずは循環器系を中心としたメディカルチェックを実施し、潜在的疾患の有無を確認しておくことが重要になる。

メディカルチェックの目的は、1)将来の参照とするための基礎的データを収集する、2)スポーツ参加に妨げとなると思われる管理可能な医学的所見を検出する、3)スポーツ参加が忌避となるかを決定する、4)スポーツ障害を起こしやすい状態を検出する、5)不適切な体力増強プログラムによる障害を防止するために生徒の現在の体力レベルを評価する、6)法的あるいは保険上の要求を満たす、7)健康教育を行う機会とする、ということが挙げられている。このように、スポーツ活動を継続的に行っていく上で、メディカルチェックは重要である。

③高等学校・第3単元　豊かなスポーツライフの設計の仕方

ア	各ライフステージにおけるスポーツの楽しみ方
イ	ライフスタイルに応じたスポーツとのかかわり方
ウ	スポーツ振興のための施策と諸条件
エ	スポーツと環境

【本文】(3) 豊かなスポーツライフの設計の仕方について理解できるようにする。
　ア　スポーツは，各ライフステージにおける身体的，心理的，社会的特徴に応じた楽しみ方があること。また，その楽しみ方は，個人のスポーツに対する欲求などによっても変化すること。

【解説】　スポーツには，乳・幼児期から高齢期に至る各ライフステージ①ごとに，体格や体力の変化などに見られる身体的特徴，精神的ストレスの変化などに見られる心理的特徴，人間関係や所属集団の変化などに見られる社会的特徴に応じた行い方や楽しみ方②があることを理解できるようにする。
　　また，各ライフステージにおけるスポーツの行い方や楽しみ方は，個人のスポーツ経験や学習③によってはぐくまれたスポーツに対する欲求や考え方，健康や体力を求める必要性や個人の健康目標などに応じて変化するものであることを理解できるようにする。

　★中学校との関連を意識しよう➡中学校　第1単元ア，イ，第2単元ア，イ，ウ，第3単元ア

1 授業の目標

　中学校では、運動やスポーツへの多様なかかわり方、現代生活におけるスポーツの文化的意義などについて学習しています。第3単元では、それらの学習を踏まえ、卒業後の生涯にわたるスポーツライフを設計するために、スポーツへのかかわり方にはライフステージやライフスタイルに応じた特徴や条件があり、それらに基づく無理のない計画を立てること、生涯スポーツの振興に向けた施策や条件、およびスポーツが及ぼす環境への影響に配慮することなどについて理解できるようにします。
　この小単元(第3単元　ア)では、各ライフステージには身体的、心理的社会的特徴に応じたスポーツの楽しみ方があり、個人の欲求によっても変化することを理解することを目標にします。

2 必ずおさえたい授業のポイント

　ここでは、生徒たちがかかわってきたこれまでのスポーツの行い方や楽しみ方を振り返らせながら、これからのスポーツライフが身体的、心理的、社

会的特徴に応じてこれまでとは異なる特徴や条件をもち、変化することを理解できるようにすることがポイントです。

3 授業のためのキーワード解説

①各ライフステージ

ライフステージとは、人々の生涯を各年代のおおよその特徴に合わせて区分した段階(ステージ)のことをいいます。各年代の区切り方としては、乳幼児期(0〜6歳頃)、児童期(6〜12歳頃)、青年期前期(12〜18歳頃)、青年期後期(18〜25歳頃)、壮年期(25〜30歳代頃)、中年期(40歳代〜60歳代頃)、高齢期前期(60歳代〜75歳代頃)、高齢期後期(75歳代以降)の8つが一般的に考えられています。各ライフステージには身体的、心理的、社会的な特徴がみられます。このような特徴は個別的ではあるものの、一般的には逆U字曲線を描いて、春夏秋冬の季節にも似た上昇と下降のサイクルをたどると考えられます。

②行い方や楽しみ方

スポーツの行い方や楽しみ方は、各ライフステージで変化します。スポーツの行い方は、一般的に青年期までは学校を中心に心身の発達や技能の向上がめざされます。しかし、中年期以降は着実に体力が衰える一方、精神的なストレスが高まり、社会的にも人間関係が複雑になってきます。このような特徴をもったライフステージでは、身体的、精神的、社会的な健康増進や自分の状態にあった楽しみの追求のために無理なく、幅広いスポーツを行うことがめざされるようになります。また、スポーツの楽しみ方も年齢を経るにしたがって、「する」ことばかりでなく、「見る」ことや「支える」こと、「調べる」ことなど文化的な広がりや深まりをもつようになってきます。

③個人のスポーツ経験や学習

各ライフステージにおけるスポーツの行い方や楽しみ方の一般的な変化は、個人のスポーツ経験や学習がどのようであったかによっても変わってきます。それは、目標達成の有無、種目の好き嫌い、指導者の有無や指導の在り方、仲間の有無などの経験や学習条件に左右されます。特に高校期では、スポーツを行おうとする欲求や考え方を育てつつ、正しい健康や体力についての必要性や目標を立てるための知識と経験が重要になってきます。高校の体育で展開される選択制授業では、自ら選択したスポーツ種目の楽しさを深めながら、体力や技能を適切に向上させることがめざされています。

4 より授業を深めるためのキーワード解説

【生涯スポーツ】 各ライフステージとスポーツとの関係やかかわり方を問題にする背景には、わが国における人々の寿命が急速に伸び始め、平均寿命が80歳を超える長寿大国となったことがある。しかも、65歳以上が総人口に占める割合は23.1％（2010年推計）と世界最高水準で、超高齢社会である。また、高齢化のスピードを65歳以上の人々が10％から20％になるまでの年数で比較してみると、欧米がおよそ60〜80年間かかっているのに対してわが国のそれは20年間しかかかっていない。つまり、わが国の高齢化は欧米よりもずっと遅れて始まったにもかかわらず、そのスピードは非常に速く、欧米を追い越してしまった。さらに、わが国の高齢化は世界でも類を見ないほどの人口構成の構造変動を伴っており、このことが社会全体に与える影響はさまざまな側面に及ばざるをえない。それは、特に人生後半のライフステージの重要性と影響を強く意識させると同時に、これまであまり意識されてこなかったこのステージとの関連での、生涯にわたる各ライフステージの身体的、心理的、社会的特徴を考えることの重要性を示唆する。

一方、これまでのスポーツは、これから成長していくであろう青少年期という人生前半のライフステージを中心とした教育的目標とその効果・効用に重点が置かれてとらえられてきた。しかし、このスポーツにおける青少年期モデルは、各ライフステージのすべてに通用するわけではない。そこでは、主に男性や若者を対象とする上昇志向モデルだけでなく、すべての人々を対象として各ライフステージの身体的、心理的、社会的特徴を踏まえたスポーツとのかかわり方が論じられなければならないのである。わが国では、1990年に当時の文部省が「生涯スポーツ・コンベンション」と銘打って、全国の自治体や体育・スポーツ関係諸団体を集めて全国協議会を開催したのを契機として「生涯スポーツ」という用語が爆発的に流行した。そのため「生涯スポーツ」は行政用語として広まってはいるものの、依然としてその意味や内容については不明な点が多い。だからこそ、このようなスローガンとしての「生涯スポーツ」に対して、各ライフステージにおけるスポーツとのかかわり方（ライフステージ・スポーツ論）が生涯スポーツ「論」として重要となるのである。

【今後の生活の力点】 スポーツに対する行い方や楽しみ方の変化は、生活時間における労働時間の減少と自由時間の着実な増大にも依っている。1970年代までわが国の総実労働時間は年間2,300〜2,400時間であったが、現在ではほぼ1,800時間程度と600時間も減少している。これに加え、平均寿命が約80年（＝約70万時間）の人生では、特に定年後を中心に自由時間が飛躍的に伸びる。睡眠時間やその他の生理的に必要な時間（食事や排せつなど）を1日の半分と考えると、人間の意識的な生活裁量時間は約35万時間となる。そのうち生涯における労働時間は、労働年数を40年間とすると1,800時間×40年間＝72,000時間となり、約7万時間と推定される。だとすれば、生涯における約35万時間の生活裁量時間のうち労働に拘束される時間はその5分の1程度に過ぎないこととなり、それを除く約28万時間は自由裁量時間の範囲に入ってくることになろう。少なくとも、時間資源という観点から考えると、労働時間の約4倍もの自由時間を人々はもっていることになる。

これと関連して「今後の生活において、特にどのような面に力を入れたいと思うか」という

「今後の生活の力点」に関する調査では、図3-15に見られるように、1980年代前半から「レジャー生活」が第1位となって、この意識が今日まで続いている。このような自由時間における主体的な活動であるレジャーの1つとして、特に学校卒業後の各ライフステージにおけるスポーツ活動はとても重要な位置を占め、その役割を期待されるようになってきている。その意味でのレジャーは、もはや労働時間以外の「余り」という意味での「余暇」ではなく、時間量からみても生活の質の面から考えても、人々の生き方や暮らし方といったライフスタイルに重要な意味をもつようになっている。

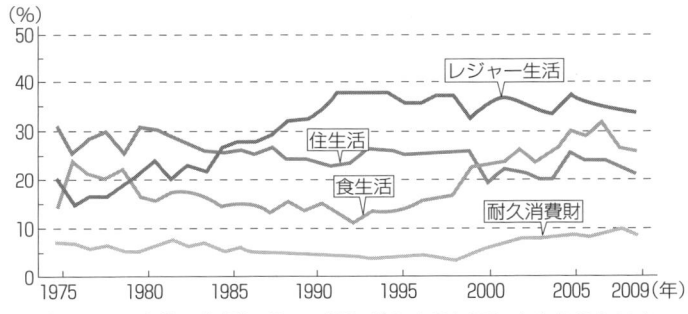

図3-15 今後の生活において特にどのような面に力を入れたいか
（出典：内閣府「国民生活に関する世論調査」より）

【高校期におけるスポーツライフの意義】 各ライフステージとスポーツとのつながりを豊かにしていくことが生涯スポーツ社会を実現していくとすれば、高校期におけるスポーツライフはこれまでのスポーツ経験をより豊かにしていく個性的なスポーツの追求が求められる。それと同時に、スポーツに対する技能差や個人差が拡大し、その欲求や必要のあり方が多様化していく中で、スポーツを仲間とともに楽しむ工夫が大いに求められる大切な時期（ステージ）であると考えられる。スポーツ参加を通じて多くの人々と出会い、ともに楽しむためには、より自発的なスポーツへのかかわり方が大切になってくる。また、体育の授業（特に選択制授業）や運動部活動、あるいは地域におけるスポーツ活動への幅広い参加を通じて意図的、計画的にスポーツ活動を行い、これを適切に評価し、さらに無理のない目標設定に結び付けていく学習や工夫が必要である。

このような高校期における豊かなスポーツライフは、これからの各ライフステージにおける身体的、心理的、社会的な特徴に基づくスポーツへの適切なかかわり方や課題に対してさまざまな解決の糸口を与えてくれる意義をもつものであろう。そのような取り組みは、既存のスポーツに自分たちの状況を合わせるのではなく、自分たちの状況にスポーツをどのように合わせていくのかの工夫である。このことを具体的に述べれば、各ライフステージにおけるスポーツの目標設定のあり方やルールの改変、あるいは道具や用具の改善や開発などにつながっていくものと考えられる。なお、高校期における具体的なスポーツライフの設計については、第3単元の小単元イの項目で扱われる。

③高等学校・第3単元　豊かなスポーツライフの設計の仕方

ア	各ライフステージにおけるスポーツの楽しみ方
イ	ライフスタイルに応じたスポーツとのかかわり方
ウ	スポーツ振興のための施策と諸条件
エ	スポーツと環境

【本文】(3) 豊かなスポーツライフの設計の仕方について理解できるようにする。
　　　　イ　生涯にわたってスポーツを継続するためには，自己に適した運動機会をもつこと，施設などを活用して活動の場をもつこと，ライフスタイルに応じたスポーツとのかかわり方を見付けることなどが必要であること。

【解説】　生涯にわたって豊かに充実したスポーツライフを実現していくためには，各ライフステージの特徴を踏まえた上で，自ら積極的，継続的にスポーツに取り組もうとすること，身近なスポーツ施設や無理なく行える自由時間，一緒にスポーツを行う仲間といった諸条件[①]を整えることが大切であることを理解できるようにする。

　また，それぞれの生き方や暮らし方といったライフスタイル[②]に応じた無理のないスポーツへのかかわり方が大切であること，そのようなかかわり方を実現するための具体的な設計の仕方[③]があることを理解できるようにする。

　その際，現在のライフステージにおける計画や実践を評価し次の計画に生かすことが，生涯にわたる豊かなスポーツライフの設計をさらに現実的で有効なものにしていくことについても触れるようにする。

★中学校との関連を意識しよう➡中学校　第1単元ア、イ、第2単元ア、イ、ウ

1 授業の目標

　中学校では、運動やスポーツへの多様なかかわり方、現代生活におけるスポーツの文化的意義などについて学習しています。第3単元では、それらの学習を踏まえ、卒業後の生涯にわたるスポーツライフを設計するために、スポーツへのかかわり方にはライフステージやライフスタイルに応じた特徴や条件があり、それらに基づく無理のない計画を立てること、生涯スポーツの振興に向けた施策や条件、およびスポーツが及ぼす環境への影響に配慮することなどについて理解できるようにします。

　この小単元（第3単元　イ）では、生涯スポーツを実現していくために、運動機会や活動の場、仲間などを条件とする自らのライフスタイルに適したスポーツとのかかわり方があること、これを具体的に実現するための設計の仕

方があることを理解することを目標にします。
2 必ずおさえたい授業のポイント
　ここでは、運動機会や活動の場、仲間などの条件に基づく自らのスポーツライフスタイルを考えること、これを実現するための具体的な設計の仕方を理解できるようにすることがポイントです。
3 授業のためのキーワード解説
①諸条件
　生涯にわたって豊かなスポーツライフを継続していく諸条件には、主に個人的なものと社会的なものとが考えられます。前者は、スポーツに対する自らの欲求や必要といった動機にかかわる条件ですが、これはスポーツに対する積極的な意欲や態度、価値観（望ましさ）などに基づく主体的条件のことです。後者は、時間・場所・資金・仲間などといった環境的、客観的条件のことです。この２つの条件は、相互に関連し合っており、例えば前者の強いスポーツ参加への動機が後者の不足する時間や場所の調整や確保といった、より望ましい条件整備に働くこと、あるいは逆に後者の仲間の存在が前者の意欲や態度を高めてくれるということなどが挙げられます。
②ライフスタイル
　ライフスタイルとは、人々のさまざまな生活上における課題に対する解決の仕方や充足のさせ方を意味します。それは、端的に言えば、人生における生き方や暮らし方をさします。人はそれぞれに個性的なライフスタイルをもっていると考えられますが、この言葉自体が一般に広がったのは、1970年代を境目としてこれまでの大量生産大量消費による画一的な消費スタイルから、人々の個別的で、選好的な消費スタイルが意識され始めたことにあります。スポーツの行い方やかかわり方もこれと同様に考えることができます。
③具体的な設計の仕方
　豊かなスポーツライフを設計するためには、高校生が現在の生活の中でどのようなスポーツとのかかわり方をもっているのかについて現状を把握し、より望ましいスポーツライフの観点からこれを評価し、将来に向けての改善策を考え、実現可能な計画を立てていくことが大切です。そのためには、これまでの自分のスポーツ経験を振り返り、評価することも大切になります。

4 より授業を深めるためのキーワード解説

【豊かなスポーツライフの指針】 　生涯にわたって豊かに充実したスポーツライフを実現していくためには、各ライフステージの特徴（第3単元のア）を踏まえた上で、春夏秋冬にも似た逆U字曲線にモデル化されるライフサイクルに応じた豊かなスポーツライフの指針が、その条件とともに提示される必要がある。表3-13 は、1997 年に当時の文部省保健体育審議会から示された指針の一例である。

表3-13　「豊かなスポーツライフ」の指針
　　　　（出典：文部省保健体育審議会、1997年より改変）

＊「スポーツライフのポイント」には特に重要とされる期に示すが、すべてにかかわるものである。

ライフステージ	スポーツライフのポイント＊	豊かなスポーツライフ	運動・スポーツの楽しみ方
乳幼児期 児童期	ファミリーでスポーツを	・生涯にわたる継続的なスポーツ習慣の基礎を培う。 ・文化としてのスポーツの出会いを大切にし、その担い手を育成していく。 ・日常生活の中で、親子の触れ合う。 ・仲間との交流を深めながら伸び伸びと遊びや運動・スポーツ、自然の中でのさまざまな活動に親しみ、運動・スポーツの愛好心を涵養する。	・スポーツの楽しさや喜びを味わうには簡易なルールでゲーム性に富んだ内容の工夫を図る。 ・調整力を高めるためには、リズミカルな全身的な運動や用具・遊具等を使った変化のある運動を親子や友だちと工夫したり、協力して行う。
青年期前期 青年期後期	シーズンに応じスポーツを可能性にむかってスポーツを	・多様なスポーツを体験し、スポーツの楽しさや喜びを体感し、スポーツに主体的に取り組む態度を育成していく。 ・個人のスポーツ適性に基づき得意種目の技術レベルの向上をめざす。 ・見るスポーツの楽しさも味わうなど生涯にわたって主体的、継続的にスポーツに親しんでいくスポーツ習慣を形成し、その定着を図る。	・学校での運動部活動やサークル活動はもとより地域のスポーツクラブ等に積極的かつ主体的に参加することで、自らの興味・関心に合ったスポーツを生涯にわたって継続的に行えるようにする。 ・自らの可能性へのチャレンジやスポーツボランティア活動を通じてスポーツの楽しさを味わう。
壮年期 中年期	運動・スポーツを楽しみながら体力つくりを	・社会人として時間的制約も多くなるが、日常生活の中で、主体的・継続的にスポーツに親しむ。 ・仲間や友人との交流、家族との触れ合いを図りながら、健康で積極的なライフスタイルを形成していく。 ・子どもと実践・体験を通じて、運動・スポーツ活動の楽しさを子どもに伝えていく。	・週休2日制の広がりの中で、ウィークエンドを生活するなどスポーツを主体的に生活に根付かせていく。 ・ファミリースポーツの実践や家族や仲間とで海、山などの自然の中でさまざまな活動を楽しむ。
老年期前期 老年期後期	ルールを工夫してスポーツを	・加齢に伴う身体機能の低下はあるものの、主体的で自立したライフスタイルや健康づくりを心がけ、それぞれの体力や目的に応じて運動・スポーツ・レクリエーションに親しむとともに地域の人々との触れ合いを図る。	・家族や仲間、世代間を超えた人々とスポーツや趣味を通じて積極的な交流を楽しむ。 ・自らの健康づくりに心がけるとともに体力の衰えを防ぐためにも、主体的に運動・スポーツに親しむ。

　生まれてから高校期までにあたる「乳幼児期～青年期前期」では、児童期までの家族や身近な仲間とさまざまなスポーツ活動に親しみ、愛好心を育てることをベースにして、青年期前期に区分される中・高校期でスポーツに主体的に取り組み、継続的にスポーツに親しんでいく習慣とその定着を図ることが強調されている。具体的には、運動部活動やサークル活動はもとより、地域のスポーツクラブ等にも積極的かつ自発的に参加し、スポーツボランティア活動にもかかわるよう勧めている。これに対して、壮年期・中年期では、家族や身近な仲間とのふれあいを求めて、スポーツを通じた健康で積極的なライフスタイルの形成を図り、子どものスポーツ活動にもよい影響を与えることが期待されている。このライフステージでは、「乳幼児期～児童期」とは異なる立場からではあるが家族や地域へのかかわりに回帰し、これを大切にすることが意識され、その上でスポーツ活動を無理なく、楽しみながら行うための条件を整えていくことが奨励されてい

る。高齢期では、このような地域や家族とのかかわりやふれあい(世代間交流)をベースとしながら、それぞれの体力や目的に応じて運動・スポーツ・レクリエーションに親しむことが強調されている。

【スポーツライフスタイル】 文化としてのスポーツは、人々のライフスタイルと幅広くかかわる可能性をもっている。人々のスポーツへのかかわり方は「する」ことに限らず、「見る」こと、「支える」こと、「調べる」ことなどにも広がっている(中学校第1単元の小単元イ、高校第1単元の小単元イなどを参照)。ライフステージ別にみたスポーツにおける楽しみ方の変化とは、このようなかかわり方の広がりと深まりを求めるスポーツライフスタイルの多様化を意味する。例えば、中年期・高齢期では体力の衰えによって「する」スポーツから遠ざかる人々も、スポーツイベント(番組)をじっくり見たり、スポーツの技術や歴史に興味をもって調べたりするスポーツライフにより深い楽しさを見出すようになることが考えられる。

また、「する」にかかわるスポーツライフスタイルには、その目標や条件によって、次のおおむね5つのタイプがあると考えられている。

表3-14 「する」にかかわるスポーツライフスタイル

タイプ名	特徴(目標や条件など)
スポーツクラブ中心型	クラブ組織に所属し仲間との人間関係を大切にしながら、週単位で定期的なスポーツ活動を行うタイプ。
スポーツ教室・レッスン利用型	主に心理的なストレスの解消や健康増進、あるいは技能の高まりを目標にして、限られた時間や条件でスポーツ学習を行うタイプ。
長期滞在型	主に長期休暇を利用して、自然の中や滞在施設でじっくりスポーツの楽しさを味わおうとするタイプ。
近隣施設利用型	個人の自由な選択やペースを重視して、身近なスポーツ施設や場所(例えば近隣の運動公園や道路など)を活用してスポーツ活動を行うタイプ。
スポーツ大会・イベント参加型	スポーツ大会やイベントに直接参加してスポーツ活動を行うタイプ。

【豊かなスポーツライフの具体的な設計の仕方】 高校生におけるスポーツライフと上記のライフスタイルのタイプとを関連させると、①体育授業=スポーツ教室・レッスン利用型、②運動部活動=スポーツクラブ中心型、③体育祭・校内スポーツ大会=スポーツ大会・イベント参加型、④自由時間の活動=近隣施設利用型(学校施設の利用を含む)および長期滞在型、となり、それぞれのスポーツ活動が将来のスポーツライフスタイルの模擬的活動となっていることが理解できる。豊かなスポーツライフを具体的に設計していくためには、現在のスポーツ経験をライフスタイルとして評価しながら、これまでのスポーツ経験とのつながりを考え、これからのスポーツライフをどのように計画していきたいのかを考えることが大切である。その際、「見る」「支える」「調べる」などのかかわり方の広がりにも注意を払っておく必要がある。つまり、「する」計画ばかりでなく、「見る」計画としてのスポーツ観戦やスポーツツーリズム、「支える」計画としてのスポーツボランティアや指導者・審判資格の取得、「調べる」計画としてのスポーツ史料調査など、文化的な広がりを意識することが重要である。

③**高等学校・第3単元　豊かなスポーツライフの設計の仕方**

ア	各ライフステージにおけるスポーツの楽しみ方
イ	ライフスタイルに応じたスポーツとのかかわり方
ウ	スポーツ振興のための施策と諸条件
エ	スポーツと環境

【本文】（3）豊かなスポーツライフの設計の仕方について理解できるようにする。
　　　ウ　スポーツの振興は、様々な施策や組織、人々の支援や参画によって支えられていること。

【解説】　国や地方自治体は、スポーツ振興①のために様々な施策を行っており、人や財源、施設や用具、情報などを人々に提供するなどの条件整備②を行っていること、また、スポーツ振興を支援する③ために、企業や競技者の社会貢献、スポーツボランティアや非営利組織（NPO）などが見られるようになっていることを理解できるようにする。
　　その際、我が国のスポーツ振興法やスポーツ振興基本計画④の内容や背景についても触れるようにする。

★中学校との関連を意識しよう➡中学校　第1単元ア、イ、第3単元ア

1 授業の目標

　中学校では、運動やスポーツへの多様なかかわり方、現代生活におけるスポーツの文化的意義などについて学習しています。第3単元では、それらの学習を踏まえ、卒業後の生涯にわたるスポーツライフを設計するために、スポーツへのかかわり方にはライフステージやライフスタイルに応じた特徴や条件があり、それらに基づく無理のない計画を立てること、生涯スポーツの振興に向けた施策や条件、およびスポーツが及ぼす環境への影響に配慮することなどについて理解できるようにします。

　この小単元（第3単元　ウ）では、わが国にスポーツ振興を図るための法律（スポーツ振興法）や施策（スポーツ振興基本計画など）があり条件整備が行われていること、スポーツ振興を支援する諸活動や非営利組織（NPO）などがみられることを理解することを目標にします。

2 必ずおさえたい授業のポイント

　ここでは、国や地方自治体がスポーツ振興の施策や条件整備を行っていること、スポーツ振興を支援する諸活動や非営利組織などがあることを理解で

きるようにすることがポイントです。
3 授業のためのキーワード解説
①スポーツ振興
　スポーツ振興とは、文字通りスポーツへの関心を高め、参加人口を増やし、競技レベルを強化することを意味します。この振興の主体は、国や地方自治体(都道府県・市町村教育委員会等)などの行政機関(官)ばかりでなく、企業(産)や競技団体、非営利組織などの民間組織(民)、そして学校(学)などさまざまな分野によって担われてきました。スポーツは本来、人々の欲求や必要に基づく自由な活動です(中学校第1単元の小単元アを参照)が、これを振興させることによって国民や住民の結び付きが強くなり、経済的な活性化が促進され、健康増進や豊かな生活の質の向上、そして青少年の健全な育成が図れるなど、官・民・産・学においてさまざまな効果が期待されると考えられています。
②条件整備
　スポーツ振興は、人々に対して直接的に強制されるものでなく、あくまで間接的な条件の整備を通じて行われます。この条件の要素として、人・モノ・カネ・情報の4つが挙げられます。人は主に組織のマネージャーや指導者の養成、モノは施設や用具などの整備・充実、カネは財源の提供や確保、情報は必要なデータやネットワーク環境の整備・充実等を意味します。いずれもまずは、国や地方自治体が一人ひとりの個人の能力ではなかなか実現できない条件について税金を投入し、これらを整備していくことが行われます。
③スポーツ振興を支援する
　国や地方自治体は、基本的に税金を投入してスポーツ振興を図ろうとしますが、これには財源的な限界があります。特に1990年代前後のバブル経済の破綻以降、その財政の逼迫度は増しており、今日に至っても変化はありません。そこで、政府は「小さな政府」というスローガンを掲げ、企業や民間の分野で財政的な支援ができる対象や内容を増やそうとしています。スポーツ振興もその1つの対象として考えられています。
④スポーツ振興法やスポーツ振興基本計画
　スポーツ振興法は1961年に、1964年の東京オリンピック開催の成功をめざして制定されたわが国で唯一「スポーツ」の名を冠した法律です。スポーツ振興基本計画は、スポーツ振興法で規定された国の計画策定であり、約40年後の2000年9月にようやく施行されました。【資料編を参照】

4 より授業を深めるためのキーワード解説

【スポーツ振興】　戦後わが国の学校体育以外を対象としたスポーツ振興は、1949年の社会教育法によって規定された「社会教育」の一環としての体育およびレクリエーション活動を「社会体育」と呼んで奨励することから始まった。この法律において、社会教育とは「学校の教育課程として行われる教育活動を除き、主として青少年及び成人に対して行われる組織的な教育活動（体育及びレクリエーション活動を含む）」と定義され、スポーツ振興はまさに「社会体育」として振興の対象となった。これに対して、1961年に制定された「スポーツ振興法」は、わが国初の「スポーツ」の名を冠した振興方策を示した法律であったが、ここでも振興の対象となるスポーツは「運動競技及び身体活動（キャンプその他の野外活動を含む。）であって心身の健全な発達を図るためにされるもの」をさし、基本的には先の社会体育の定義を継承する教育目的の強いスポーツの振興がめざされた。

一方、1973年に経済企画庁は、閣議決定された「社会経済基本計画」に沿って地方経済の活性化や過疎化対策として「地方の時代」のキャッチフレーズのもと、コミュニティスポーツの振興を促進した。それは、地域社会の共同性を維持し、これを活性化しようとする中央からの地域スポーツ振興策であった。地方自治体が、本格的にスポーツ教室を開催したり、体育の日や運動会を利用してさまざまなスポーツ行事を展開したりしたのはこの時期からであった。東京都三鷹市では、スポーツ教室に集まった人々が中心になって継続的なスポーツ活動を行うクラブ化が推進され、その後このような「教室からクラブへ」を合言葉にした、いわゆる「三鷹方式」は全国の自治体に広まっていくことになる。

1980年代に入ると、ヨーロッパ各国のスポーツ担当大臣によって1975年に採択された「ヨーロッパみんなのスポーツ憲章（スポーツ・フォー・オール憲章）」の影響を受けて、わが国においても「みんなのスポーツ」がスポーツ振興のキャッチフレーズとなった。スポーツ参加の平等化と格差是正をめざすこのフレーズは、これまでの競技スポーツを中心としたスポーツ振興に対して市民スポーツの振興を意識させるようになった。そして、新たなスポーツ愛好者の発掘と女性や高齢者、障害者などを対象にしたスポーツ振興に目を向かわせることになった。1990年代になると、生涯学習社会の到来が叫ばれ始め、長寿社会における充実した人生を送るために生涯にわたる学習の必要性が謳われた。スポーツ振興においても、1988年に文部省体育局は従来のスポーツ課を生涯スポーツ課と競技スポーツ課とに分け、この生涯スポーツ課が1990年に「生涯スポーツコンベンション」を開催したことによって、行政用語としての「生涯スポーツ」は今日、全国に広まりスポーツ振興の中心的なフレーズになっている。

【条件整備】　スポーツ振興のための条件整備とは、スポーツ事業を経営する観点からいえば、経営のための資源としてとらえることができる。この経営資源として、ヒト・モノ・カネ・情報の4つの要素が挙げられる。

ヒト（人的資源）の中心は指導者で、それはスポーツ実施者に直接対面してスポーツの技術やルール、マナーなどを指導する「実技指導者」と、スポーツ事業の企画・運営やスポーツ組織の組織化・運営、あるいは実技指導者の研修指導などを行う「組織指導者」とに分けられる。また、法

律によって配置が定められている「法定指導者」(体育教員、体育指導委員、社会教育主事など)と「任意の指導者」、あるいは「職業的指導者」と「ボランティア指導者」、「有資格指導者」と「無資格指導者」などの分類もできる。今後のスポーツ振興においては、特に地域スポーツ振興の分野でボランティア指導者の有資格的な養成が課題となっている。

　モノ(物的資源)の中心はスポーツ施設であるが、この施設は単にスポーツや運動をする場だけではなく、付帯施設(ロッカールームやシャワールームなど)や付属施設(観客席や空調設備など)、さらには駐車場やクラブハウス、レストランなどもトータルなスポーツライフを充実させる施設として重要な役割を果たす。これまでのスポーツ施設は、主に学校開放による体育施設が中心で、快適なスポーツ空間の条件整備はなかなか進んでいないのが現状である。

　カネ(財務的資源)は公的財源と私的財源とに分けられるが、近年、公的財源の逼迫による私的財源への依存が高まりつつある。公的サービスを受容する人々も、それなりのサービスに応じた財務負担をすべきであるという受益者負担の原則は、スポーツ振興においても徐々に浸透しつつある。

　情報資源は、近年、ますますスポーツ振興の重要な資源となりつつある。情報通信技術(ICT)の発達は、自発的なスポーツ参加を促進する条件や要因になるからである。

【スポーツ振興を支援する】　スポーツ振興の主体は、これまで主に国や地方自治体などの行政組織にあったが、これと並行して民間のスポーツ組織である財団法人日本体育協会や財団法人日本オリンピック委員会なども重要なスポーツ振興の役割を担ってきた。前者は国民スポーツの振興を、後者はオリンピックを中心とした競技スポーツの振興を、それぞれ担っている。また、わが国では企業がスポーツ活動の受け皿として機能してきた歴史があり、社員の福利厚生を目的としたレクリエーション施設や競技スポーツのトップチーム、トップアスリートを抱えて、これらのスポーツ活動を支援している。さらに、21世紀の企業がその経営課題として社会的責任を果たすこと(Corporate Social Responsibility：CSR)が求められていることから、地元地域のスポーツ振興に積極的にかかわって企業市民として社会貢献を行ったり、トップアスリートが自発的に子どもたちのためにスポーツ教室の指導者になったりすることなどが多くみられるようになってきている。スポーツ振興基本計画によって推進された総合型地域スポーツクラブは、法人格(人ないし財産からなる組織体に法律上の人格を認め、その権利能力を与えられること)を取得し非営利組織(Non-Profit Organization：NPO)としてスポーツ振興の責任ある一翼を担うことが期待されている。

【スポーツ振興法やスポーツ振興基本計画】　1961年のスポーツ振興法制定から約40年後の2000年にようやく国の計画であるスポーツ振興基本計画が策定された。このように具体的な計画が遅れた背景には、国の財源不足がある。この問題を解決したのが1998年「スポーツ振興投票の実施等に関する法律」(通称、「スポーツ振興くじ」：toto)の施行であった。スポーツ振興基本計画は10年の期間を設けて、当初、①総合型地域スポーツクラブの設立を中心とする生涯スポーツ振興策、②オリンピック競技大会のメダル獲得をめざす国際競技力の向上策、③生涯スポーツおよび競技スポーツと学校体育・スポーツの連携、の3つの政策目標を掲げた。その後2006年に子どもの体力向上策を加えて改訂され、2010年「スポーツ立国戦略」の策定に引き継がれている。【資料編を参照】

③高等学校・第3単元　豊かなスポーツライフの設計の仕方

ア	各ライフステージにおけるスポーツの楽しみ方
イ	ライフスタイルに応じたスポーツとのかかわり方
ウ	スポーツ振興のための施策と諸条件
エ	スポーツと環境

【本文】(3) 豊かなスポーツライフの設計の仕方について理解できるようにする。
　　　　エ　スポーツを行う際は，スポーツが環境にもたらす影響を考慮し，持続可能な社会の実現に寄与する責任ある行動が求められること。

【解説】　スポーツにかかわる人々の増加は，施設を中心に大規模な開発を伴うことがあるなど環境全体にもたらす影響[①]が大きくなっていること，その際，スポーツの発展のためには持続可能な開発と環境保護の観点[②]から十分な検討と配慮が求められていることを理解できるようにする。また，スポーツにかかわる人々の増加は，スポーツをする一人一人の環境に対する配慮[③]をますます求めるようになっていることを理解できるようにする。
　　　　その際，国際的なスポーツイベントの開催や自然に親しむスポーツにおいて，特に環境保護に貢献する運動[④]が展開されていることについても触れるようにする。

★中学校との関連を意識しよう➡中学校　第1単元イ，第2単元イ，第3単元ア，イ，ウ

1 授業の目標

　中学校では、運動やスポーツへの多様なかかわり方、現代生活におけるスポーツの文化的意義などについて学習しています。第3単元では、それらの学習を踏まえ、卒業後の生涯にわたるスポーツライフを設計するために、スポーツへのかかわり方にはライフステージやライフスタイルに応じた特徴や条件があり、それらに基づく無理のない計画を立てること、生涯スポーツの振興に向けた施策や条件、およびスポーツが及ぼす環境への影響に配慮することなどについて理解できるようにします。

　この小単元(第3単元　エ)では、スポーツ人口の増加が環境全体に大きな影響をもたらすようになっていること、そのため持続可能な開発や環境保護の観点からスポーツの発展が検討され配慮されなければならないこと、スポーツにかかわる人々が環境問題に配慮し、貢献することが求められていることを理解することを目標にします。

2 必ずおさえたい授業のポイント

　ここでは、スポーツの発展が環境全体にもたらす影響が大きくなっている

こと、そのためその発展には持続可能な開発や環境保護の観点が十分に検討・配慮され、環境問題に貢献することが求められていることを理解できるようにすることがポイントです。

3 授業のためのキーワード解説

①環境全体にもたらす影響

スポーツが環境全体にもたらす影響については、例えば次のようなことが考えられます。1) スポーツ施設建設による自然環境の破壊、電力等のエネルギー消費による二酸化炭素排出量の増大、ゴミ問題、2) 山、川、海などの自然環境を利用するスポーツにおける森林伐採、水質汚濁、ゴミ問題、3) 自然資源を利用したスポーツ用具・用品の大量生産による資源の枯渇や消滅、4) スポーツイベントへの集客と大量輸送によるエネルギー消費問題、ゴミ問題等である。いずれもスポーツへの参加や関心の増大といった大衆化が、自然環境に大きな影響を与えるようになっていることが理解されます。

②持続可能な開発と環境保護の観点

持続可能性 (sustainability) とは、人間の活動や生活が将来にわたって持続させていけるかどうか (次世代への継承) に関する可能性のことであり、持続可能な開発 (sustainable development) とは、このような持続可能性を最大限に尊重した開発ということになります。また、そこには、人間の活動や生活を限りある環境 (資源) との関係から調和させるため、環境をできる限り大切にしていくという環境保護の観点が含まれています。

③環境に対する配慮

火力や原子力などが生み出す大量のエネルギーと高度なテクノロジーによって支えられている現代生活では、一人ひとりの何気ない日常生活の行動がそのまま環境に大きな影響を及ぼします。大量の生活排水やゴミ処理の問題はその一例ですが、スポーツの場面でもこのような問題に対して雨水の利用やゴミの持ち帰り・分別など、環境への細やかな配慮が求められています。

④環境保護に貢献する運動

日本オリンピック委員会 (JOC) は、国際オリンピック委員会 (IOC) の方針のもと、2001年にスポーツ環境委員会を設置し、環境保護運動を展開しています。また、各スポーツ競技団体も独自の活動を行っています。

4 より授業を深めるためのキーワード解説

【環境全体にもたらす影響】 平成 21 年度の JOC スポーツ環境専門委員会活動報告書によれば、いわゆる「環境問題」とは具体的に表 3-15 のような現象をさすものとして示されている。

表 3-15 環境問題の主な現象

キーワード	現象
地球温暖化	二酸化炭素などの「温暖化ガス」が増加することによって地球の平均気温が上昇すること。
大気汚染と酸性雨	化石燃料の燃焼などにより生じる硫黄酸化物や窒素酸化物などが大気中で酸性の化合物となり、雨などに取り込まれ地上に降る現象。
オゾン層の破壊	フロンガスなどの人工化学物質が、地球を取り巻く成層圏に存在しているオゾン層を破壊すること。
野生生物の減少	森林（熱帯雨林）の破壊、海洋汚染、砂漠化、地球温暖化、酸性雨などによって野生の動植物が減少し、種の絶滅をもたらすこと。
森林の減少	森林を燃やす焼畑耕作やそれによる放牧地・農地への転換、過度の薪炭材採取、不適切な商業伐採などによる熱帯雨林や北方針葉樹林の減少。
地球規模の砂漠化	干ばつなどに気候的要因のほかに、放牧地の再生能力を超えた家畜の放牧や薪炭材の過剰採取などによる砂漠化。
海洋汚染	タンカー事故や海洋への汚染物質の投棄、河川などへの陸起源の汚染物質（化学洗剤など）の流入、沿岸開発などのさまざまな人為的要因による汚染。
有害廃棄物の越境移動	海洋に投棄されたり、沿岸から流出したりする汚染物質や工業廃棄ガスなどが海や大気の流れにより世界中に広がる現象。

以上のような環境問題となる現象と大衆化・高度化されたスポーツとはさまざまな結び付きをもっている。例えば、会場の立地、施設の建設、大会の運営方法、役員やコーチ・アスリートの意識、観客の意識、用具の素材や使い方などは、密接に環境問題と関連する要素である。

【持続可能な開発と環境保護の観点】 2016 年東京オリンピック・パラリンピック招致委員会は、環境を最優先する環境ガイドラインを策定し、以下のような環境対策の 3 つの柱によるオリンピック・パラリンピックの持続可能な発展と環境保護の観点をアピールした。

①環境負荷の最小化
　ア．カーボンマイナスオリンピックの実現
　イ．環境負荷の少ない交通・運輸システムの構築
　ウ．廃棄物から資源への循環利用
　エ．大気・騒音・水質等の環境への負荷の最小化
②自然と共生する都市環境の再生
　ア．水と緑と生物多様性の都市モデルの形成
　イ．水・資源の有効活用
　ウ．ヒートアイランドの緩和
　エ．美しい都市景観の形成

③スポーツを通じた持続可能な社会づくり
　ア．持続可能性マネジメントの実施
　イ．技術革新と環境ビジネスの育成
　ウ．環境学習・人材育成の推進
　エ．参加・協働・国際貢献の推進

　結果的に、招致活動は開催実現には至らなかったが、持続可能な開発と環境保護の観点からどのようにスポーツを発展させていくべきかのガイドラインを示した点で高く評価された。

【環境に対する配慮】　オリンピック競技大会などにみられる高度化されたスポーツ大会における環境への対策のほかに、大衆化されたスポーツでも一人ひとりの参加者による環境に対する配慮がモラルとして重要になってきている。例えば、スキューバダイビングや釣り、登山など自然を対象とした野外活動では、参加者の環境に対する配慮自体が環境保護に直接結び付き、そのことによって活動が楽しく、気持ちよく継続されていく土台となる。だから、このような自然を利用するスポーツ活動では、環境に対する配慮が働くことによって生活全般の環境保護に対する意識も体感を通じて芽生えやすくなる。また、スキー競技などの冬季スポーツでは、地球温暖化による降雪量の減少が、冬季スポーツの存在自体を危うくするので、より深刻な問題である。二酸化炭素排出による温暖化の進行は、きわめて地道な排出制限に対する間接的な取り組み（例えば、環境意識への啓蒙活動や資源燃焼制限につながる行動など）が必要とされ、家庭や個人単位でどれだけ排出量を減らすことができるのかが問われる時代となっている。

【環境保護に貢献する運動】　1994年のリレハンメル冬季大会を皮切りに、主にオリンピックを中心とした環境保護に貢献する運動がこれまで展開されてきた。現在では、表3-16のように各スポーツ競技団体などが積極的に、「エコ活動」に取り組んでいる。これにNPO団体や企業も協賛しながら、スポーツがもっているメディアに対する発信力が環境保護運動の大きなパワーとなっている。

表3-16　各スポーツ競技団体等によるエコ活動への取り組み

種目	取り組みの内容（機関）
水泳	競技結果や競技者登録の電算化により、年間でA4用紙約196万枚を削減（連盟）
サッカー	スタジアムでのマイカップ、リユースカップの利用促進（Jリーグ）
ラグビー	1トライにつきチームと日本協会が募金し、北海道の森林保全に寄付（トップリーグ）
野球	折れた木製バットを箸に再利用。売り上げの一部は原材料のアオダモ育成に（民間）
競馬	馬房で使ったワラをマッシュルームの菌床としてリサイクル（中央競馬会）
テニス	中古硬式ボールを学校の机やイスの脚に取り付け、騒音防止に（民間）
レスリング	協会主催の小学生全国大会で地球温暖化やゴミの分別についてアンケートを実施（協会）
スキー	温暖化防止を肌で感じてもらうため、雪に親しむイベントを都内で開催（連盟）
体操	滑り止めに使う炭酸マグネシウムの飛散防止容器を協会が業者と開発（民間）
陸上	オリンピックマラソン金メダリストの高橋尚子さんらが、サイズが合わなくなった子どもの靴をアフリカに寄贈（民間）

（朝日新聞朝刊、2010年2月13日付、b4面を改変）

コラム 高等学校第1単元に役立つワンポイント
～現代スポーツの特徴ってなに？～

　高等学校の第一単元では、スポーツの発展や変化、現代のスポーツの特徴について学ぶことを目的にしています。でも、現代のスポーツの特徴といっても、生徒たちにうまく理解させることは難しいかもしれません。アメリカのスポーツ研究者のグットマン（A.Guttmann）は現代スポーツの特徴を7つ挙げ、それぞれの特徴について表のように説明しています。ぜひ、参考にして下さい。

表　現代スポーツの特徴

特徴	内容
世俗化	古代オリンピックの運動競技や中世の身体運動（遊び）は、宗教的な儀礼や祭（まつり）と深く関連し、神聖な性格を持つものでした。しかし、現代スポーツは賞金等の経済的な報酬や社会的名声を求めて行われるように、スポーツは宗教的な現象から遠ざかり、世俗的な営みになっています。
平等化	現代スポーツは誰もが行うことができます。平等化とは、誰もがスポーツの参加機会を持ったり、競争の条件がすべての参加者にとって平等であることを意味しています。
役割の専門化	現代のスポーツは特定の種目に専念し、さらにその中で特定の役割を行うようになってきました。現代スポーツは高度化し、専門化（プロ化）する特徴を持っています。
合理化	現代スポーツは厳格なルールを持ち、科学の適用を始めとし、勝利のためにあらゆるものが最高の効率を発揮するよう組織化されています。合理化はルールの合理化だけではなく、スポーツ医科学の成果を基盤に行われる練習の合理化にもみられます。
組織化	現代スポーツは、IOC（国際オリンピック委員会）やFIFA（国際サッカー連盟）、その他のIF（国際競技連盟）等の巨大な組織によって運営されています。スポーツの組織の役割は、ルールと規約が普遍的であることを監視することで、地域の大会から国際大会までのネットワークを促進しながら、国内大会や国際大会等でだされる記録を公認することにあります。
数量化	現代スポーツはあらゆる側面で測定が可能です。勝敗は100分の1秒や1000分の1秒単位で競われ、あらゆる側面から客観的基準によって比較されるようになっています。
記録の追求	現代スポーツでは100分の1秒の違いが大きな意味をもっています。記録の追求という特徴は、記録万能主義を生み出し、時間・空間を超える抽象的な目標が記録として定められ、それを打ち破ることが非常に重要な意味をもつようになります。

コラム　高等学校第2単元に役立つワンポイント
～松井の5連続敬遠の経験を通して考える作戦と戦略～

　大リーグの第105回ワールドシリーズは、ヤンキース（ア・リーグ）がフィリーズ（ナ・リーグ）を7−3で下し、通算4勝2敗で9年ぶり27度目の優勝を果たしました。この試合、松井秀喜選手は1試合6打点のシリーズのタイ記録をつくり、日本選手初のシリーズ最優秀選手（MVP）になりました。この松井選手が、石川星陵高校3年生の時、甲子園大会で5連続敬遠を受けているのは有名な話です。表は、その時の状況を示しています。得点の左が、対戦相手の明徳義塾高校の得点です。さて、この敬遠策は、誰が、いつ決めたのでしょうか。

表　松井選手が甲子園大会で受けた敬遠の状況

	ランナー、アウト	回	得点
第一打席	二死三塁	1回	0対0
第二打席	一死二、三塁	3回	2対0
第三打席	一死二塁	5回	3対1
第四打席	二死ランナー無し	7回	3対2
第五打席	二死三塁	9回	3対2

　実は、星陵の初戦（新潟の長岡向陵高校に11対0で勝っている）を見た明徳義塾の馬淵監督が、敬遠作戦を決定。星陵5番の月岩選手で勝負することにし、明徳義塾のピッチャー河野投手に月岩選手の攻め方を念入りに研究させ、「低めのスライダー中心の配球」という作戦通りに抑えました。しかし、この作戦にリスクがなかったわけではありません。対戦していた星陵の選手たちは、松井選手が敬遠されても、後が続けば勝機があるとみていました。他方で、明徳義塾の馬淵監督は、星陵の山口投手を打ち崩すのは難しいと思っていましたが、松井選手の後続の打者を抑えることはできると考えていました。結果的に、明徳義塾は後続の打者を押さえ込み、僅差で勝負をものにしました。

　それにしても、星陵高校は、敬遠策に対する対策を事前に立てることができなかったのでしょうか。長岡向陵高校は、できる限り得点を抑えるために、ランナーを少なくしたいと考えていました。その結果、松井選手にも勝負で挑むことにしたといいます。これに対し、神宮大会で帝京高校が松井選手に対して4敬遠を行っています。しかし、結局、松井選手の後の打者に得点を許し、大敗してしまいます。星陵高校は、松井選手が敬遠され、その後の打者が押さえ込まれる経験をすることなく、甲子園球場に乗り込んできたといいます。

　1試合をどのように戦うのかにかかわる方針は、作戦といいます。しかし、作戦がどの程度実行しえるのかは、対戦相手との相対的関係で変わります。そのため、自分たちの力量を何を目標に、いつ、どのように高めていくのか、その方針を持つことが大切になります。この方針が、戦略です。試合の作戦は、戦略に支えられ始めて機能するといえます。

コラム 高等学校第3単元に役立つワンポイント
～「時間がない」のナゾ？ 運動・スポーツができない理由～

　第3単元では、豊かに充実したスポーツライフを実現していくために、各ライフステージの特徴を踏まえた上で、自らの積極的、継続的にスポーツに取り組もうとする態度に加え、身近なスポーツ施設や自由時間、仲間といった諸条件を整えることが大切であることを学びました。そして、国や地方自治体は、施設の建設や用具の提供、クラブづくりを通じた仲間の確保や交流を促進することで、このような諸条件を整えるスポーツ振興策を積極的に行っているということでした。また、自由時間についても人生80年という長寿人生において、その時間資源は労働時間の約4倍にも達しています。

　ところが、運動やスポーツを行わなかった理由を尋ねると、その第1位は「仕事(家事・育児)が忙しくて、時間がないから」であり、この結果は過去10年間の調査でもまったく変化がありません(内閣府「体力・スポーツに関する世論調査」参照)。表を見てもわかるように、2009年の調査では、この理由が45.9％で第2位の「体が弱いから」(24.0％)と比較して約2倍も多いことがわかります。

　では、本当に人々は「時間がない」から運動やスポーツをしないのでしょうか。これは、先にみた労働時間の減少や長寿社会の到来による自由時間の増大と明らかに矛盾する結果です。確かに、各ライフステージで労働の量や質、出産や育児といったライフコースの違いがありますから、それらの諸条件を詳しく検討していく必要があります。しかし、逆に時間があっても運動やスポーツをしない理由をスポーツへの意識から分析していくと、その実態は「運動すると疲れる」とか「運動するのが面倒くさい」という理由にたどりつくことができます。運動やスポーツを行わない心理には、実はこのような「疲れる」とか「面倒くさい」という気持ちが働いているのですが、「時間がない」と回答すれば誰しもが運動やスポーツができない理由として納得してくれるということなのかもしれません。ですから、高校期には、これらの気持ちを超えるようなスポーツへの欲求や必要を高める確かな体育学習が大切になってくるのです。

表　運動・スポーツを行わなかった理由
（出典：内閣府「体力・スポーツに関する世論調査」2009年）

	(%)		
仕事(家事・育児)が忙しくて時間がないから	45.9	金がかかるから	5.8
体が弱いから	24.0	場所や施設がないから	5.4
年をとったから	19.8	指導者がいないから	1.6
運動・スポーツは好きではないから	11.2	機会がなかった	3.5
仲間がいないから	7.7	その他	4.9

★教育コラム

ドイツ、イギリス、アメリカにみる体育理論
～国による異なる位置づけ～

　わが国の学習指導要領に位置づけられている体育理論は、諸外国でも制度的に位置付いているのでしょうか。また、位置付いているのであれば、それは、どのように教えられているのでしょうか。ここでは、ドイツ、イギリス、アメリカを例にその具体像を紹介します。
　いずれの国においても、スポーツ科学の知見を体育理論の授業において教える試みが積極的に展開されていますが、個々の国の事情に応じて多様に展開されているといえます。他方で、その背景には、体育という教科が、他教科と同様の位置づけを得るためには、科学的な知見を教えることが必要であるという認識を見過ごすことはできません。スポーツ科学の成果は、体育の授業の重要な内容であり、スポーツライフを豊かにする重要な源泉です。また、その内容を保健体育の授業を通してより多くの人たちに理解してもらうことは、長い目で見れば教科としての社会的評価を高めていくとも考えられます。

1. ドイツにおける体育理論

　ドイツは16の州から構成される連邦制の国です。そのため、学習指導要領も州により異なります。また、保健体育という教科は、ドイツではほとんどの州で「スポーツ」と呼ばれます。さらに、アビツューアと呼ばれる大学への入学資格試験の4つ目の科目として位置付いています。そのため、他教科と同じような理論的な内容が教えられていることが社会的に求められます。また、アビツューアの科目となるということは、わが国でいえば、大学の教養科目に相当する知識が提供されることを意味しています。この3点が、日本とは大きく異なります。特に3点目は、センター試験の科目に保健体育が位置付いている状況といえます。
　ドイツの中でもスポーツ科の理念や内容構成において先導的役割を果たしたといわれるノルトライン・ヴェストファーレン州の学習指導要領は、1999年に改訂されました。そのスポーツ科の内容は、10の領域で構成されています。体育理論は、その一つとして位置付いています。例えば、中等段階Ⅰ（日本の小学校5年生から高校1年生に相当）では、プロジェクト形式により20時間をそれに配当することが指示されています。その意図は、「学習経験をふり返り、整理することやスポーツと批判的に対峙することで、自分自身の行為の意味やスポーツ一般の意味に対する理解を深めること」に置かれています。
　これに対し、中等段階Ⅱ（日本の高校2年生から大学1年生に相当）では、内容領域が3つに統合されています。1) 自分自身がスポーツを行うために必要な知識、2) 社会的コンテキスト内に置かれたスポーツ行為、3) 社会的現実の一部分としてのスポーツです。1) では、運動学習にかかわる諸理論が、2) ではスポーツを行う際の規範や組織の作り方が、3) ではスポーツの歴史的変遷等が扱われることになります。

なお、同州では、2005年に次の問題がスポーツに関するアビツゥーアの問題として出題されています。

【問題例1】：

『走り幅跳びの空中姿勢から着地までの局面を示す2つの図が示され、バイオメカニクスの知見を活用して、2つの図にみられる重要な差について説明する。』

このような試験問題に解答できるようにする授業が、体育理論で展開されているといえます。もっとも、これらの授業は、座学で行うことだけを想定しているわけではありません。例えば、実技の授業で得る経験と専門科学の知見を結びつけるアイデアもドイツでは提案されてきました。例えば、ドイツ式バレーボールともいえる、ファウストボールのルールの変遷を実技の授業で追体験させることでルール変更の背景を検討するスポーツ史の授業や物理の授業とリンクさせながら、空中転回を例に、回転の推進力、モーメント、力の加わる向きといった概念を自分自身の身体で経験できるような授業も試みられています。

2. イギリスにおける体育理論

イギリスでは、5～16歳の義務教育期間においても、各運動領域で知識を教えることになっています。しかし、わが国における「体育理論」のようなものが取り上げられたことはありませんでした。しかし、体育理論に関する内容の理解度が問われることがないかといえば、そうではありません。ドイツと同様、大学への進学時にそれが問われるシステムが存在します。

イギリスでは、大学に進学するには、高等教育を受ける資格を取得しなければなりません。「体育理論」は、それを可能にする1つの科目として位置づけられています。実際、体育理論は高等教育において体育を主に専攻しようとする(あるいは副次的に専攻しようとする)生徒にとって必要な科目として扱われています。確かにそれは、必修ではなく受験資格を得るための選択教科として位置づけられています。しかし、イギリスにおいて体育・スポーツを専門とする学部を有する大学は、一般レベルの受験資格であるGCSE (General Certificate of Secondary Education) よりさらに専門的レベルの高いAレベル資格(GCE Aレベル)を体育理論に対して求めています。表1、表2は、GCSEならびにGCEで用いられている教科書の内容の例です。

表1　GCSEで用いられている教科書の内容例(菊、2010)

```
(1) Our Body Systems　(私たちの体のしくみ)
(2) Energy in Action　(行動のエネルギー)
(3) Fitness for Health and Performance　(健康と達成のためのフィットネス)
(4) Training for Success　(成功を導くトレーニング)
(5) Skill in Sport　(スポーツの技能)
(6) Care of our Body　(体への配慮)
(7) Safety in Sport　(スポーツの安全)
(8) The Changing Face of Sport　(変化するスポーツの側面)
(9) Providing for Sport　(スポーツの提供)
(10) Taking Part in Sport　(スポーツへの参加)
(11) Sport as a Spectacle　(見せ物としてのスポーツ)
```

表2　GCE Aで用いられている教科書の内容例（菊、2010）

```
Unit 1 : Anatomy and physiology　（第1単元：解剖学と生理学）
    (1) Joints and Movement　（関節と動作）
    (2) Muscles and Movement　（筋肉と動作）
    (3) Mechanics, Motion and Movement　（メカニクス、運動、動作）
    (4) Cardiovascular System　（心臓血管機能システム）
    (5) Control of Blood Supply　（血液供給の調整）
    (6) Respiratory System　（呼吸システム）
Unit 2 : Movement skills　（第2単元：運動技能）
    (7) Defining, Developing and Classifying Skills in PE（体育における技能の定義、向上、分類）
    (8) Information Processing　（情報の過程）
    (9) Control of Motor Skill in PE　（体育における運動技能のコントロール）
    (10) Learning Skills in PE　（体育における技能学習）
Unit 3 : Contemporary studies in PE　（第3単元：現代体育の学習）
    (11) PE and Sport in Schools　（学校における体育とスポーツ）
    (12) Concepts of Sport in Society　（社会におけるスポーツの概念）
    (13) Sport and Culture　（スポーツと文化）
    (14) Sporting Issues Analysis　（スポーツの課題分析）
Unit 4 : Performance and its Improvement through Critical Analysis
    （第4単元：批判的分析による達成と向上）
```

　このような教科書の内容を踏まえ、GCSEでは次のテスト問題が出題されています（菊、2010）。
【問題例2】：クールダウンをする意味は、次のうちのどれですか？
　　　　　A　乳酸を増やすため
　　　　　B　エクササイズ後の筋肉の張りのリスクを抑えるため
　　　　　C　エクササイズ直後に、筋肉により多くの血液を送るため
　　　　　D　運動中のけがを減らすため
また、GCE Aレベルでは、次の問題が出題されています（菊、2010）。
　セクションA：PE（体育）におけるスポーツ史
　1)（a）産業革命以前の英国で、異なる社会階層は異なるスポーツをしていた。写真は民衆が行っているサッカー（mob football）。写真について、民衆のサッカーの3つの特徴を挙げ、それぞれの特徴は、産業革命以前の社会から、どのような影響を受けていたかを説明しなさい。

3. アメリカにおける体育理論
　アメリカでは、わが国と異なり、国全体を拘束する学習指導要領が存在しません。各州や学校区が参考とする提案として、ナショナルスタンダードが、体育・スポーツ全国連盟（NASPE）から示されています。しかし、そこでは、体育理論という領域名が示されているわけではありません。体育の授業を受けることで身に付けることが期待される6つの成果が、発達の段階に応じて4

段階で示されています。体育理論にかかわる知識は、これら6つの成果に組み込まれて示されています。その全体像を把握する手がかりは、同連盟が発刊している Concepts and Principles of Physical Education と題する著書です。同著は、2010年に3版が出版されています。それは、個別専門科学のリーダーたちに最近の研究成果を概説し、幼稚園から12年生を担当する教師達が児童・生徒とその内容を共有できる最も重要な情報を要約することが依頼されたその成果でした。

そこでは、すべての生徒が知るべき知識が、運動学習、運動の発達、バイオメカニクス、運動生理学、歴史、社会心理学、美学概念の各分野から2学年段階ごとに示しています。

ちなみに、表3は、運動学習に関わり設定されているテーマの一覧です。CPPE2版では、これらのテーマのもとに、幼稚園、2年生、4年生、6年生、8年生、10年生、12年生の時点で期待される学習成果が記されています。

表3 Concepts and Principles of Physical Education に示されている運動学習に関するテーマ（Mohnsen、2003）

(1) 運動技能の上達を規定している要因。
(2) 上手なパフォーマンスの特徴。
(3) 運動技能の上達過程
(4) 学習を促進する練習方法
(5) 学習の転移

かつて、アメリカでは、体育理論の教科書が作成されました。しかし、この Concepts and Principles of Physical Education では、知識を体育理論として独立して教えることを想定している訳ではありません。むしろ、運動領域の学習で扱われる知識といえます。他方で、バレーボールのサーブやテニスのサーブ、アメリカンフットボールの前方へのパスと関連して各動作でのオーバーハンドの類似性を検討させることも紹介されています。それにより、ある概念が他の技能の学習においても効果的に応用できることを学習したり、新たな経験をする際にその概念を応用可能になることが示唆されています。これは、知識を核に据えた技能の学習を志向している点で、わが国の実技の授業の進め方にも一定の示唆を与えてくれるのではないでしょうか。

第4章　体育理論の授業をつくろう

＊単元計画を図式で考えることを知る
＊単元構造図の作り方を理解する
＊生徒の意欲を高める手法を知る

（1）図式で考える単元計画づくり

①図式で単元計画を考えるメリット

　これまでの授業づくりは、指導と評価の計画など文字情報を中心に作成が行われてきました。教師が自身の授業イメージを言語化し、他者に伝えることができるようにすることは極めて大切です。しかしながら、授業の全体像がとらえられず、途中で何を書いていいのかわからなくなったり、作成しているうちに内容が次第にずれていってしまい、収拾がつかなくなったりした経験はないでしょうか。

　また、フォーマットに従い作成された指導案は、公開授業のためのセレモニーとなってしまい、自身の授業イメージからかけ離れたものになっていることに違和感をもたれたことはないでしょうか。

　こうしたことはなぜ起こるのでしょう？

　学校現場は多忙です。1時間の授業をつくるだけでも大変な労力がかかります。教材研究にかける時間は重要だとわかっていても、日々起こるクラスでの問題行動やトラブル、職員会議の資料作成、部活動の準備、学校行事など、いつ教材研究をすればよいのだろうと思うことはしばしばです。

　その中で、悠長に単元計画を作成している時間はないと思われている方は多いのではないかと思います。さらに授業においても、座学は教科書があれば1回見開き2ページの構成になっているので便利だと考えていませんか。

　しかしながら、そこが大変な落とし穴になっていて、「教科書さえ教えておけばよい」という教科書中心の授業が大量生産される原因でもあるのです。授業づくりの達人であるベテラン教師たちは「教科書を教えるのではな

い、教科書で教えるのだ」という言葉をしばしば使います。教科書は、文部科学省の教科書検定を経ていますが、指導の基準ではありません。各発行社の教科書を比較するとそれぞれ個性があります。つまり、教科書を使うにしても、指導の元になるものは言うまでもなく学習指導要領なのです。

学習指導要領を見ると、体育理論において指導すべき内容は、ほんの数ページに掲載されているだけです。この数ページの簡潔にまとめられた内容を解説したものが学習指導要領解説であり、これらを参考として教科書が具体化されているのです。

学習指導要領やその解説から授業をつくるとすれば、かなりの知識量が要求されますが、教科書を見ながら、そもそも教えることは何かを確認することで、教科書のどの箇所が教えるべき内容であり、どの箇所が発展的内容なのかを区別することができます。「教科書をうまく使って、学習指導要領で示された内容の実現を図ること」こそが、「教科書を教えるのではない、教科書で教えるのだ」という言葉の本当の意味なのです。

すでに本書をここまで読まれた読者のみなさまは、体育理論が中学校3単元（9小単元）、高等学校3単元（12小単元）（本書では「章」を「単元」としています）で構成されていることの理解が進んでいると思います。

中学校は各学年で3時間以上の時間配当が、高等学校は6時間以上の時間配当が定められています。すなわち、最低限の時間で授業を構成すると、中学校では各学年ごとに、3時間で3つの内容、高等学校では6時間で4つの内容を取り上げることとなります。

これらの単元をどのように毎時組み立てていけばよいのでしょうか？

私（筆者）が授業づくりを考える上で大切にしていることのひとつに、メタ認知（人間が自分自身を認識する場合において、自分の思考や行動そのものを対象として客観的に把握し認識すること）という能力があります。体育においては運動やスポーツを科学的、社会的、文化的なさまざまな角度からとらえて虫の目だけでなく、鳥の目で俯瞰(ふかん)（メタ認知）できるようになると、運動やスポーツを継続する意義や価値が実感でき、運動やスポーツの楽しさを一層深く味わうことができると考えられます。

そのイメージをもちながら、体育理論の知識の階層を、図4-1のように、包括的な段階から具体的な段階まで、順に5つのレベルに階層的に整理してみます。

まず、レベル1では、中学校と高等学校の違いをとらえます。中学校では、高等学校につながるやや包括的な知識が中学校段階に合わせてまとめられ、高等学校では、中学校の学習をスパイラルに学び直しをしながら、社会的な視点の広がりとともにまとめられています。

次に、レベル2では、中学校を例にすると3章に分けられ、さらにア、イ、ウのように指導内容が学習指導要領で簡潔に示されています（レベル3）。この段階では、まだ授業のイメージは十分に持ちにくい表現です。

さらに、レベル4になると、学習指導要領解説で、レベル3のア、イ、ウについてさらに具体的な指導項目を示しています。この段階では「〜理解できるようにする」「〜取り上げる程度とする」といったように、指導内容と関連指導事項が読み取れるように整理されています。

これらを手がかりに作成されたものが教科書（レベル5）です。教科書からの情報だけでは、レベル5を見て授業を作っているということになります。「木を見て森を見ず」という状態にならないためには、レベル1〜4までの

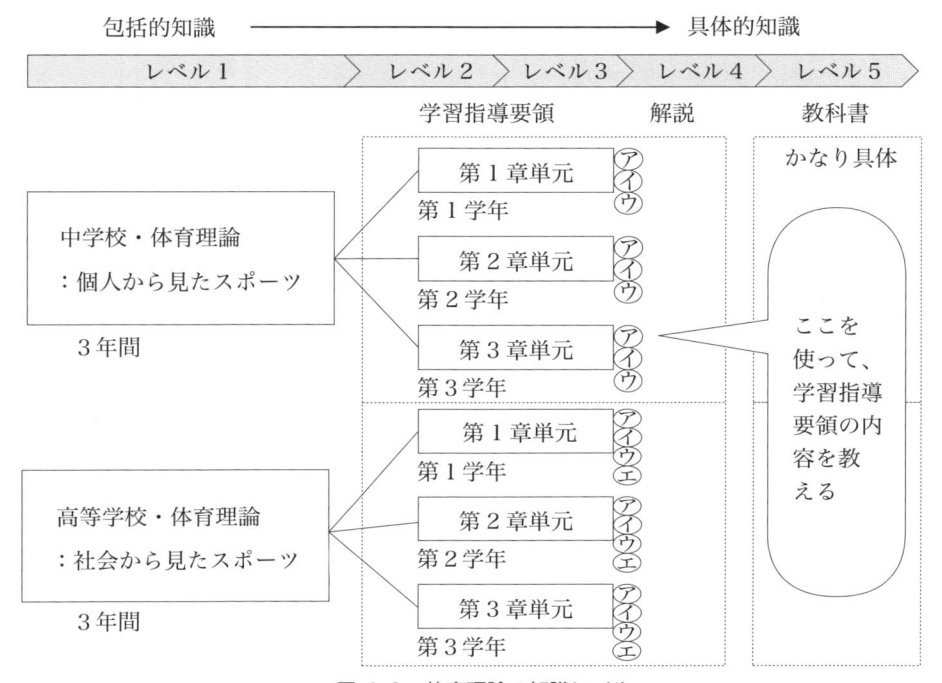

図4-1 体育理論の知識レベル

具体化の道筋を知っておくことが重要であることは明白です。

　教科書で教える内容がつかめない場合やより適切な内容を検討したい場合は、例えて言うならば空を飛んでみましょう。鳥瞰するという言葉はよくできた言葉だなぁとつくづく感じますが、まさに鳥になって森の様子を観察してみると、どの道を進めばよいのか見えてきます。同じように、教科書を離れて学習指導要領や解説を見ると、授業づくりの道筋が見えてくるでしょう。これがメタ認知の能力を使って授業を考えるという意味でもあります。

　さて、本題に入りましょう。
　毎時の授業づくりは、いきなり森の散策から始めるのではなく、一度、空から眺めてみて、進む道を決めてから、行動を始めた方が道に迷わないでしょう。「知識の森」に案内する前に、空から眺めると、水場や原生林、谷や尾根、立ち止まって休憩したいポイントなどを観察できます。そのときにあまりにも詳細な組み立てにこだわると、森全体の構造を見失いがちです。そのため、まずラフスケッチを作成し、その全体構造のイメージを大切にしながら具体的な授業づくりの準備を進めたい。そのラフスケッチこそが、ここで紹介する単元の構造図であると考えてください。
　教師は、森のガイド役をしていると仮定しましょう。その際、苦役のようにひたすら行進すれば（教科書のみを工夫なく指導すれば）、生徒は「嫌いな虫がたくさんいた」とか「疲れた」「町の方がいい（体を動かす方が楽しい）」といった否定的な感想を抱くでしょう。しかしながら、木が水を吸い上げる音を聞き、原生林の役割を知り、長い期間で育まれる樹林の変化などに触れながら、森の中の壮大なドラマを感じさせながら散策をすれば（スポーツの歴史などの人文・社会知や科学知、社会的視点などを教えれば）、生徒たちは「もっといろいろ知りたい」「自然を大切にしたい（スポーツの知をもっと学びたい）」などの肯定的な感想が聞かれるはずです。そういう授業を提供することが教師としてのプロの仕事だと思うのです。
　一見、回り道のようにみえる単元の構造図の作成は、こうした鳥瞰（高い所から見下ろし眺めること）を行い、骨組みを設計してから、内装のデザインに入る作業だと思ってください。

②単元の構造図の意味

　それでは、単元の構造図について、より詳しく見ていきましょう。単元の構造図は、以下のA～Cの3つの区域（ゾーン）で構成されています。
　Aゾーンでは、学習指導要領および解説に記載されている内容を把握し、教えるべき内容を整理します。作業内容は6つあります。
　Bゾーンでは、指導内容をキーワードでとらえ授業を組み立てる区域です。いわば、この作業が授業づくりの中心となります。授業づくりにつながる発問のアイデアをメモしておき、授業の展開を想像しましょう。作業内容は3つあります。
　Cゾーンでは、自身の授業イメージをもとに、効率的、効果的な評価を行うために、観点ごとの評価規準を作成する箇所です。作業内容は2つあります。

　この3つのゾーンは、どこからでも始めることができます。ですが、当初は、新しい学習指導要領を理解した上で、授業づくりをイメージすることが大切ですので、図4-2のようにAゾーンから始めるのがよいでしょう。一方、ある程度、授業イメージをお持ちの場合は、今の授業をまず図式化してみて、学習指導要領との整合性を確認するという活用の仕方もできます。
　それでは、次からA，B、Cそれぞれのゾーンを作成する手順を中学校第1学年を例に見ていきましょう（図4-3）。

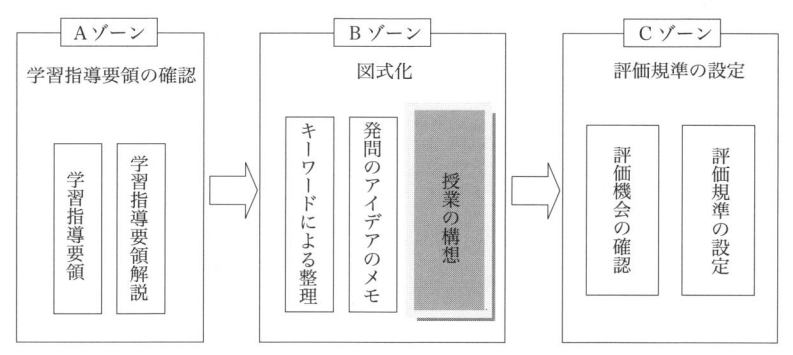

図4-2　単元の構造図の3つのゾーン

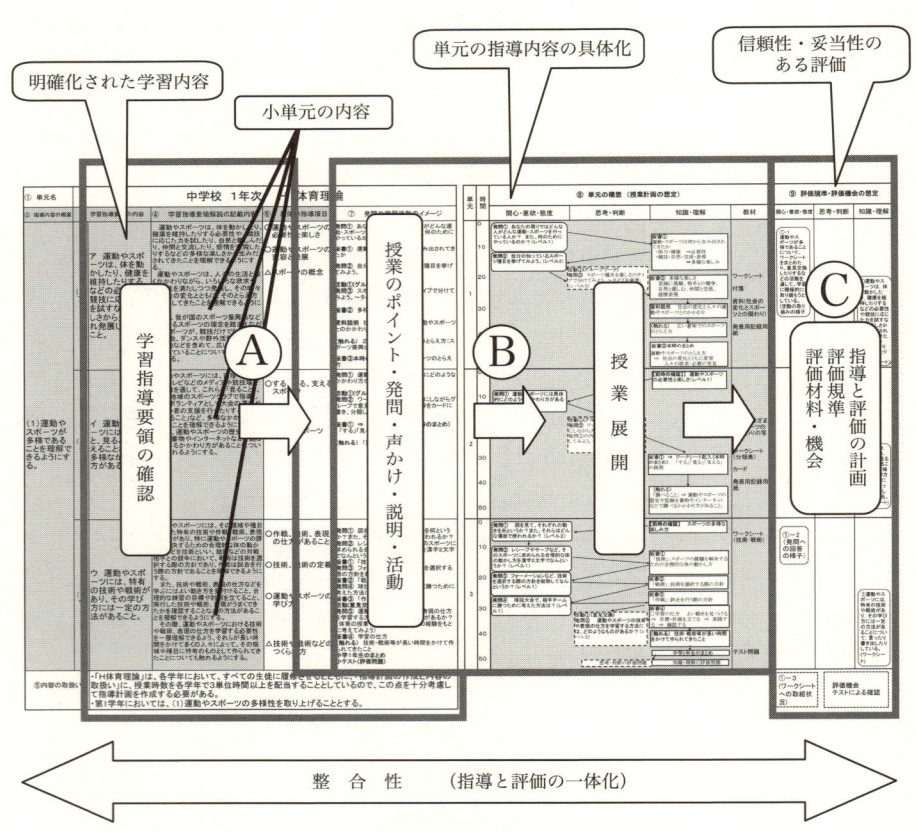

明確化された学習内容　　小単元の内容　　単元の指導内容の具体化　　信頼性・妥当性のある評価

Ⓐ 学習指導要領の確認
Ⓐ 授業のポイント・発問・声かけ・説明・活動
Ⓑ 授業展開
Ⓒ 指導と評価の計画 評価規準 評価材料・機会

整合性（指導と評価の一体化）

図 4-3　単元構造図の全体

③単元の構造図の作成

ア．Aゾーンの作成
1 構造図における作業内容を確認する

　Aゾーンは、学習指導要領および解説の記載内容を把握する箇所です。①～⑥の作業内容があります。

　①単元名：第○○学年、大項目のタイトルを記入します。
　②指導内容の概要：学習指導要領のリード文を引用します。
　③学習指導要領の内容：アイウ（高校ではエまで）で記載された内容を転記します。
　④学習指導要領解説の記載内容：各解説の内容を転記します。
　⑤内容の取扱い：内容の取扱いを転記します。
　⑥具体の指導項目：解説の記載の語尾に着目して、文節ごとに具体の指導内容を整理します。

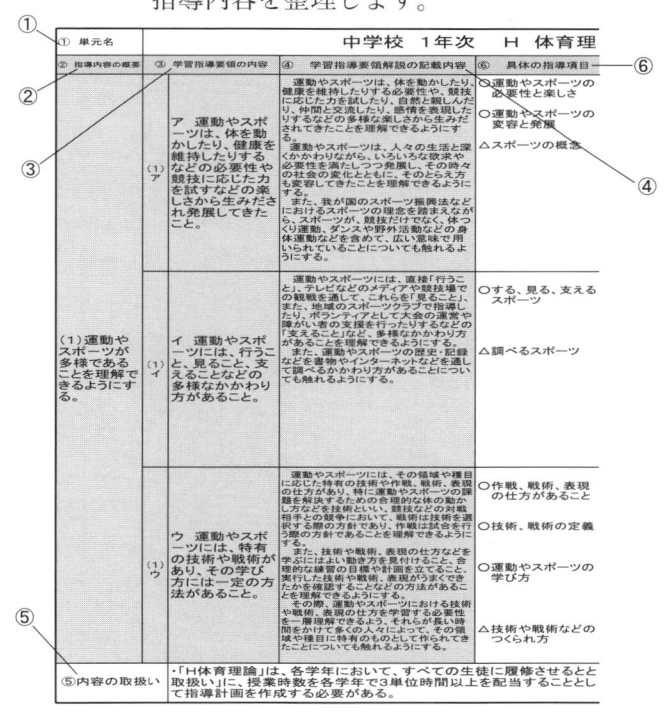

① 単元名			中学校　1年次　H 体育理論	
② 指導内容の概要	③ 学習指導要領の内容		④ 学習指導要領解説の記載内容	⑥ 具体の指導項目
(1)運動やスポーツが多様であることを理解できるようにする。	(1)ア	ア　運動やスポーツは、体を動かしたり、健康を維持したりするなどの必要性や、競技に応じた力を試すなどの楽しさから生みだされ発展してきたこと。	運動やスポーツは、体を動かしたり、健康を維持したりする必要性や、競技に応じた力を試したり、自然と親しんだり、仲間と交流したり、感情を表現したりするなどの多様な楽しさから生みだされてきたことを理解できるようにする。 運動やスポーツは、人々の生活と深くかかわりながら、いろいろな欲求や必要性を満たしつつ発展し、その時々の社会の変化とともに、そのとらえ方も変容してきたことを理解できるようにする。 また、我が国のスポーツ振興法などにおけるスポーツの理念を踏まえながら、スポーツが、競技だけでなく、体力づくり運動、ダンスや野外活動などの身体運動などを含めて、広い意味で用いられていることについても触れるようにする。	○運動やスポーツの必要性と楽しさ ○運動やスポーツの変容と発展 △スポーツの概念
	(1)イ	イ　運動やスポーツには、行うこと、見ること、支えることなどの多様なかかわり方があること。	運動やスポーツには、直接「行うこと」、テレビなどのメディアや競技場の観戦場を通して、これらを「見ること」、また、地域のスポーツクラブで指導したり、ボランティアとして大会の運営や障がい者の支援を行ったりするなどの「支えること」など、多様なかかわり方があることを理解できるようにする。 また、運動やスポーツの歴史・記録などを書物やインターネットなどを通して調べるかかわり方があることについても触れるようにする。	○する、見る、支えるスポーツ △調べるスポーツ
	(1)ウ	ウ　運動やスポーツには、特有の技術や戦術があり、その学び方には一定の方法があること。	運動やスポーツには、その領域や種目に応じた特有の技術や戦術、組織、表現の仕方があり、特に運動やスポーツの課題を解決するための合理的な練習の動き方などを習得したり、競技などのお互いに相手との競争において、戦術は技術を選択する際の方針であること、作戦は試合全体の方針であることを理解できるようにする。 また、技術や戦術、表現の仕方などを学ぶには適切な動き方を身に付けること、合理的な練習計画を立てるとともに、実行していた動きや戦術、表現がうまくできたかを確認することなどの方法があることを理解できるようにする。 その際、運動やスポーツにおける技術や戦術、表現の仕方を学習することの必要性を一層理解できるよう、それらが長い時間をかけて多くの人々によって、その領域や種目に特有のものとして作られてきたことについても触れるようにする。	○作戦、戦術、表現の仕方があること ○技術、戦術の定義 ○運動やスポーツの学び方 △技術や戦術などのつくられ方
⑤内容の取扱い			・「H体育理論」は、各学年において、すべての生徒に履修させるとともに、「内容の取扱い」に、授業時数を各学年で3単位時間以上を配当することとして指導計画を作成する必要がある。	

単元の構造図づくりでは、各欄に入力作業をすることで指導要領および解説で記載された内容を確認します。いわば、書写のイメージになります。この作業を省略することも可能ですが、学習指導要領に示された文章を自ら打ち込むことで「表現の詳細なニュアンスなどに着目するきっかけになった」という実践者の声が多く聞かれます。

また、書かれた文章から、指導内容をイメージする際に文章をどのように解釈するのかがとても重要です。

それでは、まず、中学校第1学年で扱う「運動やスポーツの多様性」を例に、Aゾーンの作業過程を通して学習指導要領および解説の読み方を考えてみましょう。

2 学習指導要領の記載内容をチェックする

学習指導要領解説には、指導の基準となる内容が簡潔にまとめられています。図4-4、4-5のように本文から指導の概要や各時間の指導内容を確認しましょう。

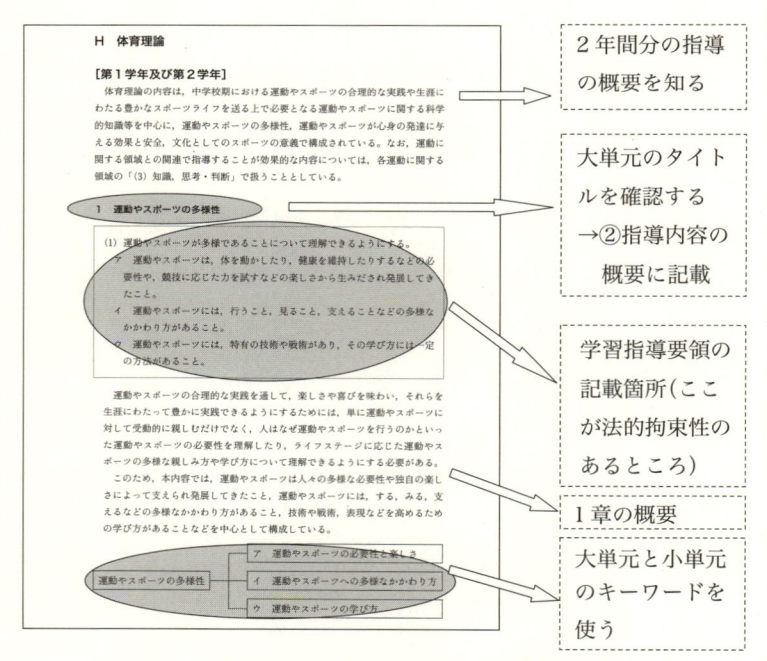

図4-4 学習指導要領解説におけるチェック項目（その1）

第4章 体育理論の授業をつくろう　129

> 運動やスポーツは、体を動かしたり、健康を維持したりする必要性や、競技に応じた力を試したり、自然と親しんだり、仲間と交流したり、感情を表現したりするなどの多様な楽しさから生みだされてきたことを理解できるようにする。
> 　運動やスポーツは、人々の生活と深くかかわりながら、いろいろな欲求や必要性を満たしつつ発展し、その時々の社会の変化とともに、そのとらえ方も変容してきたことを理解できるようにする。
> 　また、我が国のスポーツ振興法などにおけるスポーツの理念を踏まえながら、スポーツが、競技だけでなく、体つくり運動、ダンスや野外活動などの身体運動などを含めて、広い意味で用いられていることについても触れるようにする。
>
> 　イ　運動やスポーツへの多様なかかわり方
> 　　運動やスポーツには、直接「行うこと」、テレビなどのメディアや競技場での観戦を通して、これらを「見ること」、また、地域のスポーツクラブで指導したり、ボランティアとして大会の運営や障がい者の支援を行ったりするなどの「支えること」など、多様なかかわり方があることを理解できるようにする。
> 　　また、運動やスポーツの歴史・記録などを書物やインターネットなどを通して調べるかかわり方があることについても触れるようにする。
>
> 　ウ　運動やスポーツの学び方
> 　　運動やスポーツには、その領域や種目に応じた特有の技術や作戦、戦術、表現の仕方があり、特に運動やスポーツの課題を解決するための合理的な体の動かし方などを技術といい、競技などの対戦相手との競争において、戦術は技術を選択する際の方針であり、作戦は試合を行う際の方針であることを理解できるようにする。また、技術や戦術、表現の仕方などを学ぶにはよい動き方を見付けること、合理的な練習の目標や計画を立てること、実行した技術や戦術、表現がうまくできたかを確認することなどの方法があることを理解できるようにする。
> 　　その際、運動やスポーツにおける技術や戦術、表現の仕方を学習する必要性を一層理解できるよう、それらが長い時間をかけて多くの人々によって、その領域や種目に特有のものとして作られてきたことについても触れるようにする。

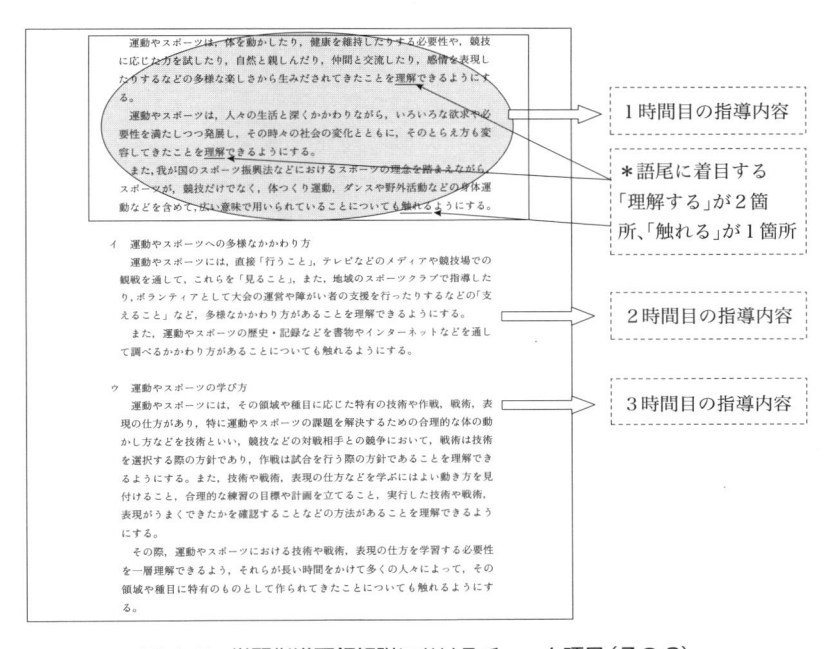

→ 1時間目の指導内容

＊語尾に着目する
「理解する」が2箇所、「触れる」が1箇所

→ 2時間目の指導内容

→ 3時間目の指導内容

図4-5　学習指導要領解説におけるチェック項目（その2）

3 構造図作成の流れを確認する

学習指導要領の中学校第1学年のリード文(学習指導要領解説 p.134)には、次のような一文があります。

> (1) 運動やスポーツが多様であることについて理解できるようにする。

⇒ これは「②指導内容の概要」の欄に記載します。

第1章(レベル2)は3時間でア、イ、ウ(レベル3)の3つの内容で構成されています。このリード文を言い換えますと、「運動やスポーツの多様性」という大単元の項目になっています(学習指導要領解説 p.136)。

レベル3　　　　　　　　レベル4
⇒③学習指導要領 p.136　⇒④中学校学習指導要領解説 p.137

| ア　運動やスポーツは、体を動かしたり、健康を維持したりするなどの必要性や、競技に応じた力を試すなどの楽しさから生みだされ発展してきたこと。 | 運動やスポーツは、体を動かしたり、健康を維持したりする必要性や、競技に応じた力を試したり、自然と親しんだり、仲間と交流したり、感情を表現したりするなどの多様な楽しさから生みだされてきたことを<u>理解できるようにする</u>。
　運動やスポーツは、人々の生活と深くかかわりながら、いろいろな欲求や必要性を満たしつつ発展し、その時々の社会の変化とともに、そのとらえ方も変容してきたことを<u>理解できるようにする</u>。
　また、我が国のスポーツ振興法などにおけるスポーツの理念を踏まえながら、スポーツが、競技だけでなく、体つくり運動、ダンスや野外活動などの身体運動などを含めて、広い意味で用いられていることについても<u>触れるようにする</u>。|

図 4-6　学習指導要領と解説の記述の比較

学習指導要領と解説のそれぞれには、上記のように記載されています。両者は学習指導要領が指導すべき内容であり、解説はその参考という関係になります。解説の内容の理解に困った場合は、学習指導要領(レベル2)に戻ることで指導内容がずれていないか確認ができます。この解説レベルを参考として作成されたものが教科書(レベル5)です。その際の解釈は、作成する側の意図が反映されますので、教科書の使用に際しては、自身の授業と照らし合わせてどこを重点的に取り扱うかなどを検討する必要があります。自分のアイデアより優れていれば教科書を活用し、自身でよりよいアイデアを持っていれば、自身の副教材を作成し授業を展開すればよいのです。

4 学習指導要領［解説］をチェックする

次に、解説を読み解いていきましょう。

まず、解説の文章の文末に着目してみましょう。図4-6の下線部のように、第1文節と第2文節は「理解できるようにする」と締めくくられています。一方で、第3文節は「触れるようにする」となっています。

解説の文章は「理解できるようにする」「触れるようにする」「取り上げる程度とする」「〜で扱うこととする」など記載されています。ここでの「理解できるようにする」には、確実に指導する内容が記載されています。また「触れるようにする」には、理解する内容に関連させて触れるようにする内容であり、理解させる内容ではありません。さらに「取り上げる程度とする」には、やや歯止め的な意味が込められていて、制限なく取り上げると、他の教科や他領域の学習と重複する場合に用いられています。そして「〜で扱うこととする」は、明確に、別の領域の指導内容とする場合に用いられています。

このような文章表現の違いに留意して、再度、解説を読むことで、学習指導要領が示す内容を一層深く理解することができようになります。

〈ココがポイント〉　文末表現をチェックしよう！！
○：　〜を理解できるようにする。
　　　　　　　　　　　⇒確実に取り扱う内容です。
△：　〜についても触れるようにする。
　　　　　　　　　　　⇒上記に関連させて話題にします。
＊：　〜については、**取り上げる程度**とする。
　　　　　　　　　　　⇒あまり深入りしないよう留意します。
×：　〜で扱うこととする。
　　　　　　　　　　　⇒他の領域で取り上げています。

---

5 キーワードと記号にして「具体の指導事項」をおさえる

解説の文章は長いので、簡単なキーワードでとらえなおすことによって、頭の中に簡単な指導内容のイメージを描けるようにします。また、実際の授業や教科書では、この扱いが曖昧になりがちです。教えるべきことが多すぎて時間内で収まらないということは、こうした扱いの誤解からも起こりやす

いと言えるでしょう。

　キーワード化の段階では、「○：理解できるようにする」「△：触れるようにする」「＊：取り上げる程度とする」「×：〜で扱うこととする」というように、それぞれを記号化しておき、扱い方が混在しないようにマークを付けておきます。

　それでは、もう一度解説の記載内容を確認してみましょう。

　「運動やスポーツの多様性」の章には、３つの内容が記載されています。①のセンテンスは、語尾が「理解できるようにする」と記載されていますので、○を付けた上でネーミングを考えます。ここでは、「運動やスポーツの起源」としました。同様に、「○運動やスポーツの発展と変容」とし、最後のセンテンスは「触れるようにする」内容ですので、「△スポーツの概念」としておきます。

《解説の記載内容》
①運動やスポーツは，体を動かしたり，健康を維持したりする必要性や，競技に応じた力を試したり，自然と親しんだり，仲間と交流したり，感情を表現したりするなどの多様な楽しさから生みだされてきたことを<u>理解できるようにする</u>。

⇒　「○運動やスポーツの起源」とネーミングしました。

《解説の記載内容》
②運動やスポーツは，人々の生活と深くかかわりながら，いろいろな欲求や必要性を満たしつつ発展し，その時々の社会の変化とともに，そのとらえ方も変容してきたことを<u>理解できるようにする</u>。

⇒　「○運動やスポーツの発展と変容」とネーミングしました。

《解説の記載内容》
③また，我が国のスポーツ振興法などにおけるスポーツの理念を踏まえながら，スポーツが，競技だけでなく，体つくり運動，ダンスや野外活動などの身体運動などを含めて，広い意味で用いられていることについても<u>触れるようにする</u>。

⇒　「△スポーツの概念(触れる)」とネーミングしました。

内容のまとまり レベル2	単元のタイトル レベル3	具体的な指導項目 レベル4
運動やスポーツが多様であること	運動やスポーツの多様性	○運動やスポーツの起源 ○運動やスポーツの発展と変容 △スポーツの概念（触れる）
	運動やスポーツの多様な関わり方	○する、みる、支える △調べる
	運動やスポーツの学び方	○技術、戦術などの定義 ○効果的な学習の仕方 △技術の確立

　これを整理すると、1時間で教える内容は、2つの「必ず理解させるべき内容」と1つの「触れる事項」で構成されていることが理解できます。
　このようにして、中学校第1学年を整理すると、次のようにまとめることができます。
　これで、指導内容の重点の確認とキーワード化ができました。
　学習指導要領を記載して打ち込む作業は、一見単調な作業ですが、教えるべき内容は、学習指導要領の記載内容です。授業づくりの過程では、さまざまなアイデアが生まれると思いますが、その時に自分自身でも教えるべきことへの意識が希薄になることもあるでしょう。そのような時には、一度、学習指導要領に戻ってみましょう。
　具体的な授業イメージと学習指導要領の往復によって、軸の定まった授業づくりが可能となります。

イ．Bゾーンの作成

1 構造図における作業内容を確認する

|Bゾーン|は、指導内容をキーワードでとらえ、授業を組み立てる箇所です。⑦〜⑧の作業内容があります。

　⑦発問や学習活動のイメージ：
　⑧単元の構想（授業計画の想定）：

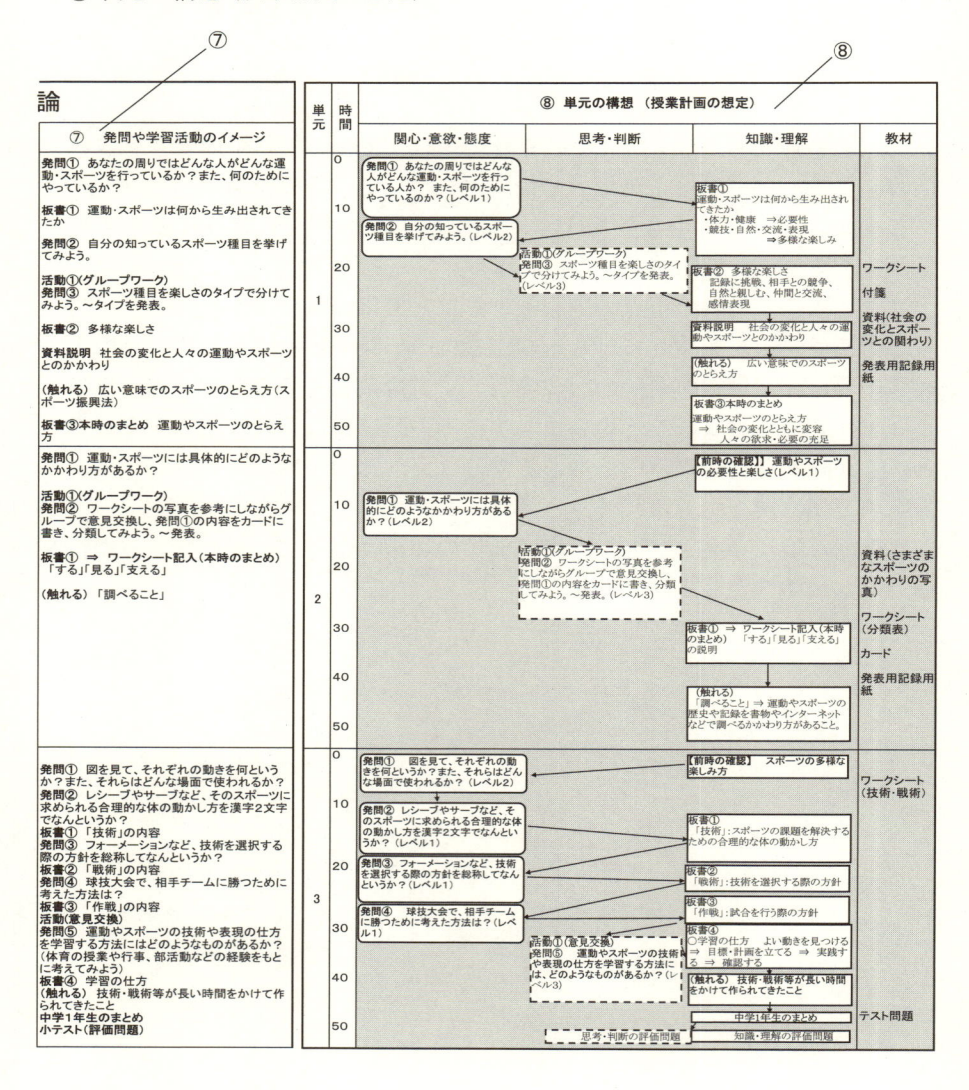

⑦ 発問や学習活動のイメージ	単元	時間	⑧ 単元の構想（授業計画の想定）			教材
			関心・意欲・態度	思考・判断	知識・理解	
発問① あなたの周りではどんな人がどんな運動・スポーツを行っているか？ また、何のためにやっているか 板書① 運動・スポーツは何から生み出されてきたか 発問② 自分の知っているスポーツ種目を挙げてみよう。 活動①(グループワーク) 発問③ スポーツ種目を楽しさのタイプで分けてみよう。〜タイプを発表。 板書② 多様な楽しさ 資料説明 社会の変化と人々の運動やスポーツとのかかわり (触れる) 広い意味でのスポーツのとらえ方(スポーツ振興法) 板書③本時のまとめ 運動やスポーツのとらえ方	1	0 10 20 30 40 50	発問① あなたの周りではどんな人がどんな運動・スポーツを行っているのか？(レベル1) 発問② 自分の知っているスポーツ種目を挙げてみよう。(レベル2)	活動①(グループワーク) 発問③ スポーツ種目を楽しさのタイプで分けてみよう。〜タイプを発表。(レベル3)	板書① 運動・スポーツは何から生み出されてきたか ・体力・健康 ⇒ 必要性 ・競技・自然・交流・表現 　　　　　　⇒ 多様な楽しみ 板書② 多様な楽しさ 記録に挑戦、相手との競争、自然と親しむ、仲間と交流、感情表現 資料説明 社会の変化と人々の運動やスポーツとのかかわり (触れる) 広い意味でのスポーツのとらえ方 板書③本時のまとめ 運動やスポーツのとらえ方 ⇒ 社会の変化とともに変容 　人々の欲求・必要の充足	ワークシート 付箋 資料(社会の変化とスポーツとの関わり) 発表用記録用紙
発問① 運動・スポーツには具体的にどのようなかかわり方があるか？ 活動①(グループワーク) 発問② ワークシートの写真を参考にしながらグループで意見交換し、発問①の内容をカードに書き、分類してみよう。〜発表。 板書① ⇒ ワークシート記入(本時のまとめ)「する」「見る」「支える」 (触れる) 「調べること」	2	0 10 20 30 40 50	発問① 運動・スポーツには具体的にどのようなかかわり方があるか？(レベル2)	活動①(グループワーク) 発問② ワークシートの写真を参考にしながらグループで意見交換し、発問①の内容をカードに書き、分類してみよう。〜発表。(レベル3)	【前時の確認】 運動やスポーツの必要性と楽しさ(レベル1) 板書① ⇒ ワークシート記入(本時のまとめ)「する」「見る」「支える」の説明 (触れる)「調べること」⇒ 運動やスポーツの歴史や記録を書物やインターネットなどで調べるかかわり方があること。	資料(さまざまなスポーツのかかわりの写真) ワークシート(分類表) カード 発表用記録用紙
発問① 図を見て、それぞれの動きを何というか？また、それらはどんな場面で使われるか？ 発問② レシーブやサーブなど、そのスポーツに求められる合理的な体の動かし方を漢字2文字でなんというか？ 板書① 「技術」の内容 発問③ フォーメーションなど、技術を選択する際の方針を総称してなんというか？ 板書② 「戦術」の内容 発問④ 球技大会で、相手チームに勝つために考えた方法は？ 板書③ 「作戦」の内容 活動④(意見交換) 発問⑤ 運動やスポーツの技術や表現の仕方を学習する方法にはどのようなものがあるか？(体育の授業や行事、部活動などの経験をもとに考えてみよう) 板書④ 学習の仕方 (触れる) 技術・戦術等が長い時間をかけて作られてきたこと 中学1年生のまとめ 小テスト(評価問題)	3	0 10 20 30 40 50	発問① 図を見て、それぞれの動きを何というか？また、それらはどんな場面で使われるか？(レベル2) 発問② レシーブやサーブなど、そのスポーツに求められる合理的な体の動かし方を漢字2文字でなんというか？(レベル1) 発問③ フォーメーションなど、技術を選択する際の方針を総称してなんというか？(レベル1) 発問④ 球技大会で、相手チームに勝つために考えた方法は？(レベル1)	活動①(意見交換) 発問⑤ 運動やスポーツの技術や表現の仕方を学習する方法には、どのようなものがあるか？(レベル3) 思考・判断の評価問題	【前時の確認】 スポーツの多様な楽しみ方 板書①「技術」：スポーツの課題を解決するための合理的な体の動かし方 板書②「戦術」：技術を選択する際の方針 板書③「作戦」：試合を行う際の方針 ⇒ 学習の仕方 よい動きを見つける ⇒ 目標・計画を立てる ⇒ 実践など ⇒ 確認する (触れる) 技術・戦術等が長い時間をかけて作られてきたこと 中学1年生のまとめ 知識・理解の評価問題	ワークシート(技術・戦術) テスト問題

2 授業イメージをつくる

まず「⑦発問や学習活動のイメージ」について作業を行います。
　 Aゾーン の作業を通して明確になった指導の内容を50分でどのように構成したらよいでしょうか。ここからが、授業アプローチ方法の検討場面となり、各実践者の腕の見せ所となります。
　「④学習指導要領解説の記載の内容」の欄で、「○運動やスポーツの起源」と「○運動やスポーツの発展と変容」については確実に理解させ、「△スポーツの概念」については触れるようにすること（キーワード化と内容の扱い）を確認しています。

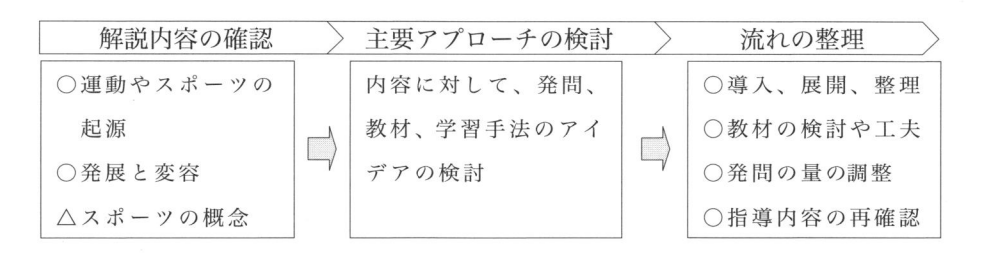

解説内容の確認	主要アプローチの検討	流れの整理
○運動やスポーツの起源 ○発展と変容 △スポーツの概念	内容に対して、発問、教材、学習手法のアイデアの検討	○導入、展開、整理 ○教材の検討や工夫 ○発問の量の調整 ○指導内容の再確認

　ここで求められる指導は、各種目の成立や変遷の歴史を細かく指導することではありません。例えば、サッカーなどの一例を取り上げた場合、各領域の知識に示された「各種目の特性や成り立ち」と重複してしまいます。
　指導内容は、「運動やスポーツは、体を動かしたり、健康を維持したりする必要性や、競技に応じた力を試したり、自然と親しんだり、仲間と交流したり、感情を表現したりするなどの多様な楽しさから生みだされてきたこと」ですので、これから学習する各領域で示された運動やスポーツが「必要性や多様な楽しさ」から生まれてきたことが理解できればよいということになります。
　そのことに迫る発問は「どのような運動やスポーツが好きか？」「どのような運動やスポーツをしたことがあるか？」といった問いから、運動やスポーツがそれぞれ持っている特性に気づかせることが大切です。そして、さまざまな理由で運動やスポーツが生まれ、社会的状況などの時代背景とともに、人々がもつスポーツの価値が変化してきたということを理解できればよいのです。

説明してしまうと5分程度の指導内容です。テストのための知識を学習しているのではなく、こうした運動やスポーツの起源や変遷を聞きながら、改めて現代スポーツのもつ価値を少し感じてもらうことが大切です。そのための発問と手法をどのように使うかという視点で授業づくりの構想を進めます。

例：「⑦発問や学習活動のイメージ」のメモ
（中学校第1学年「運動やスポーツの多様性」）

④学習指導要領解説の記載内容	⑥具体の指導項目	⑦発問と学習活動のイメージ（授業構想のアイデア）
運動やスポーツは、体を動かしたり、健康を維持したりする必要性や、競技に応じた力を試したり、自然と親しんだり、仲間と交流したり、感情を表現したりするなどの多様な楽しさから生みだされてきたこと①②	○運動やスポーツの起源	オリエンテーション（5分） ①体を動かしたくなる時はどんなとき？（ウオーミング・アップ） →生徒からの回答（5分） 　（テストの後、良い天気など） ②運動やスポーツは、なぜ生まれて来たのだろう？ 　（必要性と楽しさに分類して板書）
運動やスポーツは、人々の生活と深くかかわりながら、いろいろな欲求や必要性を満たしつつ発展し、その時々の社会の変化とともに、そのとらえ方も変容してきたこと③④⑤	○運動やスポーツの発展と変容	→○運動やスポーツの起源の板書（5分）「解説記載文」 ③予想してみよう「(古代、近代、現代)の○○の人々は、○○として行っていた。」→学習ノート（5分）
我が国のスポーツ振興法などにおけるスポーツの理念を踏まえながら、スポーツが、競技だけでなく、体つくり運動、ダンスや野外活動などの身体運動などを含めて、広い意味で用いられていること	△スポーツの概念（触れる）	④グループの意見を聞いてみよう（10分）解説5分 ⑤どんな例が出たか発表しよう ○運動やスポーツの発展と変容についての板書（5分）「解説記載文」 ＊スポーツの概念について、スポーツ振興法等を例に読み上げ、多様な概念であることにも触れる。 ⑥今日の授業の感想と自身の取り組みを振り返る（5分）

3 図式化してイメージを深める

次に「⑧単元の構想（授業計画の想定）」についての作業を行います。

キーワード化した指導項目を3時間の中でどのように扱うのかを一端、図式化しておきます。くどいような作業ですが、これは単元を鳥瞰するための作業です。

ここでのねらいは、

* 50分の時間の流れに沿って、授業を組み立ててみること
* 発問、作業、板書という具体的活動を確認すること
* 学習評価の見通しを立てておくこと

などを同時に進行していきます。 Aゾーン の具体化、および Cゾーン の学習評価への連続性のある授業づくりが最大のねらいです。

図にしておくことで、毎時の学習を通して、最終的には、運動やスポーツの多様性に迫ろうとする単元であることを確認します。中学校の第1単元では、運動やスポーツの多様性を理解させるために、歴史的視点からの多様性、文化的視点からの多様性、科学的視点からの多様性に迫ろうとしていることが把握できます。

また、指導したことをどのように評価するのかを考える際に、各観点に整理しておくことで、評価が行いやすくなります。

図式化する際に、発問および用いる学習活動を「関心・意欲・態度」「思考・判断」「知識・理解」のいずれを主に育成するのかを想定します。実際の発問は「関心・意欲・態度」「思考・判断」「知識・理解」のいずれにも連動しますので、その観点だけのものではありません。しかし、指導と評価の一体化が図れるよう、この段階でどの観点を育成し評価するのかを意図的に意識しておくことで、指導の機会と評価の機会が明確になります。

どのような問いを発するか、学習活動を取り入れたらよいかは、本書の後半に記載していますのでご参照ください。

（運動への）「関心・意欲・態度」*

運動やスポーツが多様であることについて、関心を持ち、各時間の学習活動を通して理解し、考えることに取り組もうとしているかを評価します。

⇒　意欲的に取り組み、関心の持てる「問いや活動」を準備します。

（運動についての）「思考・判断」*

運動やスポーツが多様であることについて、各時間で理解したことをもとに、その知識を活用したり応用したりしているかを評価します。

⇒　思考・判断を促す「問いや活動」を準備します。

（運動についての）「知識・理解」*

各時間で「理解すること」に対して、知識を持てたかを評価します。

⇒　簡潔にキーワードが理解できるプリントやサブ・ノートを用意します。

＊国立教育政策研究所教育課程研究センター『評価規準の作成のための参考資料』（中学校、平成22年11月）によると、中学校では「関心・意欲・態度」「思考・判断」「知識・理解」と、高等学校では「運動への関心・意欲・態度」「運動についての思考・判断」「運動についての知識・理解」という表記になっている。

ウ．C ゾーンの作成
■ 構造図における作業内容を確認する

Cゾーン では、評価規準の作成および評価機会を確認します。⑨の作業内容があります。

⑨評価規準の設定：

評価規準の作成については、国立教育政策研究所教育課程研究センターから公表されている「評価規準の作成のための参考資料」（平成22年11月）と「評価規準の作成、評価方法等の工夫改善のための参考資料」（平成23年7月）を参照するとよいでしょう。

この資料では、内容のまとまりごとに、「評価規準に盛り込むべき事項」「評価規準の設定例」の２つの例が示されています。「評価規準に盛り込むべき事項」は、学年全体（単元）の評価規準に対応しています。他方の「評価規準の設定例」は、ア、イ、ウのように小単元の評価規準に対応しています。これらをもとにして、各学校において「学習活動に即した評価規準」を設定することになります。本書では第５章（p.157）に本書で設定した学習活動に即した評価規準一覧を掲載しました。

例：「⑪評価規準の設定」のメモ
（中学校第１学年「運動やスポーツの多様性」）

観点	【関心・意欲・態度】	【思考・判断】	【知識・理解】
語尾	〜しようとしている。	〜している。	〜について、言ったり書き出したりしている。
例	①運動やスポーツが多様であることについて、学習に積極的に取り組もうとしている。	①運動やスポーツが多様であることについて、情報を取り出したり、分析したりしている。	①運動やスポーツは，体を動かしたり，健康を維持したりするなどの必要性や競技に応じた力を試すなどの楽しさから生みだされ発展してきたことについて、言ったり書き出したりしている。②運動やスポーツには，行うこと，見ること，支えることなどの多様なかかわり方があることについて、言ったり書き出したりしている。③運動やスポーツには，特有の技術や戦術があり，その学び方には一定の方法があることについて、言ったり書き出したりしている。

2 評価の機会を設定する

　評価については、効率的・効果的な評価が求められています。新しい学習指導要領において、体育科、保健体育科については、評価の観点の変更はありません。特に、中学校の体育理論では3時間想定なので、「関心・意欲・態度」および「思考・判断」については、大単元（3時間）を通して育成するようにします。

　本事例では、「知識・理解」については、各時間1つのまとまりとしての知識を対象とし、評価規準は「関心・意欲・態度」で1項目、「思考・判断」で1項目、「知識、理解」で3項目を設定しています。そして、各時間の学習場面をとらえて、複数回の評価機会を特定しています（第5章に詳細を掲載しています）。

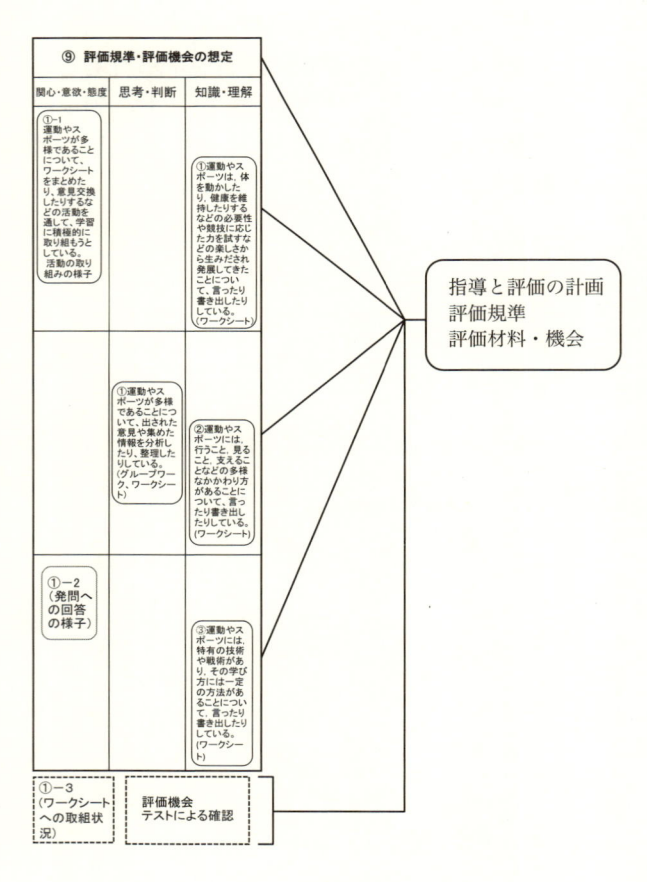

⑨ 評価規準・評価機会の想定

関心・意欲・態度	思考・判断	知識・理解
①-1 運動やスポーツが多様であることについて、ワークシートをまとめたり、意見交換したりするなどの活動を通して、学習に積極的に取り組もうとしている。活動の取り組みの様子		①運動やスポーツは、体を動かしたり、健康を維持したりするなどの必要性や競技に応じた力を試すなどの楽しさから生み出され発展してきたことについて、言ったり書き出したりしている。（ワークシート）
	①運動やスポーツが多様であることについて、出された意見や集めた情報を分析したり、整理したりしている。（グループワーク、ワークシート）	②運動やスポーツには、行うこと、見ること、支えることなどの多様なかかわり方があることについて、言ったり書き出したりしている。（ワークシート）
	①-2（発問への回答の様子）	③運動やスポーツには、特有の技術や戦術があり、その学び方には一定の方法があることについて、言ったり書き出したりしている。（ワークシート）
①-3（ワークシートへの取組状況）	評価機会 テストによる確認	

→ 指導と評価の計画 評価規準 評価材料・機会

(2) 意欲を高める授業づくり

　授業づくりは、基本的には、「導入→展開→整理（まとめ）」という流れで考えていきますが、本書では、発問と学習活動、板書などのアプローチを用いて、指導内容の理解に迫ろうとしています。

　発問は、単元の内容に興味・関心をもたせたり、学習内容に引き込んだりするため、また、生徒の思考を揺さぶり、考えを深める際にもとても重要といえます。過去に学習した（知識の）記憶を呼び戻すための発問や、相手にわかりやすく伝えることを通して自身の知識の整理を促す発問、発想を広げたり、さまざまな情報から課題解決につながる回答を絞り込んだりする発問、意志決定をもたらす発問などが考えられます。

　座学の場合は、一方的に話すだけでは、聞く側（生徒）は単調になり、興味の持続が難しい場合もあります。生徒が寝てしまうという背景には、後述するような教師の手立てが抱えているマイナス面が常に潜んでいることを念頭に置いておきましょう。

　一方で、学習手法には、個人でのワークシートの記入や作業、仲間との共同作業、意見交換、発表などが考えられますが、あまり手法にこだわると、内容を理解させるために用いるはずの手段が、主目的になってしまい、発表が主なのか、内容を理解させることが主なのかが不明となることもあります。これらの手法を用いる時は、授業者が何を理解させたいのか、どのような意図でその手法を用いているのかを明確にしておく必要があります。

① 発問を使いこなす

ア．発問レベルの考え方

　教師は、授業の中で一方的に説明をするだけでなく、とっさに思いついた事柄や朝のニュース、学校での出来事などさまざまな事柄を話題にしながら、授業にアクセントをつけようと生徒に対して何らかのやりとりを求める場面があります。

　その際に、今日の授業とかかわりのない内容や、かかわりはあっても教えるべき内容から外れてしまう問いかけをして、授業の方向性が意図しない方向に

行ってしまったり、生徒が興味を失ってしまったりした経験はないでしょうか。

　授業では、より新鮮なリアルタイムの話題には生徒の関心が集まりますが、授業との関連性がある問いをどのように発するのかを考えておくことも大切です。

　そこで、本書では、発問のレベルをあらかじめ想定し、実践者の発問がどのような意図で用いられたのかを確認しながら授業実践をお願いしました。

　本来ならば、授業者が学習者に発する「問い」については、内容の確認のための「問い」や作業のための「指示」と分けて、発問という用語を厳密にとらえていくことが求められます。しかし、本書では、できる限りやさしく体育理論の座学に取り組んでいただくために、これらを明確に分類せず、気づきを促すという視点から、レベルに応じて主に振り返りや関心を引くための段階から考えさせる段階まで発問を分類し、どのような段階の発問が用いられたのか、また、バランスよく、中学生から高校生への発展も踏まえて整理しました (表4-1)。

　また、学習活動は、思考・判断を促すための活動を発問に連動して意図的に取り入れてもらいました。以下の5段階に設定した発問で構成しています。

第4章 体育理論の授業をつくろう　143

表4-1　本書の発問レベルの分類

	分類	問いかけの意図と留意点	問いかけの例
レベル1	導入的な発問や知識の定着を確認する発問：興味を高める導入の問い 情報の確認（入力） 情報の要約（出力）	生徒の興味を促したり、学習したことを確認したりするための問いなので、答えは回答可能なものを用意し、ヒントを多く出します。 また、教師対生徒という場面では萎縮してしまう場合は、生徒相互に説明しあうなどして、リラックスした状態で確認ができるように働きかけます。	・(本時のねらいに関連させて)○○って聞いたことありますか？ ・○○の起源はなんだと思う？ ・先週学習したキーワードはなんでしたか？(確認) ・中学校では○○について、どのようなことを学びましたか？ ・(前回の学習から)スポーツの○○について、隣の人に要点をまとめて説明してみよう。
レベル2	発想を広げる（分散的思考を促す）発問： 情報の解釈 発想を広げる、展開する（分散的思考）	これまで見えなかった事象の傾向や新たな事実に気づかせるための発問レベルです。考え方の可能性を広げることで、様々な角度から発想の展開を図る意図があります。 実現可能性や批判的に考えを狭めないようにこの段階では自由に意見を出せるように雰囲気をつくりましょう。	・○○のキーワードから連想されることを出来る限り多く挙げてみよう。 ・「もし、私が○○だったら」の○○に該当する言葉を10個以上挙げてみよう。(1人ブレインストーミング) ・さまざまな条件を想定しながら、グループの考えをたくさんだそう。
レベル3	結論を絞り込む（分析的、集中的思考を促す）発問： 情報を整理、選択する（集中的思考）	展開した情報の中から、個人やグループの意見を集約するための発問です。 リーダー性の高い生徒の意見が強く影響してしまうことを避けるために、客観的に情報を絞り込む視点をリードするとよいでしょう。	・出た意見を類似したもの同士でまとめて、いくつかに分類してみよう。 ・(A君の作戦)と(B君の作戦)の比較／対比をしてみよう。 ・全体の意見の中で、A君の意見の優れている点を挙げてみよう。
レベル4	一度まとまりかけた結論を別の角度から批判的に検証する発問： 情報を最終分析する（批判的思考、再考）	これまでに得た知識やこれまでの経験を統合し、結論を導くことに向けて、批判的思考を意図的に取り入れる段階です。 この思考過程を行うことで、より論理的な結論を導くことを意図します。	・グループの意見で見逃していることはないだろうか。 ・自分の立場と反対側の立場を演じて、仲間から説明を聞いてみよう。 ・対立意見に対して、妥協点はどこだろうか。
レベル5	新たなアイディア（創造的思考）や課題の限界などについて評価し、合意を導く発問： 結論、判断、提案（創造的思考、客観的評価）	結論や判断を促す最終レベルの発問です。 既得の知識、これまでの経験、想定されるリスク、結論の矛盾点等の様々な条件をイメージした上で出される回答です。	・(グループの結論)にどのような点で合意しましたか？ ・(解決すべき課題)に優先順位をつけて下さい。 ・(この課題を解決するためには)何が一番大切(観点、方法、手段など)ですか？ ・あなたなら(これまでの意見を踏まえて)どのような決断を下しますか？

イ．発問レベルと学習活動の連動

　発問の5つのレベルに合わせて、学習活動も変わってきます。表4-2のように発問レベルと発問の意図、そして具体的な学習活動の連動を意識することによって、授業にアクセントをつけて生徒の意欲を引き出す工夫も大切です。

表4-2　発問と学習活動を連動させる例

レベル	発問	主な学習活動
レベル1 　興味づけ 　情報の照合 　情報の要約	知識、理解を促す発問	・特定の生徒への問答 ・板書による書き出し ・ワークシート記入、整理 ・ワークシート ・ペアでの意見交換 ・全体への発表
レベル2 　分散的思考を促す	思考を広げる	・ワークシート ・ブレーンストーミング ・インターネット活用 ・連鎖図 ・1人ブレインストーミング（ワークシート）
レベル3 　情報の絞り込み 　取捨選択	思考を絞る 比較、分類、 全体と部分	・データ、ケースの分析 ・話し合い活動 ・記事の比較 ・映像分析 ・インターネット活用
レベル4 　情報の再考 　推察 　組み合わせ	結論に向けて熟考、分析する	・ディベート ・ロールプレイ ・ジレンマトレーニング ・ネガティブ・チェック
レベル5 　結論 　評価	結論を出す新たなアイデアを提案する	・レポート ・プレゼンテーション ・ポスターセッション

また、発問のレベルに合わせて、学習の手法も変わります。学習集団に応じてさまざまなものがありますが、ここではその代表的な例をいくつか紹介します。

■レベル1 「興味の喚起」「情報の照合、情報の要約」を行う
　○本時の学習の予告として、クイズ形式（イメージ・ビンゴなど）で問いかける
　○教科書や学習ノートから、キーワードを探させる
　○キーワード・カードを示す

キーワード・カードを用いて、伝えたい情報を簡潔にまとめる。
前回の学習で用いたキーワードをカードとして提示したり、学習ノート、教科書へのアンダーラインの指示なども有効である。

■レベル2　事実、法則、原則を活用して「分散的思考」を促す
　○連鎖図、ブレインストーミングなど

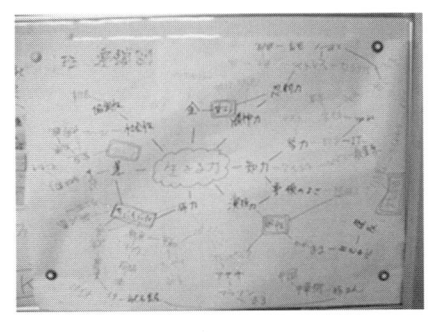

ポストイットなどを用いて、課題に関連して思いつくことを書き出す。
キーワードから、各自が新たなキーワードを書き出し、連鎖図（相関図）を作ったり、「私は○○である」などのテーマを出してプリントに書き出すなどといった用い方ができる。

■レベル3　拡大した情報から「分析的、集中的思考」と促す
○分類、ランキングなど

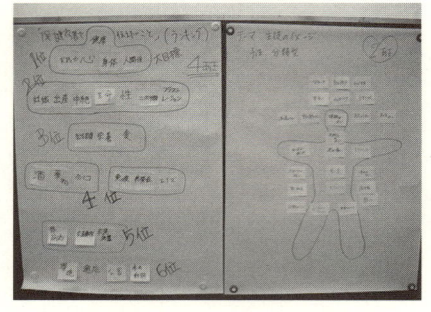

出されたキーワードを順位づけしたり、プラスとマイナスの要因に分類したりする。
データを示した資料から事実を確認し、結論を絞り込むといった用い方ができる。

●レベル4　結論を別の角度から「批判的思考」を用いて再考を促す
○情報の再考、推察

ディベード、役割演技法（ロールプレイ）などを用いて、自身の考えを離れて、批判的立場や別の立場から事実を再考する。結論に至る前に作成した理論に対して自ら否定的立場から再考してみることができる。
俯瞰的に見ることによって、結論に弱点はないかを確認するといった用い方ができる。

●レベル5　新たなアイディア、「創造的思考」を促す
○結論、判断、評価、提案

ポスターセッションなどで発表する。
また、視点を決めて他の発表を評価させたり、代案を示しながら意見を述べさせたりすることもできる。

② 集団の変化をとらえて授業を組み立てる

　体育理論の授業を教室で行う時に、集団の変化をとらえた授業づくりによって、一層の授業効果が期待できるでしょう。ここでは、学習集団の段階によってのアプローチの仕方について考えてみます。

ア．初めの段階

　入学年次の一学期は特に緊張感があり、雰囲気を和らげようと問いかけても生徒の反応がいまいちで、やりにくさを感じることがあります。

　この段階の集団の状態は、集団の中でそれぞれが、様子見の状態となっていて、授業者が働きかけをしても、生徒間の緊張感が生み出す授業の雰囲気が強く影響し、なかなか反応が少ない段階です。この時点では、問いかけに対しての反応が悪い反面、先生が何を言うのか、どのような授業をしてくれるのか、生徒は期待と不安の中にいると思います。この段階で取り組むことは、1年間の授業に対する心構え、見通し、授業の進め方などについて確実に伝えておくことです。

　また、さまざまな発問や作業をする上で、教師や学習する仲間との受容的な雰囲気（安心できる環境）づくりがとても重要となりますので、その点についても伝えておくとよいでしょう。

●規律や効率を求めるための基本的な授業ルールの例
　・授業開始時には、授業の準備をして待つこと。（必要に応じて）
　・携帯電話、他教科の教科書など不必要なものを置かない。
　・体調不良の際は我慢せず声をかけること。
　・話を聞くときと話し合うときのメリハリをつける。
　・わからないことや困ったこと（まぶしい、暑い）などは挙手して告げる。

●授業づくりのためのルールの例
　・「わかりません」以外の回答を考える。
　・間違っても恥ずかしくない。同時に他人の発言を中傷しない。
　・配られたプリントはファイルしたりノートに貼り付けたりしておく。

　この段階では、授業者が期待するほどの生徒からの積極的な質問や生徒同士の話し合いが活発に起こらないかもしれません。ですが、適度な間をつく

り、生徒の回答を「待つ」ことや、回答の出やすい発問を用意しておくことが大切です。先生に否定されないという経験や間違っても仲間に笑われないという経験は、次の段階に向けて大切な準備期間となっています。なお、発問のレベルを低めに抑えて、生徒の活動を促すということも手法の一つです。

　初めの段階では、授業規律の確立と受容的な雰囲気づくりが大切になると考えます。

イ．やや進んだ段階

　生徒間にグループ化や固定的な友達の存在（小集団化）が始まる段階になると、特定の生徒の意見が強く出たり、集団にうまく入れない生徒が顕著になったりすることもあります。このような段階では、時として特定の生徒によって授業があらぬ方向に向かうこともあります。

　そのような場合、授業内容とかかわりのない発言や行動が目立つ生徒には、授業ルールを改めて認識させるようにし、毅然とした態度をとることも求められます。一方で、授業に対する積極的な発言や的外れであっても本人なりの回答が見られた場合は、回答そのものを否定しないようにすることも必要です。このあたりの判断と対応がこの時期での授業者の腕の見せ所です。

　当初、授業者は授業に協力的な生徒や部活動などで関係の深い生徒への発問を投げる機会が多くなりがちですが、意図的に消極的な生徒への問いや机間巡視を通して特に授業に乗れていない生徒への配慮を心がける必要があります。

　この段階では、ややレベルを高めた発問や協力して意見をまとめる活動などを取り入れることで集団としての凝集性も高めていきます。

　やや進んだ段階では、授業姿勢の明確化と目立たない生徒への支援が大切になります。

ウ．進んだ段階

　さらに進んで、授業ルールの定着や学習活動（話し合い、発表）などの活動のレディネスが十分になった段階ではどのようなことが求められるでしょうか。この段階では、リーダー性の高い生徒が中心となって一定の関係性が構築されてきます。作業のテンポがよくなり、学習活動もスムーズにできるようになりますが、その一方で役割行動が固定化することによって、意見を

リードする生徒とその意見を受け入れる生徒という役割がはっきりしてしまうなどのマイナス要因も含みます。

こうした段階では、リーダー性の高い生徒にグループ内で意見が少ない生徒からの意見を聞くよう指示を出す、意見が出やすいように事前課題を出す、授業教材を生徒に用意させるなどのアプローチをしながら関係性が固定しないように配慮します。学習が停滞する生徒に対しては、教えあいの場面を作り生徒相互に理解しあう時間などを設けることも有効となります。

同様の手法を繰り返すと、手法への対応が常に同様となる場合もあるので、司会や発表者などの役割を順番にするなどの配慮も必要です。

進んだ段階では、役割行動からの解放、協働・協力関係の構築が大切になります。

③ その他の工夫

ア．教師の手立てのマイナス面を意識する

教育用語に「ヒドゥン・カリキュラム」（hidden curriculum、隠れたカリキュラム）と呼ばれるものがあります。これは教師によって意識されたり明言されたりすることなく、隠れた形で生徒たちに学習され、伝達される学習内容のことをさしています。

例えば、みなさんはチャイム（学校の鐘の音）が鳴ったらどうしたくなるでしょうか？学校生活を送っていた子どもの時、学校ではチャイムが鳴ったら席につくという日常を続けていたと思います。そうし続けることによって、教師が意図していなくても子ども達は「時間は守るもの」「チャイムが鳴ったら始業/終業するもの」ということを学校生活を通じて知らず知らずのうちに学ばされていると言われています。このように、学校文化の中に目に見えない形で存在するさまざまなヒドゥン・カリキュラムを生徒たちは学んでいます。

このような現象と同じように、日々の教育現場においても、教師の想いや手立てとかけ離れて、それらがまったく意図しないマイナスの効果を生むことがよくあります。

例えば、講義型の学習やテスト法による評価手法では、知識の効果的蓄積が期待されます。一方で、その副作用として、点数を取ることが目的化しや

すく、知識の獲得へのスキルとして、一夜漬けや効率的に知識を獲得することが進んだり、その分野への興味がもてない生徒にとっては講義中に眠くなったりというマイナスの効果をもたらすことがあります。

また、参加型の学習では、興味の深まりや自らの考えを深めるという活用力や応用力が培われることが期待されます。一方、その副作用として、ディスカッションや事例分析などの学習手法は、基礎的な知識の少ない生徒にはだらだらと話しこんだり、意味のない作業に従事したりという「這い回る」学習となったり、「活動あって学びなし」ということに陥ってしまうことがよくあります。授業の雰囲気はいいのですが、知識の効果的な定着には課題が残ってしまいます。

そこで大事なことは、教師は授業で用いる手法についてのプラス面はもちろん、マイナス面も踏まえた上で、悪い方向に手立てが働いていないかと意識を向け、生徒の意欲が高まるように、学習手法をバランスよく配合して授業を行うことが求められます。

イ．追い込みのテクニック

ベテラン教師によるよい授業を参観すると、結論は生徒から出るように、生徒に徐々にヒントを与えて次第に囲い込むような進め方に出会います。このようなことができるのは「何を教えるのか」が教師の中で明確になっているからなのです。

これまで紹介したさまざまな手法（ツール）は、指導内容をおさえた上で、授業者の自由度を高める目的があります。都市部で生活する生徒と地方部の生徒、北海道のように降雪深い地域の生徒と沖縄のように雪が積もらない地域の生徒など、地域性から生じる特質や教育環境に応じて、授業者は常にアイデアに富んだ授業を創造し続けることが大切です。

本章では、単元の構造図の作成手順、作成時に用いる発問や手法、集団の状況に応じた授業づくりのポイントなどを示しました。実際の実践の様子は第6章「楽しい体育理論にチャレンジ」に収録してあります。

実践例を参考に、読者オリジナルの単元の構造図を作成してみてください。きっと授業づくりの面白さに、引き込まれていくことでしょう。

第5章　体育理論の学習評価

＊新しい学習評価の考え方を知る
＊評価の観点に応じた設問の作り方を理解する
＊評価から評定への変換の考え方を理解する

（1）学習評価の考え方・進め方

①新しい学習評価の考え方

　新しい学習指導要領に対応した学習評価は、教育基本法等で示された「学力の要素」としての、①基礎的・基本的な知識及び技能、②思考力・判断力・表現力等、③学習意欲、を踏まえて整理されました。そして、各教科共通の評価の観点として「関心・意欲・態度」「思考・判断・表現」「技能」「知識・理解」が示されました。

　これまでの各観点は「関心・意欲・態度」「思考・判断」「技能、表現」「知識・理解」でしたので、「表現」が「技能」から「思考・判断」の枠組みに変更されることになりました。

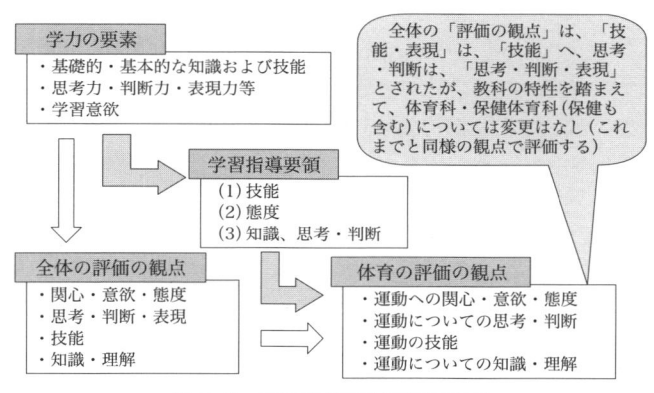

図 5-1　体育の分野と評価の観点

これは、言語活動の充実が求められているように、「説明する」といった言語活動の充実を検討した結果、「理解したことを考え表現する」という入力と出力を「思考・判断」の一体の要素として評価していこうとする教育基本法改正等の一連の流れによるものです。

　しかしながら、中央教育審議会（中教審）の報告「児童生徒の学習評価の在り方について」で示されているように、体育では、ダンス領域のように、「表現」は身体表現などの「動きとしてできる」ことを「技能」の一部に記載していることからも、体育の分野については、運動の技能の観点には、引き続き、身体表現を含めて評価することと整理されました。また「関心・意欲・態度」の観点には、公正、協力などの育成すべき態度があることも示されています（図5-1）。

　結果として、体育の分野については、全体の趣旨を踏まえつつも、観点別評価の４つの観点はこれまでと同様の観点で評価することになります。

＜児童生徒の学習評価の在り方について＞（答申）　※体育関連部分抜粋

・学習指導要領の体育、保健体育の指導内容として、例えば、ダンスにおいては「動きに変化を付けて即興的に表現したり」等が規定されている。このような場合の「表現」は体育、保健体育における技能を示すものであることから、現在「運動の技能」で評価しており、今後も「技能」の観点で評価することが適当である。

・教科によって、評価の対象に特性があることに留意する必要がある。例えば、体育・保健体育の運動に関する領域においては、公正や協力などを、育成すべき「態度」として学習指導要領に位置付けており、そのような指導内容に対応した学習評価が行われることとされている。　　　　　（下線部は筆者）

②知識に関する領域の評価規準の設定

　体育理論は、体育の分野に属する領域ですが、教えるべきことは保健分野と同様、「知識」の内容で構築されています（図5-2）。

　そのため、「運動への関心・意欲・態度（以後、「関心・意欲・態度」という）」や「運動についての思考・判断（以後、「思考・判断」という）」を評価するためには、「関心・意欲・態度」や「思考・判断」を促す指導をまず充実させる必要があります。工夫された授業では、習得的な学習と活用的な学習を組み合わせて、生徒の興味・関心を高めたり、思考力を育成したりしていることと考えられますが、その場面すべてに「指導したことを評価する」という考え方で評価規準を設定すると、中学校の1学年では「3時間×3観点」で9つの「学習活動に即した評価規準」が必要となります。

　しかし、学習活動に即した具体の評価規準を、毎時間3つの観点を設定した場合、10分程度の学習活動で正確に判断することは非常に煩雑であり、困難といえます。これでは、授業充実のための評価なのか、評価のための授業なのかがわからなくなってしまいます。そのため、「関心・意欲・態度」と「思考・判断」の「学習活動に即した具体の評価規準」は一つとしておき、3時間の中で評価機会を適切に設けて、効果的、効率的な学習評価の充実を図ろうとする工夫が考えられます。

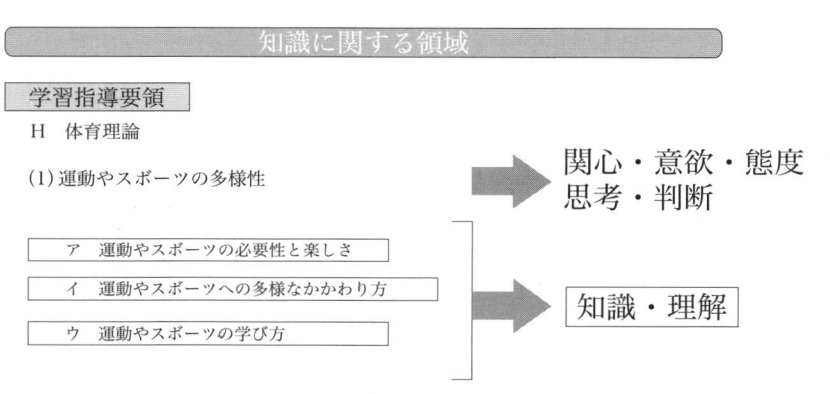

図5-2　体育理論の評価規準における観点別対応の考え方

表 5-1　体育理論の「評価規準の設定例」（中学校・第1学年および第2学年、第3学年）
（国立教育政策研究所（2010）「中学校評価規準作成のための参考」より抜粋）

	運動への関心・意欲・態度	運動についての思考・判断	運動の技能	運動についての知識・理解
中1①	・運動やスポーツが多様であることについて、(情報を集めたり、意見を交換したりするなどの)活動を通して、学習に積極的に取り組もうとしている。	・運動やスポーツが多様であることについて、出された意見や集めた情報を分析したり、整理したりしている。		・運動やスポーツの必要性と楽しさについて、言ったり書き出したりしている。 ・運動やスポーツへの多様なかかわり方について、言ったり書き出したりしている。 ・運動やスポーツの学び方について、言ったり書き出したりしている。
中2②	・運動やスポーツの意義や効果などについて、(情報を集めたり、意見を交換したりするなどの)活動を通して、学習に積極的に取り組もうとしている。	・運動やスポーツの意義や効果などについて、出された意見や集めた情報を分析したり、整理したりしている。		・運動やスポーツが心身に及ぼす効果について、言ったり書き出したりしている。 ・運動やスポーツが社会性の発達に及ぼす効果について、言ったり書き出したりしている。 ・安全な運動やスポーツの行い方について、言ったり書き出したりしている。
中3③	・文化としてのスポーツの意義について、(意見を交換したり、自分の考えを発表したりするなどの)活動を通して、学習に自主的に取り組もうとしている。	・文化としてのスポーツの意義について、必要な情報を比較したり、分析したりしてまとめた考えを説明している。		・現代社会におけるスポーツの文化的意義について、言ったり書き出したりしている。 ・国際的なスポーツ大会などが果たす文化的な意義や役割について、言ったり書き出したりしている。 ・人々を結び付けるスポーツの文化的な働きについて、言ったり書き出したりしている。

平成22年度に国立教育政策研究所から公表された「評価規準作成のための参考」(中学校)においても、体育理論では「関心・意欲・態度」と「思考・判断」については、大単元に対して設定されています(表5-1)。

そこで、本書においても、学習指導要領に示された内容の表記と国立教育政策研究所の参考事例を踏まえて、「知識・理解」については小単元ごとに定着を図ることを目的にそれぞれ評価規準を設定し、「関心・意欲・態度」と「思考・判断」については単元ごとに一つの評価規準を設定し、複数回の評価機会を通して学習評価を行うよう整理しています。

③評価方法の検討

評価規準は、この設定例(単元の評価規準に該当)を参考にして、学習活動に即した評価規準を作成し評価することになります。しかし、評価規準の作成手順と評価材料を集めるための評価方法は、主に次のように行われます。

ア. 評価規準の作成手順

保健体育科においては、体育分野(高校では科目体育)および保健分野(高校では科目保健)に分けられています。体育分野では「A　体つくり運動」「B　器械運動」「C　陸上運動」「D　水泳」「E　球技」「F　武道」「G　ダンス」「H　体育理論」という内容のまとまりごと、つまり大単元(体育理論は学年ごとをさす)ごとに分けられます。

評価規準の名称	国立教育政策研究所 参考例	学習指導要領
内容のまとまりごとの評価規準	評価規準に盛り込むべき事項	大単元(学年) 例：第1章
↓	↓	↓
単元の評価規準	評価規準の設定例	知識・理解 例：(ア)(イ)(ウ) 関心・意欲・態度 例：第1章 思考・判断 例：第1章
↓	↓	
学習活動に即した評価規準	例示なし (学校で設定)	

図5-3　評価規準の階層と名称

次に、評価の観点ごとに、「関心・意欲・態度」と「思考・判断」については大単元で1つ、「知識・理解」については小単元ごとに3つの規準が設定されます。それぞれについて、学習活動に即した評価規準と、各評価の観点における具体的な評価方法を検討します。

本書で用いた学習活動に即した評価規準はP.157〜158に一覧にしています。

イ．評価方法の検討

「関心・意欲・態度」を評価する方法としては、授業への参加意欲を観察評価する方法が主になります。一方、「知識・理解」「思考・判断」を評価する方法としては、ワークシートや学習ノート、テストが主となります。ワークシートや学習ノートにおける記載への取り組みを「関心・意欲・態度」を評価する際の補足的な材料として参考にする場合も考えられます（表5-2）。体育理論に配当される時間が3時間程度であることを考えると、テストを用いず評価を行うことも検討する必要があります。

なお、「思考・判断」を問うテスト問題を用いる場合は、「知識・理解」との差異を判断するのが難しい場合があります。そのため、後述のテスト問題作成の考え方や本書における授業実践事例を参考に検討するとよいでしょう。

表5-2 評価の観点と評価方法

評価の観点	評価方法
（運動への）関心・意欲・態度	○観察評価 △学習ノート等の記載状況
（運動についての）思考・判断	○ワークシートの記載内容 △テスト
（運動についての）知識・理解	○ワークシートの記載内容 △テスト

○は主となるもの、△は補足的なもの

表5-3 本事例で設定した「学習活動に即した評価規準」一覧

中学校	運動への関心・意欲・態度	運動についての思考・判断	運動についての知識・理解
第1学年	①運動やスポーツが多様であることについて、ワークシートをまとめたり、意見交換したりするなどの活動を通して、学習に積極的に取り組もうとしている。	①運動やスポーツが多様であることについて、出された意見や集めた情報を分析したり、整理したりしている。	①運動やスポーツは、体を動かしたり、健康を維持したりするなどの必要性や競技に応じた力を試すなどの楽しさから生みだされ発展してきたことについて、言ったり書き出したりしている。 ②運動やスポーツには、行うこと、見ること、支えることなどの多様なかかわり方があることについて、言ったり書き出したりしている。 ③運動やスポーツには、特有の技術や戦術があり、その学び方には一定の方法があることについて、言ったり書き出したりしている。
第2学年	①運動やスポーツの意義や効果などについて、指示されたワークシートへの記載や意見交換するなどの活動を通して、学習に積極的に取り組もうとしている。	①運動やスポーツの意義や効果などについて、出された意見や集めた情報を分析したり、整理したりしている。	①運動やスポーツは、身体の発達やその機能の維持、体力の向上などの効果や自信の獲得、ストレスの解消などの心理的効果が期待できることについて、言ったり書き出したりしている。 ②運動やスポーツは、ルールやマナーについて合意したり、適切な人間関係を築いたりするなどの社会性を高める効果が期待できることについて、言ったり書き出したりしている。 ③運動やスポーツを行う際は、その特性や目的、発達の段階や体調などを踏まえて運動を選ぶなど、健康・安全に留意する必要があることについて、言ったり書き出したりしている。
第3学年	①文化としてのスポーツの意義について、意見を交換したり、自分の意見を発表したりするなどの活動を通して、学習に自主的に取り組もうとしている。	①文化としてのスポーツの意義について、必要な情報を比較したり、分析したりして、まとめた考えを説明している。	①スポーツは文化的な生活を営み、よりよく生きていくために重要であることについて、言ったり書き出したりしている。 ②オリンピックや国際的なスポーツ大会などは、国際親善や世界平和に大きな役割を果たしていることについて、言ったり書き出したりしている。 ③スポーツは、民族や国、人種や性、障害の違いなどを超えて、人々を結びつけていることについて、言ったり書き出したりしている。

高等学校	運動への関心・意欲・態度	運動についての思考・判断	運動についての知識・理解
入学年次 (第1学年)	①スポーツの歴史、文化的特性や現代のスポーツの特徴について、意見を交換したり、自分の意見を発表したりするなどの活動を通して、学習に自主的に取り組もうとしている。	①スポーツの歴史、文化的特性や現代のスポーツの特性について、必要な情報を比較したり、分析したりして、まとめた考えを説明している。	①スポーツは、人類の歴史とともに始まり、その理念が時代に応じて変容してきていること、また、わが国から世界に普及し、発展しているスポーツがあることについて、言ったり書き出したりしている。 ②スポーツの技術や戦術、ルールは、用具や用品、施設の改良によって変わり続けていること、特に現代では、テレビやインターネットなどのメディアの発達などによっても影響を受けていることについて、言ったり書き出したりしている。

高等学校	運動への関心・意欲・態度	運動についての思考・判断	運動についての知識・理解
入学年次 (第1学年)	①スポーツの歴史、文化的特性や現代のスポーツの特徴について、意見を交換したり、自分の意見を発表したりするなどの活動を通して、学習に自主的に取り組もうとしている。	①スポーツの歴史、文化的特性や現代のスポーツの特性について、必要な情報を比較したり、分析したりして、まとめた考えを説明している。	③現代のスポーツは、国際親善や世界平和に大きな役割を果たしており、その代表的なものにオリンピックムーブメントがあること。また、ドーピングは、フェアプレイの精神に反するなど、能力の限界に挑戦するスポーツの文化的価値を失わせることについて、言ったり書き出したりしている。
			④現代のスポーツは、経済的な波及効果があり、スポーツ産業が経済の中で大きな影響を及ぼしていることについて、言ったり書き出したりしている。
その次の年次 (第2学年)	①運動やスポーツの効果的な学習の仕方について、意見交換やグループワークなどの活動を通して、学習に主体的に取り組もうとしている。	①運動やスポーツの効果的な学習の仕方について、集めた情報を分析したり、傾向や対策を推察したりして、まとめた考えを提案している。	①運動やスポーツの技術は、学習を通して技能として発揮されるようになること。また、技術の種類に応じた学習の仕方があることについて、言ったり書き出したりしている。
			②運動やスポーツの技能の上達過程にはいくつかの段階があり、その学習の段階に応じた練習方法や運動観察の方法、課題の設定方法などがあることについて、言ったり書き出したりしている。
			③運動やスポーツの技能と体力は、相互に関連していること。また、期待する成果に応じた技能や体力の高め方があることについて、言ったり書き出したりしている。
			④運動やスポーツを行う際は、気象条件の変化などさまざまな危険を予見し、回避することが求められることについて、言ったり書き出したりしている。
その次の年次以降 (第3学年)	①豊かなスポーツライフの設計の仕方について、自分の意見をまとめたり、発表したりする活動を通して、学習に主体的に取り組もうとしている。	①豊かなスポーツライフの設計の仕方について、集めた情報を分析したり、傾向や対策を推察したりして、まとめた考えを提案している。	①スポーツは、各ライフステージにおける身体的、心理的、社会的特徴に応じた楽しみ方があること。また、その楽しみ方は、個人のスポーツに対する欲求などによっても変化することについて、言ったり書き出したりしている。
			②生涯にわたってスポーツを継続するためには、自己に適した運動機会をもつこと、施設などを活用して活動の場をもつこと、ライフスタイルに応じたスポーツとのかかわり方を見付けることなどが必要であることについて、言ったり書き出したりしている。
			③スポーツの振興は、さまざまな施策や組織、人々の支援や参画によって支えられていることについて、書き出している。
			④スポーツを行う際は、スポーツが環境にもたらす影響を考慮し、持続可能な社会の実現に寄与する責任ある行動が求められることについて、書き出している

※中学校は平成22年11月に国立教育政策研究所が公表した事例を参考とした。高等学校は平成23年7月現在公表されていないため、中学校の事例を参考にして作成した。

(2) テスト問題の考え方と作り方

　ここでは「テスト問題の考え方と作り方」について述べていきますが、本書の執筆に際して、研究協力をお願いした先生方にあらかじめ、実際の授業実践とテスト等の評価方法についても検討していただいています。特に、ただ順位をつけるためだけの知識を測るだけのテストではなく、実用的で実際に活用できる知識としてどのように指導し、それを評価するのかという課題に挑戦していただいています。

　まず、具体的な作り方を述べる前に、「知識・理解」と「思考・判断」をどのようにとらえたらよいかを考えてみます。

　「知識・理解」は、具体的に指導で用いた詳細な具体知ではなく、主に中心となる概念等をとらえられているかであり、その正確性をその高まりととらえました（図5-4・左）。一方、「思考・判断」は、知識の活用と考えましたが、テスト問題の作成を小単元ごとに設定するのではなく、できる限り単元全体の知識の活用を求める問題を検討しました（図5-4・右）。ただし、内容のまとまりの具体の内容が多岐に及ぶため、3つの単元のいずれかを取り上げ、思考・判断を評価した事例もあります。「思考・判断」は、分析、分類、予測、評価など「問い」のかけ方によって、多様な能力の一面を測定することとなります。

　本書で掲載しているテスト問題の事例では、「知識・理解」の実現状況を測定するための問題と「思考・判断」の実現状況を測定するための問題を掲載しています。特に、「思考・判断」の問題は、自由記述や提案内容による

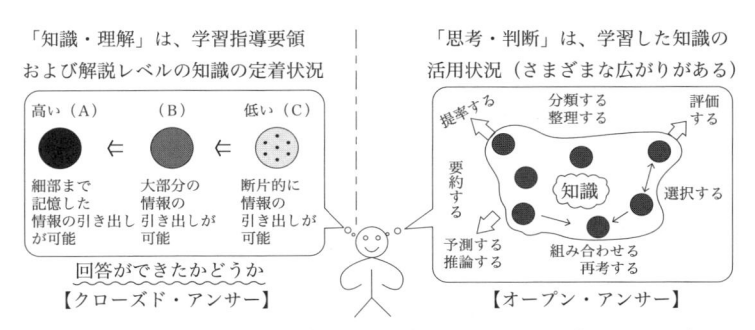

図5-4　知識・理解と思考・判断の高まりをとらえる際のイメージ

設問が多いので、評価マトリックス等を作成し、ABCの判定基準としています。

一言で言うと、「知識・理解」の問題は「クローズド・アンサー」となり、回答の特定が明確であり、「思考・判断」の問題は「オープン・アンサー」となり、多様な回答が想定される問題として検討したと考えてください。

① 「知識・理解」を問う問題作成のポイント

ア．本書での作成例とその解説

「知識、理解」を問う問題を作成する際には、指導すべき内容に立ち返って評価問題を確認することが大切といえます。

指導の過程では、さまざまな具体的な事例を生徒に伝えていると思います。

第4章の授業づくりでも述べたように、指導内容は学習指導要領および解説です。その具体化の過程で、教科書やさまざまな資料を作成し生徒にわかりやすく理解を求めていることと思います。

中学校第1学年の展開例 (p.176) を例に考えてみたいと思います。この1時間で取り上げる「○運動やスポーツの変容と発展」では、次の内容を理解させるための授業展開をしていくことになります。

> 運動やスポーツは、人々の生活と深くかかわりながら、いろいろな欲求や必要性を満たしつつ発展し、その時々の社会の変化とともに、そのとらえ方も変容してきたことを<u>理解できるようにする</u>。

そこで、とらえ方の変容を説明する際に、多くの教師は授業を始めるにあたって、授業に厚みをつけるため、まず、古代における狩猟や農作物の豊作を祝う踊りや民族的なスポーツや中世の貴族の遊び、イギリスにおける産業革命以降の学校スポーツ、競技ルールなどの世界的な統一が進んでいく段階でのスポーツ、あるいはメディアの発達がもたらすスポーツの変容など、さまざまな具体例を集めて、それらをエピソードとして取り上げようとします。

その時に陥りやすいミスとして、教師が授業を行うにあたって自ら勉強して身につけた知識を生徒が身につけるべき知識と混同してしまうことがあり

ます。教師が勉強して身に付けた知識の内容と生徒に身に付けさせたい知識の内容は分けておくことが大切です。1つのことを教えるためにその背景となるさまざまな関連知識をテスト問題として取上げてしまうと、学習指導要領および解説で示された単元で生徒に身に付けさせたい知識の内容と離れてしまう場合があるので、留意することが必要です。

この学習で中学生に求められる知識の内容とは、「社会の変化とともに、そのとらえ方も変容してきた」ということが理解できればよいということになるので、「イギリスではどのような時代背景でスポーツが盛んになったか？」や「メディアがもたらしたスポーツの変化を挙げなさい」といった問いに対して回答できたかどうかは、この段階では指導内容とずれているといえます。

くどいかもしれませんが、テスト作成に当たっても同様に、学習指導要領および解説を確認しておくことが大切です。

イ．問題作成の基本パターン

身に付けさせたい知識とは、大きく分けて「概念や理念などの考え方」の場合と「名称や方法、事象などの具体知」の場合の2つが考えられます。

体育理論で主に問いたい知識は、前者の「概念や理念などの考え方」が中心になります。

例えば、高等学校で示された指導内容では「ドーピングはスポーツの文化的価値を破壊する行為である」という概念であり、具体的なドーピングの仕方や種類ではありません。授業の中で、ステロイドなどの具体的薬物の名称や遺伝子ドーピングを話題とすることも想像できます。ですが、これはテストの対象にする知識の内容とはいえません。

問題作成にあたっては、話題にしたエピソードや具体例と指導すべき知識の内容が混在しないように作成後にもチェックをしましょう。

「本校生徒は優秀なので、難問を出さないと評価の差がつかない」というご意見があるかもしれません。しかし、あくまで、指導することは学習指導要領に示された内容であり、生徒を選別するためのテストではなく、教師が指導したことを身に付けているかを確認することが主眼なのです。言うまでもなく、テストは、教師がすべての生徒に体育的学力の獲得を保証できたか

を確認するためのものなのです。

　また、知識の問題を作成しているつもりが、思考・判断を求めてしまっている場合もあります。

　「なぜ、ドーピングはいけないと思いますか？」と発問した場合、自らの考えや学習以外の情報を含めて生徒は回答を考えるでしょう。尋ねた側はドーピング行為は「スポーツ文化を破壊する」という知識を求めていても、回答する側の生徒は問いをそのようにとらえていないというケースです。

　私自身は、知識を問う問題となっているかの確認は、クローズド・アンサーの(回答が一つとなる)問いとなっているかを手がかりにしています。

　以下に、本書で用いた知識・理解を問う問題のパターン(形式)を紹介します。

---

❶語彙群より適したキーワードを選ぶ形式

Q. ドーピングは不当に(①　　　)を得ようとする(②　　　)に反する不正な行為であり、(③　　　)に挑戦するスポーツの(④　　　)を失わせる行為であることを理解できるようにする。
【語群】ア　文化的価値　イ　フェアプレイの精神　ウ　勝利
　　　　エ　能力の限界

⇒　この形式の問題では、キーワードの抜き方が大切になります。最も認識させたいキーワードを抜いて生徒に答えさせるようにしましょう。抜き方を間違えると、国語のテストになりかねません。

---

❷(　　)に適したキーワードを回答させる形式

Q. 技術のうち、状況の変化の少ないところで発揮されるタイプの型を何といいますか。
　　　(　　①　　)型

⇒　この形式の問題では、回答がぶれないように正しく尋ねることが求められます。例えば、次の２つの問題文ではどちらがよりよいと思いますか。

> A サッカーの技術は何型ですか？
> B 技術には、オープンスキル型とクローズドスキル型に分類されますが、分類するとすればサッカーはどちらのタイプですか？

　正解は、両者ともよい問いとはいえないのですが、Aの場合、サッカーの技術にもクローズドスキルはありますので、クローズドスキル型の技術とオープンスキル型の技術があるという答えが出てくる可能性があります。一方、Bの場合、二者択一ですので回答はしやすいといえるでしょう。

　しかし、Bは、「思考・判断」で用いる「選ぶ」という思考とも取れるような問題文なのです。Aの方がヒントがない状況から回答を探すためレベルは高いといえます。それに対して、Bではキーワードを先に示してしまっています。この条件では、正しい知識を選ぶだけとなりますので、思考・判断と分類しない方が適切といえます。例えば、「選んだ理由を述べてください。」などのような追加の問いが「思考・判断」となると考えられます。

❸例題の正誤を選ぶ形式

> Q. 運動の技能と体力について説明したもののうち、正しいものに○を間違っているものに×を付けなさい。
> ① 体力が高いほど記録がよくなるので、技能との関連はない。　（　）
> ② 技能が高いと体力が高い人よりよい結果となるので関連はない。（　）
> ③ 体力が高まると自然と体力も高くなるので関連している。　（　）
> ④ 技能と体力は相互に関連している。　　　　　　　　　　　（　）

⇒　この問題形式の場合、正誤がはっきりしますが、単に○×を回答する場合は理由がなく、たまたま正解したという偶然性が出てしまいます。○×で正誤を見極めた理由を回答させることで思考・判断の過程も合わせて記述させたり、間違いの箇所を抜き出し、正しい用語を回答させたりするなどの工夫も考えられます。

②「思考・判断」を問う問題作成のポイント

「思考・判断」は、学習した知識を活用して、考えを広げたり、広げた考えを整理したり、批判的に検討して修正をしたり、新たなアイデアや自分なりの考え方を導き出したりする能力と考えました（第4章を参照）。

その学習を通して育てた力をテスト形式で測定する問題となります。

想定される問いには、以下のようなものがあります。

>　①自らの考えを、根拠を示して簡潔にまとめる
>　②学習した知識を活用して、表現する
>　　例えば「スポーツ環境アジェンダ（宣言）」を作成する
>　③データから、傾向を読み取る
>　④学習したことから将来予測を立てる

また、「知識・理解」と「思考・判断」の両面を測定する問題というのも考えられます。実際の小テストでは、「知識・理解」と「思考・判断」と完全に分けるのではなく、複合的に問う形式も有効です。

想定される問いには、以下のようなものがあります。

>　①語群から適した言葉を選び（知識・理解）、その選んだ理由を説明する（思考・判断）
>　②仲間に根拠となる知識を伝えて（知識・理解）、適切にアドバイスをする（思考・判断）

③評価規準の設定と観点別学習状況の総括の仕方

ア．各観点の評価の仕方

各観点においてどのように評価をするかについては、平成22年度に国立教育政策研究所から公表された「評価規準作成のための参考」において、まとめられています（p.154 表1を参照）。

そのため、ここでは、各観点での評価の仕方について、その手順を中学校第1学年を例に、〈評価規準の構造〉を再度確認しながら、〈評価の方法〉と〈評価のタイミング〉について、紹介します。

■1 「運動についての関心・意欲・態度」

評価規準の設定例としては、次のように記されています。

	運動への関心・意欲・態度
中1	・運動やスポーツが多様であることについて、（情報を集めたり、意見を交換したりするなどの）活動を通して、学習に積極的に取り組もうとしている。

〈評価規準の構造〉
　①　学習内容(大単元)　について、②　実際の学習活動(○○)　を通して、学習に③　積極的　に取り組もうとしている。
　　＊③：学習指導要領の表記から、中1・2では積極的、中3・高1では自主的、高2・3では主体的となると考えられます。

〈評価方法〉
　①観察の視点(意見交換、ディスカッション)
　②学習ノートの評価の視点(補助資料)
　　＊記載内容ではなく、書きとめようとする意欲。

〈評価のタイミング〉
　1時間目〜3時間の実際の活動場面

　体育の分野では、中学校、高等学校を見通した体系化の中で、「態度」の高まりを、〈積極的→自主的→主体的〉と2年間ごとに表記しています。
　これは、生涯にわたって自ら継続する態度を養うことをめざした体育の分野の目標を受けているからです。
　具体的なイメージとしては、〈積極的〉…「課題学習や意見交換の場面やノート記載について、指示を守って、指示に従って」という行動や記載の様子、〈自主的〉…「指示を待たず、指示がなくても」、〈主体的〉…「助言や支援がなくても自ら進んで」という行動を求めています。
　また、十分満足と判断される状況(A)は、これらの様子が複数回の観察においても、学習ノート等への取り組みにおいても「常に」見られる場合に(A)と判断することがよいでしょう。

2 「運動についての思考・判断」

評価規準の設定例としては、次のように記されています。

	運動についての思考・判断
中1	・運動やスポーツが多様であることについて、出された意見や集めた情報を分析したり、整理したりしている。

〈評価規準の構造〉
　①学習内容(大単元)について、②実際の思考・判断の活動(○○)を(通して)
　③(思考・判断)○○したり、○○したりしている。

〈評価方法〉
　①学習ノートの記載状況
　②確認テスト

〈評価のタイミング〉
　①学習プリント、ワークシート等への記載内容
　②観察・・・思考・判断の場面での発言(補助資料)

　「思考・判断」の評価は、P.159の図5-4で示したように、「思考・判断」のさまざまな姿があると考えられます。
　教師の問いがあいまいになると、生徒の回答も多岐におよぶことになり、判断が難しくなります。そのため、どのような思考力、判断力を育成し、評価するのかを明確にすることが大切です。
　評価規準では、学習活動を通して、思考力や判断力を育成しますが、その際の「思考・判断」の姿は、〈選ぶ、見つける、まとめる、指摘する、分析する、整理する、当てはめる〉などの動詞が実践で用いられてきたと思いますが、今回の改訂の趣旨から、〈説明する〉なども「思考・判断」の一つの姿ととらえていくことになると言えます。

3 「運動についての知識・理解」

評価規準の設定例としては、次のように記されています。

	運動についての知識・理解
中1	・運動やスポーツの必要性と楽しさについて(理解したことを)、言ったり書き出したりしている。 ・運動やスポーツへの多様なかかわり方について(理解したことを)、言ったり書き出したりしている。 ・運動やスポーツの学び方について(理解したことを)、言ったり書き出したりしている。

〈評価規準の構造〉
① 学習内容(小単元) について(理解したことを)、②言ったり書き出したりしている。
　＊②：概念や法則の場合の語尾は、(理解したことを)言ったり書き出したりしている。具体例や名称、事象の場合の語尾は、(理解した)具体例を挙げている。

これらのように整理されていますが、体育理論では具体知を理解の対象としていないので、すべての章で「言ったり書き出したりしている」と整理されています。

〈評価方法〉
　①学習プリントの記載状況
　②確認テスト

〈評価のタイミング〉
　各時間終了後、単元テスト

「知識・理解」の〈言ったり、書き出したりしている〉という表現は、記述のみでなく、問いに対して発言するなどの学習を充実させて評価をしようという思いが込められています。ただし、共通の評価材料は、〈書き出す〉という評価材料が中心になります。すべての生徒に口頭試験を実施することは不可能なので、あくまで加点的要素と考えればよいでしょう。

イ．観点別学習状況の総括の例
１ 評価から評定への変換の考え方
　観点別評価による学習状況を総括的に評定として示す場合は、次のルールがあります。

　　十分満足と判断される状況（A）……………………4、もしくは5
　　おおむね満足と判断される状況（B）………………3
　　努力を要すると判断される状況（C）………………2、もしくは1

（教育課程審議会［2000］「児童生徒の学習と教育課程の実施状況の評価の在り方について」［答申］より）

　平成22年5月に文部科学省から示された「小学校、中学校、高等学校及び特別支援学校等における児童生徒の学習評価及び指導要録の改善等について（通知）」において、中学校の「指導要録の参考様式」では、観点別学習状況と評定を記載する例が示されています。多くの教育委員会でこの様式が採用されることを考えると、「評価」から「評定」への総括の仕方を説明できるようにしておく必要があります。

２ 評定への具体例
　例えば、Aは4と5になるので、観点がAAAの場合、4か5のどちらでも評定が可能です。生徒からするとAAAで評定4はなぜだと思うので、4か5のいずれかになるケースがあることを説明しておく必要があります。例えば、①「AAAは5、AABは4など」、②「観点別評価の段階で4に変換するAと5に変換するA°として区別している」などです。
　学校現場では、依然として「教務内規」等によって、10段階や100点法への変換がなされているケースがありますが、体育理論のみで考えますと、細分化するための情報が少なすぎるように思います。体育の分野全体の合算の際に、各領域にウエイトを掛け、事前に決められた割合で変換するなどの方法によって可能とはなりますが、表計算ソフトなどの作成に多大な労力がかかることと引き替えになりますので、できる限りシンプルな合算方式を考えた方がよいと考えています。
　次の例は、あらかじめAとA°を区別しておき、評定化している例です。

〈体育理論の総括例〉

観点別学習状況　　　　　A° A　B　C　C△
評定に向けた数値化　　　5　4　3　2　1

	関心・意欲・態度	思考・判断	知識・理解		
			ア	イ	ウ
観点別学習状況	A	B	A	A	B
評定への変換	4	3	4	4	3
			3.67		
総括	(4.0 + 3.0 + 3.67)÷3 = 3.56	評定　4			

「関心・意欲・態度」では、判断の基準が難しいともいわれます。本章では、Aの姿を「常に」という表現で表しています。A°はどうするのだといわれそうですが、Aの中の特に優れた生徒を教師は観察評価によって適切に見極める力がありますので、Aの生徒のうち「特に優れた生徒」のようにあらかじめルールを決めておくなどの方法も現実的といえるでしょう。

3 観点別学習状況の総括の活用

　評定は、進路情報としても活用されるため観点別評価以上に着目されやすいですが、観点別評価の総括の分布割合の分析などは、授業改善に向けてもとても大切な評価情報になります（表5-4）。

　観点別学習状況の総括の際、このケースでは次の2つの視点で分析を検討しました。1つは、評価規準の妥当性・信頼性は担保されているか、もう1つはABCの分布の要因はなにか、というものです。これらの視点から、次の授業に向けた改善の視点はどこかを明確にするねらいがあります。

・「評価規準の妥当性・信頼性はどうか」という視点

　まず、評価規準が保健体育科の先生方の間で共有され、教師間の極端な分布の違いが出ていないか確認します。教員間の評価が、極端に差が出る場合は、評価規準の妥当性（目標に照らし合わせて妥当かどうか）や信頼性（共通のものさしとなっているか）などの視点で話し合いをしてもらいます。

　教師の経験の違いや授業手法の違いによっても差が生じますので、原因が明らかな場合は、授業改善に生かすようにします。

総括からＡおよびＣの評価を極端に多く付ける教師がいる場合などは、評価規準の共通性が保たれているかを検討します。
　評価規準そのものの妥当性、信頼性は確保されているものの、それを見る教員間にずれが生じている場合です。信頼性の確保のために、手間はかかりますが、ビデオや相互の授業観察をして、ＡＢＣの判断基準の共有性を確認するとよいでしょう。

・「ＡＢＣの分布の要因はなにか」という視点
次の総括表を見て、あなたならどのような分析をしますか？

	関心・意欲・態度	思考・判断	運動の技能	知識・理解
(A)	22%	15%		30%
(B)	70%	65%		58%
(C)	8%	20%		12%

　この表から感じる点は、おおむね妥当な評価がなされているという印象です。その上で、次のような点が気になります。
　＊「思考・判断」のＡの割合がやや少なく、Ｃの割合が他の観点に比べてやや多い。
　　⇒「思考・判断」を育成する方法に課題はないか？
　　⇒また、評価規準の設定が高すぎないか？
　＊「知識・理解」はＡの割合がやや多い。
　　⇒「知識」の理解が高かった成果はどのような要因で生まれたのか？
　　⇒次の学習や他の学習にも生かせないか？
　＊Ｃと判断した生徒に対しての形成的な評価と手だてをどの程度したのか
　　⇒すべての生徒をＢ以上とするために指導者側はベストを尽くしたか？
　　⇒Ｃの生徒をＢにするために、次回どのような工夫が考えられるか？

　このような分析を通して、教員間で話し合う機会をもち、生徒によりよい授業を提供するために、授業改善を進めるということも学習評価の大切なポイントです。

表5-4 単元ごとの生徒の学習の実現状況の総括

教科名：保健体育　　単元(題材)名：体育理論 「運動やスポーツの意義や効果」　　学年：中学校第2学年　　生徒数：40人

本単元に該当する学習指導要領の内容	本単元(題材)の評価規準	実現の状況	本単元(題材)における各観点ごとの考察・備考	本単元(題材)全体の考察・備考
(2)運動やスポーツの意義や効果などについて理解できるようにする。 ア 運動やスポーツは、身体の発達やその機能の維持、体力の向上などの効果や自信の獲得、ストレスの解消などの心理的効果が期待できること。 イ 運動やスポーツは、適切な人間関係を築いたり、ルールやマナーについて合意したり、社会性を高める効果が期待できること。 ウ 運動やスポーツを行う際は、その特性や目的、発達の段階や体調などを踏まえて運動を選ぶなど、健康・安全に留意する必要があること。	【運動への関心・意欲・態度】 ① 運動やスポーツの意義や効果などについて、指示されたワークシートの記載や意見交換などの活動を通して、学習に積極的に取り組もうとしている。	A (22 % / 9人) B (70 % / 28人) C (8 % / 3人)	発問に対しての意見交換の様子、ワークシートへの記載状況や取り組みの様子、グループでの発言等を評価材料とした。手だてを要する生徒には、巡回指導や追加の発問等を実施したり、積極的な取り組みが見られない生徒に対して更なる指導の充実を同時に図ることも考えられる。	本単元は、運動やスポーツの意義や効果などについて理解できるようにすることをねらいとし、「関心・意欲・態度」および「思考・判断」、「知識・理解」について、単元全体(3時間)を通して評価場面を複数設定し、評価機会の充実を図った。 【関心・意欲・態度】の育成および評価については、産学の中でも積極的な学習が充実できるよう意見交換の機会などを意図的に設けたことで、授業への意欲的な取り組みが多くの生徒の中から見られた。グループの作業などでやや指示待ちになったり、活動に取り組む態度が十分でない生徒もいたので、こうした生徒への支援を充実する必要がある。 【思考・判断】については、課題の指示を明確にしたり、分析等のしやすい教材を示したりすることで、3つの内容の中でも教材の工夫が行いやすいところで、単元開始時の復習機会を示した状況につながったと考えている。手だてを必要とする生徒に対して更なる対策を講じていきたい。 【知識・理解】については、指導した3つの内容について、定着度が高い状況にあるが、88%の生徒が十分な満足と判断される状況になっている。手だてを必要とする生徒に対して更なる対策を講じていきたい。
	【運動についての思考・判断】 ② 運動やスポーツの意義や効果などについて、出された意見や集まった情報を分析したり、整理したりしている。	A (15 % / 6人) B (65 % / 26人) C (20 % / 8人)	分析したり、整理したりすることなどについては、3時間の授業の中で実施し、そのうちの3時間目に設定したワークシートおよび評価問題により判断した。おおむね満足の状況を高めるよう思考力・判断力を活用する機会を設けることができ、次年度に向けて教材の充実を図ることが考えられる。	
	【運動についての知識・理解】 ① 運動やスポーツは、身体の発達やその機能の維持、体力の向上などの効果や自信の獲得、ストレスの解消などの心理的効果が期待できることについて、言ったり書き出したりしている。 ② 運動やスポーツは、適切な人間関係を築いたり、ルールやマナーについて合意したり、社会性を高める効果が期待できることについて、言ったり書き出したりしている。 ③ 運動やスポーツを行う際は、その特性や目的、発達の段階や体調などを踏まえて運動を選ぶなど、健康・安全に留意する必要があることについて、言ったり書き出したりしている。	A (30 % / 12人) B (58 % / 23人) C (12 % / 5人)	知識・理解については、3つの内容に特に、(イ)については、ルールやマナーの合意が社会性を高めることへの具体例の説明が十分でなかったと感じる。次年度は社会性を高めることへの理解を深めるグループワークなどを通して、ワークシートを評価材料として、毎時間の振り返りを一部の生徒を状況に知識の定着が十分でなく、単元終了時の復習機会の充実を図りたい。	

★資料

授業づくりに役立つ URL

(2013 年 7 月 1 日現在)

- 文部科学省＿新学習指導要領に基づく中学校・高等学校向け「体育理論」リーフレット
  http://www.mext.go.jp/a_menu/sports/jyujitsu/1306082.htm
- 国立教育政策研究所＿評価規準の作成、評価方法等の工夫改善のための参考資料(中学校、高等学校)
  http://www.nier.go.jp/kaihatsu/shidousiryou.html
- 文部省＿保健体育審議会(1997/09 答申等)＿生涯にわたる心身の健康の保持増進のための今後の健康に関する教育及びスポーツの振興の在り方について
  http://www.mext.go.jp/b_menu/shingi/old_chukyo/old_hoken_index/toushin/1314691.htm
- 食事バランスガイド　　　http://www.mhlw.go.jp/bunya/kenkou/eiyou-syokuji.html
- 健康づくりのための運動指針2006　　http://www.mhlw.go.jp/bunya/kenkou/undou01/pdf/data.pdf
- 学校安全 Web　　http://www.jpnsport.go.jp/anzen/
- 日本体育協会＿熱中症を防ごう　　http://www.japan-sports.or.jp/medicine/tabid/523/Default.aspx
- 環境省＿熱中症予防情報サイト　　http://www.wbgt.env.go.jp
- 総務省消防庁＿防災・危機管理eカレッジ　　http://www.e-college.fdma.go.jp/
- スポーツ振興法　　http://www.houko.com/00/01/S36/141.HTM
- 文部科学省＿スポーツ振興基本計画　　http://www.mext.go.jp/a_menu/sports/plan/06031014.htm
- スポーツ立国戦略　　http://www.mext.go.jp/a_menu/sports/rikkoku/1297182.htm
- スポーツ基本法　　http://www.mext.go.jp/a_menu/sports/kihonhou/index.htm
- 日本オリンピック委員会(JOC)　　http://www.joc.or.jp
- ユースオリンピック競技大会　　http://www.joc.or.jp/games/youth_olympic/
- 日本パラリンピック委員会＿日本障害者スポーツ協会　　http://www.jsad.or.jp/
- 日本アンチ・ドーピング機構(JADA)　　http://www.playtruejapan.org/
- アンチ・ドーピングのE-ラーニングプログラム　　http://jada.realwinner.org/LoginPage.aspx
- 国立スポーツ科学センター(JISS)　　http://www.jpnsport.go.jp/jiss/
- 味の素ナショナルトレーニングセンター(NTC)　　http://www.jpnsport.go.jp/ntc/
- 日本体育協会　　http://www.japan-sports.or.jp/
- 日本スポーツ振興センター(JAPAN SPORT COUNCIL)　　http://www.jpnsport.go.jp/
- 日本レクリエーション協会　　http://www.recreation.or.jp/
- 日本体育協会＿総合型地域スポーツクラブ　　http://www.japan-sports.or.jp/sc/tabid/67/Default.aspx
- NPO法人日本スポーツボランティア・アソシエーション　　http://www.nsva.or.jp/
- 日本サッカー協会＿リスペクトプロジェクト　　http://www.jfa.or.jp/respect/index.html
- スポーツ界における暴力行為根絶宣言　　http://www.joc.or.jp/news/detail.html?id=2947
- アスナビ＿トップアスリートの就職支援ナビゲーション　　http://www.joc.or.jp/about/athnavi/
- 日本ユニセフ協会＿ユニセフ FIFA キャンペーン　　http://www.unicef.co.jp/campaign/pr/fifa2006/index.html
- 日本オリンピック委員会＿スポーツと環境　　http://www.joc.or.jp/eco/
- 野球用品＿バットの森づくり実践(アオダモ資源育成の会)　　http://www.aodamo.net/

ここで紹介しているものを含め、より多くのサイト(URL)や本書で用いている単元構造図の作成ツール(Excel形式、PDF形式)を小社ホームページにて提供します。

小社ホームページ(図左)にて、本書の書名を入力・検索していただき、本書の「書籍の詳細」ページ(図右)にあるリンクボタンからご活用ください。

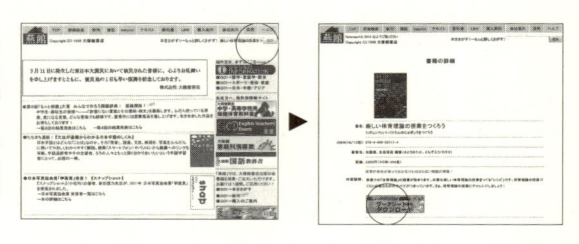

第6章　楽しい授業にチャレンジ

＊授業のイメージを具体的に理解する
＊学習内容における中学校・高校のつながりを知る
＊実際に実践された体育理論の単元構造図を読み解く

（1）授業案に入る前に

　本章では、中学校・高校の授業実践を元にまとめた単元構造図や各授業で用いられた学習資料の工夫例、「知識・理解」と「思考・判断」の評価問題の例などを掲載しています。各授業案に入る前に、各単元・小単元における「学習内容の概要」や授業で用いた「発問レベル」（第4章を参照）を下表にまとめましたので、ご参照ください。

中学校

中1			学習の概要	時間数	発問レベル
1　運動やスポーツの多様性	ア	運動やスポーツの必要性と楽しさ	●様々な運動・スポーツ種目を挙げる　●楽しさのタイプで分類・発表する（ワークシート）●社会の変化と運動・スポーツのとらえ方の変化を資料から学ぶ	1	レベル1 レベル2 レベル3
	イ	運動やスポーツへの多様な関わり方	●運動・スポーツのかかわり方を挙げ、運動・スポーツに関する写真を参考にしながら、「する」「見る」「支える」を導き出し、分類する（ワークシート・付箋の活用）	1	レベル1 レベル2 レベル3
	ウ	運動やスポーツの学び方	●バレーボールの図を見て、技術・戦術などの名称とその内容を学ぶ（資料・ワークシート）　●運動やスポーツの技術や表現の仕方を学習する方法を考え、まとめる	1	レベル1 レベル2 レベル3
中2			学習の概要	時間数	発問レベル
2　運動やスポーツが心身の発達に与える効果と安全	ア	運動やスポーツが心身に及ぼす効果	●運動の効果を考える（グループ意見交換・発表）　●体への効果と心への効果に分類する（グループ作業）	1	レベル1 レベル2 レベル3

			学習の概要	時間数	発問レベル
2 運動やスポーツが心身の発達に与える効果と安全		イ 運動やスポーツが社会性の発達に及ぼす効果	●個人プレー中心のチームとチームプレー中心のチームの違いを考える　●楽しくスポーツをするために必要な条件・工夫を考える　●培われた社会性を日常生活のどのような場面で活かせるかを考える（ワークシート）	1	レベル1 レベル2 レベル3 レベル5
		ウ 安全な運動やスポーツの行い方	●運動やスポーツに関する事故の経験と原因を挙げる　●事故の状況説明文を読み、原因・対処・防止策について考える（2人組）　●安全にスポーツを行うための重要事項をまとめる（ワークシート）	1	レベル1 レベル3 レベル4 レベル5

中3			学習の概要	時間数	発問レベル
3 文化としてのスポーツの意義		ア 現代生活におけるスポーツの文化的意義	●スポーツの目的を挙げる　●目的を「健やかな心身」「豊かな交流」「自己開発」の3つで分類する（ワークシート）　●自分のスポーツを豊かにするための「スポーツ未来図」を作成する（ワークシート）	1	レベル1 レベル2 レベル3 レベル5
		イ 国際的なスポーツ大会などが果たす文化的な意義や役割	●国際的なスポーツ大会の映像を視聴して、その魅力を考える　●魅力を3つのグループに分類し、タイトルをつけ、発表する　●国際的なスポーツ大会の役割をまとめる（ワークシート）	1	レベル1 レベル2 レベル3
		ウ 人々を結びつけるスポーツの文化的な働き	●言葉の通じない国の中学生と、どのようにすればスポーツを一緒に楽しめるかを考える　●オリンピック・パラリンピックの映像を視聴し「スポーツは〇〇の違いを超えて」の〇〇に入る言葉を考える（ワークシート）	1	レベル1 レベル2 レベル3 レベル5

高等学校

高1			学習の概要	時間数	発問レベル
1 スポーツの歴史、文化的特性や現代のスポーツの特徴		ア スポーツの歴史的発展と変容	●スポーツの発祥・発展について考える（ワークシート）　●現代のスポーツを主な特性や魅力で分類する（グループディスカッション）　●日本発祥のスポーツを挙げる（ワークシート）	1	レベル1 レベル2 レベル3
		イ スポーツの技術、戦術、ルールの変化	●スポーツが変化した例を挙げる（グループディスカッション）　●変化の要因を考える　●用具・用品の改良やメディアの発達がスポーツに与える影響をまとめる	1	レベル1 レベル2 レベル3 レベル4
		ウ オリンピックムーブメントとドーピング	●オリンピック総集編の視聴から印象をまとめる　●JOCやIOCの資料からオリンピズム・オリンピックムーブメントについて考える（ワークシート）　●新聞記事を参考にしてドーピングがなぜいけないのかを考える　●ドーピングが行われる理由・背景を予想し、防止法を考える（グループディスカッション）	2	レベル1 レベル4 レベル5
		エ スポーツの経済的効果とスポーツ産業	●スポーツを中心にして、職業相関図をつくる　●スポーツに関する3つのキーワードからスポーツに関する産業を整理する（ワークシート）　●スポーツイベントを例に経済効果をまとめる（ワークシート）	2	レベル1 レベル2 レベル3 レベル4 レベル5

高2			学習の概要	時間数	発問レベル
2 運動やスポーツの効果的な学習の仕方	ア	運動やスポーツの技術と技能	●スポーツの分類方法（オープンスキルとクローズドスキル）について考える（ワークシート）●オープンスキル型とクローズドスキル型のスポーツ種目を選び、練習メニューを立てる（ワークシート）	1	レベル1 レベル4 レベル5
	イ	運動やスポーツの技能の上達過程	●上達の段階（試行錯誤・意識的な調節・自動化）について考える ●運動の上達具合に関係する練習曲線を描く ●上達の段階ごとに練習方法を考える ●スポーツの技術の特徴・目的に即した練習方法を考える（ワークシート）	2	レベル1 レベル2 レベル3 レベル5
	ウ	運動やスポーツの技能と体力の関係	●運動やスポーツでできなかったことができるようになった例と要因を挙げる ●スポーツ種目ごとに、特に必要とされる体力要素を整理する（ワークシート）	1	レベル1 レベル2 レベル3
	エ	運動やスポーツの活動時の健康・安全の確保の仕方	●今までに経験した運動によるけがや疾病を挙げる ●急性と慢性とに分類する（ワークシート）●予防法や対処法を検討する（意見交換・ワークシート）●自然にかかわるスポーツ事故の記事を読んで特徴をまとめる ●様々な場面でのスポーツ活動の危険性について考える（ワークシート）	2	レベル1 レベル3 レベル4 レベル5

高3			学習の概要	時間数	発問レベル
3 豊かなスポーツライフの設計の仕方	ア	各ライフステージにおけるスポーツの楽しみ方	●各年代の心身、社会環境の特徴からライフステージでスポーツの行い方や楽しみ方が変化する理由をまとめる（ワークシート）●スポーツライフモデルからスポーツの関わり方のきっかけ・要因を検討する（ワークシート・ディスカッション・発表）	2	レベル1 レベル3 レベル4 レベル5
	イ	ライフスタイルに応じたスポーツとのかかわり方	●事例を読んで、スポーツライフ実現に必要な要因を考える ●自分がスポーツアドバイザーだったらどんなアドバイスをするかを考える（ワークシート）	1	レベル1 レベル3 レベル5
	ウ	スポーツ振興のための施策と諸条件	●国民のスポーツ活動を支援するものを挙げる（ワークシート）●実際に支援している機関・団体を調べ、発表する（インターネット調べ学習・グループ内発表・ワークシート）	1	レベル1 レベル3
	エ	スポーツと環境	●スポーツが環境に及ぼす影響を「施設開発」「大会開催」の面から考える ●環境面からスポーツに賛成か、反対か、考える（ディベート、ワークシート）●豊かなスポーツライフの実現に向けて、スポーツアジェンダ（宣言）を書く	2	レベル1 レベル2 レベル4 レベル5

(2) 中学校の授業にチャレンジしよう

①中学校1年＜運動やスポーツの多様性＞
ア．単元構造図

			中学校　1年次　　H　体育理論		
① 単元名					
② 指導内容の概要	③ 学習指導要領の内容		④ 学習指導要領解説の記載内容	⑥ 具体の指導項目	⑦ 発問や学習活動のイメージ
(1)運動やスポーツが多様であることを理解できるようにする。	(1)ア	ア 運動やスポーツは、体を動かしたり、健康を維持したりするなどの必要性や競技に応じた力を試すなどの楽しさから生みだされ発展してきたこと。	運動やスポーツは、体を動かしたり、健康を維持したりする必要性や、競技に応じた力を試したり、自然と親しんだり、仲間と交流したり、感情を表現したりするなどの多様な楽しさから生み出されてきたことを理解できるようにする。 運動やスポーツは、人々の生活と深くかかわりながら、いろいろな欲求や必要性を満たしつつ発展し、その時々の社会の変化とともに、そのとらえ方も変容してきたことを理解できるようにする。 また、我が国のスポーツ振興法などにおけるスポーツの理念を踏まえながら、スポーツが、競技だけでなく、体つくり運動、ダンスや野外活動などの身体運動などを含めて、広い意味で用いられていることについても触れるようにする。	○運動やスポーツの必要性と楽しさ ○運動やスポーツの変容と発展 △スポーツの概念	発問① あなたの周りではどんな人がどんな運動・スポーツを行っているか？また、何のためにやっているか？ 板書① 運動・スポーツは何から生み出されてきたか 発問② 自分の知っているスポーツ種目を挙げてみよう。 活動①(グループワーク) 発問③ スポーツ種目を楽しさのタイプで分けてみよう。～タイプを発表。 板書② 多様な楽しさ 資料説明　社会の変化と人々の運動やスポーツとのかかわり (触れる) 広い意味でのスポーツのとらえ方(スポーツ振興法) 板書③本時のまとめ　運動やスポーツのとらえ方
	(1)イ	イ 運動やスポーツには、行うこと、見ること、支えることなどの多様なかかわり方があること。	運動やスポーツには、直接「行うこと」、テレビなどのメディアや競技場での観戦を通して、これらを「見ること」、また、地域のスポーツクラブで指導したり、ボランティアとして大会の運営や障がい者の支援を行ったりするなどの「支えること」など、多様なかかわり方があることを理解できるようにする。 また、運動やスポーツの歴史・記録などを書物やインターネットなどを通して調べるかかわり方があることについても触れるようにする。	○する、見る、支えるスポーツ △調べるスポーツ	発問① 運動・スポーツには具体的にどのようなかかわり方があるか？ 活動①(グループワーク) 発問② ワークシートの写真を参考にしながらグループで意見交換し、発問①の内容をカードに書き、分類してみよう。～発表。 板書① ⇒ ワークシート記入(本時のまとめ)「する」見る」「支える」 (触れる) 「調べること」
	(1)ウ	ウ 運動やスポーツには、特有の技術や戦術があり、その学び方には一定の方法があること。	運動やスポーツには、その領域や種目に応じた特有の技術や作戦、戦術、表現の仕方があり、特に運動やスポーツの課題を解決するための合理的な体の動かし方などを技術といい、競技などの対戦相手との競争において、戦術は技術を選択する際の方針であり、作戦は試合を行う際の方針であることを理解できるようにする。 また、技術や戦術、表現の仕方などを学ぶにはよい動きを見付けること、合理的な練習の目標や計画を立てること、実行した技術や戦術、表現がうまくできたかを確認することなどの方法があることを理解できるようにする。 その際、運動やスポーツにおける技術や戦術、表現の仕方を学習する必要性を一層理解できるよう、それらが長い時間をかけて多くの人々によって、その領域や種目に特有のものとして作られてきたことについても触れるようにする。	○作戦、戦術、表現の仕方があること ○技術、戦術の定義 ○運動やスポーツの学び方 △技術や戦術などのつくられ方	発問① 図を見て、それぞれの動きを何というか？また、それらはどんな場面で使われるか？ 発問② レシーブやサーブなど、そのスポーツに求められる合理的な体の動かし方を漢字2文字でなんというか？ 板書① 「技術」の内容 発問③ フォーメーションなど、技術を選択する際の方針を総称してなんというか？ 板書② 「戦術」の仕方 発問④ 球技大会で、相手チームに勝つために考えた方法は？ 板書③ 「作戦」の内容 活動②(意見交換) 発問⑤ 運動やスポーツの技術や表現の仕方を学習する方法にはどのようなものがあるか？(体育の授業や行事、部活動などの経験をもとに考えてみよう) 板書④ 学習の仕方 (触れる) 技術・戦術等が長い時間をかけて作られてきたこと 中学1年生のまとめ 小テスト(評価問題)
⑤内容の取扱い		・「H体育理論」は、各学年において、すべての生徒に履修させるとともに、「指導計画の作成と内容の取扱い」に、授業時数を各学年で3単位時間以上を配当することとしているので、この点を十分考慮して指導計画を作成する必要がある。 ・第1学年においては、(1)運動やスポーツの多様性を取り上げることとする。			

第6章 楽しい授業にチャレンジ　177

単元	時間	⑧ 単元の構想（授業計画の想定）				⑨ 評価規準・評価機会の想定		
		関心・意欲・態度	思考・判断	知識・理解	教材	関心・意欲・態度	思考・判断	知識・理解
1	0〜50	発問① あなたの周りではどんな人がどんな運動・スポーツを行っている人か？ また、何のためにやっているのか？（レベル1） 発問② 自分の知っているスポーツ種目を挙げてみよう。（レベル2） 活動①（グループワーク） 発問③ スポーツ種目を楽しさのタイプで分けてみよう。〜タイプを発表。（レベル3）		板書① 運動・スポーツは何から生み出されてきたか ・体力・健康 ⇒必要性 ・競技・自然・交流・表現 ⇒多様な楽しみ 板書② 多様な楽しさ 記録に挑戦、相手との競争、自然に親しむ、仲間との交流、感情表現 資料説明 社会の変化と人々の運動やスポーツとのかかわり （触れる）広い意味でのスポーツのとらえ方 板書③本時のまとめ 運動やスポーツのとらえ方 ⇒ 社会の変化とともに変容 人々の欲求・必要の充足	ワークシート 付箋 資料（社会の変化とスポーツとの関わり） 発表用記録用紙	①−1 運動やスポーツが多様であることについて、ワークシートをまとめたり、意見交換したりするなどの活動を通して、学習に積極的に取り組もうとしている。（活動の取り組みの様子）		①運動やスポーツは、体を動かしたり、健康を維持したりするなどの必要性や競技に応じた力を試すなどの楽しさから生み出され発展してきたことについて、言ったり書き出したりしている。（ワークシート）
2	0〜50	発問① 運動・スポーツには具体的にどのようなかかわり方があるか？（レベル2） 活動①（グループワーク） 発問② ワークシートの写真を参考にしながらグループで意見交換し、発問①の内容をカードに書き、分類してみよう。〜発表。（レベル3）		【前時の確認】運動やスポーツの必要性と楽しさ（レベル1） 資料（さまざまなスポーツのかかわりの写真） 板書 ⇒ ワークシート記入（本時のまとめ）「する」「見る」「支える」の説明 （触れる）⇒「調べること」⇒ 運動やスポーツの歴史や記録を書物やインターネットなどで調べるかかわり方があること。	ワークシート（分類表） カード 発表用記録用紙		①運動やスポーツが多様であることについて、出された意見や集めた情報を分析したり、整理したりしている。（グループワーク、ワークシート）	②運動やスポーツには、行うこと、見ること、支えることなどの多様なかかわり方があることについて、言ったり書き出したりしている。（ワークシート）
3	0〜50	発問① 図を見て、それぞれの動きを何というか？また、それらはどんな場面で使われるか？（レベル2） 発問② レシーブやサーブなど、そのスポーツに求められる合理的な体の動かし方を漢字2文字でなんというか？（レベル1） 発問③ フォーメーションなど、技術を選択する際の方針を総称してなんというか？（レベル1） 発問④ 球技大会で、相手チームに勝つために考えた方法は？（レベル1） 活動①（意見交換） 発問⑤ 運動やスポーツの技術や表現の仕方を学習する方法には、どのようなものがあるか？（レベル3）	思考・判断の評価問題	【前時の確認】スポーツの多様な楽しみ方 板書① 「技術」：スポーツの課題を解決するための合理的な体の動かし方 板書② 「戦術」：技術を選択する際の方針 板書③ 「作戦」：試合を行う際の方針 板書④ 学習の仕方 よい動きを見つける ⇒ 目標・計画を立てる ⇒ 実践する ⇒ 確認する （触れる）技術・戦術等が長い時間をかけて作られてきたこと 中学1年生のまとめ 知識・理解の評価問題	ワークシート（技術・戦術） テスト問題	①−2（発問への回答の様子）		③運動やスポーツには、特有の技術や戦術があり、その学び方には一定の方法があることについて、言ったり書き出したりしている。（ワークシート）
						①−3（ワークシートへの取組状況）	評価機会 テストによる確認	

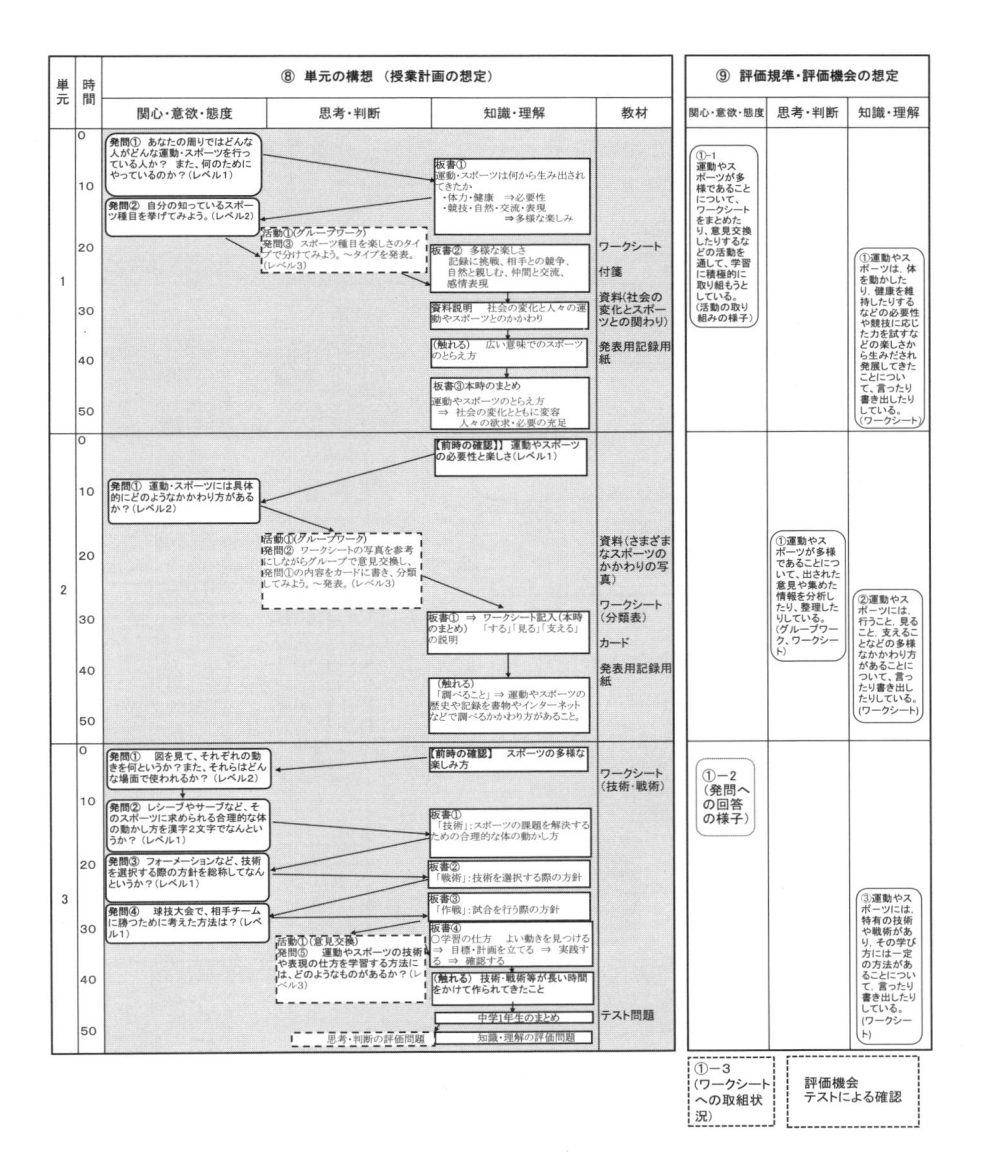

イ．各単元の学習の流れ

1時間目　単元名：「ア 運動やスポーツの必要性と楽しさ」

1 本時の進め方

　　生徒が初めて出会う体育の座学の授業なので、期待と不安があると思います。本単元では、理論をもっと学びたい、理論の授業は面白いといった感想が出るように授業を考えましょう。本時では同時にスポーツはなぜ多くの人々を熱中させるのか、それぞれのスポーツ文化の特徴を大まかに捉えられるようにして実技への取り組みにつなげていきましょう。

2 本時の構想（授業の流れ）

ア 運動やスポーツの必要性と楽しさ	イ 運動やスポーツへの多様な関わり方	ウ 運動やスポーツの学び方

時	キーワード	関心・意欲・態度	思考・判断	知識・理解
0	○運動やスポーツの必要性と楽しさ		発問① あなたの周りではどんな人がどんな運動・スポーツを行っているか？また、何のためにやっているか？（レベル1）	［指導の実際］身近なスポーツ活動の場面をイメージさせ、必要性や多様な楽しさがあることに気づかせました。
10				板書① 運動・スポーツは何から生み出されてきたか ・体力・健康　⇒必要性 ・競技・自然・交流・表現 　　　　⇒多様な楽しみ
			発問② 自分の知っているスポーツ種目を挙げてみよう。（レベル2）	
20			活動①（グループワーク） 発問③ スポーツ種目を楽しさのタイプで分けてみよう。～タイプを発表。（レベル3）	板書② 多様な楽しさ 　記録に挑戦（　種目） 　相手との競争（　種目） 　自然と親しむ（　種目） 　仲間と交流（　種目） 　感情表現（　種目）
30	○運動やスポーツの変容と発展	［指導の実際］体育領域をイメージさせ、キャンプやダンスなども引き出しました。		資料説明 社会の変化と人々の運動やスポーツとのかかわり
40				（触れる） 広い意味でのスポーツのとらえ方（スポーツ振興法）
50	△スポーツの概念		［指導の実際］資料を参照させて問答をしながら、スポーツのとらえ方の変化を理解させました。	板書③　本時のまとめ 　運動やスポーツのとらえ方 　　⇒社会の変化とともに変容 　　　人々の欲求・必要の充足

※ 発問と思考・判断のレベルの確認表
　レベル1　情報の確認、要約　　　　　　　レベル4　情報の再考、推察、組合せ
　レベル2　情報の解釈、拡散的思考　　　　レベル5　結論、評価、提案
　レベル3　情報の絞り込み、条件選択

3 学習資料（ワークシート等）の工夫

発問①　あなたの周りで、運動やスポーツを行っている人を思い浮かべよう。
（1）どんな人が、どんな運動やスポーツを行っていますか？

こんな人が	こんな運動やスポーツを行っている
・年配の人	・ジョギングやウオーキング
・大学生くらいの人	・プールでウオーキングや泳いでいる
・小学生	・公園の周りを速いスピードで走っている

（2）その人たちは、何のために運動やスポーツを行っていると思いますか？

健康　体力をつける　ダイエット　みんなで楽しむ　うまくなる　好きだから
体力を保つため　趣味　大会へ向けて　記録更新をめざして

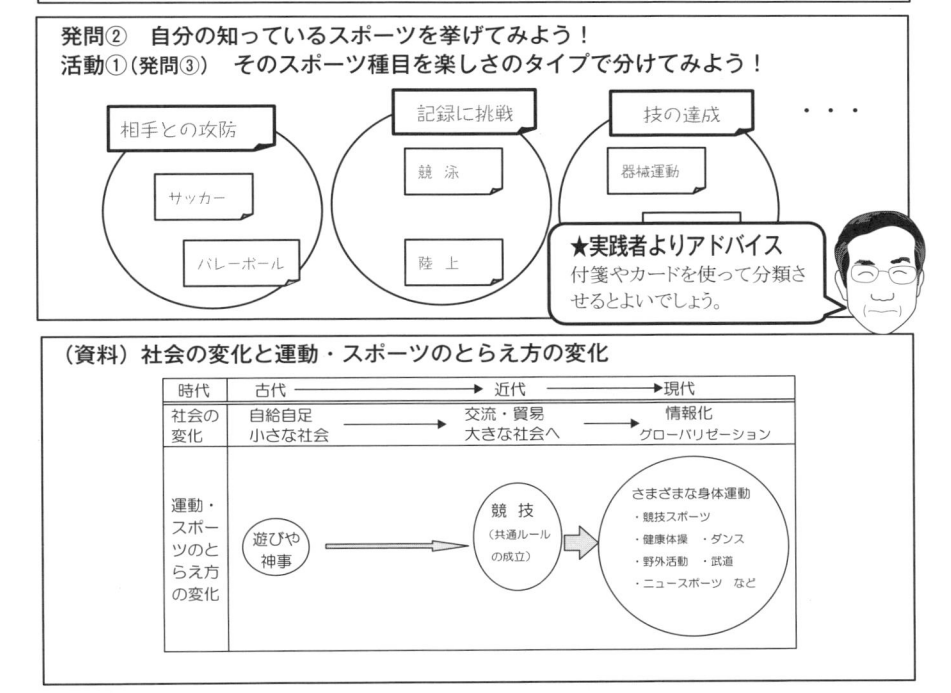

発問②　自分の知っているスポーツを挙げてみよう！
活動①（発問③）　そのスポーツ種目を楽しさのタイプで分けてみよう！

- 相手との攻防：サッカー、バレーボール
- 記録に挑戦：競泳、陸上
- 技の達成：器械運動
- ・・・

★実践者よりアドバイス
付箋やカードを使って分類させるとよいでしょう。

（資料）社会の変化と運動・スポーツのとらえ方の変化

時代	古代	近代	現代
社会の変化	自給自足　小さな社会	交流・貿易　大きな社会へ	情報化　グローバリゼーション
運動・スポーツのとらえ方の変化	遊びや神事	競技（共通ルールの成立）	さまざまな身体運動　・競技スポーツ　・健康体操　・ダンス　・野外活動　・武道　・ニュースポーツ　など

4 まとめ

　人には、健康になりたい、気分を晴れやかにしたい、何かに熱中したいと思うことがあります。スポーツはそうした本能的欲求を満たす機会として生まれましたが、社会の様々な変化の中で、スポーツがもたらす社会的な意義や文化的な意義も注目されるようになっています。実際の実技の授業では、それぞれの持つ特性や魅力を味わえるようがんばりましょう。

2時間目　単元名：「イ　運動やスポーツへの多様な関わり方」

1 本時の進め方

　これまで、「行う」（する）という視点でスポーツに接してきた生徒に「見る」「支える」という多様な楽しみ方があることをどのように伝えるかがポイントになります。これまでの経験やさまざまな事例を通して、「行う」「見る」「支える」というキーワードがとらえられるように授業を検討してください。

2 本時の構想（授業の流れ）

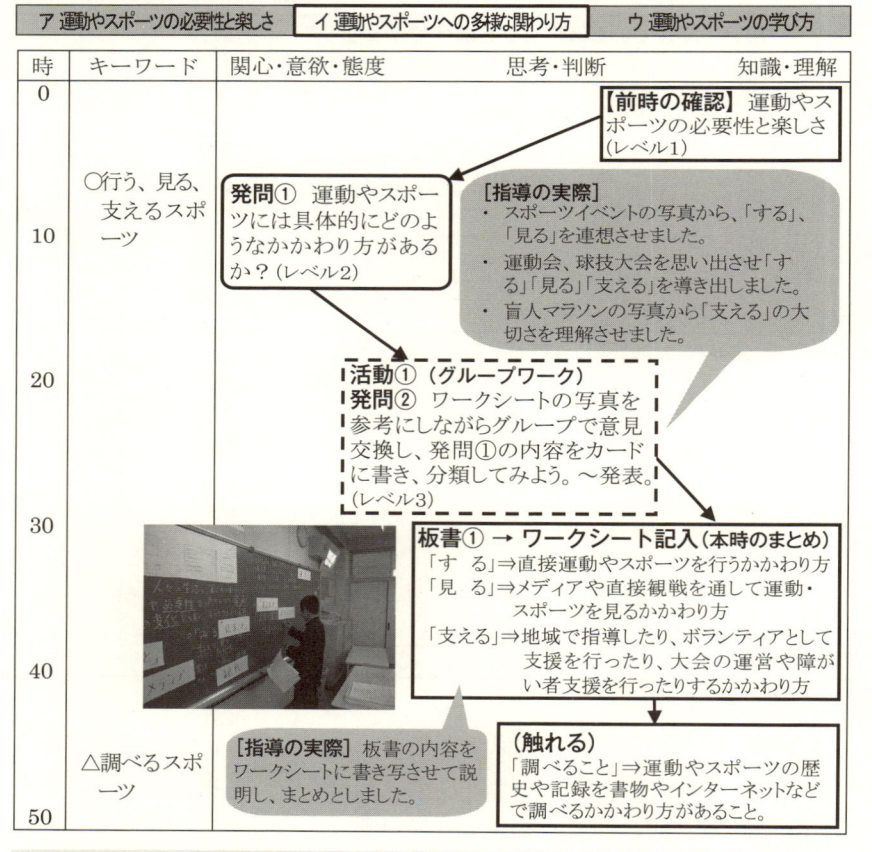

ア 運動やスポーツの必要性と楽しさ	イ 運動やスポーツへの多様な関わり方	ウ 運動やスポーツの学び方

時	キーワード	関心・意欲・態度	思考・判断	知識・理解
0				【前時の確認】運動やスポーツの必要性と楽しさ（レベル1）
10	○行う、見る、支えるスポーツ	発問①　運動やスポーツには具体的にどのようなかかわり方があるか？（レベル2）		[指導の実際] ・スポーツイベントの写真から、「する」、「見る」を連想させました。 ・運動会、球技大会を思い出させ「する」「見る」「支える」を導き出しました。 ・盲人マラソンの写真から「支える」の大切さを理解させました。
20			活動①（グループワーク） 発問②　ワークシートの写真を参考にしながらグループで意見交換し、発問①の内容をカードに書き、分類してみよう。〜発表。（レベル3）	
30				板書①→ワークシート記入（本時のまとめ） 「する」⇒直接運動やスポーツを行うかかわり方 「見る」⇒メディアや直接観戦を通して運動・スポーツを見るかかわり方 「支える」⇒地域で指導したり、ボランティアとして支援を行ったり、大会の運営や障がい者支援を行ったりするかかわり方
40				
50	△調べるスポーツ		[指導の実際] 板書の内容をワークシートに書き写させて説明し、まとめとしました。	(触れる) 「調べること」⇒運動やスポーツの歴史や記録を書物やインターネットなどで調べるかかわり方があること。

※　発問と思考・判断のレベルの確認表
　　レベル1　情報の確認、要約
　　レベル2　情報の解釈、拡散的思考
　　レベル3　情報の絞り込み、条件選択
　　レベル4　情報の再考、推察、組合せ
　　レベル5　結論、評価、提案

3 学習資料（ワークシート等）の工夫

発問① 運動やスポーツには具体的にどのようなかかわり方があるか？
　　　　（身近なところから考えてみよう）

行う		見る		支える	
支える		支える		行う	
見る		（調べる）見る		行う	

活動①発問②　上の写真を参考にしながら、発問①の内容をカードに書き、分類してみよう。

★実践者よりアドバイス
学習カードを作成し、生徒が自由に書けるようなスペースを作成するとよいです。

- スポーツイベントをスタジアムで観戦
- バスケットボール部で活動
- テレビのスポーツ中継を観戦
- スポーツ教室で指導する

＜　す　る　＞　　＜　見　る　＞　　＜　支　え　る　＞

グループで話し合いながら分類する、ラベルは後から付けて、「する」「見る」「支える」に気づかせるようにする。

| 直接運動やスポーツを行うかかわり方 | メディアや直接観戦を通して運動・スポーツを見るかかわり方 | 地域で指導したり、ボランティアとして支援を行ったり、大会の運営や障害者支援を行ったりするかかわり方 |

4 まとめ

　スポーツは「行う」だけでなく、「見る」楽しみ方や「支える」楽しみ方があることが実感できたかな？　運動やスポーツをさまざまな視点で楽しめるように、これから取り組んでいこう。

3時間目　単元名：「ウ 運動やスポーツの学び方」

1 本時の進め方

本時では、技術や戦術などの定義に触れます。高等学校で改めて体系的に学習するので、ここでは技術、戦術、作戦などの意味を理解し、実技の学習につながるこれらの学び方を理解できるようにします。実技の中でフィードバックするとさらに理解が進むと思います。

2 本時の構想（授業の流れ）

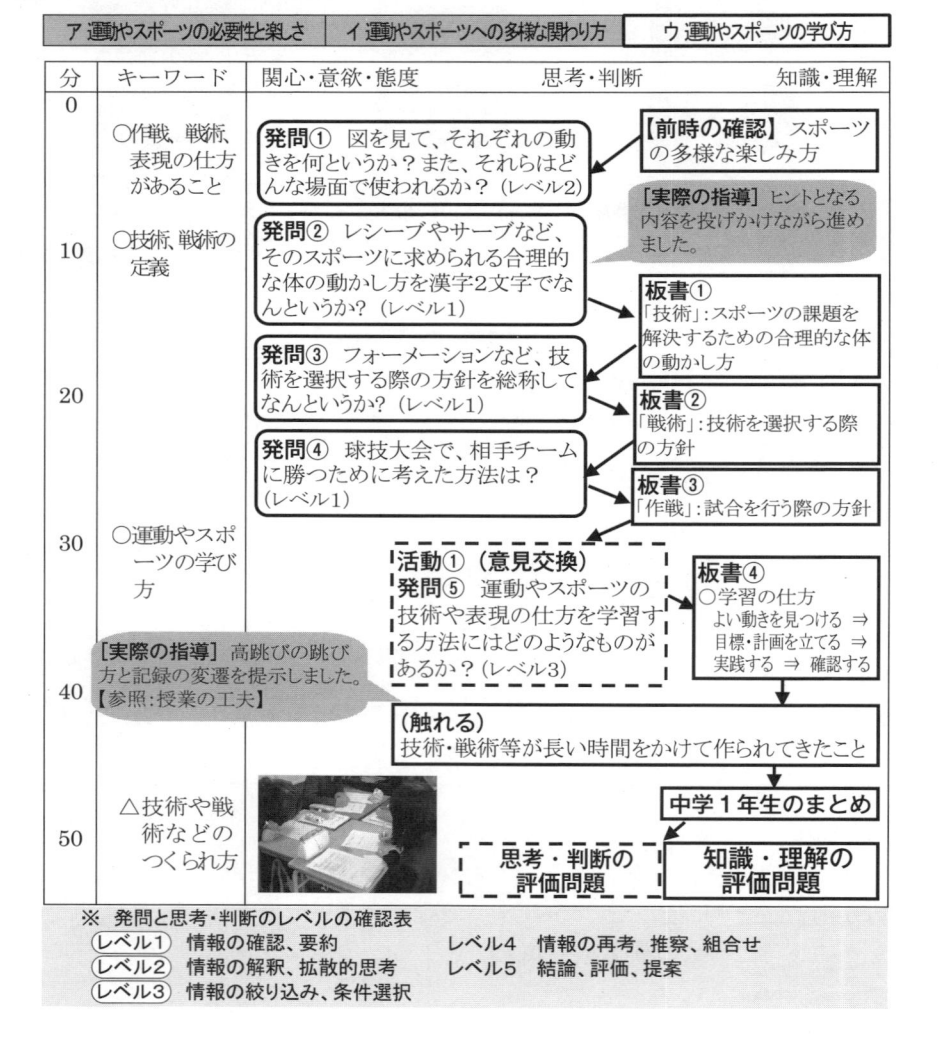

ア 運動やスポーツの必要性と楽しさ	イ 運動やスポーツへの多様な関わり方	ウ 運動やスポーツの学び方

分	キーワード	関心・意欲・態度	思考・判断	知識・理解
0				
	○作戦、戦術、表現の仕方があること	発問① 図を見て、それぞれの動きを何というか？また、それらはどんな場面で使われるか？（レベル2）		【前時の確認】スポーツの多様な楽しみ方
				［実際の指導］ヒントとなる内容を投げかけながら進めました。
10	○技術、戦術の定義	発問② レシーブやサーブなど、そのスポーツに求められる合理的な体の動かし方を漢字2文字でなんというか？（レベル1）		
				板書①「技術」：スポーツの課題を解決するための合理的な体の動かし方
20		発問③ フォーメーションなど、技術を選択する際の方針を総称してなんというか？（レベル1）		板書②「戦術」：技術を選択する際の方針
		発問④ 球技大会で、相手チームに勝つために考えた方法は？（レベル1）		板書③「作戦」：試合を行う際の方針
30	○運動やスポーツの学び方	活動①（意見交換）発問⑤ 運動やスポーツの技術や表現の仕方を学習する方法にはどのようなものがあるか？（レベル3）		板書④ ○学習の仕方 よい動きを見つける ⇒ 目標・計画を立てる ⇒ 実践する ⇒ 確認する
40	［実際の指導］高跳びの跳び方と記録の変遷を提示しました。【参照：授業の工夫】			
		（触れる）技術・戦術等が長い時間をかけて作られてきたこと		
50	△技術や戦術などのつくられ方		思考・判断の評価問題	中学1年生のまとめ／知識・理解の評価問題

※ 発問と思考・判断のレベルの確認表
- レベル1　情報の確認、要約
- レベル2　情報の解釈、拡散的思考
- レベル3　情報の絞り込み、条件選択
- レベル4　情報の再考、推察、組合せ
- レベル5　結論、評価、提案

3 学習資料（ワークシート等）の工夫

発問① 図を見て、A～Dを何というか。また、どんな場面に使われるか。

バレーボール Ⓐレシーブ	Ⓑサーブ	Ⓒボールの返し方	Ⓓフォーメーション

	何というか	どんな場面に使われるか
A	パス、レシーブ	レシーブ（アンダー、オーバー）、トスの行い方、行う際の体の動かし方
B	サーブ	サーブ（アンダー、サイド、オーバー）のボールの打ち方
C	ボールの返し方	得点を取るために相手コートに、フェイントとして手前に小さく返すか、スパイクで速く返すか、山なりでコートエンドに返すかのためのボールの返し方の選択
D	フォーメーション	攻・守に適したチームでの位置取り。仲間と連携した位置取り。

発問② ABを総称して： 技 術

（説明）運動やスポーツの課題を解決するための合理的な体の動かし方など

発問③ CDを総称して： 戦 術

（説明）競技など対戦相手との競争において、戦術は技術を選択する際の方針

> **コラム** ダンスに戦術・作戦はあるか？
> ダンスは競うことを目的としているわけではないので戦術・作戦はないので、一般的に戦術・作戦はありません。ただし、止まる、回る、跳ねる、飛ぶ、指先の使い方など様々な技術の組み合わせや、テーマに合わせた個や集団の動き、緩急、強弱の付け方、作品に仕上げる際の構成の仕方などが、戦術・作戦とみることもできます。

発問④ 今度の球技大会で、相手チームに勝つために考えた方法は？

・相手の弱いところを攻めるように確認した。
・サーブをコートの後ろ半分に集めた。
・お互いに声をかけあい、お見合いを減らした。

★実践者よりアドバイス
実技で行ったことと関連させると、理解が深まります。

→上記を総称して： 作 戦

（説明） 試合を行う際の方針

活動①（発問⑤） 運動やスポーツの技術や表現の仕方を学習する方法にはどのようなものがあるか？ 体育の授業や行事、部活動などの経験をもとに考えてみよう。

よい動きを見つける → 目標・計画を立てる → 実践後に確認する

4 まとめ

　技術や戦術、表現の仕方の定義について整理できたかな？ また、運動やスポーツの学び方について実際の授業で役立てていこうね。

ウ．評価問題例
＜知識・理解の設問例＞

1. 下の説明文の（ ）の中に適語を語群から選び記号で答えてください。
   ○運動やスポーツは、体を動かしたり、（ ① ）を維持したりするなどの（ ② ）や、（ ③ ）に応じた力を試したり、（ ④ ）と親しんだり、仲間と（ ⑤ ）したり、感情を（ ⑥ ）したりするなどの多様な楽しさから生みだされてきた。
   ○運動やスポーツは、人々の（ ⑦ ）と深くかかわりながら、いろいろな（ ⑧ ）や（②）を満たしつつ発展し、その時々の（ ⑨ ）の変化とともに、そのとらえかたも（ ⑩ ）してきた。

語群	ア．必要性	イ．生活	ウ．交流	エ．競技	オ．表現
	カ．変容	キ．健康	ク．社会	ケ．欲求	コ．自然

2. 次の①〜③で整理される運動やスポーツのかかわり方とは、具体的にどのようなことですか。

①する	
②見る	
③支える	

3. 次の①〜③を何といいますか。いずれも漢字2文字で答えてください。
   ①運動やスポーツの課題を解決するための合理的な体の動かし方
   ②競技などの対戦相手との競争において、上記①を選択する際の方針
   ③試合を行う際の方針

①	②	③

＜思考・判断の設問例＞

4. 運動やスポーツには色々な楽しみ方やかかわり方があることを学びました。より豊かな生活をつくりあげるため、あなたは運動やスポーツにどのようなかかわりができるか、考えてみましょう。

第6章 楽しい授業にチャレンジ

<知識・理解の解答例>

1.

①	キ	②	ア	③	エ	④	コ	⑤	ウ
⑥	オ	⑦	イ	⑧	ケ	⑨	ク	⑩	カ

2.

①する	実際にスポーツをする。
②見る	テレビやインターネットなどのメディアを通したり、実際に観戦したりして見る。
③支える	スポーツの指導、スポーツイベントの運営や審判、障害者スポーツの介助　等

3.

①	技術	②	戦術	③	作戦

<思考・判断の解答例>

評価マトリックス（評価の視点と判断の目安）

キーワード ＼ 分析の視点	○正しい知識を把握している ○判断、結論、提案等が読み取れる		
	上記の視点で記載	いずれかの視点	記載が不十分
「する」「見る」「支える」すべての視点において、自分の生活に当てはめている。	A○	A	B
上記のうち、2つの視点において、自分の生活に当てはめている。	A	B	C
上記のうち、1つの視点において、自分の生活に当てはめている。	B	C	C△

4．（A○の例）

> 私は部活動でバスケットボールに所属していますが、これからはバスケットボールはもちろん、それ以外のスポーツにも積極的にチャレンジしていきたい。（する）また、トッププレイヤーの試合を新聞やテレビだけでなく、実際に観戦してその魅力を感じたい。（見る）そして、部活動ではこれから後輩ができるので、自分が行うだけでなく、後輩達に私が経験してきたバスケットボールの楽しさを伝えたり、部の運営に積極的に協力したりしたい。（支える）

エ．授業工夫のための資料
○中1-ア　配付資料（パワーポイント）例

スライド1：運動やスポーツは「どうして生まれたのだろう？」

スライド2：
- 体を動かしたり、健康を維持したりする必要性
- 技に応じた力を試したり
- 自然と親しんだり
- 感情を表現したり
- 多様な楽しさから生みだされてきたんだ
- ……

スライド3：
スポーツは、もともと人間が持っている闘争本能を「偽の戦い」で晴らすために生まれたもの
　社会の中で闘争本能を開放させると、暴力ばかりで大変な事になるから

○中1-ア　板書（ワークシート）例

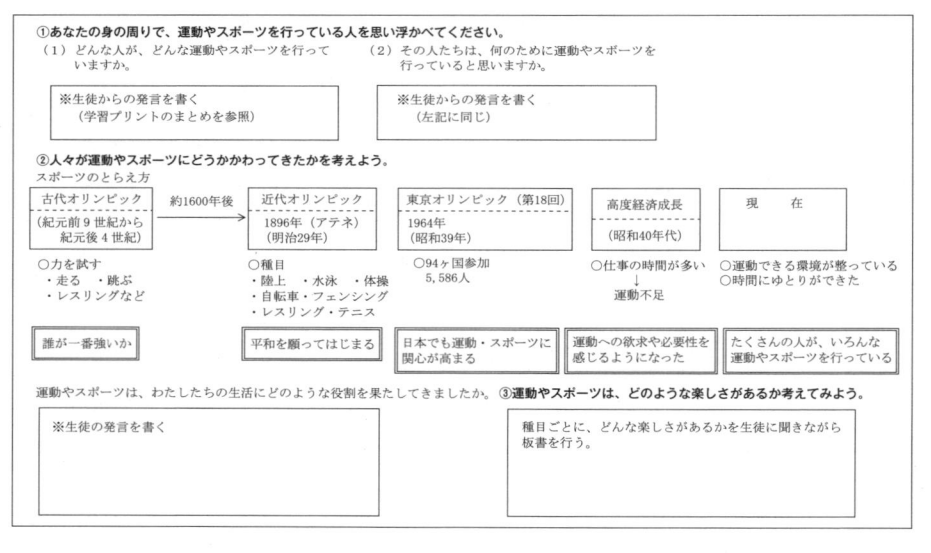

① あなたの身の周りで、運動やスポーツを行っている人を思い浮かべてください。
（1）どんな人が、どんな運動やスポーツを行っていますか。
※生徒からの発言を書く（学習プリントのまとめを参照）

（2）その人たちは、何のために運動やスポーツを行っていると思いますか。
※生徒からの発言を書く（左記に同じ）

② 人々が運動やスポーツにどうかかわってきたかを考えよう。
スポーツのとらえ方

古代オリンピック（紀元前9世紀から紀元後4世紀）	約1600年後	近代オリンピック 1896年（アテネ）（明治29年）	東京オリンピック（第18回）1964年（昭和39年）	高度経済成長（昭和40年代）	現　在
○力を試す・走る・跳ぶ・レスリングなど		○種目・陸上・水泳・体操・自転車・フェンシング・レスリング・テニス	○94ヶ国参加 5,586人	○仕事の時間が多い　↓　運動不足	○運動できる環境が整っている ○時間にゆとりができた
誰が一番強いか		平和を願ってはじまる	日本でも運動・スポーツに関心が高まる	運動への欲求や必要性を感じるようになった	たくさんの人が、いろんな運動やスポーツを行っている

運動やスポーツは、わたしたちの生活にどのような役割を果たしてきましたか。
※生徒の発言を書く

③ 運動やスポーツは、どのような楽しさがあるか考えてみよう。
種目ごとに、どんな楽しさがあるかを生徒に聞きながら板書を行う。

○中1-ア　配付資料（パワーポイント）例

スライド1：運動・スポーツの技術の進化について触れよう？

スライド2：走高跳の技術進化の写真資料

○中1-ウ　走り高跳びの記録の変遷と跳び方との関係

日本記録の変遷

記録	伸び	樹立年	跳び方	（世界では…）
1m45		1911年	正面跳び （イースタンカットオフ）	1900年パリ五輪優勝 バクスター　1m90
	24cm	〈10年〉	正面跳び	
1m69		1921年		
	27cm	〈9年〉	ウエスタンロール	1924年パリ五輪優勝 1m98（五輪新） オスボーン
1m96		1930年		
	6cm	〈10年〉		
2m02		1940年		
	5cm	〈20年〉		
2m07		1960年	ベリーロール	1964年東京五輪 2m18 ブルメル
	11cm		背面跳び	
2m18		1970年		1968年メキシコオリン ピック　2m24（五輪新） フォスベリー（初めて 背面跳びをした人物）
	8cm			
2m26 片峰隆		1981年		
	4cm	〈3年〉		
2m30		1984年		
	3cm	〈22年〉		世界記録 　2m45　　1993年 ソトマイヨル
2m33		2006年		

オ．授業を終えた実践者からのアドバイス

○1・3時間目実践者：佐藤正男先生からのアドバイス

理解させたい内容や語句は、キーワードとしてカードで提示することで楽しく授業を進めることができます。

○2時間目実践者：佐藤豊先生からのアドバイス

授業で取り上げる内容が多すぎると生徒たちが理解できずに混乱してしまいました。できるだけ内容を絞り考えさせることがポイントだと思います。

②中学校2年＜運動やスポーツの意義や効果＞
ア．単元構造図

① 単元名			中学校 2年次　H 体育理論		
② 指導内容の概要	③ 学習指導要領の内容	④ 学習指導要領解説の記載内容	⑥ 具体の指導項目	⑦ 発問や学習活動のイメージ	
(2)運動やスポーツの意義や効果などについて理解できるようにする。	(2)ア	ア 運動やスポーツは，身体の発達やその機能の維持，体力の向上などの効果や自信の獲得，ストレスの解消などの心理的効果が期待できること。	運動やスポーツは，心身両面への効果が期待できることを理解できるようにする。体との関連では，発達の段階を踏まえて，適切に運動やスポーツを行うことは，身体の発達やその機能，体力や運動の技能を維持，向上させるという効果があることや食生活の改善と関連させることで肥満予防の効果が期待できることなどを理解できるようにする。心との関連では，発達の段階を踏まえて，適切に運動やスポーツを行うことで達成感を得たり，自己の能力に対する自信をもったりすることができ，物事に積極的に取り組む意欲の向上が期待できること，ストレスを解消したりリラックスしたりすることで，自分の感情をコントロールすることができるようになるなどの効果が期待できることを理解できるようにする。なお，ここでの体力の扱いについては，体力には「健康に生活するための体力」と「運動するための体力」があることを取り上げる程度とする。	○体に及ぼす効果　　　　○心に及ぼす効果　　　　△体力の扱い	確認　中1で学習した「運動やスポーツの多様性」を確認する。 発問①　運動やスポーツの実践を通して経験したこと（感じたこと）を思い出してみよう。 活動①（意見交換） 発問②　運動やスポーツの効果を具体的に考えてみよう。～グループごとに発表。 板書①　運動やスポーツの効果 活動②（グループワーク） 発問③　発問②で挙がった項目を身体的効果と心理的効果に分類してみよう。 活動③（ワークシート）　運動やスポーツが心身に及ぼす効果をまとめてみよう。 本時のまとめ
	(2)イ	イ 運動やスポーツは，ルールやマナーについて合意したり，適切な人間関係を築いたりするなどの社会性を高める効果が期待できること。	運動やスポーツを行う際に求められる社会性は，ルールやマナーに関する合意を形成することや適切な人間関係を築くことであるととらえ，運動やスポーツを行うことを通してそれらの社会性が発達していく効果が期待されることを理解できるようにする。その際，ルールやマナーに関して合意形成をするためには，仲間の技能・体力の程度，施設や用具の状況に応じて正規のルールを緩和したり，プレイの際の配慮について互いの意見を調整したりすることが必要になる。また，適切な人間関係を築くためには，仲間の教え合ったり，相手の良いプレイに賞賛を送ったりすることが期待できる人間関係づくりが必要になることを理解できるようにする。また，運動やスポーツを行う過程で形成された社会性が，日常生活の場面でも発揮されることが期待できることを理解できるようにする。	○ルールやマナーに関する合意形成　　　○適切な人間関係づくり　　　　○社会性の日常化	発問①　Aチーム（個人プレイ中心）とBチーム（チームプレイ中心）の違いを3つ挙げてみよう。また，所属したいチームとその理由を考えてみよう。 活動①（グループワーク） 発問②　楽しく運動やスポーツをするために必要な条件と楽しむための工夫を考えてみよう。 板書①　運動やスポーツで何を学ぶのか？（楽しむための条件・楽しむための工夫） 説明　ラグビーのノーサイドを例として，社会性の発達に及ぼす効果が期待できること。 活動②（ワークシート） 発問③　運動やスポーツで培われた社会性は，日常生活のどのような場面で活かせるか？具体例を交えて説明してみよう。 本時のまとめ（ワークシート記入）
	(3)ウ	ウ 運動やスポーツを行う際は，その特性や目的，発達の段階や体調などを踏まえて運動を選ぶなど，健康・安全に留意する必要があること。	安全に運動やスポーツを行うためには，特性や目的に応じた適した運動やスポーツを選択し，発達の段階に応じた強度，時間，頻度に配慮した計画を立案すること，体調，施設や用具の安全を事前に確認すること，準備運動や整理運動を適切に実施すること，適切な体験や水分補給をおこなうこと，共に活動する仲間の安全にも配慮することなどが重要であることを理解できるようにする。また，野外での活動では自然や気象などに関する知識をもつことが必要であることや，運動やスポーツの実施中に発生した事故や傷害の初歩的な手当の仕方についても触れるようにする。なお，運動に関する領域で扱う運動種目等のけがの事例や健康・安全に関する留意点などについては，各運動に関する領域で扱うこととする。	○安全への配慮　　※発達段階に応じた強度，時間，頻度に配慮した計画立案，体調，施設や用具の安全確認，準備・整理運動，水分補給等　　　△自然や気象の知識，応急手当の仕方	発問①　運動やスポーツをしていてどのような事故にあったことがあるか？また，その原因は？ 活動①（資料分析と意見交換） 発問②　事故の状況説明文を読み，2人組で話し合いながら事故の原因・対応・防止策について考えてみよう。 板書①（ワークシート記入）　安全に運動やスポーツを行うための重要事項 （触れる）　野外活動中の事故，初歩的な応急手当の仕方について。 中学2年生のまとめ 小テスト（評価問題）
⑤内容の取扱い	\multicolumn{5}{l}{・「H体育理論」は，各学年において，すべての生徒に履修させるとともに，「指導計画の作成と内容の取り扱い」に，授業時数を各学年で3単位時間以上を配当することとしているので，この点を十分考慮して指導計画を作成する必要がある。 ・第2学年においては，(2)運動やスポーツが心身の発達に与える効果と安全を取り上げることとする。}			

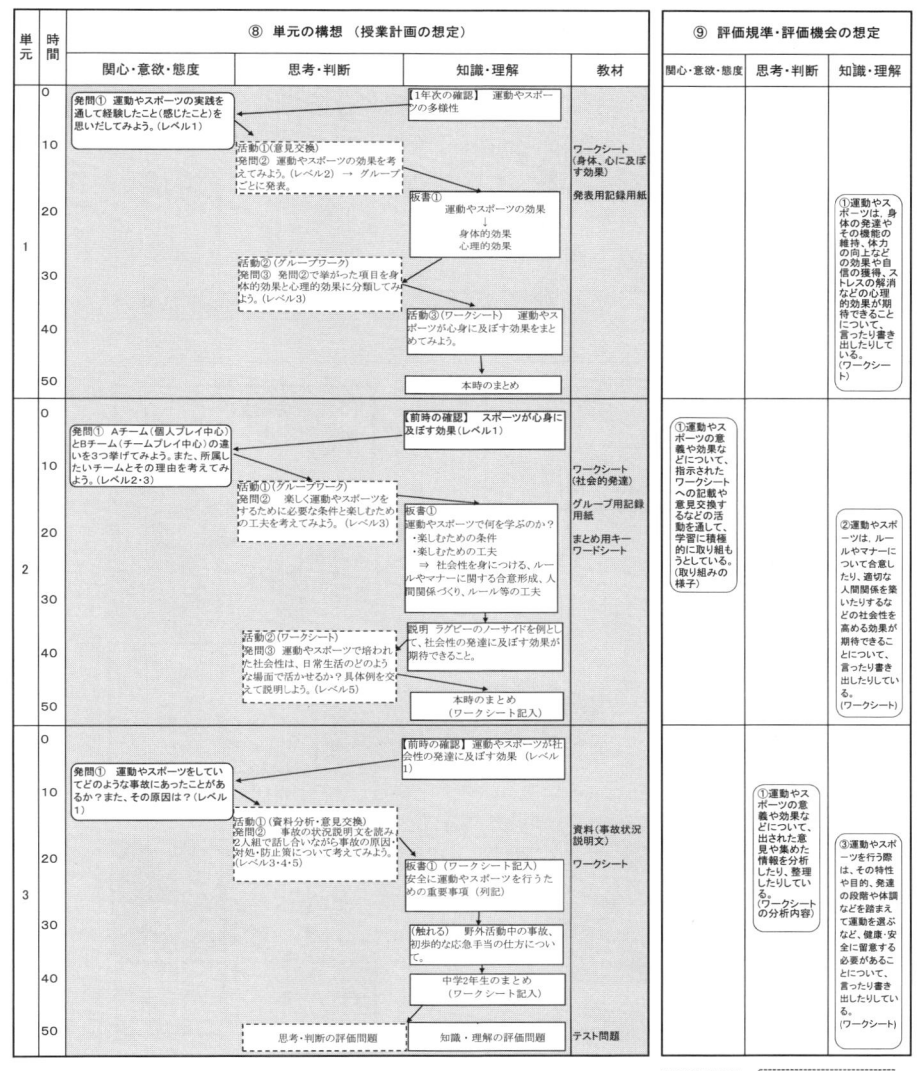

第6章 楽しい授業にチャレンジ　189

単元	時間	⑧ 単元の構想（授業計画の想定）				⑨ 評価規準・評価機会の想定		
		関心・意欲・態度	思考・判断	知識・理解	教材	関心・意欲・態度	思考・判断	知識・理解
1	0 10 20 30 40 50	発問① 運動やスポーツの実践を通して経験したこと（感じたこと）を思いだしてみよう。(レベル1) 活動①（意見交換） 発問② 運動やスポーツの効果を考えてみよう。(レベル2) → グループごとに発表。 活動②（グループワーク） 発問③ 発問②で挙がった項目を身体的効果と心理的効果に分類してみよう。(レベル3)		【1年次の確認】運動やスポーツの多様性 板書① 運動やスポーツの効果 ↓ 身体的効果 心理的効果 活動③（ワークシート）運動やスポーツが心身に及ぼす効果をまとめてみよう。 本時のまとめ	ワークシート（身体、心に及ぼす効果） 発表用記録用紙			①運動やスポーツは、身体の発達やその機能の維持、体力の向上などの効果や自信の獲得、ストレスの解消などの心理的効果が期待できることについて、言ったり書き出したりしている。（ワークシート）
2	0 10 20 30 40 50	発問① Aチーム（個人プレイ中心）とBチーム（チームプレイ中心）の違いを3つ挙げてみよう。また、所属したいチームとその理由を考えてみよう。(レベル2・3) 活動①（グループワーク） 発問② 楽しく運動やスポーツをするために必要な条件と楽しむための工夫を考えてみよう。(レベル3)	活動②（ワークシート） 発問③ 運動やスポーツで培われた社会性は、日常生活のどのような場面で活かせるか？具体例を交えて説明しよう。(レベル5)	【前時の確認】スポーツが心身に及ぼす効果（レベル1） 板書① 運動やスポーツで何を学ぶのか？ ・楽しむための条件 ・楽しむための工夫 ⇒ 社会性を身につける、ルールやマナーに関する合意形成、人間関係づくり、ルール等の工夫 説明 ラグビーのノーサイドを例として、社会性に及ぼす効果が期待できること。 本時のまとめ （ワークシート記入）	ワークシート（社会的発達） グループ用記録用紙 まとめ用キーワードシート	①運動やスポーツの意義や効果などについて、指示されたワークシートへの記載や意見交換するなどの活動を通して、学習に積極的に取り組もうとしている。（取り組みの様子）		②運動やスポーツは、ルールやマナーについて合意したり、適切な人間関係を築いたりするなどの社会性を高める効果が期待できることについて、言ったり書き出したりしている。（ワークシート）
3	0 10 20 30 40 50	発問① 運動やスポーツをしていてどのような事故にあったことがあるか？また、その原因は？(レベル1)	活動①（資料分析・意見交換） 発問② 事故の状況説明文を読み2人組で話し合いながら事故の原因、対処・防止策について考えてみよう。(レベル3・4・5) 思考・判断の評価問題	【前時の確認】運動やスポーツが社会性の発達に及ぼす効果（レベル1） 板書（ワークシート記入）安全に運動やスポーツを行うための重要事項（列記） （触れる）野外活動中の事故、初歩的な応急手当の仕方について。 中学2年生のまとめ （ワークシート記入） 知識・理解の評価問題	資料（事故状況説明文） ワークシート テスト問題		①運動やスポーツの意義や効果などについて、出された意見から集めた情報を分析したり、整理したりしている。（ワークシートの分析内容）	③運動やスポーツを行う際は、その特性や目的、発達の段階や体調などを踏まえて運動を選ぶなど、健康・安全に留意する必要があることについて、言ったり書き出したりしている。（ワークシート）

	①―3 （ワークシートへの取組状況）	評価機会 テストによる確認

イ．各単元の学習の流れ
１時間目　単元名：「ア 運動やスポーツが心身に及ぼす効果」

１ 本時の進め方

　「なぜ、人々は運動やスポーツをするのか？」…。運動やスポーツをするメリットについて、話をする（考える）機会です。この単元では、心に及ぼす影響と体に及ぼす影響の両面からスポーツへの興味を高めます。体力については、各領域でも学習をするので、ここでは大まかな体力の考え方を扱う程度にしましょう。

２ 本時の構想（授業の流れ）

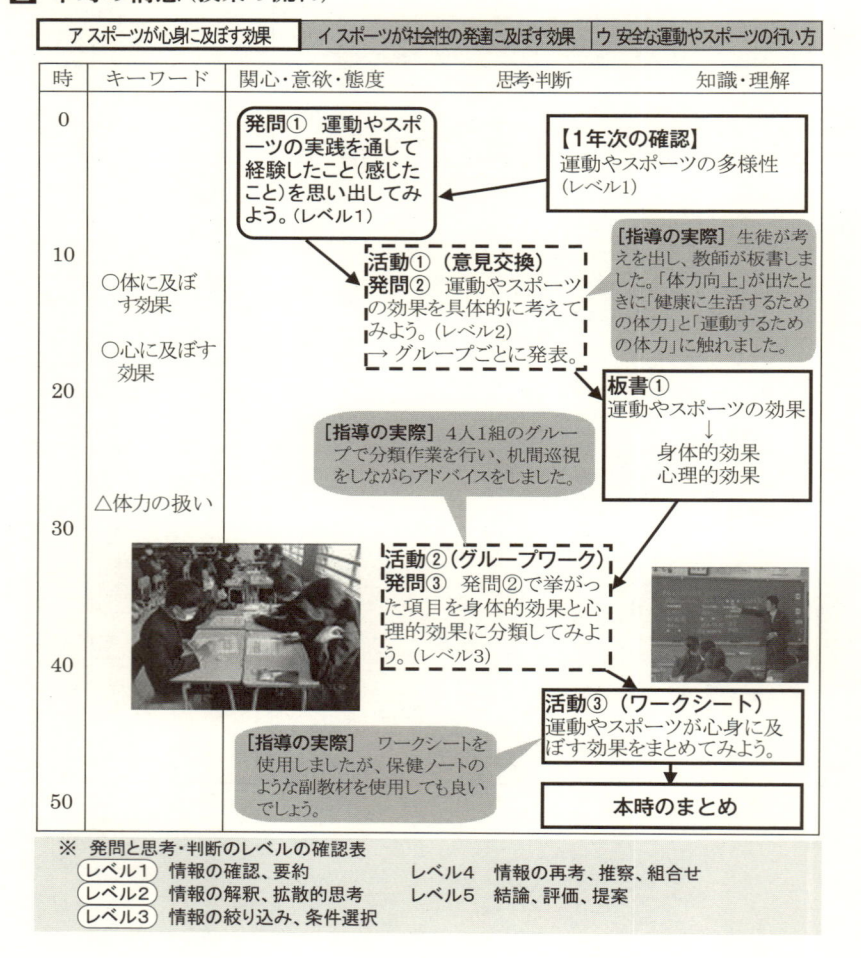

	アスポーツが心身に及ぼす効果	イ スポーツが社会性の発達に及ぼす効果	ウ 安全な運動やスポーツの行い方
時	キーワード	関心・意欲・態度　　　　思考・判断	知識・理解

時	キーワード	関心・意欲・態度	思考・判断	知識・理解
0		発問① 運動やスポーツの実践を通して経験したこと（感じたこと）を思い出してみよう。（レベル1）		【1年次の確認】運動やスポーツの多様性（レベル1）
10	○体に及ぼす効果 ○心に及ぼす効果		活動①（意見交換）発問② 運動やスポーツの効果を具体的に考えてみよう。（レベル2）→グループごとに発表。	[指導の実際] 生徒が考えを出し、教師が板書しました。「体力向上」が出たときに「健康に生活するための体力」と「運動するための体力」に触れました。
20				板書① 運動やスポーツの効果 ↓ 身体的効果　心理的効果
30	△体力の扱い		[指導の実際] 4人1組のグループで分類作業を行い、机間巡視をしながらアドバイスをしました。	
40			活動②（グループワーク）発問③ 発問②で挙がった項目を身体的効果と心理的効果に分類してみよう。（レベル3）	
50		[指導の実際] ワークシートを使用しましたが、保健ノートのような副教材を使用しても良いでしょう。	活動③（ワークシート）運動やスポーツが心身に及ぼす効果をまとめてみよう。	本時のまとめ

※　発問と思考・判断のレベルの確認表
- レベル1　情報の確認、要約
- レベル2　情報の解釈、拡散的思考
- レベル3　情報の絞り込み、条件選択
- レベル4　情報の再考、推察、組合せ
- レベル5　結論、評価、提案

第6章 楽しい授業にチャレンジ

3 学習資料（ワークシート等）の工夫

発問①　運動やスポーツの実践を通して、こんな経験はないですか？
・体格が良くなった。
・長距離走が楽になった。
・ストレス解消できた。

フラッシュ・カードの例（導き出したいキーワード）

身体の発達	身体機能の向上	体力向上	運動技能の向上
肥満予防	食生活の改善	達成感	自信の獲得
意欲の向上	ストレス解消	リラックス	感情コントロール

★実践者よりアドバイス
効果を上げさせる際、教師はフラッシュ・カード、生徒には付箋やカードを使うと、グループでの分類作業までをスムーズに行えます。

活動①発問②　運動やスポーツの効果を具体的に考えてみよう。

体力がつく　気分がすっきりする　ストレス解消　やせる　自信がつく
前向きな気持ちになる　体格が良くなる　技術が身につく　…

↓

活動②発問③　体への効果と心への効果に分類してみよう。

体への効果	心への効果
・体力がつく ・体格が良くなる ・やせる ・技術が身につく　…	・気分がすっきりする ・ストレス解消 ・前向きな気持ちになる ・自信がつく　…

活動③　運動やスポーツが心身に及ぼす効果をまとめてみよう

身体 の発達・ 身体機能 の維持、向上 体力 の向上
※体力には、 健康 に生活するための体力と 運動 をするための体力がある。
運動 技能 の向上 食生活 改善と関連させることで 肥満 予防になる
達成感・コミュニケーション ⇒ 自信 の獲得 ⇒ 意欲 の向上
ストレス解消 ・ リラックス ⇒ 感情 のコントロール

4 まとめ

運動やスポーツをすることは、心と体の両面によい影響があることが理解できたかな？　体育の学習に積極的に取り込むことはとても意義のあることなんだね。

2時間目　単元名：「イ 運動やスポーツが社会性の発達に及ぼす効果」

1 本時の進め方

本時は、実技領域の「態度」の指導内容と関連しています。運動やスポーツの場面では、意見の相違や感情のぶつかり合いが起きますが、それらを修正し合意形成していく体験が、自らの社会性の発達に役立つのだということを理解させます。

2 本時の構想（授業の流れ）

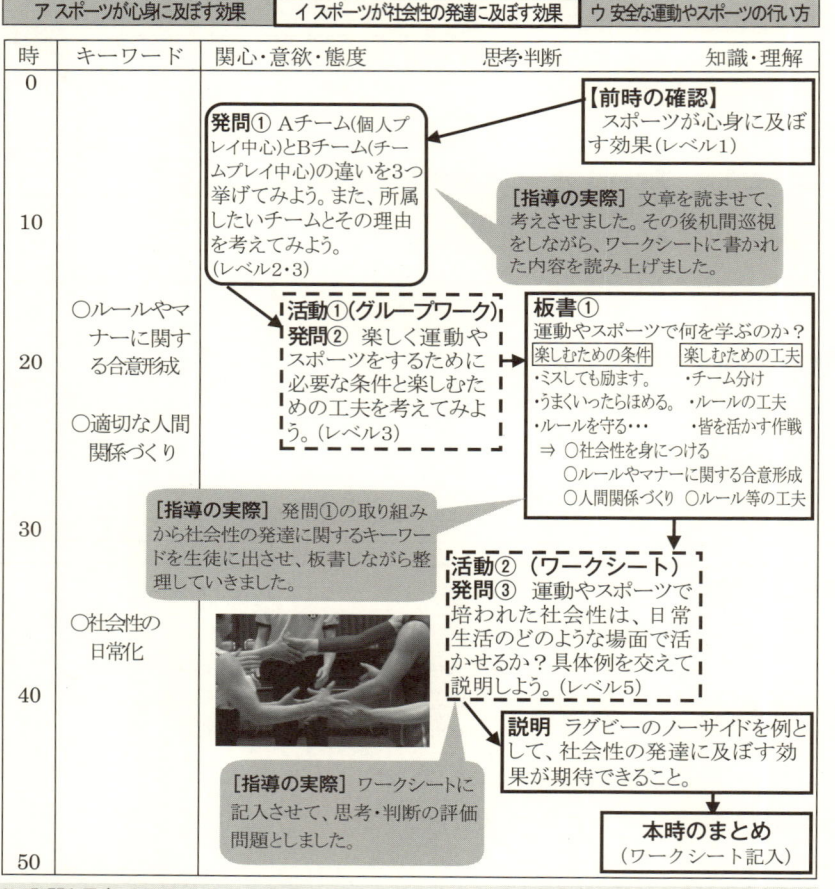

ア スポーツが心身に及ぼす効果	イ スポーツが社会性の発達に及ぼす効果	ウ 安全な運動やスポーツの行い方

時	キーワード	関心・意欲・態度	思考・判断	知識・理解
0				【前時の確認】スポーツが心身に及ぼす効果（レベル1）
10		発問① Aチーム（個人プレイ中心）とBチーム（チームプレイ中心）の違いを3つ挙げてみよう。また、所属したいチームとその理由を考えてみよう。（レベル2・3）	［指導の実際］文章を読ませて、考えさせました。その後机間巡視をしながら、ワークシートに書かれた内容を読み上げました。	
20	○ルールやマナーに関する合意形成　　○適切な人間関係づくり	活動①（グループワーク）発問② 楽しく運動やスポーツをするために必要な条件と楽しむための工夫を考えてみよう。（レベル3）	板書① 運動やスポーツで何を学ぶのか？ 楽しむための条件／楽しむための工夫 ・ミスしても励ます。・チーム分け ・うまくいったらほめる。・ルールの工夫 ・ルールを守る・・・ ・皆を活かす作戦 ⇒ ○社会性を身につける ○ルールやマナーに関する合意形成 ○人間関係づくり ○ルール等の工夫	
30		［指導の実際］発問①の取り組みから社会性の発達に関するキーワードを生徒に出させ、板書しながら整理していきました。	活動②（ワークシート）発問③ 運動やスポーツで培われた社会性は、日常生活のどのような場面で活かせるか？具体例を交えて説明しよう。（レベル5）	
40	○社会性の日常化		説明 ラグビーのノーサイドを例として、社会性の発達に及ぼす効果が期待できること。	
50		［指導の実際］ワークシートに記入させて、思考・判断の評価問題としました。	本時のまとめ（ワークシート記入）	

※ 発問と思考・判断のレベルの確認表
- レベル1　情報の確認、要約
- レベル2　情報の解釈、拡散的思考
- レベル3　情報の絞り込み、条件選択
- レベル4　情報の再考、推察、組合せ
- レベル5　結論、評価、提案

第6章 楽しい授業にチャレンジ　193

3 学習資料（ワークシート等）の工夫

発問①-1　次の文を読んで、AチームとBチームの違いを3つ挙げてみよう。

○Aチームの秋山さんはバスケット部員で身体も大きい。いつもドリブルでボールを運び、一人で相手をみごとにかわしてシュートを決める。しかし、味方が失敗すると、「何やってるんだよ！」と不機嫌になる。バスケットが苦手な井上さんはみんなに迷惑をかけないように、いつもコートのはじの方に立っている。他の3人もボールが来るとすぐに秋山さんにパスをする。試合に負けた時、秋山さんは「何でもっと動かないんだよ。」とみんなに文句を言う。チーム練習もシュート練習ばかりである。

○Bチームはバスケットの得意な人がいないが、足の速い上野さんと遠藤さん、背の高い大野さん、おとなしい加藤さんとムードメーカーの木村さんである。ドリブルがあまり上手ではないので、みんなでパスをまわしてシュートへ持っていく作戦を立てて練習をしている。昨日の試合では大野さんがリバウンドを取ってパスをまわし、速攻でシュートを決めることができた。練習の成果が出せたのでみんなでハイタッチをして喜んだ。

発問①-2　あなたは、どちらのチームに所属したいですか？　また、その理由は？

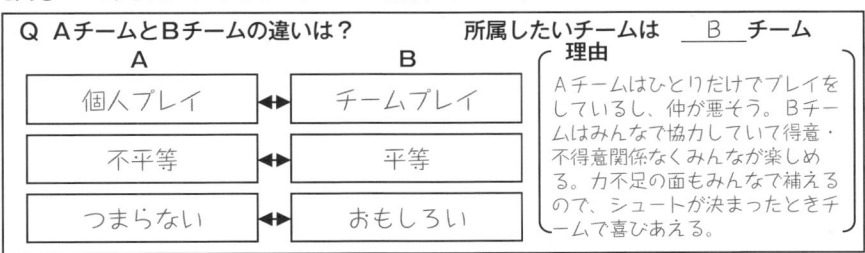

Q　AチームとBチームの違いは？　　　所属したいチームは　__B__チーム

A		B
個人プレイ	⇔	チームプレイ
不平等	⇔	平等
つまらない	⇔	おもしろい

理由
Aチームはひとりだけでプレイをしているし、仲が悪そう。Bチームはみんなで協力していて得意・不得意関係なくみんなが楽しめる。力不足の面もみんなで補えるので、シュートが決まったときチームで喜びあえる。

発問③　運動やスポーツで培われた社会性は、日常生活のどのような場面で活かせるか？

地域のイベント（夏祭りとか…）など、みんなで協力して行おうとする時。
交通ルールや学校のルールなどをしっかり守ろうとすることにつながる。

まとめ　今日の授業でわかったこと！　（　）に適切なことばを入れてみよう。

運動やスポーツを行うときに求められる社会性は、ルールやマナーに関する（　合意　）を形成することや適切な（　人間関係　）を築くことである。そのためには仲間の（　技能　）や（　体力　）の程度、施設等の状況に応じて（　ルール　）を緩和したり、お互いの意見を（　調整　）したりすることが必要である。また、適切な人間関係を築くためには、仲間と（　教え　）合ったり、相手の良いプレーに（　賞賛　）を送ったりする。運動やスポーツを行う過程で（　社会性　）が発達していく効果が期待できる。

★実践者よりアドバイス
発問②で出た意見をもとに板書しながらキーワードを整理していくとよいでしょう。

4 まとめ

　運動やスポーツの学習は、技能を高めることだけではないんだね。今日学習したように、スポーツを行うなかでつくられる社会性が普段の生活に役立つことが期待されるんだよ。

3時間目　単元名：「ウ 安全な運動やスポーツの行い方」

1 本時の進め方

本時では、各運動領域全体に及ぶ事故防止に関する基本的知識を学びます。具体的には自分の能力に合った課題への挑戦や、準備運動、整理運動の効果、自然環境での危機回避などです。各領域の例にあまり深入りしないよう進めましょう。

2 本時の構想（授業の流れ）

ア スポーツが心身に及ぼす効果	イ スポーツが社会性の発達に及ぼす効	ウ 安全な運動やスポーツの行い方

分	キーワード	関心・意欲・態度	思考・判断	知識・理解
0				【前時の確認】運動やスポーツが社会性の発達に及ぼす効果（レベル1）
10	○安全への配慮	発問① 運動やスポーツをしていてどのような事故にあったことがあるか？また、その原因は？（レベル1）		[指導の実際] 事故の状況を書き出させました。机間巡視をしながら一人ひとりに声かけをしつつ、参考例としてわかりやすい事例を取り上げました。
20	※発達段階に応じた強度、時間、頻度に配慮した計画立案、体調、施設や用具の安全確認、準備・整理運動、水分補給等		活動①（資料分析と意見交換） 発問② 事故の状況説明文を読み、2人組で話し合いながら事故の原因・対処・防止策について考えてみよう。（レベル3・4・5）	
30	△自然や気象の知識、応急手当の仕方	[指導の実際] 発問の内容がわかるように、一例を挙げて3点について質問しました。		板書①（ワークシート記入） 安全に運動やスポーツを行うための重要事項 ○特性や目的にあった運動の選択 ○発達の段階に応じた計画 ○体調、施設・用具の安全確認 ○準備、整理運動 ○適切な休憩・水分補給 ○仲間の安全
40		[指導の実際] 地域性を重視すると、生徒には身近になりました。	活動②（ワークシート） 発問③ 今日の授業でわかったことを確認しよう。（レベル1）	
50			思考・判断の評価問題	（触れる）野外活動中の事故、初歩的な応急手当の仕方について。 中学2年生のまとめ 知識・理解の評価問題

※ 発問と思考・判断のレベルの確認表
- レベル1　情報の確認、要約
- レベル2　情報の解釈、拡散的思考
- レベル3　情報の絞り込み、条件選択
- レベル4　情報の再考、推察、組合せ
- レベル5　結論、評価、提案

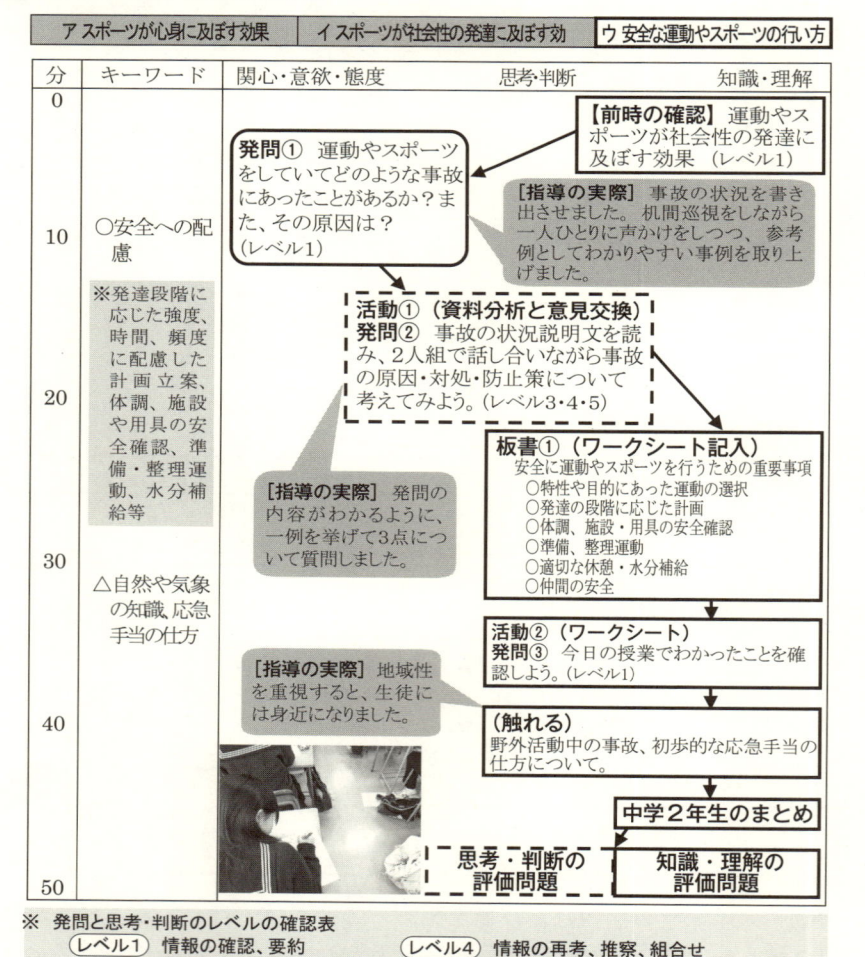

3 学習資料(ワークシート等)の工夫

発問①	運動やスポーツをしていてどのような事故にあったことがあるか？　また、その原因は？
（状況は？）	中学1年生の時の球技大会のバレーボールで、相手のサーブをレシーブする時に突き指をした。
（原因は？）	レシーブの仕方が良くわからなかった。指がボールに慣れていなかった。練習不足。

活動①発問②　事故の状況説明を読み、次の3点について二人組で考えてみよう。

①考えられる原因（重要事項に当てはめて分析する）
②対処方法（どのような対処をしたか）
③予防方法（そのような事故を未然に防ぐためにどうすればよいか）

（状況説明）
　私は球技大会でサッカーの試合に出場しました。私はキック力がなかったので、人を背負ってのフルスクワットをして筋力アップを図りました。膝が痛かったけれど頑張りました。十分体力がついたので、試合前は練習も準備運動もせず試合に臨みました。炎天下の試合でしたが喉が渇いていなかったので水分は摂りませんでした。しかし、試合では今まで以上に動きが悪く、途中で足をひねってねんざをしてしまいました。たいしたことはないと思いそのまま試合を続けましたが、そのうち足首が痛くて歩けなくなり、途中で試合を抜け、翌日学校を休んで病院に行きました。

自己の分析をして見よう！
①原因
○特性や目的に合っていたか？
　スクワットの動きがキック動作に直接は結びつかず、効果的な練習とは言えない。
○発達段階に応じていたか？
　背負ってのフルスクワットは膝に負担が大き過ぎ。
○体調・用具等の安全確認は？
　特に問題はなかった。
○準備運動や整理運動は？
　負傷後、運動を止めてすぐにアイシングなどをすべきであった。
○その他
　もっと早く病院に行けば良かった。
　水分補給が必要であった。
②対処
　まずは医師に指示に従う。回復しても急に運動せず、徐々にならしていくようにする。
③防止
　・練習方法を見直す。
　・練習後のアイシングなどをしっかり行う。

★実践者よりアドバイス
安全に行うための重要事項をカードにし、黒板に貼っておくと、話し合いが活発になります。

活動②発問③　今日の授業でわかったこと！　（　）に適切なことばを入れてみよう。
安全に運動やスポーツを行うためには、（特性）や（目的）に合った運動を選ぶこと、発達の段階に応じた（強度）（時間）（頻度）を考えた練習計画を立てること、体調・施設や用具の（安全）を確認すること、（準備）運動や（整理）運動を行うこと、休憩や（水分補給）を適切に行うこと、（仲間）の安全にも気をつけることが大切である。

4 まとめ

　運動やスポーツは、心や体、社会性の発達によい影響が期待できるんだけど、危険はつきものです。しかし、正しい知識を持つことで、けがや事故を防ぐことができるんだね。

ウ．評価問題例

＜知識・理解の設問例＞

1. 運動やスポーツは、心身両面への効果が期待できますが、体への効果と心への効果を二つずつ書き出してください。

体への効果		心への効果	

2. 運動やスポーツを行う際に求められる社会性について、文中の①～②に適する言葉（いずれも漢字4文字）を答えてください。
   ○ルールやマナーに関する（　①　）をすること
   ○適切な（　②　）を築くこと

①		②	

3. 安全に運動やスポーツを行うためのポイントを3つ書き出してください。

＜思考・判断の設問例＞

4. 運動やスポーツに求められる社会性とはどのようなものか。また、そこで学習したことは、あなたの日常生活のどのような場面に活かすことができるか、具体例を挙げて説明してください。

＜知識・理解の解答例＞

1.

体への効果	身体の発達、身体機能の維持・向上、体力の維持・向上、運動技能の向上、肥満予防　より２つ回答	心への効果	達成感、自信を持つ、意欲の向上、感情のコントロール、ストレス解消、リラックス　より２つ回答

2.

①	合意形成	②	人間関係

3.

特性や目的に合った運動を選ぶこと。
発達の段階に応じた強度・時間・頻度を考えた練習計画を立てること。
準備運動や整理運動を行うこと。

　その他　休憩や水分補給を適切に行うこと、仲間の安全にも気をつけること　より３つ回答

＜思考・判断の解答例＞

評価マトリックス（評価の視点と判断の目安）

キーワード ＼ 分析の視点	○社会性を発揮する場面を想定できる ○自身の考え方に応用できる		
	上記の視点で記載	いずれかの視点	記載が不十分
「①ルールやマナーに関する合意を形成すること」、「②適切な人間関係を築くこと」について、具体的事例を用いて説明している※	A○	A	B
いずれかの視点から一部の具体的事例を用いて説明している	A	B	C
上記の整理によらず説明している	B	C	C△

※　社会性についての知識の構造
　【ルールやマナーに関する合意を形成すること】
　　仲間の技能・体力の程度、施設等の状況に応じて正規のルールを緩和する
　　プレイの際の配慮について互いの意見の違いを調整する
　【適切な人間関係を築くこと】
　　仲間と教え合ったり、相手のよいプレイに賞賛を送ったりすることが期待できる人間関係づくりが必要になる

4.（A○の例）

　運動やスポーツは、体力や技能、健康の維持だけでなく、社会性を身につける上でも意義があると学習しました。
　学習では、運動やスポーツでは、仲間と合意をしながら正規のルールをやさしくすることや戦術を考える際に仲間と意見を調整することが大切だと知りました。
　また、仲間と教え合ったり、対戦相手や他の人のプレイでも良いプレイには賞賛を送ったり、相手の失敗に対してはヤジなどをしないことで適切な人間関係を築くことが大切だと知りました。
　これらは、スポーツの場面だけではなく、文化祭や体育祭でクラスの話し合いでも有効だと思います。今まではクラスで何かを決めるときにもあまり意見を言わなかったのですが、自分の考えをしっかりと伝えたり、意見が違う場合も感情に配慮して代わりのアイデアを伝えたりして積極的にかかわっていこうと思います。

エ．授業工夫のための資料
○中2-ア　　小テストの例

＜知識・理解＞

次の各問いに答えよ。

1. 運動やスポーツは、心身両面への効果が期待できます。では、どのような効果が期待できるか、体への効果と心への効果を1つずつ書き出しましょう。

体への効果	身体の発達、身体機能の維持・向上、体力の維持・向上、運動技能の向上、肥満予防　より1つ回答	心への効果	意欲の向上、感情のコントロール、ストレス解消、リラックス　より1つ回答

2. 運動やスポーツを行うときに求められる社会性は、①ルールやマナーに関する合意を形成すること、②適切な人間関係を築くことである。ではそのために必要なことをそれぞれ説明しましょう。

　　①ルールやマナーに関する合意を形成するために

仲間の技能や体力の程度、施設等の状況に応じてルールを緩和したり、お互いの意見を調整したりすること。

　　②適切な人間関係を築くために

仲間と教え合ったり、相手の良いプレーに賞賛を送ったりすることができること。

3. 安全な運動やスポーツを行うために必要な行い方を3つ書き出しましょう。

特性や目的に合った運動を選ぶ
発達の段階に応じた強度・時間・頻度を考えた練習計画を立てる
準備運動や整理運動を行うこと

その他　休憩や水分補給を適切に行うこと、仲間の安全にも気をつけること　より3つ回答

＜思考・判断＞

次の各問いに答えよ。

1. 運動やスポーツを通して、あなたが今一番期待したい効果は何でしょうか？またその理由も説明しましょう。

> この単元では、学習したことを、自分の実生活に置き換えて考えることができるかどうかを、思考・判断の問題にしました。

効果	例）体力の向上（筋力をつける）及び健康になること
理由	例）筋力が弱く、背景が曲がっていると病院で言われているので、少しでも体の異常がなくなればいいと思っているから。

2. その際、必要なことや留意しなければならないことは何でしょうか。

例）	背中に筋肉をつけられるようなトレーニングをする。（インナーマッスル）無理をしないで、自分の体力にあったトレーニングの時間や回数を考える。準備運動や整理運動もしっかり行う。

3段階での評価規準

A　学習したことをふまえ、自分の実生活に置き換えて具体的に示されている。
B　学習したことをふまえ、自分の実生活に置き換えて示されている。
C　自分の実生活に置き換えて考えることができていない。

○中2-ウ　単元テスト（思考・判断）の例
Q．2年生の体育理論では、運動・スポーツの心身の効果、社会性の発達に及ぼす効果、安全な行い方などを学びましたね。授業で得た知識を使って「運動嫌いくん」にぜひアドバイスをしてあげてください！

【運動嫌いくん】
> 運動なんて　大嫌い！！
> 　運動は　何の得にもならないし・・・
> 　運動は　競ってばかりで、本当の仲間もできっこないし・・・
> 　運動は　ケガのもとだし・・・

A．自分ならこうアドバイスします。

【実際の生徒の記述例】
> そんなことないと思うよ。得すること、たくさんあるんだよ〜知ってる？運動をすれば、リラックスすることができるし、身長が伸びる種目もあるんだよ。運動をすれば、睡眠がたっぷり、とれるからね。仲間だって、運動をするからこそできるものだと私は思うんだ。だって、何事もルールを守らなきゃ楽しくないでしょう？運動にもルールがあるんだ。それを守れるようになれば、自然と普段の学校生活も楽しくなるよ。学校生活が楽しくなるってことは、友達が増えるってことだよね！！本当の仲間ができたってことだよ！ケガのもと？それには君に何か原因があったんじゃないかな。運動は、強さと時間と頻ばんさを考えればケガしない！！大丈夫だから、一緒にスポーツしようよ！

オ．授業を終えた実践者からのアドバイス

○1時間目実践者：谷口行孝先生からのアドバイス
体つくり運動をはじめとする各領域でも「体力」については学習するので、本時（体育理論）ならではのアプローチの仕方を意識することが必要です。

○2・3時間目実践者：林ますみ先生からのアドバイス
球技の授業と体育理論を組み合わせることによって、理論で学習したことを実践に置きかえることができました。

③中学校3年＜文化としてのスポーツの意義＞
ア．単元構造図

中学校 3年次　H 体育理論

① 単元名	② 指導内容の概要	③ 学習指導要領の内容	④ 学習指導要領解説の記載内容	⑥ 具体の指導項目	⑦ 発問や学習活動のイメージ
(3)文化としてのスポーツの意義を理解できるようにする。		(3)ア　ア　スポーツは文化的な生活を営み、よりよく生きていくために重要であること。	現代社会におけるスポーツは、生きがいのある豊かな人生を送るために必要な健やかな心身、豊かな交流や伸びやかな自己開発の機会を提供する重要な文化的意義を持っていることを理解できるようにする。また、国内外には、スポーツの文化的意義を具体的に示した憲章やスポーツの振興に関する計画などがあることにも触れるようにする。	○現代社会におけるスポーツの文化的意義　△スポーツ憲章やスポーツ振興計画	確認　中1で学習した「運動やスポーツの多様性」、中2で学習した「運動やスポーツの意義と効果」を確認する。 発問①　今までにしたことのあるスポーツを挙げてみよう。 発問②　その他、友達がしていたもの、TVで見たものなどを加えてみよう。 発問③　スポーツをする目的をより多く挙げてみよう。 板書①　スポーツの意義 活動①（グループワーク） 発問④　挙がった目的を「健やかな心身」「豊かな交流」「自己開発」の3つで分類してみよう。 活動②（ワークシート） 発問⑤　自分の人生を豊かにするために、文化的意義を踏まえて簡単な「スポーツ未来図」を作成しよう。 説明　現代生活におけるスポーツは、生きがいのある豊かな人生を送るために3の意義を持っている。 (触れる)　文化的意義を具体的に示したユネスコの「体育・スポーツに関する国際憲章」を紹介。
		(3)イ　イ　オリンピックや国際的なスポーツ大会などは、国際親善や世界平和に大きな役割を果たしていること。	オリンピック競技大会や国際的なスポーツ大会などは、世界の人々にスポーツの持つ教育的な意義や倫理的な価値を伝えたり、人々の相互理解を深めたりすることで、国際親善や世界平和に大きな役割を果たしていることを理解できるようにする。また、メディアの発達によって、スポーツの魅力が世界中に広がり、オリンピック競技大会や国際的なスポーツ大会の国際親善や世界平和などに果たす役割が一層大きくなっていることについても触れるようにする。	○スポーツの国際大会が果たす役割　△スポーツの魅力と果たす役割の拡大	発問①　国際的なスポーツ大会といえば？ 活動①（映像視聴） さまざまなスポーツ大会のダイジェスト編集映像の視聴 活動② 発問②　国際的なスポーツ大会を見て感じたスポーツのよさ、魅力を挙げてみよう。 活動③（グループワーク） 発問③　よさ、魅力を3つのグループに分類し、タイトルを付けてみよう。～発表。 板書①　国際的なスポーツ大会の役割 (触れる)　メディアの発達によって、スポーツの魅力が拡大し、国際大会が国際親善や世界平和などに果たす役割が一層大きくなっている。 本時のまとめ
		(3)ウ　ウ　スポーツは、民族や国、人種や性、障害の違いなどを超えて、人々を結びつけていること	スポーツには民族や国、人種や性、障害の有無、年齢や地域、風土といった違いを超えて人々を結びつける文化的な働きがあることを理解できるようにする。その際、「スポーツ」という言葉自体が、国、地域や言語の違いを超えて世界中に広まっていること、年齢や性、障害などの違いを超えて交流するスポーツ大会が行われるようになっていることなどについても触れるようにする。	○スポーツの文化的な働き　△「スポーツ」という言葉の広がりと様々な違いを超えたスポーツ大会	発問①　言葉の通じない国の中学生と、どんなことをして友達になろうとするか？ 発問②　スポーツならどうすれば一緒に楽しめるか？ 板書①　一緒に楽しむ方法 活動①（映像視聴）　オリンピック・パラリンピックの映像視聴 （説明）夏季オリンピックの参加国の変遷（インターネット） 活動②（意見交換） 発問③　「スポーツは○○の違いを超えて」の○○の言葉と、具体例を出し合おう。 板書②　「○○の違いを超えて」（ワークシート記入） (触れる)　「スポーツ」という言葉が世界中に広まっていること、さまざまな違いをこえたスポーツ大会が実施されていること 中学3学年と中学のまとめ 小テスト（評価問題）
⑤ 内容の取扱い	・「H体育理論」は、各学年において、すべての生徒に履修させるとともに、「指導計画の作成と内容の取扱い」に、授業時数を各学年で3単位以上を配当することとしているので、この点を十分考慮して指導計画を作成する必要がある。 ・第3学年においては、(3)文化としてのスポーツの意義を取り上げることとする。				

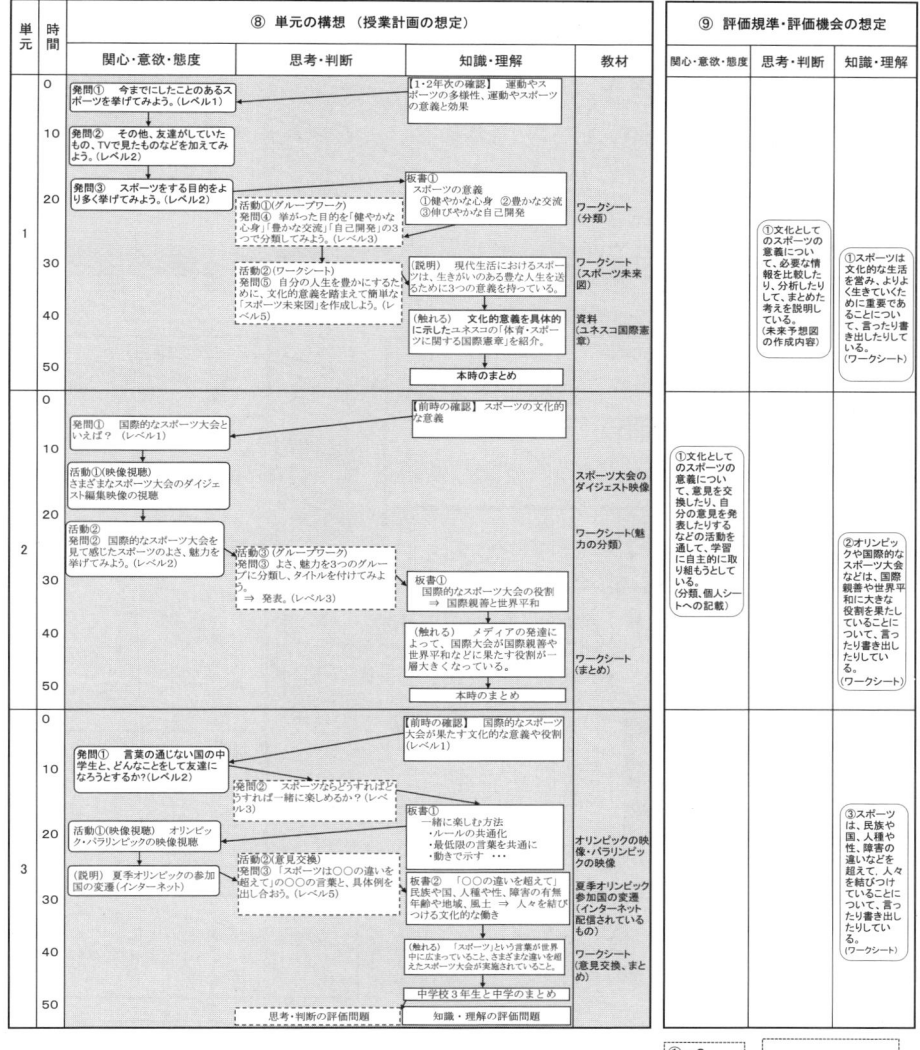

第6章　楽しい授業にチャレンジ　201

⑧ 単元の構想（授業計画の想定）

単元	時間	関心・意欲・態度	思考・判断	知識・理解	教材
1	0	発問① 今までにしたことのあるスポーツを挙げてみよう。（レベル1）		【1・2年次の確認】運動やスポーツの多様性、運動やスポーツの意義と効果	
	10	発問② その他、友達がしていたもの、TVで見たものなどを加えてみよう。（レベル2）			
	20	発問③ スポーツをする目的をより多く挙げてみよう。（レベル2）	活動①（グループワーク）発問④ 挙がった目的を「健やかな心身」「豊かな交流」「自己開発」の3つで分類してみよう。（レベル3）	板書① スポーツの意義 ①健やかな心身 ②豊かな交流 ③伸びやかな自己開発	ワークシート（分類）
	30		活動②（ワークシート）発問⑤ 自分の人生を豊かにするために、文化的意義を踏まえて簡単な「スポーツ未来図」を作成しよう。（レベル5）	【説明】現代生活におけるスポーツは、生きがいのある豊かな人生を送るために3つの意義を持っている。	ワークシート（スポーツ未来図）
	40			（触れる）文化的意義を具体的に示したユネスコの「体育・スポーツに関する国際憲章」を紹介。	資料（ユネスコ国際憲章）
	50			本時のまとめ	
2	0			【前時の確認】スポーツの文化的な意義	
	10	発問① 国際的なスポーツ大会といえば？（レベル1）			
		活動①（映像視聴）さまざまなスポーツ大会のダイジェスト編集映像の視聴			スポーツ大会のダイジェスト映像
	20	活動② 発問② 国際的なスポーツ大会を見て感じたスポーツのよさ、魅力を挙げてみよう。（レベル2）	活動③（グループワーク）発問③ よさ、魅力を3つのグループに分類し、タイトルを付けてみよう。⇒発表。（レベル3）		ワークシート（魅力の分類）
	30			板書② 国際的なスポーツ大会の役割 ⇒ 国際親善と世界平和	
	40			（触れる）メディアの発達によって、国際大会が国際親善や世界平和などに果たす役割が一層大きくなっている。	ワークシート（まとめ）
	50			本時のまとめ	
3	0			【前時の確認】国際的なスポーツ大会が果たす文化的な意義や役割（レベル1）	
	10	発問① 言葉の通じない国の中学生と、どんなことをしても友達になろうとするか？（レベル2）	発問② スポーツをどうすれば一緒に楽しめるか？（レベル3）		
	20	活動①（映像視聴）オリンピック・パラリンピックの映像視聴		板書① 一緒に楽しむ方法 ・ルールの共通化 ・最低限の言葉も共通にする ・動きで示す …	オリンピックの映像・パラリンピックの映像
	30	（説明）夏季オリンピックの参加国の変遷（インターネット）	活動②（意見交換）発問③「スポーツは○○の違いを超えて」の○○の言葉、具体例を出し合おう。（レベル5）	板書② 「○○○の違いを超えて」民族や国、人種や性、障害の有無年齢や地域、風土　⇒　人々を結びつける文化的な働き	夏季オリンピック参加国の変遷（インターネット配信されているもの）
	40			（触れる）「スポーツ」という言葉が世界中に広まっていること、さまざまな違いを超えたスポーツ大会が実施されていること。	ワークシート（意見交換、まとめ）
	50			中学校3年生と中学のまとめ	
			思考・判断の評価問題	知識・理解の評価問題	

⑨ 評価規準・評価機会の想定

関心・意欲・態度	思考・判断	知識・理解
	①文化としてのスポーツの意義について、必要な情報を比較したり、分析したりして、まとめた考えを説明している。（未来予想図の作成内容）	①スポーツは文化的な生活を営み、よりよく生きていくために重要であることについて、言ったり書き出したりしている。（ワークシート）
①文化としてのスポーツの意義について、意見を交換したり、自分の意見を発表したりするなどの活動を通して、学習に自主的に取り組もうとしている。（分類、個人シートへの記載）		②オリンピックや国際的なスポーツ大会などは、国際親善や世界平和に大きな役割を果たしていることについて、言ったり書き出したりしている。（ワークシート）
		③スポーツは、民族や人種や性、障害の違いなどを超えて、人々を結びつけていることについて、言ったり書き出したりしている。（ワークシート）
①-3（ワークシートへの取組状況）	評価機会 テストによる確認	

イ．各単元の学習の流れ

1時間目　単元名：「ア　現代生活におけるスポーツの文化的意義」

1　本時の進め方

　　運動不足やストレス、希薄な人間関係などさまざまな課題が指摘される現代生活において、スポーツの果たす文化的意義が益々高まっていることを学習します。その際、日本や国外においても憲章やスポーツ振興計画が立てられていることにも少し触れます。

2　本時の構想（授業の流れ）

ア 現代におけるスポーツの文化的意義	イ 国際的なスポーツ大会が果たす文化的意義や役割	ウ 人々を結びつけるスポーツの文化的な働き

時	キーワード	関心・意欲・態度	思考・判断	知識・理解
0	○現代社会におけるスポーツの文化的意義	発問①　今までにしたことのあるスポーツを挙げてみよう。（レベル1）		【2年次の確認】運動やスポーツの意義と効果
10		発問②　その他、友達がしていたもの、TVで見たものなどを加えてみよう。（レベル2）		[指導の実際] ・ほとんどの生徒が20前後書けました。40以上書けた生徒も！ ・体験がないものについては、教師も追加しました。
		発問③　スポーツをする目的をより多く挙げてみよう。（レベル2）		
20		活動①（グループワーク） 発問④　挙がった目的を「健やかな心身」「豊かな交流」「自己開発」の3つで分類してみよう。（レベル3）		板書① スポーツの意義 ①健やかな心身 ②豊かな交流 ③伸びやかな自己開発
30		活動②（ワークシート） 発問⑤　自分の人生を豊かにするために、文化的意義を踏まえて簡単な「スポーツ未来図」を作成しよう。（レベル5）		（説明）現代生活におけるスポーツは、生きがいのある豊かな人生を送るために3つの意義を持っている。
40	△スポーツ憲章やスポーツ振興計画		[指導の実際]　黒板に例を示し、机間を回って指導しました。	（触れる）文化的意義を具体的に示したユネスコの「体育・スポーツに関する国際憲章」を紹介。
50			[指導の実際]　資料を提示して説明しました。（触れる程度）	本時のまとめ

※　発問と思考・判断のレベルの確認表
- レベル1　情報の確認、要約
- レベル2　情報の解釈、拡散的思考
- レベル3　情報の絞り込み、条件選択
- レベル4　情報の再考、推察、組合せ
- レベル5　結論、評価、提案

第6章 楽しい授業にチャレンジ　203

3 学習資料（ワークシート等）の工夫

発問① 自分がしたことのあるスポーツを挙げてみよう。小さい時のことも思い出して！
「一輪車、竹馬、うんていなども自分がスポーツだなと思う遊びは入れていいね」
「体育でやったもの、習い事、ダンスなども入るよ」「TVゲームはなし」いくつ書いた？

発問② その他、友達がしていたもの、TVでみるスポーツ、家族が楽しんでいるスポーツ、高齢者がしているスポーツなどを加えてみよう。
ここは、書かせながら、出てきたものを次々板書すると盛り上がる。トライアスロン、ロッククライミング、乗馬、ボブスレー、ママさんバレー、ゲートボール、ゴルフ…

発問③ みんな、スポーツを何のために、やっているのだろう。できるだけ多く挙げて見よう！
記録に挑戦、ストレス発散、体力向上、メタボ対策、仲間をつくる、ダイエット、気晴らし、楽しいから、自分に挑戦…

活動①（発問④） 大きく3つに分けて考えてみよう。　…追加してもOK！

★実践者よりアドバイス
ヒントを出しながら沢山の内容を出させました。3つのキーワードはできるだけ生徒の発言から取り上げましょう。

- **（豊かな交流）** つきあい、仲間をつくる、新しい出会い、デート、接待、子どもの親同士の交流、結婚相手を探す、近所とのつきあい、コミュニケーション、情報を収集する
- **（健やかな心身）** 体力向上、メタボ対策、ダイエット、気晴らし、長生きする、スカッとする、ストレス解消・発散
- **（自己開発）** 記録に挑戦、自分に挑戦、新しい自分の発見、好きなことを追究、自分らしくなれるから、優越感、目立てる、すごく楽しいから

活動②（発問⑤） 私のスポーツ未来図を作ってみよう。

私のスポーツ未来図

文化的意義「健やかな心身」「豊かな交流」「自己開発」を踏まえて、スポーツライフの設計図を書いてみましょう！

時代	中学校時代	高校時代	大学もしくは社会人（20代）	中年（30～50代）	高年（60代～）
私のスポーツ設計	部活でバスケットボール	部活で陸上	大学サークルテニス	社会人のバスケットボールチーム／冬は家族でスキー・スノーボード	家族で週末キャンプ	公園を散歩／スポーツクラブでスイミング／月1でゴルフ
意義 健やかな身体	○			○		○
意義 豊かな交流	◎	○	◎	◎	◎	◎
意義 自己開発			◎			

★実践者よりアドバイス
意義の欄には、◎や○を入れさせましょう。

私のスポーツの例
高校野球部　大学テニスサークル　近所の小学校でママさんバレー　社会人サッカーチーム　地域の少年野球指導　家族であちこちキャンプ　一人で湘南でサーフィン　ゴルフスクール　会社の接待ゴルフ　早朝ランニング　公園を早朝散歩　会社帰りのスポーツジム　家族でスキー・スノボ　一人でロッククライミング挑戦　スポーツジムでエアロビ　地域のプールに通う

設計図をつくってみて気付いたことは？　どの年代で行うスポーツも、3つの意義を見出すことができる。	3年　組　番　氏名

4 まとめ

現代生活において、スポーツの意義は、人々との交流、心身の健康、自己開発など、豊かで明るい生活に役立つことが理解できたかな？　社会でもそれをバックアップしているんだね。

2時間目　単元名:「イ 国際的なスポーツ大会などが果たす文化的な意義や役割」

1 本時の進め方

　スポーツの文化的な意義について、スポーツの社会的な貢献の視点から迫る章です。ここでは、オリンピックに限定せず、さまざまな競技会やスポーツイベントにも着目して進めましょう。メディアという側面からも触れるようにします。

2 本時の構想（授業の流れ）

		ア 現代におけるスポーツの文化的意義	イ 国際的なスポーツ大会が果たす文化的な意義や役割	ウ 人々を結びつけるスポーツの文化的な働き
時	キーワード	関心・意欲・態度	思考・判断	知識・理解
0				【前時の確認】スポーツの文化的な意義（レベル1）
	○スポーツの国際大会が果たす役割	[指導の実際] メディアでよく紹介される大会が多く挙がりました。		
10		発問① 国際的なスポーツ大会といえば？（レベル1）	[指導の実際] スポーツ憲章等に触れながら、発問③につなげました。	
		活動①（映像視聴）さまざまなスポーツ大会のダイジェスト編集映像を視聴	[指導の実際] 付箋に書かせてワークシートに貼らせ、その後分類させました。	
20			活動② 発問② 国際的なスポーツ大会を見て感じたスポーツのよさ、魅力を挙げてみよう。(レベル2)	
30	△スポーツの魅力と果たす役割の拡大		活動③（グループワーク） 発問③ よさ、魅力を3つのグループに分類し、タイトルを付けてみよう。⇒発表。（レベル3）	
40				板書① 国際的なスポーツ大会の役割 ・教育的な意義や倫理的な価値を伝える ・相互理解を深める ⇒国際親善と世界平和
		[指導の実際] オリンピックをイメージさせました。（触れる程度）		（触れる）メディアの発達によって、スポーツの魅力が拡大し、国際大会が国際親善や世界平和などに果たす役割が一層大きくなっている。
50				本時のまとめ

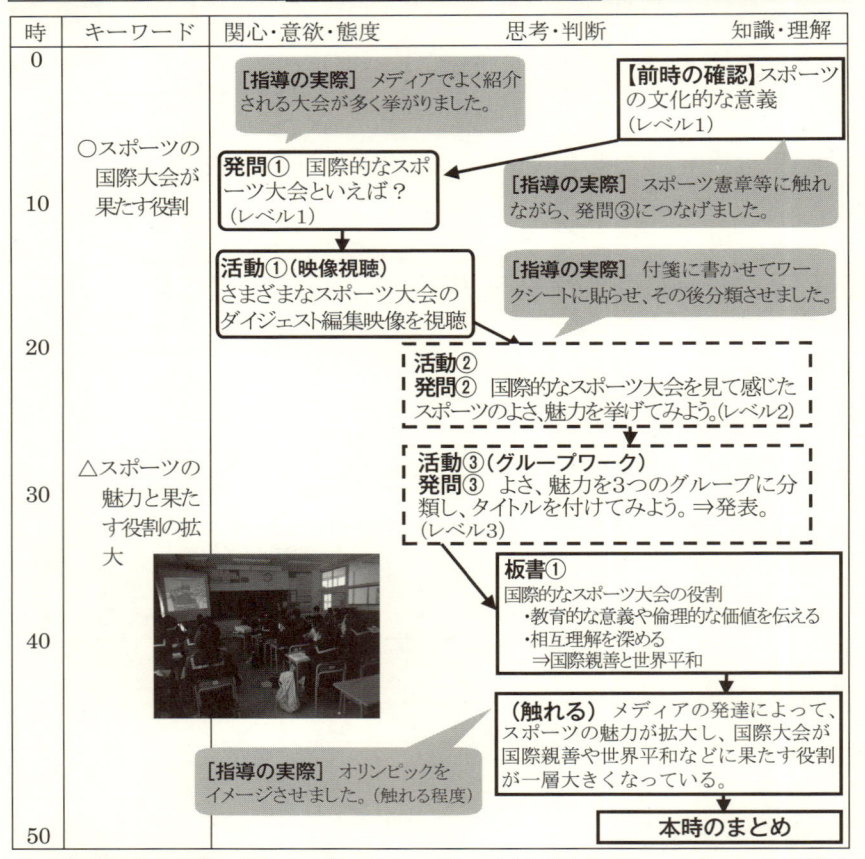

※　発問と思考・判断のレベルの確認表

レベル1	情報の確認、要約	レベル4	情報の再考、推察、組合せ
レベル2	情報の解釈、拡散的思考	レベル5	結論、評価、提案
レベル3	情報の絞り込み、条件選択		

3 学習資料(ワークシート等)の工夫

発問① 知っている国際的なスポーツ大会を書こう！ (制限時間60秒！)

今やってるよね〜。今年はアレも・・・。
夏季・冬季オリンピック　ワールドカップサッカー　WBC　ホノルルマラソン
世界選手権　アジア選手権　パラリンピック　UEFAカップ　世界陸上
フィギュアスケート　テニスグランドスラム　世界水泳

活動②（発問②） 「発問①の国際大会を見て感じた、スポーツの『よさ』『魅力』をできるだけ沢山挙げてみよう！　⇒　付箋に書いて貼る

↓

活動③（発問③） 発問②を3つに分類し、それぞれにタイトルを付けてみよう！
※枠の中の＜　＞に記入しよう。

＜〇教育的な意義＞	＜◇倫理的な価値＞	＜☆人々の相互理解＞
〇努力することの大切さ 〇協力すると成果をあげられる 〇フェアであること 〇相手選手をリスペクトする 〇大会をめざして努力することの大切さ 〇体や心が鍛えられる ・・・	◇正々堂々とプレーする ◇フェアプレーの精神 ◇ノーサイドの精神 ◇国際平和に貢献 ◇ルールの尊重 ・・・	☆団結できる ☆他国の人とスポーツを通して友情が芽生える ☆仲間と交流ができる ・・・

★実践者よりアドバイス
教師が行うグループ分けを見ながら、そこに入るキーワード（タイトル）を考えさせるとよいでしょう。

板書①

国際的なスポーツ大会が果たしている役割をまとめると・・・

国際的なスポーツ大会は・・・
〇『　　教育的な意義　　』⎫
◇『　　倫理的な価値　　』⎬を伝える。
☆『　　人々の相互理解　　』⎭を深める。

国際親善　世界平和　に大きな役割を果たしている！

→　例えば「オリンピック憲章」の理念の実現

4 まとめ

国際的なスポーツ大会などは、人々に勇気や感動を与えてくれます。国際親善や世界平和のためにも、もっと世界の国々に広がるとよいですね。

3時間目　単元名：「ウ 人々を結びつけるスポーツの文化的な働き」

1 本時の進め方

本時は中学校体育理論のまとめの時間です。これまでの学習を含めて、スポーツの価値（文化的な働き）について、まとめます。9時間の座学の授業を通して、「スポーツ」を多角的に捉えられるようになると良いですね。

2 本時の構想（授業の流れ）

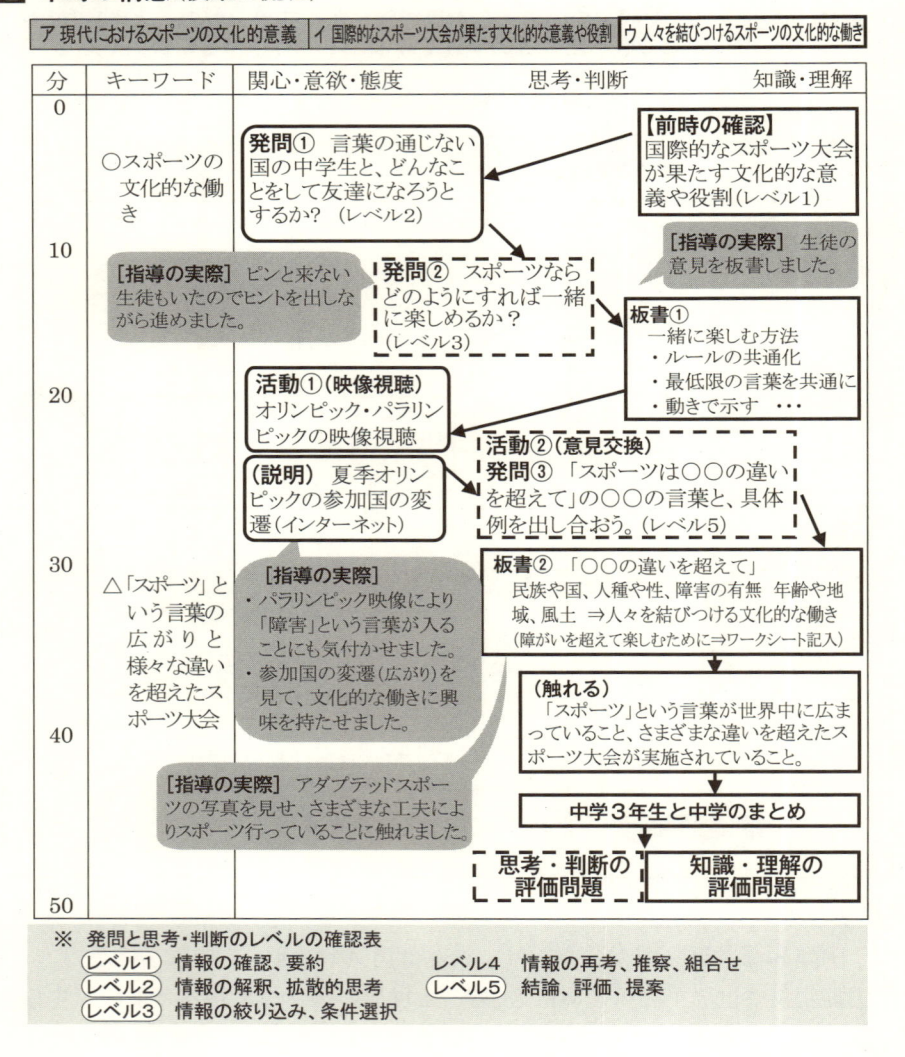

		ア 現代におけるスポーツの文化的意義	イ 国際的なスポーツ大会が果たす文化的な意義や役割	ウ 人々を結びつけるスポーツの文化的な働き
分	キーワード	関心・意欲・態度	思考・判断	知識・理解

0分〜

○スポーツの文化的な働き

【前時の確認】国際的なスポーツ大会が果たす文化的な意義や役割（レベル1）

発問① 言葉の通じない国の中学生と、どんなことをして友達になろうとするか？（レベル2）

[指導の実際] ピンと来ない生徒もいたのでヒントを出しながら進めました。

10分〜

[指導の実際] 生徒の意見を板書しました。

発問② スポーツならどのようにすれば一緒に楽しめるか？（レベル3）

板書①
一緒に楽しむ方法
・ルールの共通化
・最低限の言葉を共通に
・動きで示す　…

20分〜

活動①（映像視聴）
オリンピック・パラリンピックの映像視聴

活動②（意見交換）
発問③「スポーツは○○の違いを超えて」の○○の言葉と、具体例を出し合おう。（レベル5）

（説明） 夏季オリンピックの参加国の変遷（インターネット）

30分〜

△「スポーツ」という言葉の広がりと様々な違いを超えたスポーツ大会

[指導の実際]
・パラリンピック映像により「障害」という言葉が入ることにも気付かせました。
・参加国の変遷（広がり）を見て、文化的な働きに興味を持たせました。

板書②「○○の違いを超えて」
民族や国、人種や性、障害の有無　年齢や地域、風土　⇒人々を結びつける文化的な働き
（障がいを超えて楽しむために⇒ワークシート記入）

（触れる）
「スポーツ」という言葉が世界中に広まっていること、さまざまな違いを超えたスポーツ大会が実施されていること。

40分〜

[指導の実際] アダプテッドスポーツの写真を見せ、さまざまな工夫によりスポーツ行っていることに触れました。

中学3年生と中学のまとめ

思考・判断の評価問題　｜　知識・理解の評価問題

50分

※ 発問と思考・判断のレベルの確認表
- レベル1　情報の確認、要約
- レベル2　情報の解釈、拡散的思考
- レベル3　情報の絞り込み、条件選択
- レベル4　情報の再考、推察、組合せ
- レベル5　結論、評価、提案

第6章 楽しい授業にチャレンジ　207

3 学習資料（ワークシート等）の工夫

スポーツは○○の違いをこえて
発問①　もしも言葉の通じない国の中学生と会ったらどんなことをして友達になろうとするか？

> 遊ぶ、テレビゲーム、ポータブルゲーム、とにかく英語を試してみる、スポーツ、ダンス、食べ物をあげる、歌を歌う、絵を描いてみる、とにかく笑いかける　…

発問②　スポーツならどのようにすれば、一緒に楽しめるでしょうか？

> やり方をみせる
> ルールを共通に
> ルールの言葉を共通に

★**実践者よりアドバイス**
「バスケのシュートは1本2点だと思っていても向こうが1点だと思っていたら？」「野球の国際大会の審判の言葉は何語？　柔道は何語？」などとヒントを出しながら進めましょう。

活動①（映像視聴）　オリンピックの映像・パラリンピックの映像（総集編を短く編集したもの）
（説明）　夏季オリンピック参加国の変遷
　　　参照 http://www.geocities.jp/flash_okiba4/olympic/olympic2.html

板書②　隣の人と相談しよう

　　　スポーツは ｛ 国、宗教、肌の色、心情、信条
　　　　　　　　　言葉、体格、性別、年代、年齢、
　　　　　　　　　今敵国かどうか、障害 ｝ の違いをこえて

…障害を超えてスポーツを楽しむために
　バスケ…　（車いす）の工夫、（ルール）の工夫、（障害の重さ）に点数をつける
　陸上…　（車いす）の工夫、（義足）の進歩、（協力者）の存在、　など
　　　視覚障害陸上⇒踏切線を太く、跳躍の合図を出す協力者、短・長距離の伴走者
★アダプテッド・スポーツ
　⇒（　誰　）でも（　参加　）しやすいように修正したスポーツ

4 まとめ

(1) 単元のまとめ

　スポーツの文化的な働きのうち、「民族や国、人種や性、障害の違い」などを越えて人々を結びつけていることが理解できたかな？　こうした働きが国際親善や世界平和に役立っているんだね。スポーツはすばらしいね。

(2) 中学で学習したことの総まとめ

　中学校では1年生のときにスポーツが多様であること、2年生のときに運動やスポーツの意義や効果など、そして3年生で文化としてのスポーツの意義について学習しました。生涯にわたって楽しくスポーツを行っていくためには、他から機会を与えられて行うだけでなく、人はなぜスポーツを行うのか、各年代における多様な楽しみ方・学び方をしっかりと理解し、豊かなスポーツライフを自ら築く力をつけることが大切なんだね。

ウ．評価問題例
＜知識・理解の設問例＞

1. 次の文は、スポーツが人々に提供する3つの機会です。各中の①～③に適する言葉を書いてください。
   ・健やかな（　①　）を育むことができる機会
   ・豊かな（　②　）を図ることができる機会
   ・伸びやかな（　③　）をすることができる機会

①	②	③

2. スポーツの国際大会は、メディアを通じてスポーツの楽しさを伝えるだけでなく、大きく2つの役割を果たしていることを学びました。一つは「国際親善」、もう一つは何か。漢字4文字で書いてください。

3. スポーツは様々な"違い"を乗り越えて人々を結びつけています。この"違い"とはどのようなものがあるか、できるだけたくさん挙げてください。

＜思考・判断の設問例＞

4. 学習した現代生活におけるスポーツの文化的意義を踏まえて、あなたのこれからの生活にスポーツをどのように取り入れられるか考えてみましょう。（文化的意義で学習した文化的意義のキーワードの視点から説明してみよう）

＜知識・理解の解答例＞

1.

| ① | 心　身 | ② | 交　流 | ③ | 自己開発 |

2.

| 世界平和 |

3.

| 民族、国（籍）、人種、性別、障害の有無・・・ |

＜思考・判断の解答例＞

評価マトリックス（評価の視点と判断の目安）

キーワード ＼ 分析の視点	○自己の状況を踏まえて記述する ○実行可能性の高い具体が示されている		
	上記の視点で記載	いずれかの視点	記載が不十分
「①健やかな心身、②豊かな交流、③伸びやかな自己開発」の三つの視点で記述している。	A○	A	B
上記の一部の視点で記述している。	A	B	C
上記の視点を用いず記述している。	B	C	C△

4. （A○の例）

（例1）
　運動は得意ではないのですが、いきいきと過ごすためには健やかな心身を保つことが大切だと知りました。また、授業で行ったダンスでは仲間と意見を交換してすてきな作品をつくることができたので、高校の授業でもこの体験を大切にして仲間と自分を出し合って豊かな交流ができるよう取り組みたいです。音楽に合わせて仲間と動きが決まったときに今までに味わえなかった感動がありました。
　できないとあきらめずに取り組むことで、伸びやかな自己開発につながったのだと思います。これからもスポーツを通して自分自身の成長にも役立てたいです。

（例2）
　高校でも運動部（水泳部）に入るつもりなので、部の練習を通じて技術・体力はもちろん、精神力も今以上に鍛え、心身ともに成長したい。（健やかな心身）また、そうすることで、自分の目標である全国大会出場を果たしたい。（伸びやかな自己開発）強くなれば全国のチームと交流する機会ができるので、競技会等を通じてより友達の輪を広げていきたい。（豊かな交流）

エ. 授業工夫のための資料
○中3-ア 「楠野家のスポーツテーマ」

『スポーツ家族……楠野家の場合』
☆楠野家は次のような家族構成の一家です。この楠野家をスポーツ一家にしよう！
☆グループで担当を2人ずつ決めて考えよう。スポーツの文化的な意義を参考に！

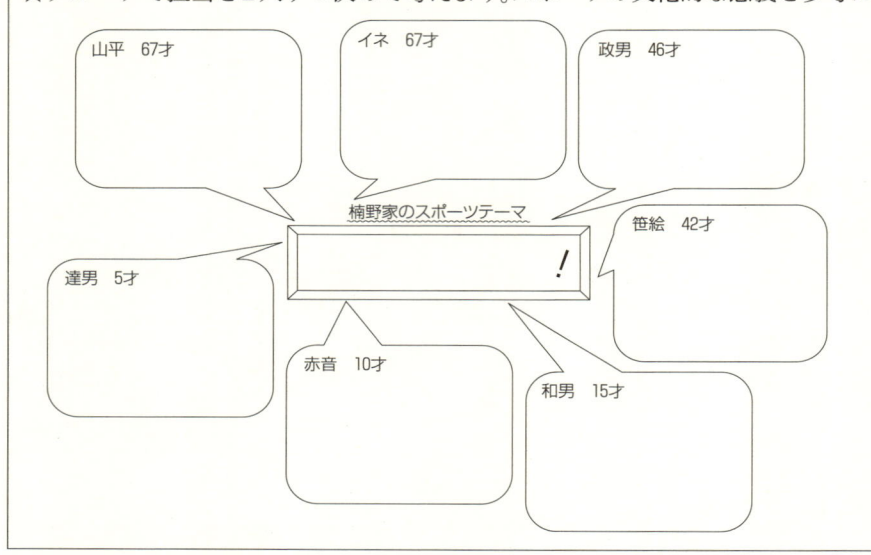

- 山平 67才
- イネ 67才
- 政男 46才
- 笹絵 42才
- 達男 5才
- 赤音 10才
- 和男 15才

楠野家のスポーツテーマ
！

○中3-イ ユースオリンピックの紹介

　国際オリンピック委員会会長のジャック・ロゲが提案し、2010年から始めた新しい国際大会。同大会には14歳以上18歳以下のアスリートのみが参加でき、①若者層のスポーツ離れを食い止めること、②オリンピズム（五輪精神）に触れ、アンチドーピングや環境問題等についての教育や選手同士はもちろん五輪メダリストや開催都市の市民との交流の場を提供することを開催の目的にしている。夏季大会の第1回は2010年にシンガポールで、冬季は2012年のインスブルック（オーストリア）大会から始まり、各々4年ごとに開催され、夏季・冬季の五輪開催年の中間年に行われる。

第1回ユースオリンピック競技大会（2010年シンガポール）に向けて行われた選手団交流会の様子。参加する選手たちはオリンピックメダリストやトップアスリートを囲んで、さまざまな話をしたり、事前にアンチドーピングについて学んだりした。

○中3-ウ　パラリンピックの紹介

　国際パラリンピック委員会(International Paralympic Committee：IPC)が4年に1回、オリンピックと同じ年に同じ場所で主催する身体障害のある者の国際スポーツ大会。障害の度合いに応じた階級が存在し、競技ごとの障害を表す記号＋度合いを表す数字で競技名が表現されている。この大会の起源は、1948年のイギリス、ストーク・マンデビル病院で行われたストーク・マンデビル競技大会とされる。この病院の医師、ルートヴィヒ・グットマンが第二次世界大戦で負傷した兵士たちへのリハビリテーションとして「手術よりスポーツを」という提唱し、さまざまな競技会が始まった。パラリンピックとは、半身の不随(paraplegic)＋オリンピック(Olympic)を合わせた造語だが、半身不随者以外の選手も参加するようになり、長い間オリンピックと類似する名称を用いることに難色を示していた国際オリンピック委員会(IOC)が使用を正式に認め、1988年ソウル大会からオリンピックと並行した・類似した(Parallel)＋オリンピック(Olympic)として意味合いをもたせ、「もう一つのオリンピック」と解釈されることになった。さらに、2000年のシドニーオリンピック時にIOCとIPCで協定が結ばれ、オリンピック開催都市でのパラリンピック開催は正式に義務となるとともに、2004年のアテネ大会からは夏季オリンピックと共同の開催組織委員会が運営するようになった。日本では、日本オリンピック委員会(JOC)は文部科学省管轄だが、日本パラリンピック委員会(JPC)は厚生労働省管轄である。

　なお、聴覚障害のある者には「デフリンピック」、知的障害や精神障害のある者には競技ごとのワールドカップ、知的発達障害のある者にはスペシャルオリンピックスという国際競技大会が行われている。

■夏季大会

回	開催地(国名)	開催年
1	ローマ(イタリア)	1960
2	東京(日本)	1964
3	テルアビブ(イスラエル)	1968
4	ハイデルベルク(西ドイツ)	1972
5	トロント(カナダ)	1976
6	アーヘン(オランダ)	1980
7	ニューヨーク(アメリカ)　アイレスベリー(イギリス)	1984
8	ソウル(韓国)	1988
9	バルセロナ(スペイン)	1992
10	アトランタ(アメリカ)	1996
11	シドニー(オーストラリア)	2000
12	アテネ(ギリシャ)	2004
13	北京(中国)	2008
14	ロンドン(イギリス)	2012 予定
15	リオデジャネイロ(ブラジル)	2016 予定

■冬季大会

回	開催地(国名)	開催年
1	エーンシェルドスピーク(スウェーデン)	1976
2	ヤイロ(ノルウェー)	1980
3	インスブルック(オーストリア)	1984
4	インスブルック(オーストリア)	1988
5	アルベールヴィル(フランス)	1992
6	リレハンメル(ノルウェー)	1994
7	長野(日本)	1998
8	ソルトレイク(アメリカ)	2002
9	トリノ(イタリア)	2006
10	バンクーバー(カナダ)	2010
11	ソチ(ロシア)	2014 予定

オ．授業を終えた実践者からのアドバイス

○1・3時間目実践者：宮本乙女先生からのアドバイス

グループでブレインストーミングを行う時には4人組が、最も意見を出し合いやすいと思います。色画用紙などが用意できると楽しく行えます。難しい言葉や概念は、なかなか生徒から出ないと思いますので、ヒントを出しながら進めましょう。

○2時間目実践者：髙木健先生からのアドバイス

スポーツから「世界平和」を導き出すのは難しいと思います。まずは同じチームの友達と、次は他のチームの友達と、スポーツを通してどのような関係にあるのかを考えさせて、「その関係が世界に広がったら…？」とつなげていくとよいと思います。

（3）高等学校の授業にチャレンジしよう
①高等学校1年＜スポーツの歴史・文化的特性や現代のスポーツの特徴＞
ア．単元構造図

①単元名	②指導内容の概要	③学習指導要領の内容	④学習指導要領解説の記載内容	⑤具体的指導項目	⑦発問や学習活動のイメージ
（1）スポーツの歴史、文化的特性や現代のスポーツの特徴について理解できるようにする。	スポーツは、人類の歴史とともに始まり、その理念が時代に応じて変容してきている。また、我が国から世界に普及し、発展しているスポーツがあること。	スポーツは、世界各地で日常の遊びや労働などの生活から生まれ、次第に発展し、今日に至っていること、歴史的な変遷を経て、現代では、競技だけでなく、体操、武道、野外運動、ダンスなど広く身体表現や身体活動を含む概念として、スポーツが用いられるようになってきていることを理解できるようにする。また、我が国から世界に普及し、発展している日本発祥のスポーツがあることを理解できるようにする。なお、現代のオリンピック競技種目の多くは、19世紀にイギリスで発祥してきたことについても触れるようにする。	○スポーツの誕生、発展 ○スポーツの概念 ○諸外国に普及、発展している日本発祥のスポーツ △現代オリンピック競技種目の発展	確認 中学校での学習の確認 オリエンテーション 体育理論の学習について 板書① スポーツはどのように生まれ、どのように発展してきたか？ 板書②（説明）スポーツの誕生と発展 活動①（意見交換）現代においてスポーツとして取り扱われているものを、グループで話し合いながらすぐに書き出してみよう。 活動②（グループワーク） 発問① そのスポーツを主な特徴や魅力に応じて分類してみよう。 板書③ スポーツの概念 発問④ 日本発祥のスポーツを挙げ、そのうち諸外国に広がって発展しているスポーツにはどのようなものがあるか。 板書④ 日本発祥のスポーツ （触れる）オリンピック競技種目の発展 本時のまとめ
	スポーツの技術や戦術、ルールは、用具や用品の改良によって変わり続けていること、特に現在では、テレビやインターネットなどのメディアの発達によって大きく影響を受けていることを理解できるようにする。その際、用具等の改良やメディアの発達は、記録の向上を促したり、人々にとってスポーツがより身近になったりする反面、ルールを変えたりスポーツの商品化を促したりするとともに、時には、スポーツそのものを歪める可能性があることについても触れるようにする。	○スポーツの変化とメディアの影響 △スポーツを歪める可能性	発問① 変化したスポーツを知っているか？ ⇒ 運動部員へのインタビュー 板書① スポーツの技術・戦術・ルールは変化し続けている。 活動①（グループディスカッション、ワークシート） 発問② 技術や戦術、ルールが変わった理由を理由は何だろうか？ 発問③ 最近のルール改正の特徴はどんなことか？ 板書② 変化の要因 活動②（グループディスカッション、発表） 発問④ 用具・用品の改良やメディアの発達がスポーツに及ぼす影響について、まとめてみよう。 板書③ メディアの発達がスポーツに及ぼす影響・スポーツをより身近にする ⇒ 見るスポーツの発展 （触れる）用具の改良やメディアの発達等は、時にはスポーツそのものを歪める可能性がある。 本時のまとめ
	現代のスポーツは、国際親善や世界平和に大きな役割を果たしており、代表的なものにオリンピックムーブメントがあること。また、ドーピングは、フェアプレイの精神に反するなど、能力の限界に挑戦するスポーツの文化的価値を失わせること。	現代のスポーツは、国際親善や世界平和に大きな役割を果たしており、代表的なものにオリンピックムーブメントがあることをオリンピック競技大会を通して、人々の友好を深め世界の平和に貢献しようとする運動であることを理解できるようにする。 競技会での勝利によって賞金などの報酬が得られるようになったことなどに伴い、ドーピング（禁止薬物使用等）が起こるようになったこと、ドーピングは不当に勝利を得ようとするフェアプレイの精神に反する不正な行為であり、能力の限界に挑戦するスポーツの文化的価値を失わせる行為であることを理解できるようにする。	○現代スポーツが、国際親善や世界平和に果たす役割 ○オリンピックムーブメント ○ドーピングの背景 ○ドーピングはスポーツの文化的価値を失わせる行為 △ドーピングによる重大な健康被害	活動（映像視聴）オリンピックの試合後健闘を讃え合う等の映像を含んだ総集編の視聴 発問① 競技以外の場面で印象に残った場面を挙げてみよう。また、その場面に心を動かされた理由をまとめよう。 板書① スポーツの役割とオリンピック 活動②（資料を読む）IOCとJOCの理念と活動の資料 発問② オリンピズムとは何か？ 資料からまとめてみよう。 板書② オリンピズムとは、オリンピック・ムーブメントとは。 本時のまとめ 発問① ドーピングとはどのような行為だと思うか？ 板書① ドーピングとは 説明 PCスライドを使用してドーピングの事例を紹介 活動①（グループディスカッション・発表） 発問② ドーピングはなぜいけないのか？ 板書② 生徒の回答（発表内容を板書） 活動②（グループディスカッション） 発問③ ドーピングが行われる理由、背景について予想してみよう。 説明（発表内容の整理・板書）ドーピングの理由・背景と、防止策 本時のまとめ（板書④）ドーピングについてフェアプレイに反し、スポーツの文化的価値を失わせる行為。
	現代のスポーツは、経済的な波及効果も大きく、スポーツ産業が経済の中で大きな影響を及ぼしていること。	現代におけるスポーツの発展は、例えば、スポーツ用品、スポーツに関する情報やサービス、スポーツ施設などの広範な業種から構成されるスポーツ産業を発達させたことで、現代のスポーツ産業は経済に大きな影響を及ぼしていることを理解できるようにする。その際、スポーツに関連した様々な職業があることについても触れるようにする。	○スポーツの発展とスポーツ産業 ○スポーツ産業の経済的な効果 △スポーツに関連した職業	発問① 経済のグラフをみて、どう思いますか？（する、見る、支えるの視点で） 発問② スポーツ（体育を含めて）に関する職業についてどう思っているか？ 活動①（連想図の作成） 発問③ 「スポーツ」を中心にして、職業相関図を描いてみよう。 発問④ 完成した相関図からスポーツにはどのような広がりがあるのか分析してみよう。 発問⑤ スポーツに関する3つのキーワード（する、みる、ささえる）から、スポーツに関する産業を整理して書き出してみよう。 板書① 現代におけるスポーツの発展は、広範な業種から構成されるスポーツ産業を発達させている。 本時のまとめ 活動①（映像視聴）スポーツまたはスポーツ選手がかかわるCM 活動②（ワークシート） 発問① スポーツ活動やスポーツイベントを例に、スポーツに関する経済的効果を表にしてみよう。 発問② 作成した表からスポーツはどのような経済的効果を生み出していると考えるか？ 板書②（ワークシート）スポーツ産業の経済活動への影響 本時のまとめ 1年生のまとめ 評価問題

⑤内容の取扱い
1 「H体育理論」は、各年次において、すべての生徒に履修させるとともに「各科目にわたる指導計画の作成と内容の取扱い」に、授業時数を各年次で6単位時間以上を配当することとしている。このことは、基礎的な知識は、意欲、思考力、運動の技能などの源となるものであり、確実な定着を図ることが重要であることから、各領域に共通する内容や、まとまりで学習することが効果的な内容に精選するとともに、中学校との接続を踏まえ、十分な定着が図られるよう各年次で単位時間以上の配当とした。また、指導内容の難易度を踏まえ、事例などを用いたディスカッションや課題学習などを各学校の実態に応じて取り入れることができるように配慮したためである。これらの点を十分考慮した指導計画を作成する必要がある。
2 入学年次においては、(1)スポーツの歴史、文化的特性や現代のスポーツの特徴を、その次の年次においては、(2)運動やスポーツの効果的な学習の仕方をそれぞれ取り上げることとし、入学年次の次の年次以降においては、(3)豊かなスポーツライフの設計の仕方をそれぞれ取り上げることとする。

第6章 楽しい授業にチャレンジ 213

イ．各単元の学習の流れ
１時間目　単元名：「ア スポーツの歴史的発展と変容」

１ 本時の進め方

　高等学校で初めて行う体育理論の授業です。一つの運動に限定した歴史的変化を取り扱うのではなく、スポーツが遊びから、時代背景や人々の思いとともに変化してきていることを学習します。同時に日本発祥のスポーツを大切にする意義についても触れます。

２ 本時の構想（授業の流れ）

ア スポーツの歴史的発展と変容	イ スポーツの技術、戦術、ルールの変化
ウ オリンピックムーブメントとドーピング	エ スポーツの経済的効果とスポーツ産業

時	キーワード	関心・意欲・態度	思考・判断	知識・理解
0			【中学校での学習の確認】【オリエンテーション】⇒ 中学校では、スポーツが楽しさと必要性から発展したこと。	
	○スポーツの誕生、発展		発問① スポーツはどのように生まれ、どのように発展してきたか？（レベル２）	板書①（説明）・日常の遊びや労働から生まれた。・スポーツの語源：deportare 気晴らし・楽しむ・遊ぶ…（スポーツの発展：プリント記入）
10	○スポーツの概念		活動①（意見交換）発問② 現代においてスポーツとして取り上げられているものを、グループで話し合いながらすべて書き出してみよう。（レベル２）	
20		[指導の実際]「テレビゲームのようなバーチャルスポーツはありか？それはなぜか？」とつっこむと活発になります。	活動②（グループワーク）発問③ そのスポーツを主な特性や魅力に応じて分類してみよう。（レベル３）	[指導の実際] ワークシートの表を、説明をしながら埋めて行くようにしました。 板書② 現代におけるスポーツの概念
30	○諸外国に普及、発展している日本発祥のスポーツ		発問④ 日本発祥のスポーツを挙げ、そのうち諸外国に広がって発展しているスポーツにはどのようなものがあるか？（レベル１）	板書③ ・日本発祥のスポーツ 柔道・剣道・相撲… ⇒諸外国への広がり 柔道、競輪はオリンピック種目になった。（統一ルールの整備）
40	△現代オリンピック競技種目の発展			（触れる）現代のオリンピックの競技種目の多くは19世紀にイギリスで発祥し発展してきたこと。
50			[指導の実際] 発展する理由を考えることで、発展の要因に気付かせるように促しました。	本時のまとめ

※ 発問と思考・判断のレベルの確認表
- レベル１　情報の確認、要約
- レベル２　情報の解釈、拡散的思考
- レベル３　情報の絞り込み、条件選択
- レベル４　情報の再考、推察、組合せ
- レベル５　結論、評価、提案

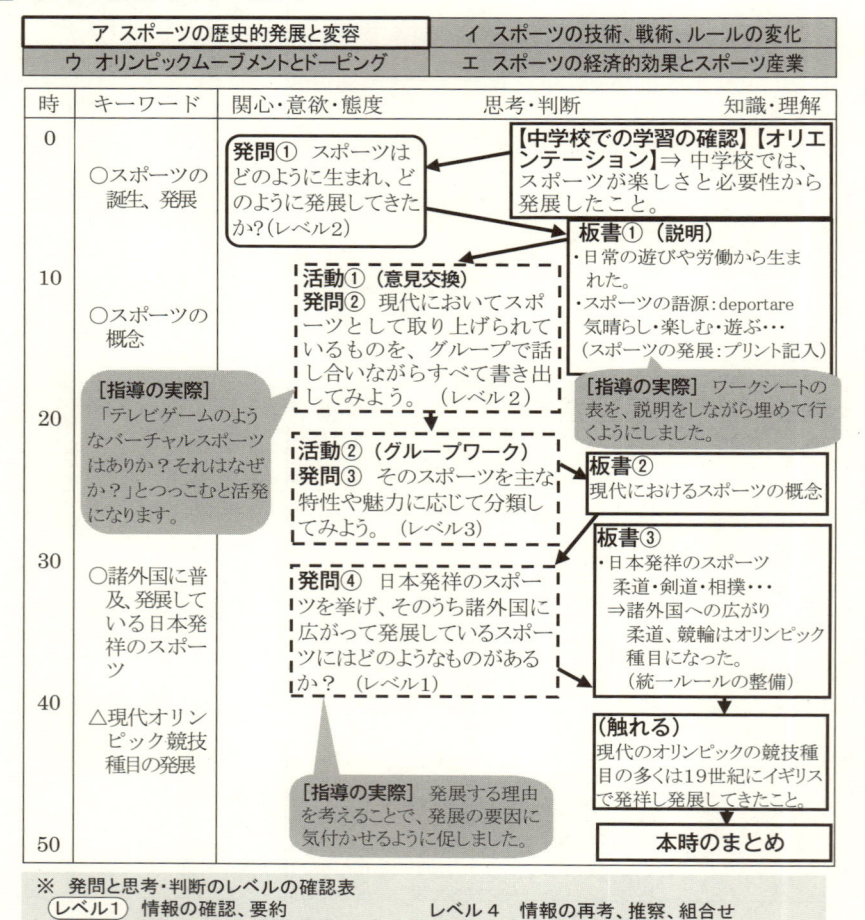

第6章 楽しい授業にチャレンジ　215

3 学習資料（ワークシート等）の工夫

発問①　スポーツはどのように生まれ、どのように発展してきたか？

　　日常の（遊び）や（労働）、（祭事）などから発展
　　語源：deportare：移動すること ⇒ 気晴らし・休憩・楽しむ・遊ぶ

	行われていたスポーツ	行っていた時間,場所,人	特徴的なルール	目的
① 古代	競走、槍投げ、円盤投げ、レスリング、動物スポーツ、健康体操	選手	試合前に神に祈りと供え物を捧げる 土地に密着したルール	運動不足対策 祝祭
② 中世	ストリートフットボール	住民	土地に密着したルール	エリートの育成
③ 近代	近代スポーツ種目	競技場 選手	競争を全面に押し出す プレーできる場所と人数の制限 安全性の確保、国際ルール	生活を豊かに

活動①（発問②）　現代においてスポーツとして取り上げられているものを、グループで話し合いながらすべて書き出してみよう。（意見交換）

> 陸上競技・キャンプ・ダンス・スキー・競泳・バレーボール・サッカー・バスケットボール・ウォーキング・水泳・武道・ハンドボール・体操・エアロビクス・・・

⬇

活動②（発問③）　主な特性や魅力に応じて分類してみよう。（グループワーク）
（例：勝敗を競うため、健康のため、表現活動のため）

	主な特性や魅力	スポーツの種類
①	勝敗を競う（競技）	陸上競技・水泳・バレーボール・柔道・スキーアルペン・・・
②	健康の保持増進	ウォーキング・水泳・体操・エアロビクス・歩くスキー
③	表現・ダンス活動	ダンス
④	野外活動	キャンプ・スキー
⑤	武道	柔道・剣道・すもう・

★実践者からのアドバイス
体を使う活動なのか、国際的な競技団体が必要か？　いろいろなアプローチができますね。

＜現代におけるスポーツの概念＞

現代におけるスポーツは、単に（勝敗を競う）ものだけでなく、（健康の保持増進）、（体力の向上）、（表現活動）、（自然体験）など（多様な目的）の下に行われるものである。

発問④　日本発祥のスポーツを挙げてみよう！

（日本発祥のスポーツ）諸外国に広がり現在オリンピック種目になっているものを○で囲もう。
柔⓪道・剣道・相撲・ソフトテニス・軟式野球・競⓪輪・駅伝・

4 まとめ

　高等学校では、中学校のおおまかな発展の流れから、時代背景によってスポーツの必要性が変化してきたことや、スポーツにはさまざまな特性や魅力があること、日本発祥のスポーツもあることが理解できたかな？　学んだことを高等学校での運動領域の種目選択に生かせるようにしようね。

2時間目　単元名：「イ スポーツの技術、戦術、ルールの変化」

1 本時の進め方

スポーツの技術や戦術、ルールが特性に応じた楽しみ方の変化や時代が求めるスポーツの期待によって変わり続けていることを学びます。そこには、肯定的な要因だけでなくさまざまな経済的な要因等が絡み、スポーツに対するモラルが大切となっていることも考えさせます。

2 本時の構想（授業の流れ）

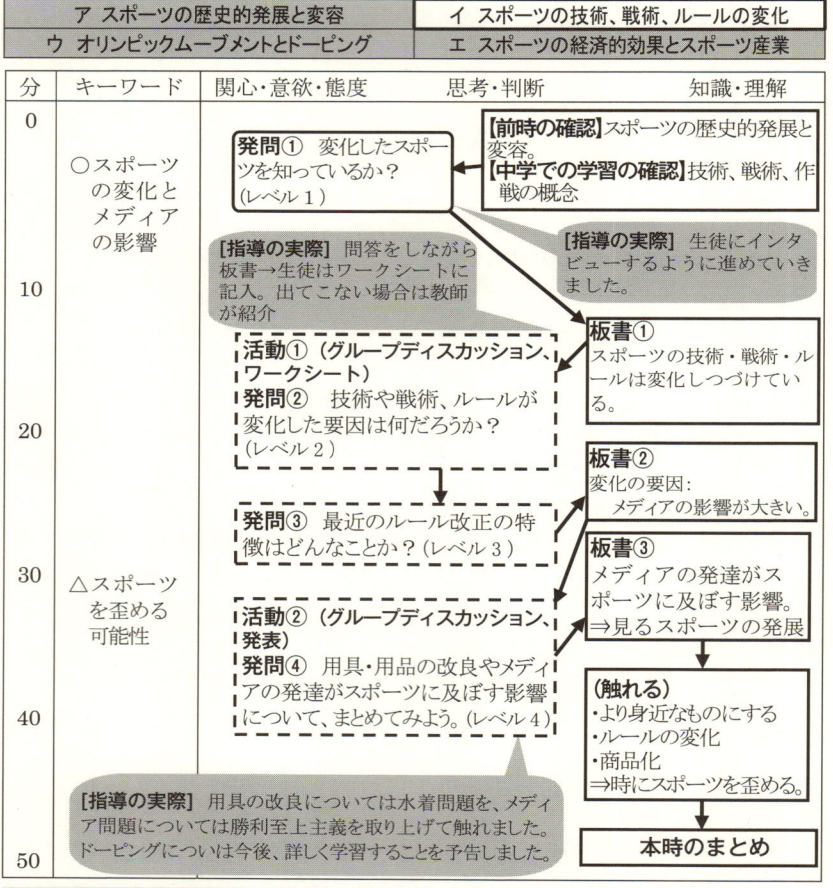

ア スポーツの歴史的発展と変容	イ スポーツの技術、戦術、ルールの変化
ウ オリンピックムーブメントとドーピング	エ スポーツの経済的効果とスポーツ産業

分	キーワード	関心・意欲・態度	思考・判断	知識・理解
0	○スポーツの変化とメディアの影響	発問① 変化したスポーツを知っているか？（レベル1）		【前時の確認】スポーツの歴史的発展と変容。 【中学での学習の確認】技術、戦術、作戦の概念
10		[指導の実際] 問答をしながら板書→生徒はワークシートに記入。出てこない場合は教師が紹介		[指導の実際] 生徒にインタビューするように進めていきました。
				板書① スポーツの技術・戦術・ルールは変化しつづけている。
20		活動①（グループディスカッション、ワークシート） 発問② 技術や戦術、ルールが変化した要因は何だろうか？（レベル2）		
				板書② 変化の要因： メディアの影響が大きい。
30	△スポーツを歪める可能性		発問③ 最近のルール改正の特徴はどんなことか？（レベル3）	板書③ メディアの発達がスポーツに及ぼす影響。 ⇒見るスポーツの発展
40		活動②（グループディスカッション、発表） 発問④ 用具・用品の改良やメディアの発達がスポーツに及ぼす影響について、まとめてみよう。（レベル4）		（触れる） ・より身近なものにする ・ルールの変化 ・商品化 ⇒時にスポーツを歪める。
50		[指導の実際] 用具の改良については水着問題を、メディア問題については勝利至上主義を取り上げて触れました。ドーピングについては今後、詳しく学習することを予告しました。		本時のまとめ

※ 発問と思考・判断のレベルの確認表
- レベル1　情報の確認、要約
- レベル2　情報の解釈、拡散的思考
- レベル3　情報の絞り込み、条件選択
- レベル4　情報の再考、推察、組合せ
- レベル5　結論、評価、提案

3 学習資料（ワークシート等）の工夫

発問①　変化したスポーツを知っていますか？
（種目：バレーボール）→（どんなこと？：リベロっていう役割が出来た）
（種目：スキージャンプ）→（どんなこと？：板を平行からV字にした　　）
（種目：柔道　　　　　）→（どんなこと？：カラー柔道衣を採用した　　）
⇒スポーツの（技術）・（戦術）・（ルール）は変化しつづけている。

活動①（発問②）　技術や戦術，ルールが変化した要因は何だろうか？
（グループディスカッション）

種目など	どのように変化したか？	変化の要因
ソフトボール	ピッチングでウインドミル投法が開発され、スピードアップと変化球の球種が増えた。	技術の向上
スピードスケート	スケート靴がスラップ式になり、スピードアップとスケーティング技術が変化した。	用具の変化
陸上競技	グラウンドが全天候型になり、シューズピンの形状や走る技術が変化した。	施設の変更
バレーボール6人制	得点の仕方がサーブ制からラリーポイント制に変更した。	メディアからの要望。TV放映時間も一定
柔道	白い柔道衣に加えて青い柔道衣を導入した。	メディアからの要望。勝負の見やすさ

発問③　現代のルール改正の特徴は？

「見る」スポーツの発展
⇒　メディアの影響がある。

★実践者からのアドバイス
特に見栄えや試合時間などでメディアの影響をうけやすいことを説明するとよいでしょう。

活動②（発問④）　用具・用品の改良やメディアの発達がスポーツに及ぼす影響について、まとめてみよう。（グループディスカッション・発表）

用具等の改良やメディアの発達は、記録の向上を促したり、人々にとってスポーツをより身近なものにしたりする。
（以下は＜触れる＞内容）、ルールを変えたりスポーツの商品化を促したりするとともに、時には、スポーツそのものを歪める可能性がある。

4 まとめ

　スポーツの技術や戦術、ルールは、用具や用品、施設の改良によって変わり続けていること、メディアの発達が大きな影響を与えていることが理解できたかな？　スポーツをよりよく発展させていくためには、現在のスポーツがどのような理由でどのように変化していったかを知ることがとても大切なんだね。君たち一人ひとりがこれからのスポーツ発展の担い手です。

3時間目　単元名：「ウ オリンピック・ムーブメントとドーピング」（1/2）

1 本時の進め方
　この時間は、中学校で学習した国際的なスポーツ大会などが果たす文化的な意義や役割の学習を踏まえて、オリンピック・ムーブメントに焦点を当てます。オリンピック・ムーブメントは人々の友好を深め、世界の平和に貢献していることが実感できるように授業を進めましょう。

2 本時の構想（授業の流れ）

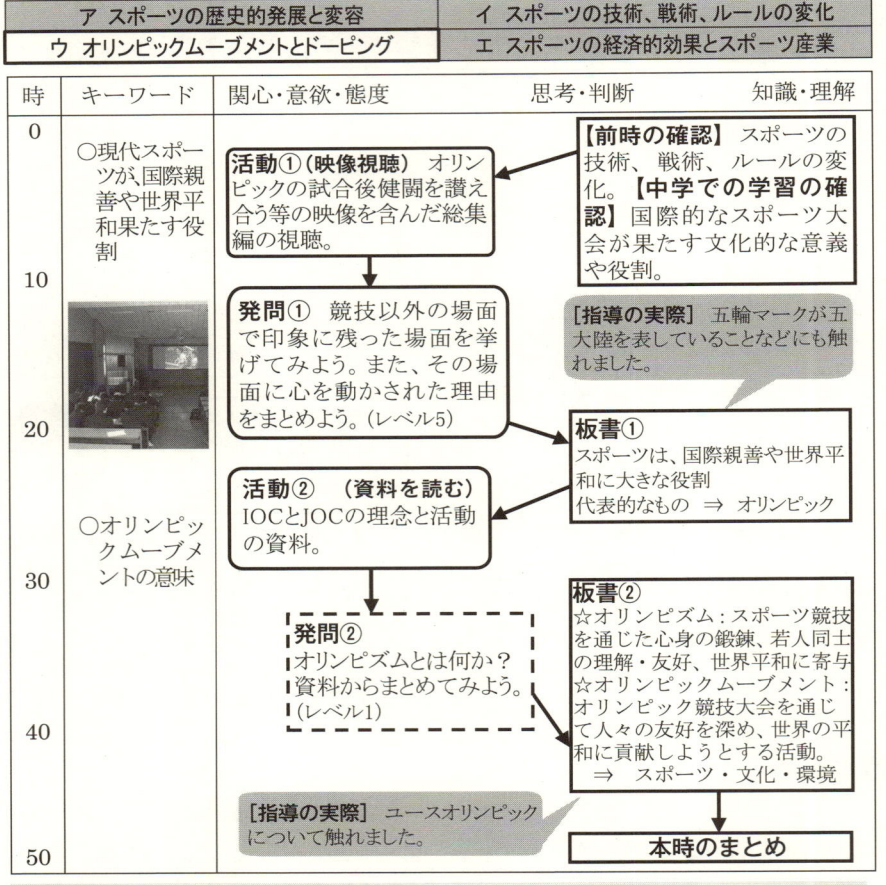

ア スポーツの歴史的発展と変容	イ スポーツの技術、戦術、ルールの変化
ウ オリンピックムーブメントとドーピング	エ スポーツの経済的効果とスポーツ産業

時	キーワード	関心・意欲・態度	思考・判断	知識・理解
0	○現代スポーツが、国際親善や世界平和果たす役割			【前時の確認】スポーツの技術、戦術、ルールの変化。【中学での学習の確認】国際的なスポーツ大会が果たす文化的な意義や役割。
10		活動①（映像視聴）オリンピックの試合後健闘を讃え合う等の映像を含んだ総集編の視聴。		
		↓		
		発問① 競技以外の場面で印象に残った場面を挙げてみよう。また、その場面に心を動かされた理由をまとめよう。（レベル5）	[指導の実際] 五輪マークが五大陸を表していることなどにも触れました。	
20				板書① スポーツは、国際親善や世界平和に大きな役割 代表的なもの ⇒ オリンピック
		活動② （資料を読む） IOCとJOCの理念と活動の資料。		
30	○オリンピックムーブメントの意味	↓		板書② ☆オリンピズム：スポーツ競技を通じた心身の鍛錬、若人同士の理解・友好、世界平和に寄与 ☆オリンピックムーブメント：オリンピック競技大会を通じて人々の友好を深め、世界の平和に貢献しようとする活動。⇒ スポーツ・文化・環境
40		発問② オリンピズムとは何か？ 資料からまとめてみよう。（レベル1）		
50		[指導の実際] ユースオリンピックについて触れました。		本時のまとめ

※ 発問と思考・判断のレベルの確認表
　レベル1　情報の確認、要約　　　　　　レベル4　情報の再考、推察、組合せ
　レベル2　情報の解釈、拡散的思考　　　レベル5　結論、評価、提案
　レベル3　情報の絞り込み、条件選択

3 学習資料（ワークシート等）の工夫

活動①　競技以外の場面に着目してオリンピックの映像をみてみよう。

〈メモ〉
★実践者からのアドバイス
映像が手元になければ、国際親善や世界平和につながるようなオリンピックのエピソード（ロス五輪柔道の山下選手の決勝戦、開会式等）をまとめたものでも可能です。

発問①　競技以外の場面で印象に残った場面と心を動かされた理由をまとめてみよう。

気になった場面	心を動かされた理由は？
㊟ 走り終えた後に抱き合う姿	㊟ 競い合った選手同士が健闘を称え合っているので。
敗者への惜しみない拍手	互いの選手のフェアプレイを認めたので。
すばらしいプレイへの歓声	国やチームを超えた一体感があったので。

※スポーツの役割とは何か？

　現代のスポーツは、（国際親善）や（世界平和）等の大きな役割を果たしており、代表的なものに（オリンピック）がある。

発問②　オリンピズムとは何か？　資料からまとめてみよう。

オリンピズムとは、スポーツによる青少年の健全育成と世界平和の実現を掲げた理念です。

★実践者からのアドバイス
JOCのホームページでは、オリンピック・ムーブメントに関するクイズが紹介されています。

※オリンピック・ムーブメントとは何か？

　（オリンピック競技大会）を通じて、人々の（友好を深め）、（世界の平和）に（貢献）しようとする活動である。

参考　IOC（国際オリンピック委員会）とは、（オリンピズム）とその諸価値に従い、スポーツを実践することで若者を（教育）し、（平和）でよりよい世界の建設に（貢献）することを目的とした組織。

4 まとめ

　人種や国境の壁を越えて、勇気と感動を共有することができる競技スポーツですが、オリンピック・ムーブメントをはじめとする活動などで心身の鍛練や世界平和、国際親善の推進にも貢献し、さらにその意義を高めているんだね。「参加することに意義がある」というこの理念を、皆さんのさまざまなスポーツ場面でも生かしていこうね。

4時間目　単元名：「ウ オリンピック・ムーブメントとドーピング」(2/2)

1 本時の進め方

本時は2時間続きの後半とし、ドーピングについて学ぶように設定しました。オリンピックなどの国際大会の発展の中で、賞金等の報酬が得られるようになると、ドーピングがますます行われるようになります。前時の学習を踏まえながら、ドーピングがスポーツの価値を失わせる行為であることについて考えます。

2 本時の構想（授業の流れ）

ア　スポーツの歴史的発展と変容		イ　スポーツの技術、戦術、ルールの変化
ウ　オリンピックムーブメントとドーピング		エ　スポーツの経済的効果とスポーツ産業

時	キーワード	関心・意欲・態度	思考・判断	知識・理解
0	○ドーピングの背景	発問①　ドーピングとはどのような行為だと思うか？（レベル1）		【前時の確認】オリンピックムーブメントについて（レベル1）
				板書①ワークシート記入 ドーピングとは「競技力向上」を目的とした禁止薬物・禁止方法の使用
10		説明① PCスライドを使用してドーピングの事例を紹介。		[指導の実際] 補助資料として、ドーピングの新聞記事を配付しました。
	△ドーピングによる重大な健康被害		活動①（グループディスカッション、発表）発問②　ドーピングはなぜいけないのか？（レベル1）	
20				板書②（発表内容の板書）・不公平・スポーツの価値が下がる・健康被害（副作用）など
	○ドーピングはスポーツの文化的価値を失わせる行為であること。		活動②（グループディスカッション、発表）発問③　ドーピングが行われる理由・背景について予想してみよう。（レベル4・5）	
30				説明②（発表内容の板書）（理由・背景）・勝利至上主義・国威発揚 ⇒国家ぐるみ・ビジネスチャンス　など（防止するためには）・厳しい規制・罰則・教育の充実　など
40		[指導の実際] ・発表内容を板書し、適宜教師も加筆しました。・WADAやJADAの活動にも触れました。		
50		[指導の実際] 前時のルールを守ることの意義とも合わせてまとめました。		板書③（本時のまとめ）ドーピングは、フェアプレイの精神に反し、スポーツの文化的価値を失わせる行為。

※ 発問と思考・判断のレベルの確認表

レベル1	情報の確認、要約	レベル4	情報の再考、推察、組合せ
レベル2	情報の解釈、拡散的思考	レベル5	結論、評価、提案
レベル3	情報の絞り込み、条件選択		

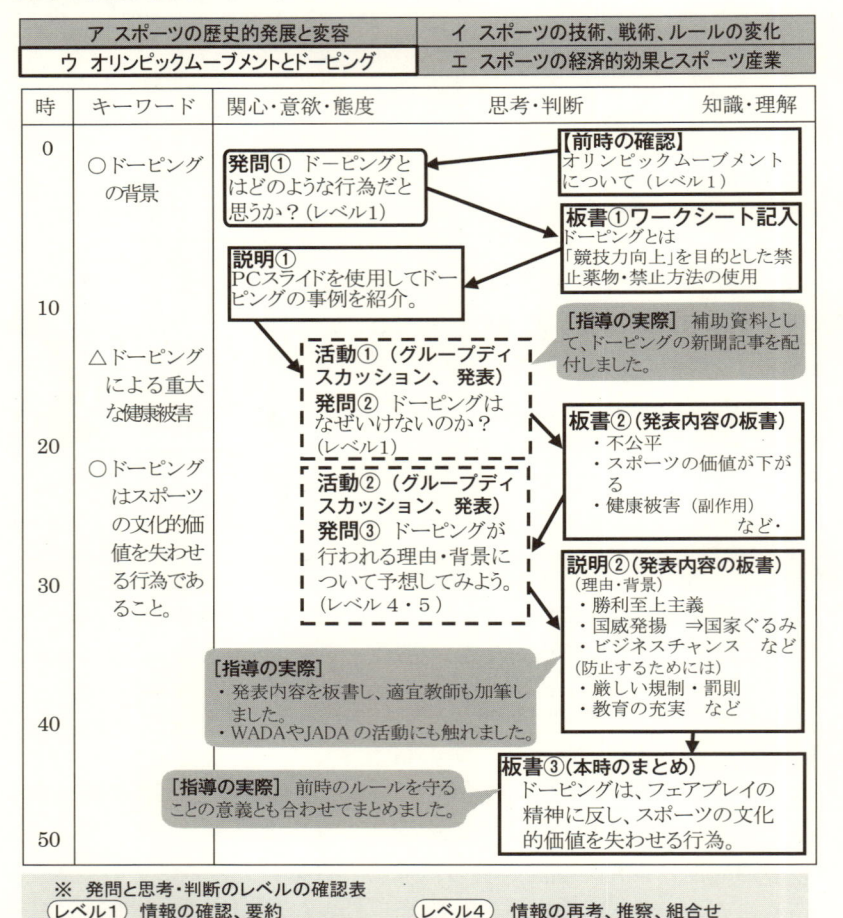

第6章 楽しい授業にチャレンジ　221

3 学習資料（ワークシート等）の工夫

発問① ドーピングとはなにか？

競技力向上を目的とした禁止薬物・禁止方法の使用

★実践者からのアドバイス
ドーピングについては、ユネスコの国際条約でも定義されています。巻末の資料をご参照下さい。

＜ドーピングの事例＞

禁止薬物	発覚防止	副作用
・興奮剤 ・麻薬性鎮痛剤 ・筋肉増強剤 　　　　　ほか	・利尿剤 ・尿のすりかえ 　　　　　ほか	・健康被害 　（うつ・精神不安定） ・男性化　　ほか

（禁止薬物 ＋ 発覚防止 ⇒ 副作用）

活動①（発問②）　新聞記事（p.229）等を参考にし、健康への影響以外で、ドーピングをしてはいけない理由を考えてみよう。
　　⇒「ドーピング はスポーツにとって（○○）行為である」
　　（グループディスカッション、発表）

不公平である。スポーツマンシップに反する。社会に悪影響を及ぼす。ずるい。失望させる。悲しい。残念な。

活動②（発問③）ドーピングが行われる理由・背景についてグループで話し合い、予想してみよう。（グループディスカッション、発表）

（理由・背景）
・勝つためには手段を選ばないという考え方。　・メディアの発達。
・競技力向上の政策として、組織的に行なわれていることも考えられる。
・スポーツの商業化、商品化によりお金になるという考え方がある。　など

（防止するためには）
・罰則を厳しくする。マイナス面をきちんと伝える。
・学校教育の中でしっかりと教える。
・啓発・広報活動を活発にする。　　など

★実践者からのアドバイス
JADA（日本アンチ・ドーピング機構）のホームページに選手が学べるE-ラーニングのプログラムが紹介されています。より学びたい生徒に紹介しました。

・まとめ
ドーピングとはフェアプレイの精神に反し、スポーツの文化の価値を失わせる行為。

4 まとめ

　メディアの発達や商業化などのさまざまな社会変化の中で、スポーツもその根底を揺るがすような大きな問題が発生しているんだね。スポーツの固有の価値が失われないようにするために、私たちはスポーツの価値をきちんと認識し、次代にしっかりと伝えていく必要があるんだね。

5時間目　単元名：「エ スポーツの経済的効果とスポーツ産業」1/2

1 本時の進め方

　本単元では、現代におけるスポーツと経済のかかわりについて学びます。本時は、将来におけるスポーツの多様なかかわり方と職業等を例に、スポーツ産業が発展してきたことを学びます。

2 本時の構想（授業の流れ）

ア スポーツの歴史的発展と変容	イ スポーツの技術、戦術、ルールの変化
ウ オリンピックムーブメントとドーピング	エ スポーツの経済的効果とスポーツ産業

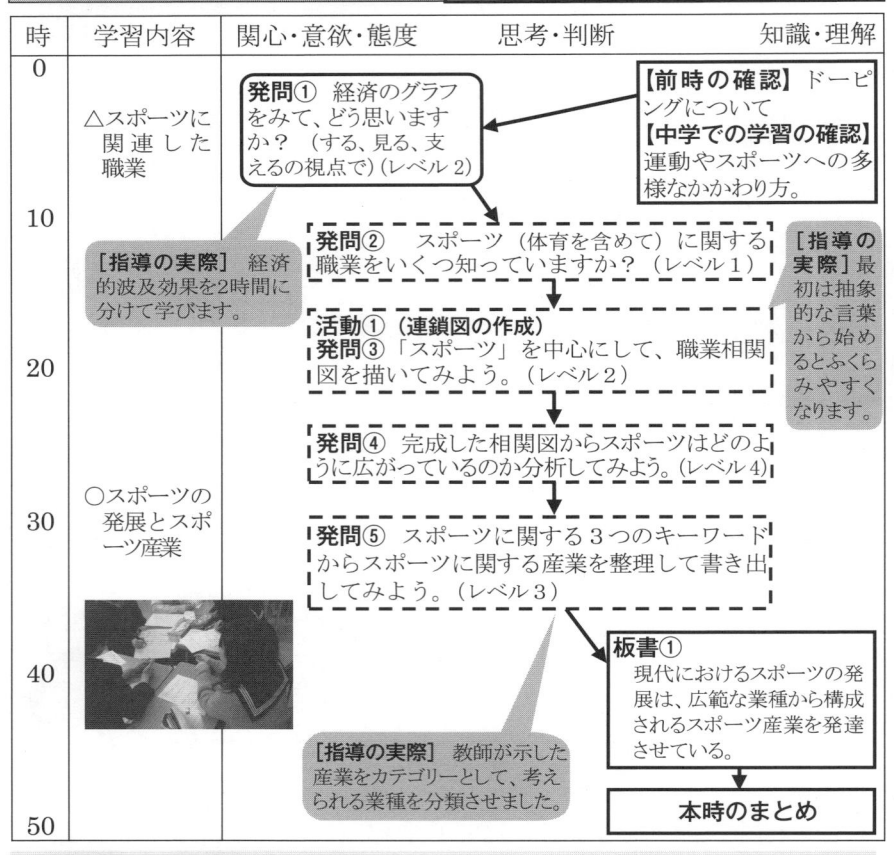

時	学習内容	関心・意欲・態度	思考・判断	知識・理解
0	△スポーツに関連した職業	発問① 経済のグラフをみて、どう思いますか？（する、見る、支えるの視点で）（レベル2）		【前時の確認】ドーピングについて 【中学での学習の確認】運動やスポーツへの多様なかかわり方。
10		[指導の実際] 経済的波及効果を2時間に分けて学びます。	発問② スポーツ（体育を含めて）に関する職業をいくつ知っていますか？（レベル1）	[指導の実際] 最初は抽象的な言葉から始めるとふくらみやすくなります。
20			活動①（連鎖図の作成） 発問③「スポーツ」を中心にして、職業相関図を描いてみよう。（レベル2）	
			発問④ 完成した相関図からスポーツはどのように広がっているのか分析してみよう。（レベル4）	
30	○スポーツの発展とスポーツ産業		発問⑤ スポーツに関する3つのキーワードからスポーツに関する産業を整理して書き出してみよう。（レベル3）	
40				板書① 現代におけるスポーツの発展は、広範な業種から構成されるスポーツ産業を発達させている。
50			[指導の実際] 教師が示した産業をカテゴリーとして、考えられる業種を分類させました。	本時のまとめ

※ 発問と思考・判断のレベルの確認表

- レベル1　情報の確認、要約
- レベル2　情報の解釈、拡散的思考
- レベル3　情報の絞り込み、条件選択
- レベル4　情報の再考、推察、組合せ
- レベル5　結論、評価、提案

3 学習資料（ワークシート等）の工夫

発問①　経済のグラフ(右)をみて、どう思いますか？

（回答例）
・1985年前後から右肩上がりで拡大している。
・1992年は1982年の倍のスポーツ市場になっている。

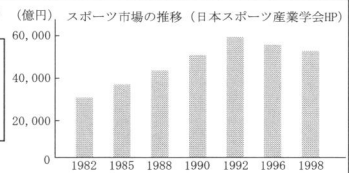

スポーツ市場の推移（日本スポーツ産業学会HP）
（億円）
60,000
40,000
20,000
0
1982　1985　1988　1990　1992　1996　1998

発問②　スポーツ（体育を含めて）に関する職業をいくつ知っていますか？

（回答例）スポーツショップ店員、スポーツクラブのインストラクター、監督・コーチ、スポーツトレーナー、体育教師、プロ選手、スポーツ施設管理者　など

活動①発問③　スポーツを中心にして、職業相関図を描いてみよう（グループで）

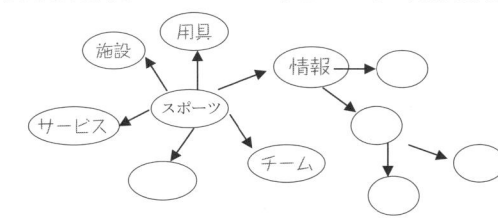

（職業相関図：施設、用具、情報、サービス、スポーツ、チーム）

★実践者からのアドバイス
スポーツ産業とは、スポーツにかかわる経済活動の総称と定義されています。〔建設業・製造業・卸売業・小売業・通信業・サービス業等〕。多様ですね。

発問④　完成した相関図からスポーツはどのように広がっているか分析してみよう。

・「する・見る・支える」に関する職業が互いに関連し合って存在している。
　　　　　　　　　　　　　　　　　　　　　　　　　　　　　などなど

発問⑤　スポーツに関する3つのキーワード（する・見る・支える）からスポーツに関する産業を整理して書き出してみよう。【p.272を参照】

		企業名	業務内容
する	スポーツ「用品」に関する職業：	○○社	用具・用品の提供
見る	スポーツに関する「情報やサービス」に関する職業：	△△社	マラソン大会の参加申し込み管理
支える	スポーツ「施設」に関する職業：	☆☆社	スポーツ施設の施工・管理

まとめ

現代におけるスポーツの発展は広範な業種から構成されるスポーツ産業を発展させている。

4 まとめ

　スポーツが発展することによってさまざまなスポーツに関する産業が関連して発達していることが理解できたかな？　次回はスポーツの経済的波及効果について、さらに詳しく考えてみるよ。

6時間目　単元名:「エ スポーツの経済的効果とスポーツ産業」(2/2)

1 本時の進め方

本時は2時間続きの2時間目とし、スポーツの経済的効果について中心に学ぶよう設定しました。スポーツの経済波及効果について学ぶことで価値観をさらに高め、結果としてスポーツに関する職業も進路の選択肢の一つととらえられるような授業になると良いでしょう。

2 本時の構想(授業の流れ)

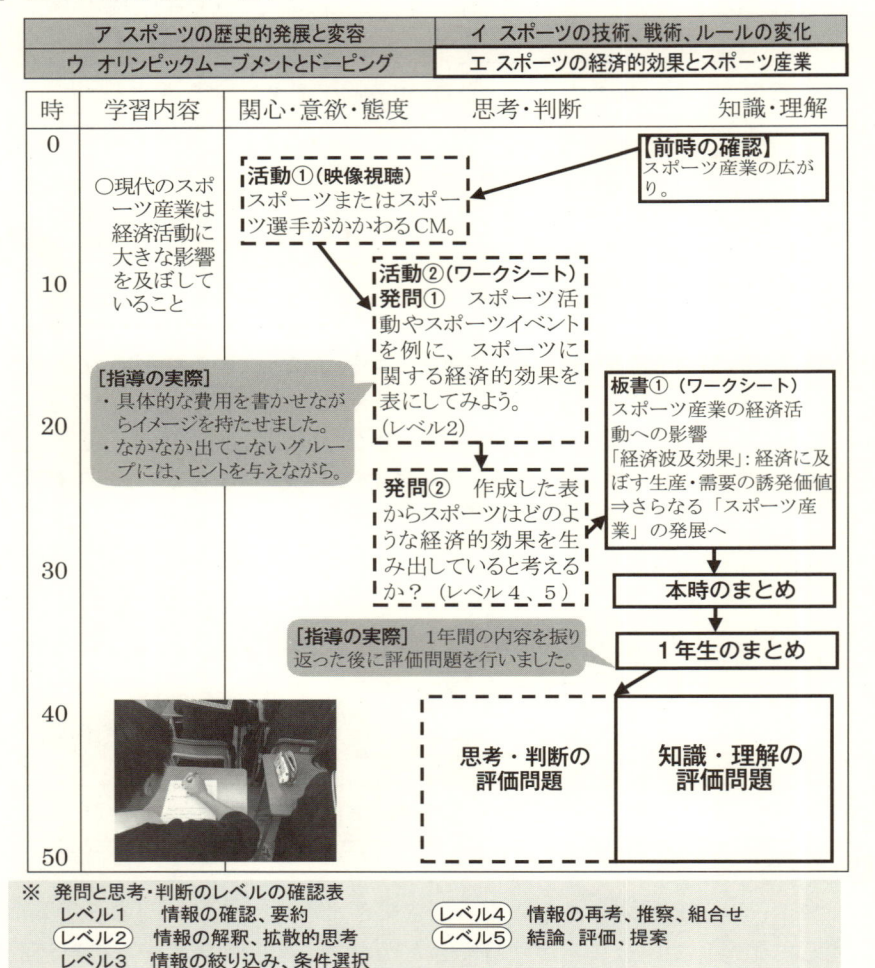

ア スポーツの歴史的発展と変容	イ スポーツの技術、戦術、ルールの変化
ウ オリンピックムーブメントとドーピング	エ スポーツの経済的効果とスポーツ産業

時	学習内容	関心・意欲・態度	思考・判断	知識・理解
0	○現代のスポーツ産業は経済活動に大きな影響を及ぼしていること	活動①(映像視聴) スポーツまたはスポーツ選手がかかわるCM。		【前時の確認】スポーツ産業の広がり。
10			活動②(ワークシート) 発問① スポーツ活動やスポーツイベントを例に、スポーツに関する経済的効果を表にしてみよう。(レベル2)	
20	[指導の実際] ・具体的な費用を書かせながらイメージを持たせました。 ・なかなか出てこないグループには、ヒントを与えながら。			板書①(ワークシート) スポーツ産業の経済活動への影響 「経済波及効果」:経済に及ぼす生産・需要の誘発価値 ⇒さらなる「スポーツ産業」の発展へ
30			発問② 作成した表からスポーツはどのような経済的効果を生み出していると考えるか?(レベル4、5)	本時のまとめ
40				1年生のまとめ
		[指導の実際] 1年間の内容を振り返った後に評価問題を行いました。	思考・判断の評価問題	知識・理解の評価問題
50				

※ 発問と思考・判断のレベルの確認表
　レベル1　情報の確認、要約
　(レベル2)　情報の解釈、拡散的思考
　レベル3　情報の絞り込み、条件選択
　(レベル4)　情報の再考、推察、組合せ
　(レベル5)　結論、評価、提案

3 学習資料（ワークシート等）の工夫

> **活動①（発問①）** スポーツ活動やスポーツイベントを例に、スポーツに関する経済的効果を表にしてみよう。
> ＜活動例・イベント例＞
> ・インターハイ　・体験ダイビング教室　・Ｊリーグ　・ふれあい親子キャンプ
> ・オリンピック　・マリンスポーツ体験教室　・自治会の運動会
>
> ●回答例：
>
> | 目的 | 関連する人、産業 | 費用（額） |
> |---|---|---|
> | ＜する＞
・ふれあい親子キャンプ | ・キャンプ用品製造業、アウトドアショップ
・農業、流通、食品販売 | ・テントや雨具などが売れる。
・キャンプ場近くのスーパーで食材が売れる。 |
> | ＜見る＞
・オリンピック | ・電気製品の製造業
・旅行業、宿泊業、飲食業 | ・大型テレビが売れる。
・観戦者の宿泊代や飲食代が増える。 |
> | ＜支える＞
・自治会の運動会 | ・小売業（スポーツ店、商店など） | ・運動会で必要な用具・物品を地元商店から購入。 |
>
> **発問②** 作成した表からスポーツはどのような経済的効果を生み出していると考えるか？
>
> > ・さまざまな産業にかかわり、生産や需要を生み出している。
>
> ※「経済波及効果」とは？
> 経済に及ぼす（　生産　）・（　需要　）の誘発価値
> ⇒　（　スポーツ産業　）の発展
> ⇒　スポーツの発展　⇒　さらなる（経済活動）への影響

★実践者からのアドバイス
スポーツ活動やイベントで使われる物からたどっていくとまとめやすくなります。

4 まとめ

(1) 単元のまとめ

　今やスポーツは経済の発展になくてはならないものになっているんだね。スポーツは個々の楽しみや健康の保持増進、生きがいだけでなく、社会そのものを支える重要な産業の一つと言えるでしょう。

(2) 1年生のまとめ

　スポーツの歴史やわが国から世界に発展したスポーツがあること、国際親善や世界平和に貢献する運動にオリンピック・ムーブメントがあること、スポーツの文化的価値を失わせる行為としてドーピングがあること、そして、現代社会ではスポーツが経済の中で大きな位置を占めていることなどを学びましたね。スポーツを生涯にわたって豊かに実践できるようにするためには、単にスポーツを楽しむだけでなく、こうしたさまざまな特徴を理解する必要があるんだね。

ウ．評価問題例

＜知識・理解の設問例＞

1. 次の文を読み、（　）①②③に適す言葉を２つずつ書きなさい。

> スポーツは、世界各地で日常の（　①　）などの生活から生まれ、次第に発展し今日に至っており、歴史的な変遷を経て、現代では、競技だけでなく、（　②　）など広く身体表現や身体活動を含む概念として、スポーツが用いられるようになってきている。また、近年では、諸外国に普及、発展している（　③　）などの日本発祥のスポーツもある。

2. 次の質問に答えなさい。
(1) スポーツの技術や戦術、ルールは、用具や用品、施設などの改良によって変わり続けているが、特に現代において影響を与えている要因は何ですか？
(2) オリンピック競技大会を通じて、人々の友好を深め世界の平和に貢献しようとする運動はなんと呼ばれているか。

(1)		(2)	

3. 適する語句を下の語群より選び、記号で答えなさい。
　　ドーピングは不当に（　①　）を得ようとする（　②　）に反する不正な行為であり、（　③　）に挑戦するスポーツの（　④　）を失わせる行為である。

【語群】
　ア　文化的価値　イ　フェアプレイの精神　ウ　勝利　エ　能力の限界
　オ　利益

4. 現代におけるスポーツの発展がもたらす経済的効果について、次の空欄に適した言葉を入れなさい。
(1) 現代におけるスポーツの発展は、例えば、（　①　）、（　②　）、（　③　）などの広範な業種から構成されるスポーツ産業を発達させている。
(2) 次の中からスポーツ産業との関連が深い順に二つ選び、その理由を述べなさい。
　　　　　　　　　　　　　　　（知識・理解と思考・判断の総合問題）
【近隣のファーストフード店、チケット販売、清掃業、FM放送局、関連グッズ製造】

＜思考・判断の設問例＞

5. 現代のスポーツの発展においてメディアが果たした役割について、メリット・デメリットの双方から比較し、今後スポーツはメディアとどのような関係を築いたらよいか、あなたの考えを述べなさい。
6. あなたは、スポーツ記者です。ドーピングに対してあなたの考えを200～300字程度で書きなさい。

＜知識・理解の解答例＞

1.	①	遊び・労働・神事などから2つ	②	体操、武道、野外運動、ダンスなどから2つ	③	柔道・剣道・ソフトテニスなどから2つ
2.	(1)	メディア		(2)	オリンピックムーブメント	
3.	①	ウ	②	イ	③	エ	④	ア

4.	(1)	①	スポーツ用品	②	スポーツ施設
		③	スポーツに関する情報やサービス		
	(2)	解答	チケット販売、関連グッズ販売		
		理由	スポーツの経済波及効果には、直接効果、1次効果、2次効果などがあるが、チケット販売と関連グッズの製造は直接効果に該当する職業だから。		

＜思考・判断の解答例＞

5．評価マトリックス（評価の視点と判断の目安）

キーワード ＼ 分析の視点	○正しい知識に基づく論考となっている（活用している） ○判断、結論、提案、自身の考え方が読み取れる		
	上記の視点で記載	いずれかの視点	記載が不十分
○記録の向上、スポーツを身近なものにした ×ルールの変更、加熱状況の加速を示している	A°	A	B
メリット・デメリットについて学習した一部の知識を用いて説明している。	A	B	C
キーワードを使わず説明している	B	C	C△

A°の例）　サッカーなどの選手の活躍がメディアで取り上げられることで、選手やその競技の楽しさがそれまで以上に多くの人に理解されるようになったと思います。また、子どもの頃からトップレベルの技術を目にすることで競技者の技術の進歩が加速したと思います。一方、競技によってはスポーツをする人よりもそれを見る人が楽しめるようにルールの変更が行われることもあるのではないかと思います。例えば、放映時間に配慮して陸上競技の国際大会（競走種目）のスタートがフライング1回で失格となるなどの加熱が見られると思います。今後、スポーツが発展する上で、メディアは欠かせない存在ですが、スポーツをする人、みる人、支える人のそれぞれの利益を考えて、発展させる必要があると考えます。

6．評価マトリックス（評価の視点と判断の目安）

キーワード ＼ 分析の視点	○正しい知識に基づく論考となっている（活用している） ○判断、結論、提案、自身の考え方等が読み取れる		
	上記の視点で記載	いずれかの視点	記載が不十分
・賞金などの報酬が得られることで生じている ・不当に勝利を得ようとする行為である ・文化的価値を失わせる行為である	A°	A	B
ドーピングについて学習した上記の一部を用いて説明している。	A	B	C
キーワードを使わず説明している	B	C	C△

A°の例）　スポーツは、同じ条件で切磋琢磨し、能力の限界に挑戦することで見る人々を魅了する。しかし、国際競技大会などで勝利することで報酬や名声が大きくなり、不正に勝利を得ようとするドーピング問題が常に存在することも事実である。
　劇的な結末が人々の心に感動を生むが、それが不正によって作られた結末だと知ったとき、感動が失われるばかりか、そのスポーツそのものに対する興味さえも人々はなくすということを伝えておきたい。

エ．授業工夫のための資料
○高1－ア　授業まとめのワークシートの例

1．スポーツは人類のどのような活動からうまれてきたのだろうか？

2．今まで見たり、行ったことのあるスポーツを挙げてみよう。そのスポーツを目的別に分類してみよう。
　　（分類例：勝敗を競うため、健康のため、表現活動のため、等）

	スポーツ名	目的は？
①		
②		
③		

3．日本発祥のスポーツで諸外国に広がり、発展しているスポーツはあるか？
　　そのスポーツは、なぜ発展したと思うか？

スポーツ名：

①	②	③	④	⑤

諸外国に広がり発展した理由：

4．まとめ：スポーツはどのようにしてうまれ、現代においてはどのような概念をもつようになったのだろうか？

○高1－イ　ワークシート：技術や戦術、ルールが変わったスポーツ

スポーツ	変化したこと	理由
陸上競技 棒高跳び	竹→グラスファイバー	しなりを利用した技術→記録向上（用具の改良による技術変化）
競泳	全身水着・発泡浮力素材の貼り付けの禁止	大きいタイムへの影響、高額な水着（用具の進歩によるルール改正）
競泳	15m以降の潜水禁止	限りない潜水への制限（日本は得意だった）（技術の進歩によるルール改正）
体操競技 鉄棒・床	鉄・木→しなる鋼鉄・ピットの整備、床→スプリング	離れ技の開発　難易度の技（施設の改良による技術変化）
6人制バレーボール	サーブ権→ラリーポイント制	試合時間の短縮（メディアの影響等によるルール改正）
柔道	カラー柔道衣の採用	審判の判断・わかりやすさ（メディアの影響等によるルール改正）
スキージャンプ	板を揃える姿勢→V字ジャンプ	飛型点の変更（技術の進歩によるルール改正）
野球	下投げ→上投げ	変化球の技術開発（ルール改正による技術の進歩）
バスケットゴール	バックボードの設置	観客の妨害やアシストの対策（マナー等の問題による施設の変更）

○高1−ウ 「スポーツにおけるドーピングの防止に関する国際規約」におけるドーピングの定義

スポーツにおける「ドーピング防止規則に対する違反」とは次の一または二以上に該当するもの。
(a) 競技者の生体から採取した検体に、禁止される物質またはその代謝物もしくは標識が存在すること。
(b) 禁止される物質もしくは禁止される方法を使用することまたはその使用を企てること。
(c) 適用のあるドーピング防止規則において認められた通知を受けた後に、検体の採取を拒否し、もしくはやむを得ない理由によることなく検体の採取を行わず、またはその他の手段で検体の採取を回避すること。
(d) 競技会外検査への競技者の参加に関する適用のある要件に違反すること(要求される所在に関する情報を提出しないことおよび適切な規則に従って通告された検査を受けないことを含む。)。
(e) ドーピング管理の一部を不当に改変することまたは不当な改変を企てること。
(f) 禁止される物質または禁止される方法を保有すること。
(g) 禁止される物質または禁止される方法の不正取引を行うこと。
(h) 競技者に対する禁止される物質の投与、禁止される方法の使用もしくはそれらの行為を企てることまたは支援、奨励、援助、示唆、隠ぺいその他のドーピング防止規則に違反する共同行為を行うこともしくは共同行為を企てること。

○高1−ウ ドーピングについての新聞記事(例)

北京「金」を剥奪
陸上・ラムジ ドーピング再検査

　国際オリンピック委員会(IOC)は18日、北京五輪の陸上男子1500㍍で金メダルを獲得したラシド・ラムジ(バーレーン)、自転車男子個人ロードレース銀メダルのダビデ・デベリン(イタリア)の2人を含む5選手をドーピング違反で失格にすると発表した。メダリスト2人はメダル剥奪処分となる。
　5人が陽性になったのは、「CERA」と呼ばれる新型の薬物。持久力を高める効果がある「EPO」という薬物の第3世代と呼ばれ、北京五輪終了後に検査法が確立されたもの。五輪時の検体のうち、持久力がポイントになる種目に出た選手を中心に約850検体を再度、新しい手法で分析。北京五輪の時は「シロ」と判定された5選手が陽性になった。新薬物に対する検査法が開発された場合に、過去に採取した検体を大規模に調べ直し、陽性を突き止めたケースは今回が初めてだ。
　メダリスト2人のほか、自転車男子のシュテファン・シューマッハー(ドイツ)、陸上女子競歩のアサナシア・ツメレカ(ギリシャ)、同800メートルのバニャ・ペリシッチ(クロアチア)の失格が確定した。
　　　　　　　　　　　　　　　　　　　　　　　　　　　　　　　　　　　(朝日新聞、2009年11月19日)

オ．授業を終えた実践者からのアドバイス

○1〜6時間目実践者：内山みのり先生からのアドバイス

普段あまり運動の機会がない生徒にとっては、スポーツや運動への興味・関心を深める授業になりました。機会の多い生徒には自分の選択したそれぞれの競技を見つめ直すきっかけになりました。運動する/しないの二極化の改善を促す授業になるよう教材研究が大切です。

☆中・高校実践ページまとめ担当、大越正大先生からのアドバイス

実践者の皆さんは、単元構造図を用いて新しい学習指導要領の理念や内容を踏まえた授業づくりに挑戦し、それぞれ得意のスタイルで実践をされています。問答と板書を繰り返しながら結論に導いていく先生、画像や映像を使って具体的なイメージを持たせながら授業を進める先生など、さすがプロ！と思わせるものばかりです。中でも、各先生方が共通して力を入れているところに、発問とワークシートの工夫があります。発問は授業の核心に導けるよう予めシミュレーションし、ワークシートは一人ひとりの思考を促し、理解が深められるよう検討を重ねて作られています。今回実践編の編集を担当させていただき、綿密な授業計画が良い実践につながるということを改めて実感しました。授業計画の作成は時間がかかりますが、生徒の反応を想像しながら授業づくりをすることは楽しいことだと思います。ぜひ本書の実践を参考にして、皆さんの授業スタイルを生かしつつ"楽しく"授業づくりにチャレンジしていただきたいと思います。

②高等学校2年＜運動やスポーツの効果的な学習の仕方＞
ア．単元構造図

① 単元名	高等学校　入学年次の次の年次（2年）　H　体育理論				
② 指導内容の概要	③ 学習指導要領の内容	④ 学習指導要領解説の記載内容	⑤ 具体の指導事項	⑦ 発問や学習活動のイメージ

（2）運動やスポーツの効果的な学習の仕方について理解できるようにする。

（2）ア　運動やスポーツの技能は、学習を通して技能として発揮されるようになると、技能の種類に応じた学習の仕方があること。

学習指導要領解説：個々の運動やスポーツを特徴付けている技能には、練習を通して身に付けられた合理的な動きが示された状況の下で発揮されることと、絶えず変化する状況の下で発揮されるオープンスキル型と状況の変化が少ないところで発揮されるクローズドスキル型があることを理解できるようにする。
その際、中学校の「運動やスポーツの学び方」で示した技能や戦術の考え方に加え、戦術が長期的に展開される練習や戦い方の方針があることなどを踏まえて、体系的にとらえることが技能の学習を進める上で有効であることについても触れるようにする。

具体の指導事項：
- ○運動・スポーツの技術と技能
- △体系的なとらえの有効性
- ○様々な運動・スポーツの技能の特徴と練習方法及び型の理解

発問・活動：
- 【確認】中学校の時に学習した「運動やスポーツに特有の技術や戦術、学び方」、高1に学習した「スポーツの歴史・文化的特性や現代スポーツの特徴」を確認する。
- 発問① 技術と技能はどう違うか思い出してみよう。
- 活動①（ワークシート）
- 発問② 身近にあるスポーツを2つに分けてみた。どのような理由で分けられているか？グループ2つにはそれぞれどのようなグループ名がつくか？
- 板書① オープンスキル型、クローズドスキル型
- 板書② それぞれの型は1種目に複合的に内在している。
- 【触れる】技術、技能、作戦、戦術と戦略の関係（体系）
- 活動②（グループワーク）
- 活動③ オープンスキル型とクローズドスキル型のスポーツの中から1種目ずつ選び、型の練習ポイントを参考に練習メニューを立ててみよう。
- 発問③ 型の違いによって効果的な練習方法があること。
- 本時のまとめ

（2）イ　運動やスポーツの上達過程にはいくつかの段階があり、その学習の段階に応じた練習方法や運動観察の方法、課題の設定方法などがあること。

学習指導要領解説：運動やスポーツの技能の上達過程を試行錯誤の段階、意図的な調整の段階及び自動化の段階の三つに分ける考え方があること、これらの上達過程の段階や技能の特徴及び目的に即した効果的な練習方法があることを理解できるようにする。
その際、技能の上達過程は、各段階で上達の速度が異なることや、プラトーやスランプの状態があることについても取り上げるようにする。
※なお、指導に際しては、中学校では「運動観察の方法」を、高等学校では「課題解決の方法」を運動に関する領域に示しているので、各領域に応じた行い方を取り上げる他、一層実践的に理解するよう配慮することが大切である。

具体の指導事項：
- ○運動やスポーツの技能の上達過程
- ○効果的な練習方法
- △プラトーやスランプ
- ○上達過程の段階や技能の特徴及び目的に即した練習方法

発問・活動：
- 発問① 思うように体が動いた経験はあるか？
- 活動①（ワークシート、意見交換）
- 発問② バドミントンを例に「初めの段階」「やや進んだ段階」「進んだ段階」を別の表現で言い換えてみよう。
- 板書① 上達過程の3つの段階
- 活動②（ワークシート）
- 発問③ 自分の経験をもとに「練習曲線」を書いてみよう。また、その理由も述べてみよう。
- 説明 上達過程の特徴、および「スランプ」や「プラトー」について
- 活動③ 上達過程の特徴などをとらえ、再度「練習曲線」を考えてみよう。
- 本時のまとめ

- 発問① スポーツの練習方法にはどのようなものがあるか？
- 板書①（生徒の回答）
- 活動①（グループワーク）
- 発問② 前時に学習した試行錯誤・意図的な調整・自動化の3つの段階ごとに、目的と効果的な練習方法を考えてみよう。
- 板書②（生徒の回答）
- 活動②（ワークシート）
- 発問③ スポーツの技能の特徴、目的に即した練習方法を考えてみよう。そして気づいたことをまとめてみよう。
- 板書③ 上達過程の段階＋技能の特徴・目的 ⇒ これらによって効果的な練習方法がある。
- 本時のまとめ

（2）ウ　運動やスポーツの技能と体力は、相互に関連していること、期待する成果に応じた技能や体力の高め方があること。

学習指導要領解説：運動やスポーツの技能と体力は、相互に関連していること、運動やスポーツの技能を発揮する際には、個々の技能に応じた体力が必要になることと期待される成果に応じた技能や体力の高め方があることを理解できるようにする。
なお、指導に際しては、技能に関する領域で体力の高め方、体つくり運動の「運動の計画と実践」「体力の行い方」「体力の構成要素」、「実生活への取り入れ方」などを示しているので各運動やスポーツに関する実践的な高め方や体力の構成要素を学ぶことになるが、ここでは各運動に関する領域の中心に取り扱うとともに、ここでは、運動やスポーツの種目によって主に求められる技能と体力の違いなどに重点を置いて取り扱うようにする。

具体の指導事項：
- ○技能と体力の関連
- ○個々の技能に応じた体力の必要性
- ○技能と体力の高め方

発問・活動：
- 発問① 小学校のときの自分と今の自分を比べ、スポーツでできなかったことができるようになった例を挙げてみよう。
- 活動①（ワークシート）
- 発問② できるようになった要因は何だろう。より多く挙げてみよう。
- 板書① 技能と体力は相互に関連している
- 活動② スポーツ種目ごとに必要とされる体力を整理してみよう。
- 板書② スポーツの種類によって、求められる技能と体力の高め方が異なる。
- 本時のまとめ

（2）エ　運動やスポーツを行う際には、気象条件の変化など様々な危険を予見し、回避することが求められること。

学習指導要領解説：運動やスポーツを行う際には、活動に伴う危険性を理解し、健康や安全に配慮した実践が必要になること、身体の一部に過度な負担を使用によってスポーツ障害が生じる場合があることや、気象条件や自然環境の変化など様々な危険を予見し回避すること、けがが防止のための対策、発生時の処置、回復時の対処などの各場面での適切な対応方法があることを理解できるようにする。
なお、指導に際しては、中学校の「安全な運動やスポーツの行い方」の学習を踏まえるとともに、各領域で示している「健康・安全を確保する上」を示していることに、個別の具体例については触れる程度とし、各運動に関する領域に共通する内容を中心に扱うようにする。

具体の指導事項：
- ○運動・スポーツに伴う危険とその配慮
- ○スポーツ障害
- ○けがの予見・回避と適切な対象法
- ※各領域の「健康・安全を確認する上」は触れる程度

発問・活動：
- 発問① 自分と仲間の今までに経験した「運動による障害」を挙げてみよう。
- 資料の提示と説明 けがや障害のイラストとその説明により、さまざまな症例を知る（将来に出会うことも踏まえて）。
- 活動①（グループワーク）
- 発問② 発問①で挙げた自分と仲間の事例を「けが（急性的）」と「障害（慢性的）」とに分類してみよう。
- 活動②（グループワーク）
- 発問③ それぞれの予防や対処方法について考えてみよう。
- 板書① 運動やスポーツに伴う危険性と安全に実施する必要性
- 本時のまとめ

- ○気象条件や自然環境の変化などに伴う危険と回避

- 発問① 自然にかかわるスポーツを挙げてみよう。
- 活動①（資料を読む）
- 発問② 最近の自然にかかわるスポーツの事故の記事を読んで、危険回避のポイントをまとめよう。
- 活動②（グループワーク）
- 発問③ 次の場面ではどのような健康・安全面での危険性があると思うか？ また、どのような対応ができますか？
  ①台風接近時のキャンプ活動
  ②急に涼しくなった時の運動
  ③天候不順時の登山
  ④雷雨時の屋外のスポーツ活動
  ⑤どんよりした気候の外での運動
- 本時のまとめ
- 発問③ 危険の予見と回避
- 本時のまとめ
- 本時のまとめ2

⑤ 内容の取扱い

1 「H 体育理論」は、各年次において、すべての生徒に履修させるとともに「各科目にわたる指導計画の作成と内容の取扱い」に、授業時数を各年次で6単位時間以上を配当することとしている。
このことは、基礎的な知識は、意欲、思考力、運動の技能などの源となるものであり、確実な定着を図ることが重要であることから、各領域に共通する内容や、まとまりで学習することが効果的な内容に精選するとともに、中学校との接続を考慮した単元を構成し、十分な定着を図るよう配慮したものである。また、各年次の単位時間以上したのは、事例などを用いたディスカッションや課題学習などを各学校の実態に応じて取り入れることができるよう配慮したためである。これらの点を十分考慮して指導計画を作成する必要がある。
2 入学年次においては、(1)スポーツの歴史、文化的特性や現代のスポーツの特徴を、その次の年次においては、(2)運動やスポーツの効果的な学習の仕方をそれ以降の年次においては、(3)豊かなスポーツライフの設計の仕方をそれぞれ取り上げることとする。

第6章 楽しい授業にチャレンジ 231

イ．各単元の学習の流れ
１時間目　単元名：「ア　運動やスポーツの技術と技能、その学び方」

１ 本時の進め方

中学校で学習した技術、戦術という用語に加えて、その定義を学びます。特に、ここでは運動領域の学習の仕方につながるオープンスキル、クローズドスキルの概念獲得をめざしていますが、これらの用語を体系的にとらえられるように話を展開しましょう。

２ 本時の構想（授業の流れ）

ア 運動やスポーツの技術と技能	イ 運動やスポーツの技能の上達過程
ウ 運動やスポーツの技能と体力の関係	エ 運動やスポーツの活動時の健康・安全の確保の仕方

時	キーワード	関心・意欲・態度	思考・判断	知識・理解
0	○運動・スポーツの技術と技能		発問①　技術と技能はどう違うか思い出してみよう。（レベル1）	【高1の確認】スポーツの歴史・文化的特性や現代スポーツの特徴　【中学での学習の確認】運動やスポーツに特有の技術や戦術、学び方。
10		[指導の実際]いろいろなネーミングを考えさせてから、最後にキーワードを示しました。	活動①（ワークシート）発問②　身近にあるスポーツを2つに分けてみた。どのような理由で分けられているか？グループ2つにはそれぞれどのようなグループ名がつくか？（レベル4）	[指導の実際]復習として、技術と技能の定義を確認しました。
20				板書①・オープンスキル型：変化の中で発揮される・クローズドスキル型：ある程度安定した状況で発揮される
30	△体系的なとらえの有効性		[指導の実際]　戦術、作戦、戦略の意味を挙げ、体系について図で説明しました。	板書②それぞれの型は種目によって複合的に内在している。
40	○様々な運動・スポーツの技能の特徴と練習方法及び型の理解		活動②（グループワーク）発問③　オープンスキル型とクローズドスキル型のスポーツの中から1種目ずつ選び、型の練習ポイントを参考に練習メニューを立ててみよう。（レベル5）	（触れる）技術、技能、作戦、戦術と戦略の関係（体系的）
50			[指導の実際]　型の違いによって練習方法を考える必要があることを伝えました。	板書③型の違いによって効果的な練習方法があること　本時のまとめ

※ 発問と思考・判断のレベルの確認表
- レベル1　情報の確認、要約
- レベル2　情報の解釈、拡散的思考
- レベル3　情報の絞り込み、条件選択
- レベル4　情報の再考、推察、組合せ
- レベル5　結論、評価、提案

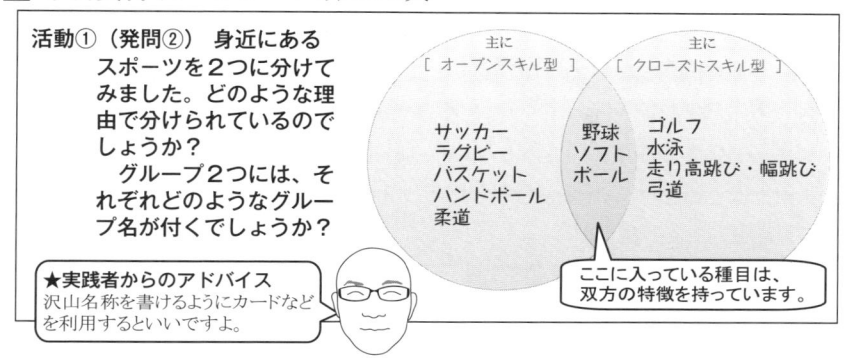

3 学習資料（ワークシート等）の工夫

活動①（発問②） 身近にあるスポーツを2つに分けてみました。どのような理由で分けられているのでしょうか？
　　　グループ2つには、それぞれどのようなグループ名が付くでしょうか？

主に[オープンスキル型]
サッカー
ラグビー
バスケット
ハンドボール
柔道

野球
ソフトボール

主に[クローズドスキル型]
ゴルフ
水泳
走り高跳び・幅跳び
弓道

★実践者からのアドバイス
沢山名称を書けるようにカードなどを利用するといいですよ。

ここに入っている種目は、双方の特徴を持っています。

活動②（発問③） 上記の点を踏まえてオープンスキル型とクローズドスキル型の中から1種目ずつ選び、型の練習ポイントを参考に練習メニューを立ててみよう。

○オープンスキル型練習メニュー
（バドミントン）

○練習ポイント
・用具の操作や身のこなしだけでなく、連携の仕方や、判断力を高める練習を取り入れてみよう。

・2人組のコンビネーション練習
・シングルス、ダブルスのゲーム形式の練習
　（＊対人ゲームをできるだけ多く行う）

○クローズドスキル型練習メニュー
（陸上競技・ハードル）

○練習ポイント
・自己観察や他者観察を使って動きを高めたり、局連の流れを滑らかにする練習を取り入れてみよう。

・スタートから1台目までの練習
・鉄棒を使っての上半身中心の筋力トレーニング
　（＊反復練習をできるだけ多く行う）

★実践者からのアドバイス
運動が苦手な生徒や経験の少ない生徒には想像しにくい単元ですので、具体的な例を提示してあげるといいですね。

4 まとめ

　合理的な体の動かし方を「技術」と呼び、それらが練習によって身についた状態が「技能」です。技術には、球技や武道、ダンス等の「オープンスキル型」と、陸上、水泳、器械運動等の「クローズドスキル型」があります。授業で練習方法を考えるときは、その型の違いを理解し、運動やスポーツの型に合った学習を考えるようにしましょう。

2時間目　単元名:「イ 運動やスポーツの技能の上達過程」(1/2)

1 本時の進め方

スポーツが好きになるためにも、また、豊かなスポーツライフ構築のためにも、技能の上達過程のメカニズムを知ることはとても重要なことです。スポーツは「急には上達しない」「粘り強く頑張ることが大切」というメッセージを込めて生徒に学ばせましょう。

2 本時の構想(授業の流れ)

ア 運動やスポーツの技術と技能	イ 運動やスポーツの技能の上達過程
ウ 運動やスポーツの技能と体力の関係	エ 運動やスポーツの活動時の健康・安全の確保の仕方

分	キーワード	関心・意欲・態度	思考・判断	知識・理解
0		発問①　思うように体が動いた経験はあるか？(レベル1)		【前時の確認】運動やスポーツの技術と技能について
10		[指導の実際] 体育の授業の時や運動部活動の時を思い浮かべさせました。	活動①(ワークシート意見交換)　発問②　バドミントンを例に「初めの段階」「やや進んだ段階」「進んだ段階」を別の表現で言い換えてみよう。(レベル3)	[指導の実際] 技能の上達に関係するキーワードなどを挙げるように指示しました。
20	○運動やスポーツの技能の上達過程			板書①　上達過程の3つの段階・試行錯誤の段階・意図的な調整の段階・自動化の段階
	○効果的な練習方法	[指導の実際] 自分なりに考えさせた後、「技能の上達は、はじめに急激に上達する」「という条件を伝え、班ごとに話し合い、再度書かせました。		段階や技能の特徴および目的に即した効果的な練習方法がある。
30			活動②(ワークシート)　発問③　自分の経験をもとに「練習曲線」を書いてみよう。また、その理由も述べてみよう。(レベル5)	
40	△プラトーやスランプ			(説明)「上達過程の特徴」および「スランプ」と「プラトー」について(取り上げる内容)
50			発問④　上達過程の特徴などをとらえ、再度「練習曲線」を考えてみよう。(レベル5)	本時のまとめ

※ 発問と思考・判断のレベルの確認表

レベル1	情報の確認、要約	レベル4	情報の再考、推察、組合せ
レベル2	情報の解釈、拡散的思考	レベル5	結論、評価、提案
レベル3	情報の絞り込み、条件選択		

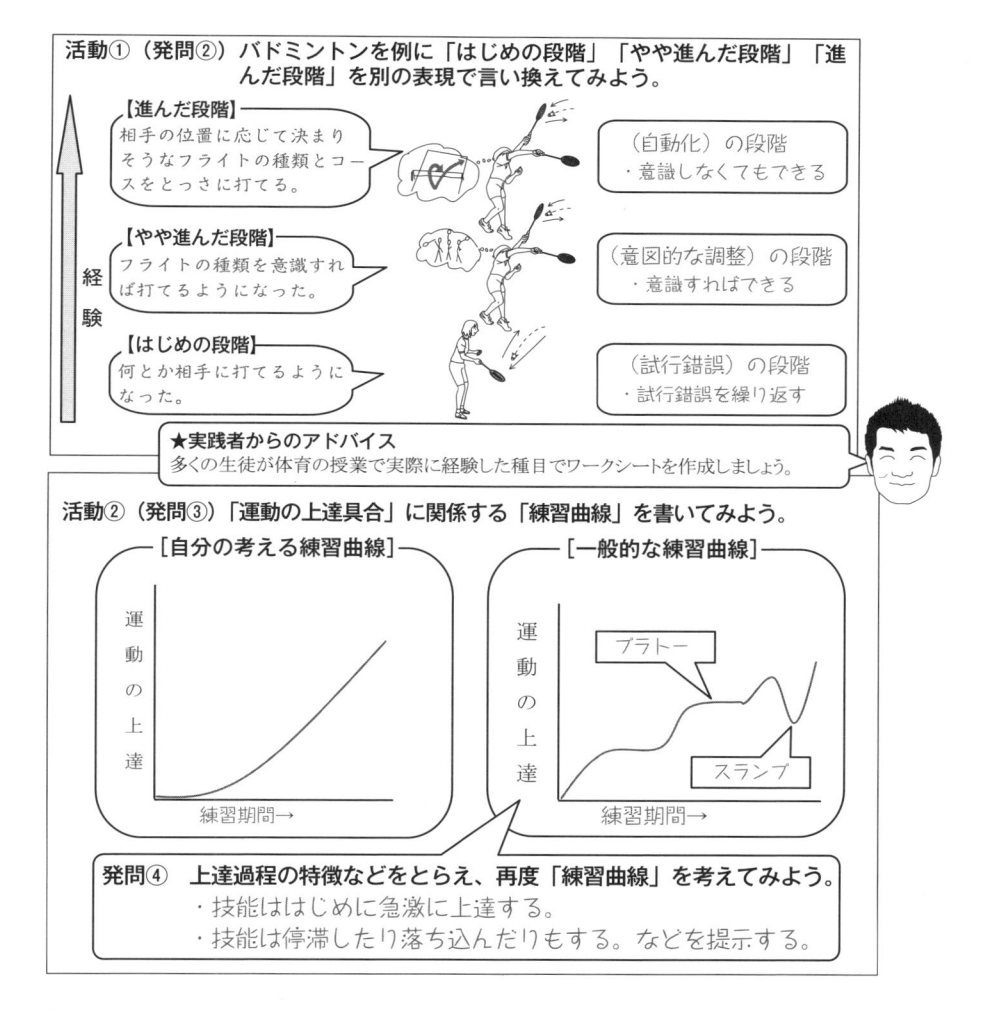

3 学習資料（ワークシート等）の工夫

活動①（発問②） バドミントンを例に「はじめの段階」「やや進んだ段階」「進んだ段階」を別の表現で言い換えてみよう。

経験 →

【進んだ段階】
相手の位置に応じて決まりそうなフライトの種類とコースをとっさに打てる。

（自動化）の段階
・意識しなくてもできる

【やや進んだ段階】
フライトの種類を意識すれば打てるようになった。

（意図的な調整）の段階
・意識すればできる

【はじめの段階】
何とか相手に打てるようになった。

（試行錯誤）の段階
・試行錯誤を繰り返す

★実践者からのアドバイス
多くの生徒が体育の授業で実際に経験した種目でワークシートを作成しましょう。

活動②（発問③）「運動の上達具合」に関係する「練習曲線」を書いてみよう。

［自分の考える練習曲線］
運動の上達／練習期間→

［一般的な練習曲線］
運動の上達／練習期間→
（プラトー、スランプ）

発問④ 上達過程の特徴などをとらえ、再度「練習曲線」を考えてみよう。
・技能ははじめに急激に上達する。
・技能は停滞したり落ち込んだりもする。などを提示する。

4 まとめ

　運動やスポーツの技能には、一定の上達過程があります。運動の上達は、技能の程度、体力、練習の時間や量によって影響を受けます。また、精神的な状況によっても影響されます。技能を発揮する場面をイメージして練習することが大切だね。学んだことを高校での主体的な学習や運動やスポーツの継続にも役立てていきましょう。

3時間目　単元名:「イ 運動やスポーツの技能の上達過程」(2/2)

1 本時の進め方

この時間は、アとイ(前時)で学んだ技能の特徴や上達の段階、身につけたい技能の種類などによって、適切な練習方法があることを理解させます。合理的で科学的なスポーツ実践に向けて、主体的な取り組みを続けるための基礎となる学習です。

2 本時の構想(授業の流れ)

ア 運動やスポーツの技術と技能	イ 運動やスポーツの技能の上達過程
ウ 運動やスポーツの技能と体力の関係	エ 運動やスポーツの活動時の健康・安全の確保の仕方

分	キーワード	関心・意欲・態度	思考・判断	知識・理解
0				【前時の確認】運動やスポーツの技能の上達過程
		発問① スポーツの練習方法にはどのようなものがあるか? (レベル2)		
10	○上達過程の段階や技能の特徴及び目的に即した練習方法	[指導の実際]体育の授業の時や運動部活動の時を思い浮かべさせました。		板書①(生徒の発言を板書する)
20			活動①(ワークシート)発問② 前時に学習した試行錯誤・意図的な調整・自動化の3つの段階ごとに、目的と効果的な練習方法を考えてみよう。(レベル5)	板書②(生徒の発言を板書する)
30			活動②(ワークシート)発問③ スポーツの技能の特徴、目的に即した練習方法を考えてみよう。そして、気づいたことをまとめてみよう。(レベル5)	板書③ 上達過程の段階+技能の特徴・目的 ⇒ これらによって効果的な練習方法がある
40				
50			[指導の実際]競泳、サッカー、テニス、ダンスの4つで考えさせました。	本時のまとめ

※ 発問と思考・判断のレベルの確認表
- レベル1　情報の確認、要約
- (レベル2)　情報の解釈、拡散的思考
- レベル3　情報の絞り込み、条件選択
- レベル4　情報の再考、推察、組合せ
- (レベル5)　結論、評価、提案

3 学習資料（ワークシート等）の工夫

発問① スポーツの練習方法にはどのようなものがありますか？知っている練習方法をすべて挙げてみよう（周りの人と話し合いながらより多く挙げてみよう）。

（回答例）・動きを見せあい指摘する。　・先生やコーチから教えてもらう。
・簡単なゲームをする。　・技術別の課題練習をする。
・素振り　・反復練習　・イメージトレーニング　・練習試合

活動①（発問②） 前時に学習した試行錯誤・意図的な調整・自動化の３つの段階ごとに、効果的な練習方法を考えてみよう。

段　階	目的	効果的な練習方法
試行錯誤の段階	・基本的な動きを身につける。 ・ルールを知る。 ・楽しめるようにする。	⇒ ・イメージトレーニング ・反復練習、 ・自己観察、他者観察
意図的な調整の段階	・素早く反応できるようにする。⇒ ・実戦で使えるようにする。⇒	・技能を複合的に使う練習 ・実戦型練習と課題練習
自動化の段階	・フォームを修正する。　　⇒ ・無駄な動きをなくす。　　⇒	・イメージトレーニング ・繰り返し練習する

活動②（発問③） スポーツの技能の特徴、目的に即した練習方法を考えてみよう。

スポーツ	技能の特徴・目的	練習方法
水泳（競泳）	クローズドスキル型 ・より速く長く泳ぐ	技術の反復練習 補強運動
サッカー	オープンスキル型 ・チームで連携して得点する	課題（戦術）練習 ゲーム形式の練習
テニス	オープンスキル型 ・相手からの返球を返す	課題（戦術）練習 ゲーム形式の練習
ダンス	オープンスキル型 ・思いを身体で表現する	感じたままに動く、動きをまねる リズムに合わせて動く

まとめ

★実践者からのアドバイス
考えさせる時間を多く確保した方が生徒の理解が進むようです。

気づいたこと、わかったことをまとめよう！
技能の特徴、目的が似ていれば、練習方法も共通点があること。

4 まとめ

　本時は、これまでの運動学習で学んだことが、どのような目的で行われていたのかを振り返るよい機会となったかな？　練習方法はさまざまにあるので楽しく行えること、上達することのバランスを考えながら、個人、チームやグループの練習を考える際の参考にしよう。

4時間目　単元名：「ウ 運動やスポーツの技能と体力の関係」

1 本時の進め方

　運動やスポーツでは、身体能力と技能が互いに関連しています。特に、発達期では体力を向上させることで技術が発揮されやすくなります。体力の必要性は体つくり運動で、種目に必要とされる体力は各領域で学習するので、ここでは「相互に関連していること」に着目し、体力について考えさせるようにします。

2 本時の構想（授業の流れ）

	ア 運動やスポーツの技術と技能	イ 運動やスポーツの技能の上達過程
	ウ 運動やスポーツの技能と体力の関係	エ 運動やスポーツの活動時の健康・安全の確保の仕方

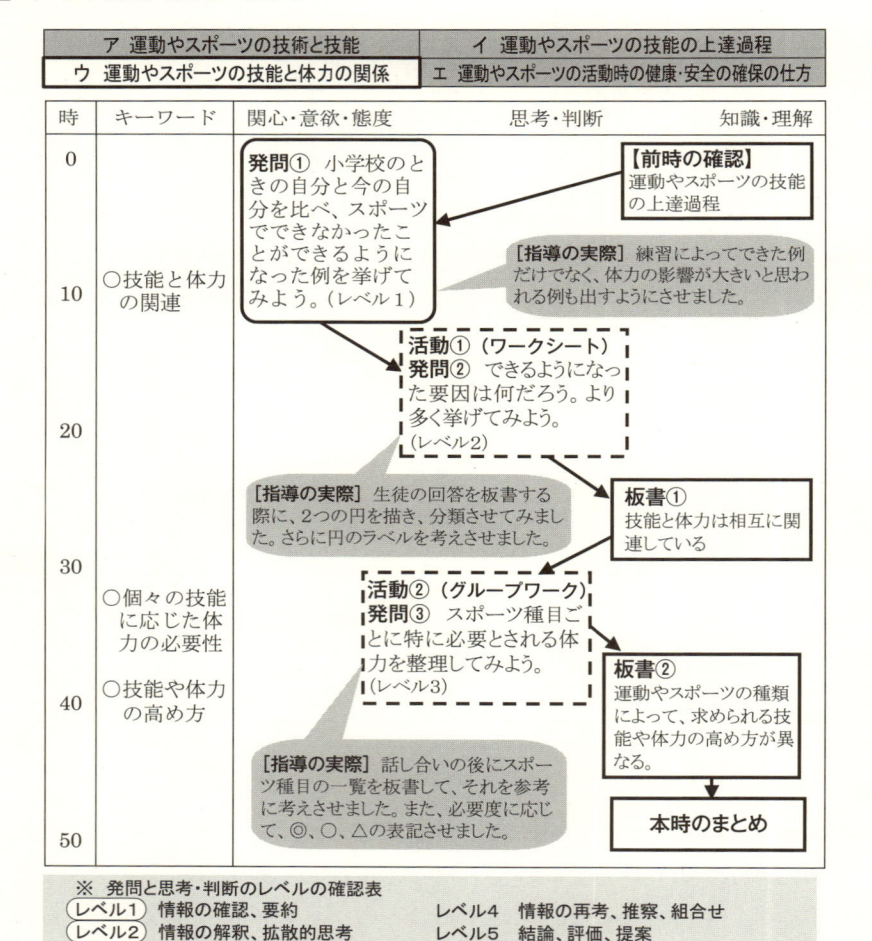

時	キーワード	関心・意欲・態度	思考・判断	知識・理解
0				【前時の確認】運動やスポーツの技能の上達過程
10	○技能と体力の関連	発問① 小学校のときの自分と今の自分を比べ、スポーツでできなかったことができるようになった例を挙げてみよう。（レベル1）	［指導の実際］練習によってできた例だけでなく、体力の影響が大きいと思われる例も出すようにさせました。	
20			活動①（ワークシート）発問② できるようになった要因は何だろう。より多く挙げてみよう。（レベル2）	
30			［指導の実際］生徒の回答を板書する際に、2つの円を描き、分類させてみました。さらに円のラベルを考えさせました。	板書① 技能と体力は相互に関連している
40	○個々の技能に応じた体力の必要性 ○技能や体力の高め方		活動②（グループワーク）発問③ スポーツ種目ごとに特に必要とされる体力を整理してみよう。（レベル3）	板書② 運動やスポーツの種類によって、求められる技能や体力の高め方が異なる。
50			［指導の実際］話し合いの後にスポーツ種目の一覧を板書して、それを参考に考えさせました。また、必要度に応じて、◎、○、△の表記させました。	本時のまとめ

※ 発問と思考・判断のレベルの確認表
- レベル1　情報の確認、要約
- レベル2　情報の解釈、拡散的思考
- レベル3　情報の絞り込み、条件選択
- レベル4　情報の再考、推察、組合せ
- レベル5　結論、評価、提案

3 学習資料(ワークシート等)の工夫

発問① 小学校のときの自分と今の自分を比べ、スポーツでできなかったことができるようになった例を挙げてみよう。

- 逆上がりが楽にできるようになった。
- ソフトボールのバッティングで遠くまで打てるようになった。
- クロールの泳げる距離が伸び、泳ぐタイムが縮んだ。　など

活動①(発問②) 色々なことができるようになったね。では、できるようになった要因は何だろう?より多く挙げてみよう。

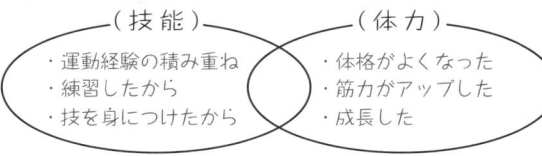

(技能)
- 運動経験の積み重ね
- 練習したから
- 技を身につけたから

(体力)
- 体格がよくなった
- 筋力がアップした
- 成長した

⇒ 基礎体力の要素の高まりによってパフォーマンス(できばえ)は高まる

【提示資料】

■技能と体力の関係

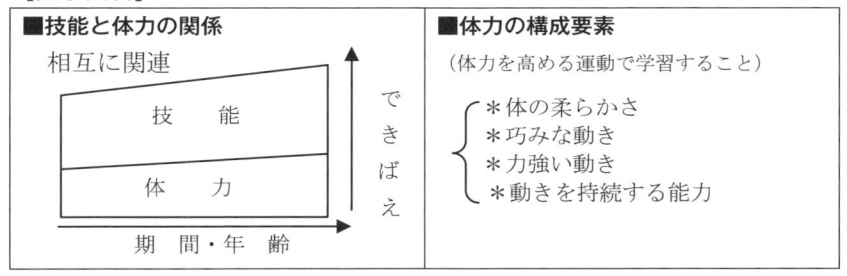

相互に関連

技能／体力　→　できばえ
期間・年齢

■体力の構成要素

(体力を高める運動で学習すること)

- *体の柔らかさ
- *巧みな動き
- *力強い動き
- *動きを持続する能力

活動②(発問③) スポーツ種目ごとに特に必要とされる体力を整理してみよう。

運動・種目名	体の柔らかさ	巧みな動き	力強い動き	持続する能力
サッカー		◎	○	◎
水泳	◎		○	○
すもう	◎		◎	

(※話し合いの後、整理一覧表で確認します。)

★実践者からのアドバイス
グループ間で1つか2つは扱うスポーツ種目を重複させると、発言が活発になりますよ。

4 まとめ

　　スポーツの技能と体力が相互に関連していることが理解できたかな?実践では、体力をバランスよく高めること、各段階や能力に応じた高め方があることを踏まえて取り組みましょう。

5時間目 単元名:「エ 運動やスポーツの活動時の健康・安全の確保の仕方」(1/2)

1 本時の進め方

運動・スポーツによるけがや健康面への影響、事故についての知識を深める内容です。生涯を通じて健康や安全に留意して運動やスポーツ活動にかかわっていけるようにするために、各領域での活用や、卒業後のスポーツ活動を想定して指導します。

2 本時の構想

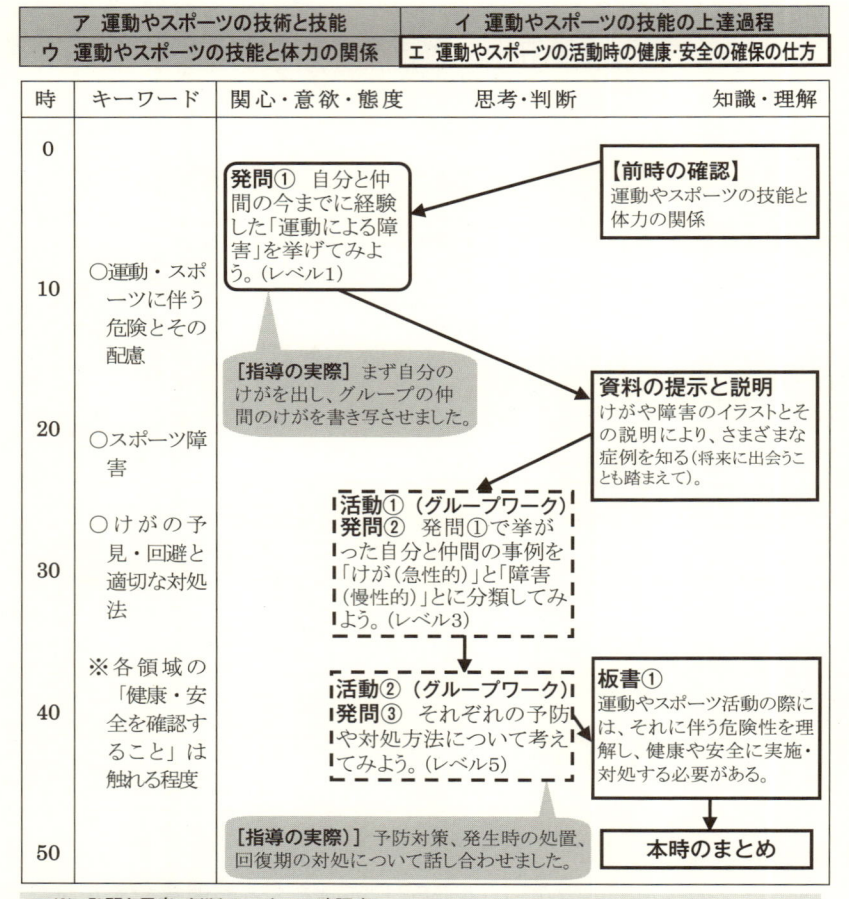

ア 運動やスポーツの技術と技能	イ 運動やスポーツの技能の上達過程
ウ 運動やスポーツの技能と体力の関係	エ 運動やスポーツの活動時の健康・安全の確保の仕方

時	キーワード	関心・意欲・態度	思考・判断	知識・理解
0				【前時の確認】運動やスポーツの技能と体力の関係
10	○運動・スポーツに伴う危険とその配慮	発問① 自分と仲間の今までに経験した「運動による障害」を挙げてみよう。(レベル1) [指導の実際] まず自分のけがを出し、グループの仲間のけがを書き写させました。		
20	○スポーツ障害			資料の提示と説明 けがや障害のイラストとその説明により、さまざまな症例を知る(将来に出会うことも踏まえて)。
30	○けがの予見・回避と適切な対処法		活動① (グループワーク) 発問② 発問①で挙がった自分と仲間の事例を「けが(急性的)」と「障害(慢性的)」とに分類してみよう。(レベル3)	
40	※各領域の「健康・安全を確認すること」は触れる程度		活動② (グループワーク) 発問③ それぞれの予防や対処方法について考えてみよう。(レベル5)	板書① 運動やスポーツ活動の際には、それに伴う危険性を理解し、健康や安全に実施・対処する必要がある。
50		[指導の実際] 予防対策、発生時の処置、回復期の対処について話し合わせました。		本時のまとめ

※ 発問と思考・判断のレベルの確認表

- レベル1 情報の確認、要約
- レベル2 情報の解釈、拡散的思考
- レベル3 情報の絞り込み、条件選択
- レベル4 情報の再考、推察、組合せ
- レベル5 結論、評価、提案

3 学習資料（ワークシート等）の工夫

発問① 今までに経験した「運動によるけがや疾病」や仲間の経験したけがについて挙げてみよう。

	今までに経験した「運動によるけがや障害」
実際の経験	・走り過ぎによるシンスプリント　・アキレス腱の腱鞘炎 ・足裏のまめ　・突き指　・骨折　・肉離れ　・捻挫（脱臼）
仲間の経験	・アキレス腱断裂　・腰痛　・オスグッド病 ・関節炎　・疲労骨折　・打撲

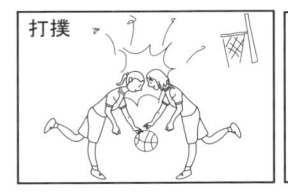

打撲　熱射病　腰痛

★実践者からのアドバイス
どんな小さなけがでもよいので、できるだけたくさん挙げるようにしましょう。

活動①（発問②）けが（急性的）と障害（慢性的）とに分類してみよう。

[けが・疾病（急性的）]
・捻挫、突き指、脱臼、骨折、脳しんとう
・肉離れ、腱断裂、打撲、脱水、熱射病

[障害（慢性的）]
・疲労骨折、関節炎、腰痛
・オスグッド病、腱鞘炎、貧血

活動②（発問③）適切な予防法や対処法を考えてみよう（グループワーク）。

	名称	予防のしかた（人的・環境的）	発生時の処置	回復期の対処
けが（急性）	捻挫	柔軟運動をする 練習のきまりを守る	冷却・安静	軽い運動
	脱臼	柔軟運動をする	固定	筋力強化
	脳しんとう	方法・約束事を決める	安静にする	
障害（急性）	疲労骨折	適切な練習量と休養	アイシング	軽い運動
	関節炎	適切な休養をとる	アイシング	軽い運動 ストレッチ
	腰痛	腹筋・背筋を強化する	安静	軽い運動
	腱鞘炎	適切な休養をとる	アイシング	軽い運動

4 まとめ

　スポーツ施設などで起こりやすいけがや疾病について理解できたかな？
　原因には人によるものと用具などの環境によるものがあるので、両面からけがを防ぐようにしよう。また、長期的なスポーツ障害についても知っておき、適度な休養をとりながら、スポーツを楽しめるようにしよう。

6時間目 単元名:「エ 運動やスポーツの活動時の健康・安全の確保の仕方」(2/2)

1 単元の進め方

本時は、これまでの健康・安全に関する学習の知識をもとに、卒業後のスポーツ活動も想定して、危険を予見し回避する意識と能力を高めます。実際に身近に事故に遭った人がいる場合などは事例を挙げる際に配慮が必要です。

2 本時の構想(授業の流れ)

	ア 運動やスポーツの技術と技能	イ 運動やスポーツの技能の上達過程
	ウ 運動やスポーツの技能と体力の関係	エ 運動やスポーツの活動時の健康・安全の確保の仕方

分	学習内容	関心・意欲・態度	思考・判断	知識・理解
0		発問① 自然にかかわるスポーツを挙げてみよう。(レベル1)		【前時の確認】運動・スポーツに伴う危険とその配慮、スポーツ障害、けがの防止対策・適切な対処法について。本時は将来に出会うさまざまな屋外での事故防止にも役立てたい。
10	○気象条件や自然環境の変化などに伴う危険と回避	活動①(資料を読む)	発問② 最近の自然にかかわるスポーツの事故の記事を読んで、危険回避のポイントをまとめよう。(レベル3)	
20			活動②(グループワーク) 発問③ 次の場面ではどのような健康・安全面での危険性があると思うか?(レベル4) また、どのような対応が必要ですか?(レベル5) ①台風接近時のキャンプ活動 ②急に蒸し暑くなった時の運動 ③天候不順時の登山 ④雷雨時の屋外のスポーツ活動 ⑤どんよりした気候の時の屋外での運動	板書①(まとめ) 運動やスポーツ活動を行う時には、気象条件や自然環境の変化などさまざまな危険を予見し回避する意識と能力が求められる。
30				
40	[指導の実際] 提示した新聞記事をヒントに考えさせました。			本時(2/2)のまとめ ↓ 高校2年生のまとめ
50			まとめのテスト 今回、運動やスポーツの効果的な学習の仕方について学んできたことを参考にして、「もし、あなたが某高校ラグビー部の監督だったらどういった事に注意をして練習をさせるか、考えを書きましょう。	

※ 発問と思考・判断のレベルの確認表
- レベル1 情報の確認、要約
- レベル2 情報の解釈、拡散的思考
- レベル3 情報の絞り込み、条件選択
- レベル4 情報の再考、推察、組合せ
- レベル5 結論、評価、提案

3 学習資料（ワークシート等）の工夫

発問① 自然にかかわるスポーツを挙げてみよう！

　スキー　スノーボード　キャンプ　カヌー　ウインドサーフィン
　サーフィン　ダイビング　登山　つり　ウオーキング　海水浴

発問② 最近の自然にかかわるスポーツの事故の記事を読んで、危険回避のポイントをまとめてみよう。

2009年7月14日の早朝、旭岳ロープウエー駅を18名の中高年登山ツアーが出発。一行は初日は旭岳、2日目は雨中17kmの強行軍。3日目は荒天でのトムラウシ山越えとなった。出発してしばらくすると、体調が極めて悪い参加者が出たが、ツアーは続行された。結果、トムラウシ山頂近くで8名（女性参加者7名・ガイド1名）が死亡、自力下山5名、翌日5名救助され、夏山では前例のない大惨事となった。

まとめ
自然の中では環境の変化への配慮が必要です。

活動②（発問③） 次の場面ではどのような健康・安全面での危険性があると思いますか。

	具体例	予想される危険性	対応
①	台風接近時のキャンプ活動	川の増水などによる水難事故	天候の正確な把握と計画
②	急に蒸し暑くなった時の運動	熱中症など	こまめな水分補給　休息
③	天候不順時の登山	滑落などの危険	登山ガイドの判断に従う
④	雷雨時の屋外のスポーツ活動	落雷の被害など	スポーツ活動の中止と避難
⑤	どんよりした気候の時の屋外での運動	光化学スモッグによる健康被害	スポーツ活動の中止

★実践者からのアドバイス
命にかかわる危険性があり、事前の情報収集と、変化に対応する判断力をつけることが大切であることに気づかせましょう。

4 まとめ

(1) 単元のまとめ

　運動やスポーツを生涯にわたって豊かに継続するためには、適切な判断が重要になります。体育学習の成果が試されているよ。

(2) 高2のまとめ

　運動やスポーツを効果的に学習するためには、技術の型の違いや上達の段階、体力との関連を考えながら練習に取り組もう。また、危険を予見し回避できるようになることは、生涯スポーツを継続するために必要だよ。学んだことを卒業後の実践に役立てようね。

ウ．評価問題例

＜知識・理解の設問例＞

1. 運動やスポーツの効果的な学習の仕方について以下の問いに答えなさい。
(1) 技術のうち、状況の変化の少ないところで発揮されるタイプの型を何というか。
（　　　　　　　　　）型
(2) 運動やスポーツの技能の上達過程を3つの段階で考える場合、次の空欄に最も当てはまる用語を書きなさい。

| ① | の段階→意図的な調整の段階→ | ② | の段階 |

(3) 次の文章の①、②は何と呼ばれているか答えなさい。

> 技術の上達過程では、各段階において上達の速度は異なりますが、上達が進むにつれ、記録や技の習得状況に①停滞が生じたり、一時的に②発揮できなくなったりすることもあります。しかしながら、こうした状況を克服することでさらに高い技能の獲得につながると考えられています。

（①　　　　　　　　）、（②　　　　　　　　）

(4) 運動の技能と体力について説明したもののうち、正しいものに○を間違っているものに×を付けなさい。　　　　　　　　　　　　（※概念の正確な理解を問う問題）
　①体力が高いほど記録がよくなるので、記録と技能との関連はない。
（　　　　　　）
　②技能が高いほど記録がよくなるので、記録と体力との関連はない。
（　　　　　　）
　③体力が高まると自然と技能も高くなるので関連している。　　（　　　　　　）
　④技能と体力は相互に関連している。　　　　　　　　　　　　（　　　　　　）

(5) 次の文章のうち、空欄に適する言葉を語群から選び記号で答えなさい。
　運動やスポーツを行う際には、活動に伴う（　①　）を理解し、健康や安全に配慮した実施が必要になること、身体やその一部の（　②　）使用によってスポーツにかかわる（　③　）が生じる場合がある。
　気象条件や自然環境の変化など様々な危険を（　④　）し（　⑤　）することが求められる。
【語群】ア．適切な　イ．骨折　ウ．過度な　エ．予見　オ．障害　カ．危険性
　　　　キ．計算　ク．効能　ケ．回避　コ．挑戦

2. 野外のキャンプ場での活動における健康・安全の確保について、想定しておくべき事故やけがについての具体例を一つ取り上げ、次の表を埋めなさい。

事故や疾病	事故防止のための対策	発生時の処置	回復期の対処

＜思考・判断の設問例＞

3. あなたは今、某高校ラグビー部の監督です。今日は6月16日、公式戦を1ヶ月後に控え、選手達は必死に練習に取り組んでいます。ただ、あなたはラグビーのことは全く知りません。それは選手達もよく分かっていて、練習メニューは選手達で決めますが、理論的なことについてのアドバイスを聞きに来ます。さあ、公式戦まで、どういった事柄に注意をして練習を行うようアドバイスをしますか。
技術の種類に応じた学習の仕方の違い、段階に応じた練習方法、技能と体力の関係、健康・安全の確保の仕方という4つの観点から意見を述べなさい。ただし、以下のキーワードは必ず引用し、丸で囲むこと。

> オープンスキル型、　意図的な調整の段階、　技能と体力、　危険の予見と回避

＜知識・理解の解答例＞

1.

(1)	クローズドスキル								
(2)	①	試行錯誤				②	自動化		
(3)	①	プラトー				②	スランプ		
(4)	①	×	②	×	③	×	④	○	
(5)	①	カ	②	ウ	③	オ	④	エ	⑤ ケ

2.

事故や疾病	事故防止のための対策	発生時の処置	回復期の対処
・豪雨による増水	・安全な場所へのテント設置と天候の確認	・速やかな避難	
・虫さされ	・虫除け、服装、帽子着用	・応急手当、受診	・医師の指示に従う

＜思考・判断の解答例＞

3. 評価マトリックス（評価の視点と判断の目安）

キーワード ＼ 分析の視点	○各キーワードが正しく理解されている。 ○判断、結論、提案等が読み取れる		
	上記の視点で記載	いずれかの視点	記載が不十分
意図的な調整の段階、技能と体力の関係、けがの防止、気象条件のキーワードを用いている	A°	A	B
上記の一部を用いて説明している。	A	B	C
キーワードが使われず説明している	B	C	C°

A°の例）

　君たちは、これまでよくがんばって練習をしてきたね。
　ラグビーは、(オープンスキル型)のスポーツといわれているよ。個人の技能の向上も大切だけど状況に応じて技能を選択することが求められるので、戦術をどのように立てるのか、状況に応じてどのように動くのか残り1ヶ月で確認をしておこう。
　また、運動やスポーツの技能の上達過程は、試行錯誤の段階、(意図的な調整)(の段階)および自動化の段階の3つに分ける考え方があるのだけど、みんなはそれぞれどの段階にあるのだろうか。高校で初めて始めた1年生は、意図的な段階にあるのかも知れないし、経験を重ねた2年生は自動化の段階に入っているのかも知れない。意図的な段階では、意識しなくても動きができるように繰り返し練習を続けよう。また、自動化の段階ではプラトーやスランプといった一時的にパフォーマンスが低下することもあるけど粘り強く取り組むことが大切だ。
　また、(技能と体力)は相互に関連しているから、個々の技能に応じて体力を高めておくことも大切だね。特に試合前のけがには注意しよう。疲労が溜まるとけがやスポーツ障害に発展する危険性も出てくるので、事前の防止策として体調に応じて練習量の調整やウォーミングアップやクールダウンを念入りに行おう。
　屋外での活動は、(危険を予見し回避)することが大切だ。これからの季節は気温が上がると熱中症や突然の雷なども発生するので十分に注意していこう。

エ．授業工夫のための資料
○高2-ア （1）の補足

> （触れる）　次のA～Eはそれぞれを何というか？　また、その関係はどうなっているだろうか？
>
> A：練習やゲームにおいて、正確にレシーブできる。
> B：今日の試合では、クイック攻撃を主体とした攻撃で臨む。
> C：このクラブでは、パスやレシーブ、スパイク、サーブなどの練習をメインにしている。
> D：春の大会をめざして、このクラブでは個人の体力の向上とチームプレイの連携を大切と考え、それを練習のメインとしている。
> E：試合中にレシーブがうまくいかなくなったので、サーブレシーブのフォーメイションを変更した。
>
> ［戦　略］(D)
> ∨
> ［作　戦］(B)
> ∨
> ［戦　術］(E)
> ∨
> ［技術］(C)→［技能］(A)

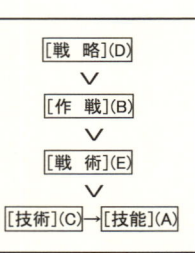

○高2-イ （3）の　ワークシートの工夫（参考）：写真分析

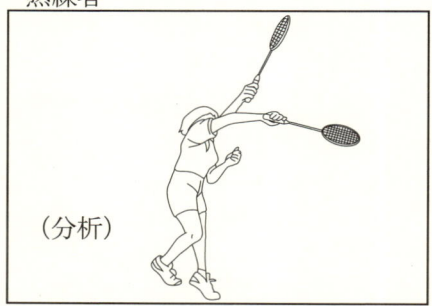

> ①初心者と熟練者のバドミントンのフォームを分析し、初心者にアドバイスをしてみよう。
>
> 初心者　　　　　　　　　熟練者
>
> （分析）　　　　　　　　（分析）
>
> ［分析］
>
> ［アドバイス］

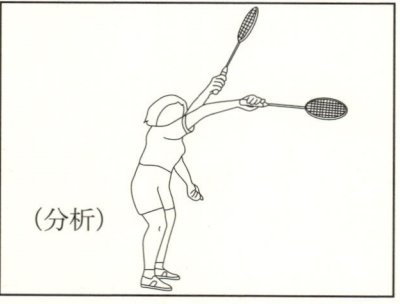

○高2-ウ （3）のワークシートの工夫（参考）

　　今日は、バレーボールの試合を観戦し、高い技能を発揮するためには、自分とどこが違うのか！何が必要か？同じ動きをするためには、どうすればよいか考えてみましょう。

> **Point**：ゲームを観戦するのではなく、興味を持った一人の選手の動きを中心に見ましょう。

1. 自分の動きとどう違うか考えてみよう！
[　　　　　　　　　　　　　　　　　　　　　　　　　　　　　　　　]

2. 一流選手の真似をするとしたら、どのような準備が必要か、隣の人と考えてみよう！
[　　　　　　　　　　　　　　　　　　　　　　　　　　　　　　　　]

○高2-エ　運動やスポーツの活動時の発生している負傷

①負傷種類別の発生割合

[高校]
- 挫傷、打撲　33.2%
- 骨折　27.6%
- 捻挫　26.9%
- 挫創　3.5%
- 脱臼　3.6%
- その他　5.1%

②負傷における場所別発生割合

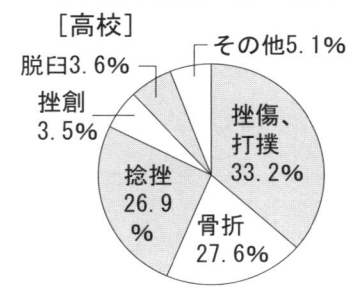

[校舎内・高校]	％
体育館, 屋内運動場	84.9
教室等	6.5
階段	3.1
廊下	3.1
その他	2.4

[校舎外・高校]	％
運動場, 校庭	93.9
体育施設等	3.0
プール	1.0
その他	2.2

（出典：日本スポーツ振興センター『学校の管理下の災害-21』）

オ．授業を終えた実践者からのアドバイス

> ○1～4時間目実践者：松野　明先生からのアドバイス
> 授業では、生徒が発言しやすいようにグループでの雰囲気づくりに努めました。生徒の意見で盛り上がりましたよ。

> ○1～6時間目実践者：後藤晃伸先生からのアドバイス
> 話し合わせる場の工夫として、まずは個人で考えさせ、次にグループワークへといった方が活発に意見交換できるようです。教師には学習指導要領の内容から離れていかないような配慮が必要ですね。

③高等学校3年＜豊かなスポーツライフの設計の仕方＞

ア．単元構造図

① 単元名	② 指導内容の概要	③ 学習指導要領の内容	④ 学習指導要領解説の記載内容	⑥ 具体的な指導項目	⑦ 発問や学習活動のイメージ
			高等学校　入学年次の次の年次以降（3年）　H 体育理論		
(3)豊かなスポーツライフの設計の仕方について理解できるようにする。		ア　スポーツは、各ライフステージにおける身体的、心理的、社会的特徴に応じた楽しみ方があり、また、その楽しみ方は、個人のスポーツに対する欲求などによっても変化すること。	（各ライフステージにおけるスポーツの楽しみ方）スポーツには、乳・幼児期から高齢期に至る各ライフステージごとに、体力や体力の変化などに見られる身体的特徴、精神的ストレスの変化などに見られる心理的特徴、人間関係や所属集団の変化などに見られる社会的特徴に応じた行い方や楽しみ方があることを理解できるようにする。また、各ライフステージにおけるスポーツの行い方や楽しみ方は、個人のスポーツ経験や学習によってはぐくまれたスポーツに対する欲求や考え方、健康や体力を求める必要性や個人の健康目標などに応じて変化するものであることを理解できるようにする。	○各ライフステージに応じた行い方や楽しみ方	確認　高1で学習した「スポーツの歴史・文化的特性や現代のスポーツの特徴」、高2で学習した「運動やスポーツの効果的な学習の仕方」を確認する。 活動①（ワークシート）各年代の資料を読んでみよう。 発問①　各年代の心身、社会環境の特徴について、資料1をもとに考え、空欄に記入しよう。 板書①　ライフステージに応じた特徴 活動②（ワークシート） 発問②　それぞれのライフステージで、スポーツの行い方や楽しみ方が変化するのはなぜだろうか？理由をまとめてみよう。 板書②　ライフステージに応じたスポーツの楽しみ方の変化 本時のまとめ
				○各ライフステージにおけるスポーツの行い方や楽しみ方の変化	発問①　将来（卒業後）に行ってみたいスポーツはあるか？ 活動①（ワークシート）「AさんとBさんのスポーツライフ」の事例を読む。 活動②（ワークシート） 発問②　AさんとBさんの各ライフステージごとのスポーツのかかわり方のきっかけや要因を考えてみよう。 活動③（構造紙発表） 発問③　グループで出た考えを整理しよう。 板書③（まとめ）各ライフステージにおけるスポーツの行い方や楽しみ方は、個人のスポーツ経験や学習によってはぐくまれたスポーツに対する欲求や考え方、健康や体力を求める必要性や個人の健康目標などに応じて変化するものであること。 本時のまとめ
		イ　生涯にわたってスポーツを継続するためには、自己に適した運動機会をもつこと、活動の場をもつこと、ライフスタイルに応じたスポーツとのかかわり方を見付けることなどが必要であること。	（ライフスタイルに応じたスポーツとのかかわり方）生涯にわたって豊かで充実したスポーツライフを実現するためには、各ライフステージの特徴を踏まえた上で、自ら積極的、継続的にスポーツに取り組むこと、身近なスポーツ施設や無理なく行える自由時間、一緒にスポーツする仲間といった諸条件を整えることが大切であることを理解できるようにする。また、それぞれの生き方や暮らし方、ライフスタイルに応じた無理のないスポーツのかかわり方が大切であること、そのようなかかわり方を実現するための具体的な設計の仕方があることを理解できるようにする。その際、現在の各ライフステージにおける計画の実践を評価したり、次の計画に生かすことなど、生涯にわたる豊かなスポーツライフの設計の有効性を現実的な視点からとらえていくことについても触れるようにする。	○スポーツライフの実現のための諸条件 ○ライフスタイルに応じた設計の仕方 △スポーツライフにおける計画・実践・評価の有効性	活動①（資料を読む）スポーツライフに関する事例。 （事例紹介） 発問①　次の事例からスポーツライフ実現の要因を考えよう。 板書①　スポーツを実現する諸条件には、意欲、時間、施設、仲間がある。 活動②（ロールプレイング） 発問②　あなたはスポーツ実践アドバイザーです。相談者にアドバイスしてみよう。 板書②　ライフスタイルに応じたかかわり方 発問③　スポーツを継続して楽しんでいくためのコツは何だと思うか？ （触れる）PDCAサイクルの有効性 本時のまとめ
		ウ　スポーツの国や地方自治体などの組織、人々の支援や参画によって支えられていること。	（スポーツ振興のための施策と諸条件）国と地方自治体は、スポーツ振興のために様々な施策を行っており、人や財源、施設や用具、情報などを人々に提供するなどの条件整備を行っていること、また、スポーツを支援するために、企業が競技者の社会貢献、スポーツボランティアや非営利組織（NPO）などが見られるようになっていることを理解できるようにする。また、我が国のスポーツ振興法やスポーツ振興基本計画の内容や背景についても触れるようにする。	○国、地方自治体のスポーツ振興施策 ○スポーツ振興を支援する企業、ボランティア、NPOの存在 △スポーツ基本法、スポーツ基本計画の内容や背景	発問①　スポーツは個人の努力だけではなく、公的なものを含めさまざまな支援を受けて成り立っている。では、どのような支援があるか？ 板書①　公的支援：スポーツ振興施策　民間の支援：企業や選手の社会貢献、スポーツボランティア、NPO 活動①（インターネット検索・ワークシート）スポーツを支えている機関や団体を調べ、まとめよう。 活動②（情報交換） 発問②　まとめたことをグループで共有し、ワークシートを完成させよう。 活動③（事例を読む）スポーツ基本法、スポーツ基本計画、スポーツ立国戦略など。 （触れる）スポーツ基本法やスポーツ基本計画などの内容や背景 本時のまとめ
		エ　スポーツを行う際には、スポーツが環境にもたらす影響を考慮し、持続可能な社会の実現に寄与する責任ある行動が求められること。	（スポーツと環境）スポーツにかかわる人々の増加は、施設を中心に自然の開発を伴うことがあるなどが環境全体にもたらす影響が大きくなっており、その際、スポーツの発展のためには今後の持続可能な開発と環境保護の観点からより十分な配慮が求められていること、また、スポーツの発展のためには一人一人の環境に対する配慮も必要になってきていることを理解できるようにする。また、国際的なスポーツ大会の開催や自然に親しむスポーツにおいて、特に環境保護に貢献する運動が展開されていることについても触れるようにする。	○スポーツが環境に与える影響 ○持続可能な開発とスポーツ ○一人一人の環境への配慮 △スポーツにおける環境保護への貢献活動 ○豊かなスポーツライフの設計	発問①　「スポーツと環境」の関係は近い？遠い？（挙手の人数を黒板に書き留めておく） 活動①（ブレインストーミング） 発問②　スポーツが環境に及ぼす影響について「施設の開発」と「大会の開催」をキーワードにして書き出してみよう。 板書①　スポーツ参加の増加が環境に与える影響 活動②（ロールプレイング） 発問③　スポーツは必要か？環境面からディスカッションをしてみよう。（スポーツ推進派と反対派の立場に立って意見交換させてもよい） 板書②　合意できた点をまとめてみよう。 発問④　「スポーツと環境」は近い？遠い？（最初の人数と比較し、意識の変化を実感させる） 板書③　スポーツにかかわる人々に何が求められるか？ 活動③（事例を読む）スポーツ関係者の環境保護事例 （触れる）スポーツ関係者の環境保護活動について、資料を使って説明する。 本時のまとめ 大単元の振り返り　豊かなスポーツライフの設計の仕方 活動①（スポーツアジェンダの作成） 発問⑤　「豊かなスポーツライフの設計の仕方」という内容で学習してきたことを踏まえ、「私のスポーツアジェンダ（自分に誓うスポーツの行動指針）」を書き、宣言（提案）しよう。 単元のまとめ　生涯にわたって豊かなスポーツライフを送ってほしいという教師の願いを伝える。 高校生（体育理論）の総まとめ 単元のまとめのテスト
⑤内容の取扱い			1　「H 体育理論」は、各年次において、すべての生徒に履修させるとともに「各科目にわたる指導計画の作成と内容の取扱い」に、授業時数を各年次で6単位時間以上を配当することとしている。このことは、基礎的な知識は、意欲、思考力、運動の技能などの源となるものであり、確実な定着が重要であることから、各領域に共通するまとまった学習を重視したことによる。また、中学校との接続を考慮して単元を構成し、十分な定着が図られるように配慮したものである。各年次6単位時間以上としたのは、事例などで用いたディスカッションや課題学習などの実施に応じて取り入れることができるように配慮したためである。これらの点を十分考慮して指導計画を作成する必要があろう。 2　入学年次においては、(1)スポーツの歴史、文化的特性や現代のスポーツの特徴を、その次の年次においては、(2)運動やスポーツの効果的な学習の仕方を、それ以降の年次においては、(3)豊かなスポーツライフの設計の仕方をそれぞれ取り上げることとする。		

第6章 楽しい授業にチャレンジ 249

イ．各単元の学習の流れ

1時間目　単元名：「ア　各ライフステージにおけるスポーツの楽しみ方」（1/2）

1 本時の進め方

中学校・高等学校の体育理論のまとめの単元です。豊かなスポーツライフの設計の仕方を学びます。自分の将来のイメージを持たせることは難しいので、身近な両親や祖父母などを例に考えさせ、授業を進めるとよいでしょう。

2 本時の構想（授業の流れ）

ア 各ライフステージにおけるスポーツの楽しみ方	イ ライフスタイルに応じたスポーツとのかかわり方
ウ スポーツ振興のための施策と諸条件	エ スポーツと環境

時	学習内容	関心・意欲・態度	思考・判断	知識・理解
0				【高1・2の学習の確認】スポーツの歴史・文化的特性や現代のスポーツの特徴。運動やスポーツの効果的な学習の仕方。
10	○各ライフステージに応じた行い方や楽しみ方	活動①（ワークシート）各年代の特徴の資料を読んでみよう。	発問① 各年代の心身、社会環境の特徴について、資料1をもとに考え、空欄に記入しよう。(レベル3)	[指導の実際] 自分で書かせたり、仲間と意見交換させたりしました。
20				板書① 各ライフステージには、それぞれ身体的・精神的・社会的特徴がある。
30			活動②（ワークシート）発問② それぞれのライフステージで、スポーツの行い方や楽しみ方が変化するのはなぜだろうか？ 理由をまとめてみよう。(レベル5)	[指導の実際] 発問①の内容をもとにスポーツの行い方や楽しみ方の変化についてまとめさせました。
40				板書② それぞれのライフステージにおけるスポーツの行い方や楽しみ方は各年代の特徴によって変化する。
50				本時のまとめ

※ 発問と思考・判断のレベルの確認表
- レベル1　情報の確認、要約
- レベル2　情報の解釈、拡散的思考
- レベル3　情報の絞り込み、条件選択
- レベル4　情報の再考、推察、組合せ
- レベル5　結論、評価、提案

3 学習資料（ワークシート）の工夫

発問① 各年代の心身、社会環境について、まとめてみよう。（資料１）

	体格や体力の変化 （　身体的特徴　）	精神的ストレスの変化 （　精神的特徴　）	人間関係と所属集団の変化 （　社会的特徴　）
乳幼児 児童期 (0～12歳)	成長が著しく、調整力、巧緻性の発達	好奇心旺盛 個から集団遊び	家族中心から友達との交流
青年期 (13～29歳)	成長が完成期に 持久力・筋力の発達	自我の確立 仲間の信頼欲求	学校生活中心から 就業、結婚と変化
壮年期 (30～49歳)	体力の衰えが自覚される	ストレスの増大に悩まされる	自由時間の欠如 責任ある立場
高齢期 (50歳～)	加齢に伴う身体機能の低下	疾病不安や生きがいの認識	家庭や地域での役割を求められる

活動②（発問②）　それぞれのライフステージで、スポーツの行い方や楽しみ方が変化するのは、なぜだろうか。理由をまとめてみよう。
（出典：笹川スポーツ財団、「スポーツライフに関する調査」2010）

	20歳代（青年期）	40歳代（壮年期）	70歳以上（高齢期）
行いたい運動・スポーツの上位種目 (2008)	・釣り ・ヨーガ ・ゴルフ（コース） ・テニス（硬式） ・野球	・ウォーキング ・ヨーガ ・ジョギング・ランニング ・水泳 ・ゴルフ（コース） ・野球	・散歩(ぶらぶら歩き) ・ウォーキング ・体操（軽・ラジオ） ・グラウンドゴルフ ・ゴルフ（コース） ・水泳
理由	体力や運動能力がピークにあり多様な運動が楽しめるから。	肥満防止などの健康維持を含めて運動・スポーツを楽しみたいから。	身体機能の低下があり手軽に楽しめることが好まれるから。

> ★実践者からのアドバイス
> 変化していくスポーツの楽しみ方を具体的にイメージできるようにしましょう。

4 まとめ

　これから迎える壮年期や高齢期のイメージはもちにくいと思いますが、生涯にわたる豊かなスポーツライフを継続する資質や能力を身につけるためには、ライフステージごとに身体的、心理的、社会的特徴に応じたスポーツの行い方や楽しみ方があることを理解することが大切なんだね。

2時間目　単元名：「ア　各ライフステージにおけるスポーツの楽しみ方」(2/2)

1 本時の進め方

本時は、各ライフステージにおけるスポーツの楽しみ方の2時間目です。この時間は、スポーツへの欲求や考え方、必要性など個人個人の志向性によって変化することを、実例を通して学べるようにします。

2 本時の構想（授業の流れ）

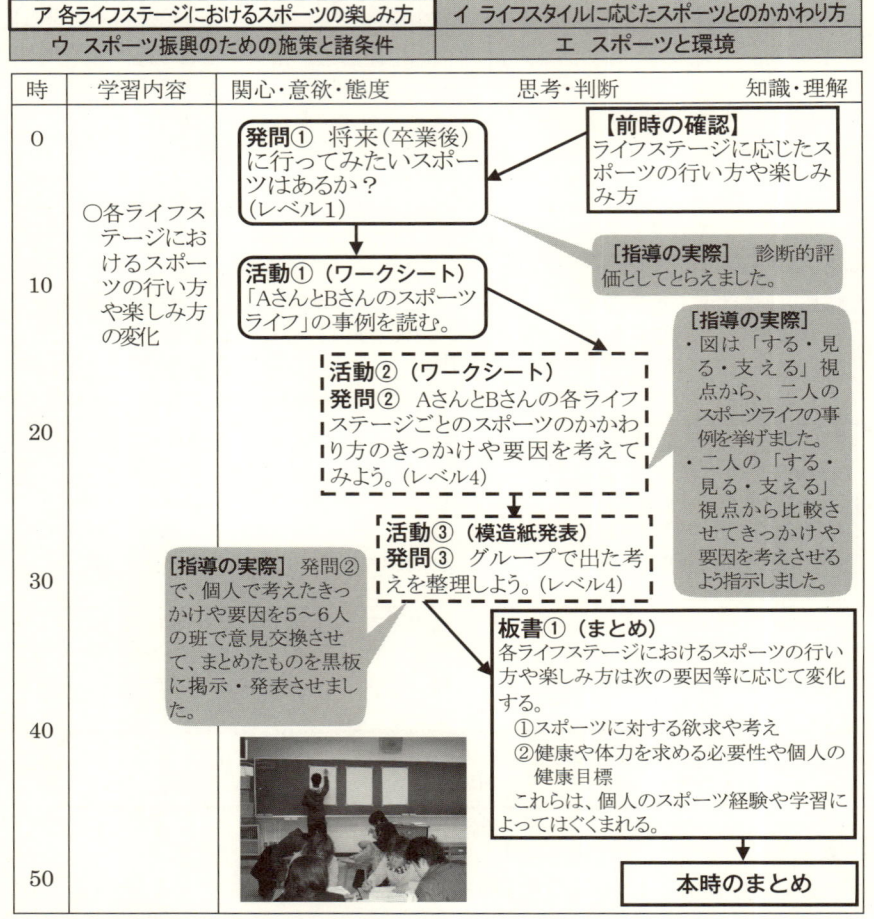

ア　各ライフステージにおけるスポーツの楽しみ方	イ　ライフスタイルに応じたスポーツとのかかわり方
ウ　スポーツ振興のための施策と諸条件	エ　スポーツと環境

時	学習内容	関心・意欲・態度	思考・判断	知識・理解

0

○各ライフステージにおけるスポーツの行い方や楽しみ方の変化

発問①　将来（卒業後）に行ってみたいスポーツはあるか？（レベル1）

【前時の確認】ライフステージに応じたスポーツの行い方や楽しみ方

[指導の実際]　診断的評価としてとらえました。

10

活動①（ワークシート）「AさんとBさんのスポーツライフ」の事例を読む。

[指導の実際]
・図は「する・見る・支える」視点から、二人のスポーツライフの事例を挙げました。
・二人の「する・見る・支える」視点から比較させてきっかけや要因を考えさせるよう指示しました。

20

活動②（ワークシート）
発問②　AさんとBさんの各ライフステージごとのスポーツのかかわり方のきっかけや要因を考えてみよう。（レベル4）

30

[指導の実際]　発問②で、個人で考えたきっかけや要因を5〜6人の班で意見交換させて、まとめたものを黒板に掲示・発表させました。

活動③（模造紙発表）
発問③　グループで出た考えを整理しよう。（レベル4）

板書①（まとめ）
各ライフステージにおけるスポーツの行い方や楽しみ方は次の要因等に応じて変化する。
　①スポーツに対する欲求や考え
　②健康や体力を求める必要性や個人の健康目標
これらは、個人のスポーツ経験や学習によってはぐくまれる。

40

50

本時のまとめ

※　発問と思考・判断のレベルの確認表
- レベル1　情報の確認、要約
- レベル2　情報の解釈、拡散的思考
- レベル3　情報の絞り込み、条件選択
- レベル4　情報の再考、推察、組合せ
- レベル5　結論、評価、提案

第6章 楽しい授業にチャレンジ 253

3 学習資料（ワークシート）の工夫

資料

「Aさんのスポーツライフ」

スポーツのかかわり方	見る	父親の影響で、父親の応援するプロ野球のチームの試合をテレビで観たり、テレビや新聞での試合結果に一喜一憂した。					
	支える					息子のサッカー教室の指導	グラウンドゴルフの審判。
	する	ボール蹴りなどの遊び（空き地や仲間が多かった）。	中・高・大学とサッカー一部所属	ゴルフを始める	家庭で海水浴やキャンプに行く	健康診断で運動を勧められスポーツクラブに通う。	ラジオ体操をしたり、健康のために妻とウォーキングを行う。仲間とグラウンドゴルフを楽しむ。
		運動遊び・学校体育	学校体育				
ライフステージ		乳児・児童期	青年期		壮年期		高齢期

「Bさんのスポーツライフ」

スポーツのかかわり方	見る				DVDで映画『Shall We ダンス』を見る		
	支える						
	する			会社のレクリエーション大会に参加。	家族で毎週のように公園を散策。	夫婦で社交ダンスを始める。	社交ダンスの大会に出る。
		運動遊び・学校体育	学校体育				
ライフステージ		乳児・児童期	青年期		壮年期		高齢期

活動②（発問②） AさんとBさんの「ライフステージごとのスポーツのかかわり方」のきっかけや要因を考えてみよう。

［Aさんのきっかけ・要因］
- スポーツ好きな父がおり、幼い頃にスポーツをする仲間がいた。
- 同じスポーツへの取組みが技能と知識を高め、壮年期以降につながった。
- スポーツクラブに入ったり、ウォーキングは健康維持が目的だった。

［Bさんのきっかけ・要因］
- 高校まで運動やスポーツには積極的ではなかったが、DVDを見てダンスに興味を持った。
- 夫婦で始めたダンスだが、次第に大会に出るようになり、楽しみ方が変化した。

★実践者からのアドバイス
健康・体力・仲間づくり・自己実現などのキーワードを生徒にヒントとして伝えました。

4 まとめ

ライフステージごとにスポーツとのかかわりは変化するけど、「する・見る・支える」という視点でかかわり方が広がることも大切だよ。どの世代でも無理をせず、スポーツが身近にあると思えるとよいですね。

3時間目　単元名：「イ ライフスタイルに応じたスポーツとのかかわり方」

1 本時の進め方

スポーツとのかかわりは、年代ごとの変化だけでなく、職業や生活様式によってその必要性は様々です。運動量の多い仕事、静的な労働が多い仕事、社会的なつながりが希薄になる生活などその状況に応じてどのようにスポーツと向き合うかを考えます。

2 本時の構想（授業の流れ）

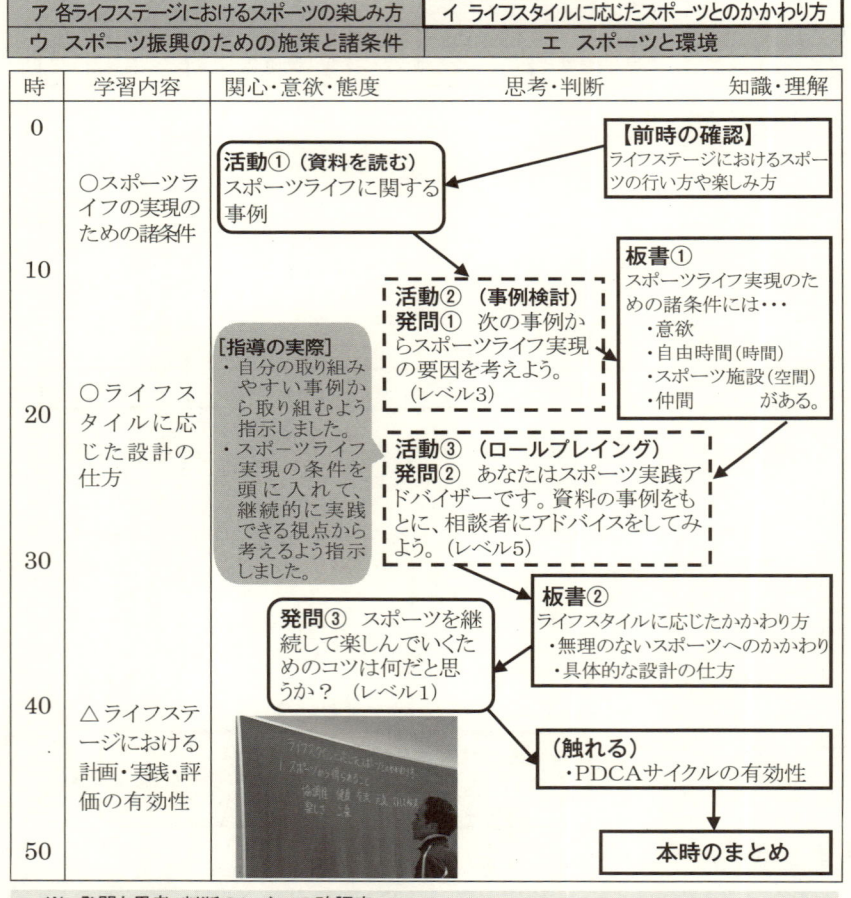

ア 各ライフステージにおけるスポーツの楽しみ方	イ ライフスタイルに応じたスポーツとのかかわり方
ウ スポーツ振興のための施策と諸条件	エ スポーツと環境

時	学習内容	関心・意欲・態度	思考・判断	知識・理解
0				【前時の確認】ライフステージにおけるスポーツの行い方や楽しみ方
	○スポーツライフの実現のための諸条件	活動①（資料を読む）スポーツライフに関する事例		
10			活動②（事例検討）発問① 次の事例からスポーツライフ実現の要因を考えよう。（レベル3）	板書① スポーツライフ実現のための諸条件には・・・ ・意欲 ・自由時間（時間） ・スポーツ施設（空間） ・仲間　がある。
20	○ライフスタイルに応じた設計の仕方	[指導の実際] ・自分の取り組みやすい事例から取り組むよう指示しました。 ・スポーツライフ実現の条件を頭に入れて、継続的に実践できる視点から考えるよう指示しました。	活動③（ロールプレイング）発問② あなたはスポーツ実践アドバイザーです。資料の事例をもとに、相談者にアドバイスをしてみよう。（レベル5）	
30				板書② ライフスタイルに応じたかかわり方 ・無理のないスポーツへのかかわり ・具体的な設計の仕方
40	△ライフステージにおける計画・実践・評価の有効性		発問③ スポーツを継続して楽しんでいくためのコツは何だと思うか？（レベル1）	（触れる）・PDCAサイクルの有効性
50				本時のまとめ

※ 発問と思考・判断のレベルの確認表
- レベル1　情報の確認、要約
- レベル2　情報の解釈、拡散的思考
- レベル3　情報の絞り込み、条件選択
- レベル4　情報の再考、推察、組合せ
- レベル5　結論、評価、提案

3 学習資料（ワークシート）の工夫

活動②（発問①） 次の事例からスポーツライフ実現に必要な要因を考えよう。

＜スポーツをやっている人のコメント＞
- 毎日デスクワークなので、全身を動かすエアロビクスとかがいいですよ（20代女性）
- 会社の同僚らに誘われて、週末にフットサルをやるようになりました（30代男性）
- 皇居のまわりを仕事帰りに走るようになりました（40代女性）

＜スポーツをやっていない人のコメント＞
- 余裕があれば地域のクラブで活動したいけど、毎日仕事でクタクタです（30代男性）
- 運動経験がないので誰か指導したりアドバイスしてくれるといいけど（50代女性）

◎スポーツライフを実現するための条件とは？

（意欲）、（時間）、（空間）、（仲間）である。

活動③（発問②） 相談者にアドバイスをしてみよう！

	相談者の職業・生活状況等	あなたのアドバイス
Aさん	プログラマー（男性、24歳） ・昼夜逆転した生活 ・仕事のストレスが強い ・大学までサッカー部に所属	＊睡眠をきちんととりましょう。 ＊朝のジョギングやストレッチングを始めよう。
Bさん	証券アナリスト（女性、40歳） ・1日中パソコンでの仕事 ・眼の痛みや肩こりが激しい ・高校までテニス部に所属	＊1日1回体を動かすために、昼休みのウォーキングや終業後にスポーツクラブに行くのはどうでしょうか？ ＊ゴルフのレッスンに定期的に通ってみてはいかがでしょうか？
Cさん	主婦（女性、51歳） ・子育ても一段落。近所のスーパーでパートをしている ・体力の低下を自覚している ・今までに運動経験は特にない	＊パートの休みの日に、公共のスポーツセンターのスポーツ教室に通いませんか？ ＊ご近所さんやＰＴＡの仲間を誘って、テニスを始めるのはいかがでしょうか？

★実践者からのアドバイス
前時の学習内容や体育での「体つくり運動」の内容を参考にさせましょう。

発問③ スポーツを継続して楽しんでいくためのコツは何だと思う？
（何に留意してアドバイスしたらよいか？）

- 意欲、自由時間、施設（空間）、仲間の4つの要因（視点）でアドバイスする。
- ライフスタイルに応じた無理のないスポーツのかかわり方を勧める。
- 具体的な設計の仕方をアドバイスする。
- 運動の種類や行い方など、学校で学んだ知識を活用する。

4 まとめ

　ライフステージとは、各年代の段階を示すのに対して、ライフスタイルとは職業や生活様式を示します。今回はこのライフスタイルの違いに応じたスポーツとのかかわり方について考えました。ライフステージとライフスタイルの両面からスポーツとのかかわりを考えていきましょう。

4時間目　単元名：「ウ　スポーツ振興のための施策と諸条件」

1 本時の進め方
　スポーツの振興について、社会的側面から考える2時間です。スポーツのある潤いのある日常を送るためには、個人の努力だけでなく、法律や行政、ボランティアなど様々な側面からの支援が必要となります。そうした一面を知り、スポーツ環境を向上させることの大切さを理解します。

2 本時の構想（授業の流れ）

ア　各ライフステージにおけるスポーツの楽しみ方	イ　ライフスタイルに応じたスポーツとのかかわり方
ウ　スポーツ振興のための施策と諸条件	エ　スポーツと環境

時	学習内容	関心・意欲・態度	思考・判断	知識・理解
0〜10	○国、地方自治体のスポーツ振興施策	発問①　スポーツは個人の努力だけではなく、公的なものを含めてさまざまな支援を受けて成り立っている。では、どのような支援があるか？（レベル1）	【前時の確認】ライフスタイルに応じたスポーツとのかかわり方	板書① ○公的支援 ・スポーツ振興施策 ・人や財源 ・施設や用具 ・情報　など ○その他の支援 ・企業や選手の社会貢献 ・スポーツボランティア ・NPO　など
20〜30	○スポーツ振興を支援する企業、スポーツボランティア、NPOの存在	[指導の実際]いままでの自分たちスポーツ活動を振り返りさせることも参考になりました。 [指導の実際]調べさせたい検索先は事前に「お気に入り」ホルダーに入れておきました。 ※検索時間を10分のように区切った方がまとまります。	活動①（インターネット検索・ワークシート） 発問②　スポーツを支える機関や団体を調べ、まとめよう。（レベル1） 活動②（情報交換） 発問③　まとめたことをグループで共有し、ワークシートを完成させよう。（レベル3）	
40〜50	△スポーツ基本法（スポーツ振興法）やスポーツ基本計画（スポーツ振興基本計画）の内容や背景	活動③（事例を読む）スポーツ基本法、スポーツ基本計画、スポーツ立国戦略など【資料編を参照】 [指導の実際]　国のスポーツ振興法や振興計画は事前にプリントで配布しておきました。【資料編を参照】		（触れる）スポーツ基本法やスポーツ基本計画などの内容や背景 **本時のまとめ**

※ 発問と思考・判断のレベルの確認表
- レベル1　情報の確認、要約
- レベル2　情報の解釈、拡散的思考
- レベル3　情報の絞り込み、条件選択
- レベル4　情報の再考、推察、組合せ
- レベル5　結論、評価、提案

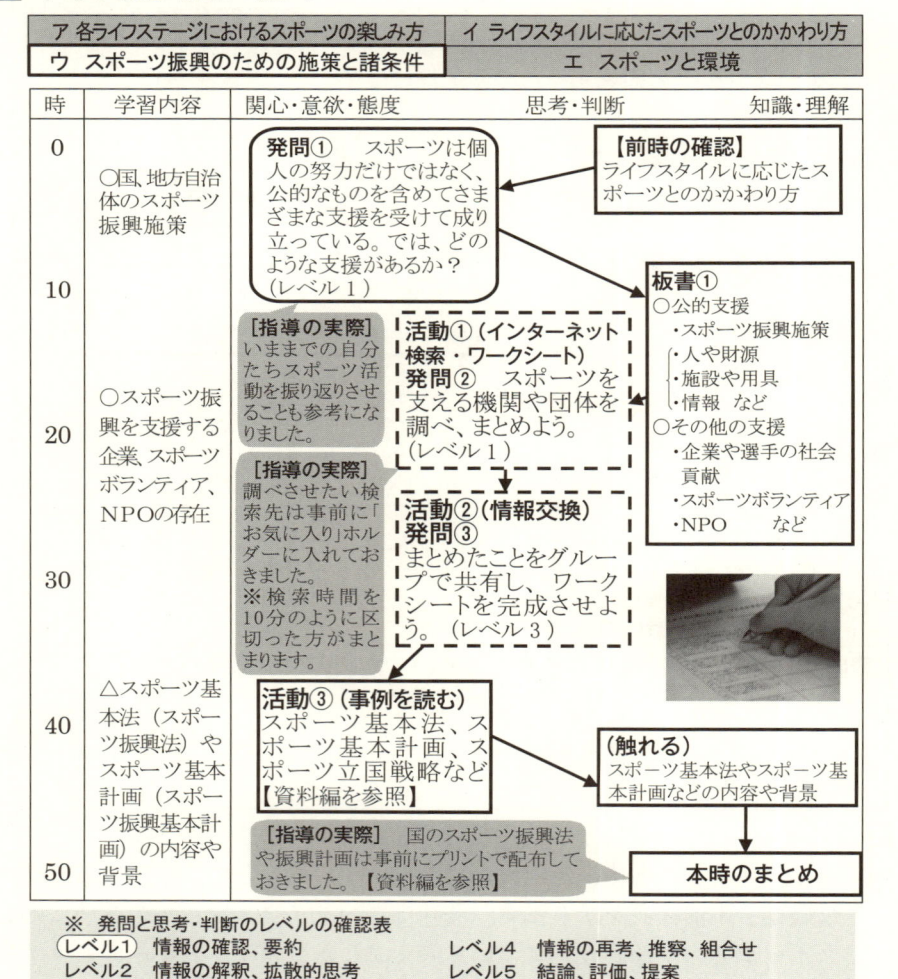

3 学習資料（ワークシート）の工夫

発問① 国民のスポーツ活動を支えているのは？

国民のスポーツ活動

（企業）（選手）（日本体育協会）（JOC）（競技団体）（NPO）（国）（地方自治体）（ボランティア）

活動① 国民のスポーツ活動を支えているところをインターネットで調べてみよう！
＜インターネット検索＞

自分が調べた 検索キーワード （○印で囲む）	・各都道府県のスポーツ施策　・企業の社会貢献 ・NPO　スポーツ　・スポーツボランティア ・日本体育協会　・スポーツ選手　社会貢献

自分がしらべたことのまとめ
1　名　　　称　　Jリーグチームのボランティア
2　支援内容　　ホームゲームのときに、案内やマスコット補助、
　　　　　　　　ゴミの回収、チラシ配布、チケット確認、総合案内

活動②（発問②）　グループの友人が発表したことを整理してみよう。(情報交換)

・○○県中央広域スポーツセンター
・県内の市町村の総合型スポーツクラブの創設や育成、活動全般にわたる支援を行う。

○感想
・スポーツの様々な面で、団体や個人が目的をもって、役割を分担してスポーツを支えていることがわかった。

★実践者からのアドバイス
インターネット検索の使用上の留意点をしっかりと伝えた上で活用させましょう。

4 まとめ

　豊かなスポーツライフを設計するためには、自らが努力するだけでなく、国や地方自治体、スポーツ団体、企業などの社会全体で国民のスポーツ活動を支える仕組みを充実させることも大切なんだね。

5時間目　単元名：「エ スポーツと環境」

1 本時の進め方

　環境という視点から持続可能なスポーツの振興について考えることは、スポーツの発展を進める上でも重要です。スポーツがもたらす環境への影響とスポーツによって貢献できる環境への配慮の両面からこれからのスポーツの在り方を考えましょう。

2 本時の構想（授業の流れ）

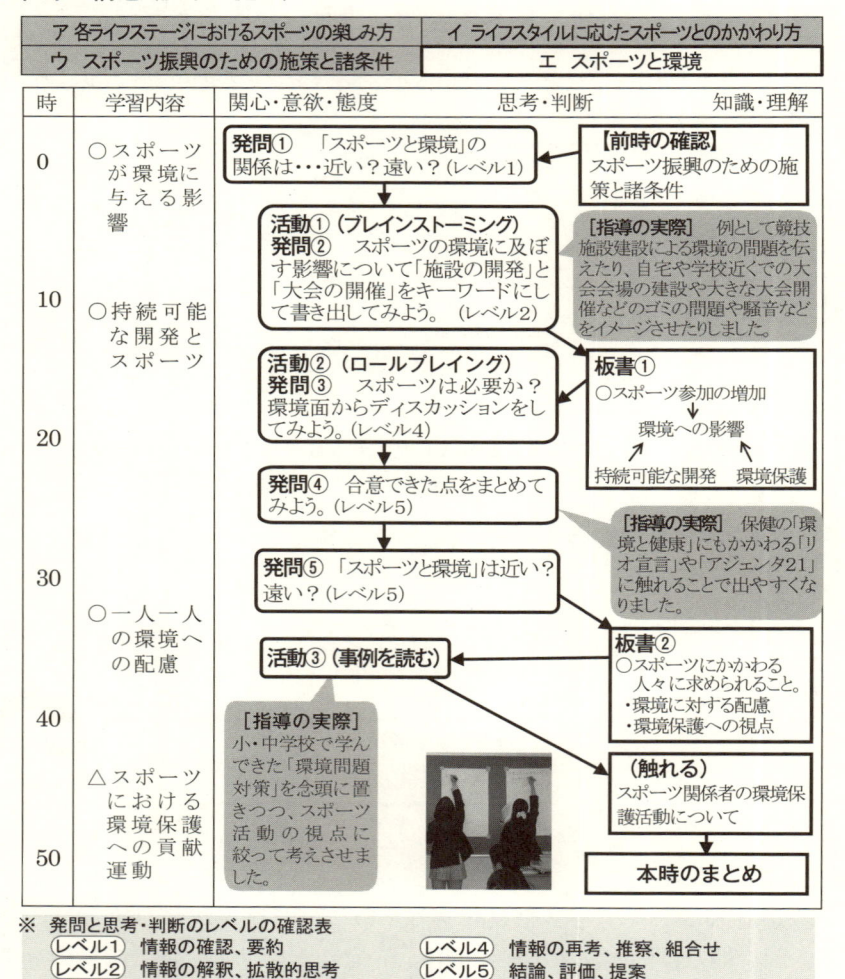

ア 各ライフステージにおけるスポーツの楽しみ方	イ ライフスタイルに応じたスポーツとのかかわり方
ウ スポーツ振興のための施策と諸条件	エ スポーツと環境

時	学習内容	関心・意欲・態度	思考・判断	知識・理解
0	○スポーツが環境に与える影響	発問①　「スポーツと環境」の関係は…近い？遠い？（レベル1）		【前時の確認】スポーツ振興のための施策と諸条件
10	○持続可能な開発とスポーツ		活動①（ブレインストーミング）発問②　スポーツの環境に及ぼす影響について「施設の開発」と「大会の開催」をキーワードにして書き出してみよう。（レベル2）	[指導の実際]　例として競技施設建設による環境の問題を伝えたり、自宅や学校近くでの大会会場の建設や大きな大会開催などのゴミの問題や騒音などをイメージさせたりしました。
20			活動②（ロールプレイング）発問③　スポーツは必要か？環境面からディスカッションをしてみよう。（レベル4）	板書①　○スポーツ参加の増加　→環境への影響　持続可能な開発　環境保護
			発問④　合意できた点をまとめてみよう。（レベル5）	
30	○一人一人の環境への配慮		発問⑤　「スポーツと環境」は近い？遠い？（レベル5）	[指導の実際]　保健の「環境と健康」にもかかわる「リオ宣言」や「アジェンダ21」に触れることで出やすくなりました。
40		活動③（事例を読む）		板書②　○スポーツにかかわる人々に求められること。・環境に対する配慮・環境保護への視点
50	△スポーツにおける環境保護への貢献運動	[指導の実際]　小・中学校で学んできた「環境問題対策」を念頭に置きつつ、スポーツ活動の視点に絞って考えさせました。		（触れる）スポーツ関係者の環境保護活動について
				本時のまとめ

※ 発問と思考・判断のレベルの確認表
- レベル1　情報の確認、要約
- レベル2　情報の解釈、拡散的思考
- レベル3　情報の絞り込み、条件選択
- レベル4　情報の再考、推察、組合せ
- レベル5　結論、評価、提案

第6章 楽しい授業にチャレンジ　259

3 学習資料(ワークシート)の工夫

発問① 「スポーツと環境」の印象は？　近い：〔　〕人　遠い：〔　〕人
　　　　近いかな？ 遠いかな？　　　　　　　　（挙手した人数を書こう）

活動①（発問②）　スポーツの環境に及ぼす影響を「施設の開発」と「大会の開催」をキーワードにしてグループでできるだけ沢山出そう。（ブレインストーミング）

〔施設の開発〕	〔大会の開催〕
・自然環境の破壊	・交通渋滞
・大量のエネルギー消費（電力）	・ごみ処理
・交通渋滞　　　　　　　　　　など	・騒音　　　　　　　　　　など

活動②（発問③）　スポーツは必要か？　環境面からディスカッションしてみよう。（ロールプレイング）

〔A：スポーツをやめる派〕	〔B：スポーツをすすめる派〕
（主な意見）	（主な意見）
・試合するために沢山エネルギー使うよ。	・スタジアムも、試合進行も省エネしているんだ。
・スキーのコースを作るために山を削ったよ。	

★実践者からのアドバイス
ディスカッションを通してスポーツの「する、見る、支える」という視点からの環境への配慮の意見が出るとよいですね。

発問④　合意できた点をまとめてみよう。
〔　・一人一人の意識が大切。　〕

発問⑤　「スポーツと環境」の印象は？　近い：〔　〕人　遠い：〔　〕人
　　　　近いかな？ 遠いかな？　　　　　　　　（挙手した人数を書こう）

活動③　資料「スポーツと環境」

例1　もう一つの箱根駅伝・帝京大Ｖ　　22大学が協力 ごみ174袋拾う

　大学生が箱根駅伝の往路をごみを拾いながら走る「もう一つの箱根駅伝」は、帝京大が到着時間1位、拾ったごみの量2位で総合優勝を果たした。5回目となる今回は9、10日に開催され、22大学20チームが参加した。ごみの量ともに1位での「完全優勝」は出なかった。全チーム合計でごみの量は45リットル袋で174袋だった。優勝の帝京大は昨年、2位。チーム代表で平塚一小田原間を走った同大4年の男性Aさん（22）は「去年は拾ったゴミが少なくて優勝できなかった。今年はごみの量を重視したら、うまくいった」と勝因を語る。最も多い21袋半を拾った明治学院大は、時間で12位。総合で7位だった。拾ったごみは、選手らが中継所で自治体ごとの分別方法で仕分けて処理した。横浜市戸塚区の戸塚中継所では、横浜市の協力を得て、清掃車に回収に来てもらったという。ごみの種類は、たばこの吸い殻やペットボトルが多く、中には車のバッテリーや円形状の照明カバーなどもあったという。（2010年1月15日 朝日新聞 朝刊より）

4 まとめ

　私たちが親しんでいるスポーツを次の世代に引き継ぐためにも、スポーツのできる環境づくりは大切です。また、環境に配慮してスポーツを楽しむことによってスポーツの価値も高まります。

6時間目　第3単元「豊かなスポーツライフの設計の仕方」のまとめ

1 本時の進め方

「豊かなスポーツライフの設計の仕方」のまとめとして、「私のスポーツアジェンダ(宣言)」を作成し、生涯にわたる豊かなスポーツライフへとつなげます。アジェンダ作成の取り組みの中で、今まで体育理論で学習してきたことを振り返らせ、体育理論の総まとめにつなげましょう。

2 本時の構想(授業の流れ)

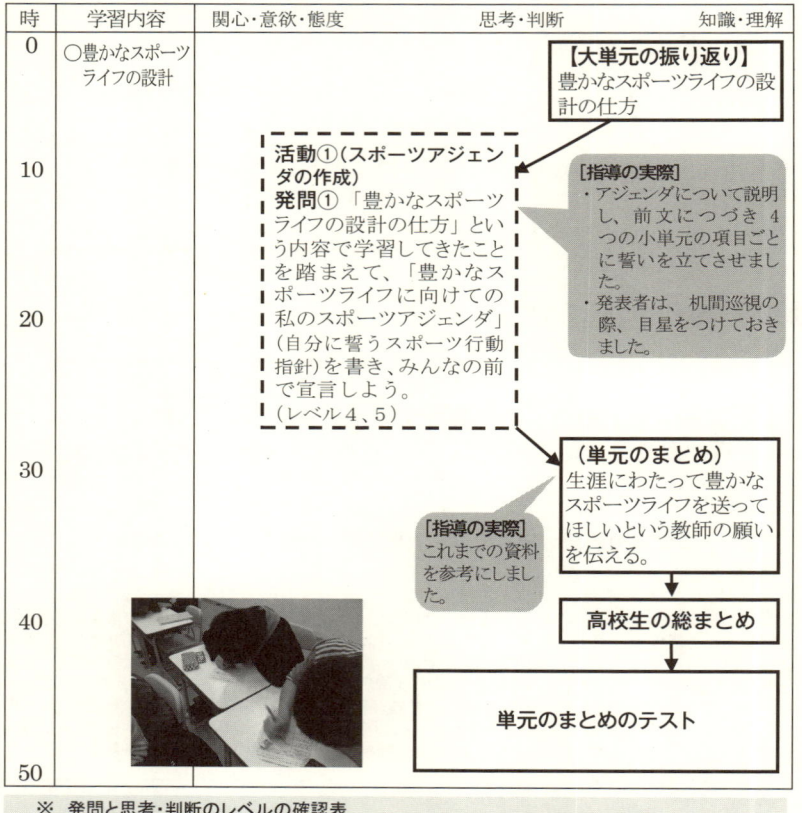

時	学習内容	関心・意欲・態度	思考・判断	知識・理解
0	○豊かなスポーツライフの設計			【大単元の振り返り】豊かなスポーツライフの設計の仕方
10		活動①(スポーツアジェンダの作成) 発問①「豊かなスポーツライフの設計の仕方」という内容で学習してきたことを踏まえて、「豊かなスポーツライフに向けての私のスポーツアジェンダ」(自分に誓うスポーツ行動指針)を書き、みんなの前で宣言しよう。 (レベル4、5)		[指導の実際] ・アジェンダについて説明し、前文につづき4つの小単元の項目ごとに誓いを立てさせました。 ・発表者は、机間巡視の際、目星をつけておきました。
20				
30				(単元のまとめ) 生涯にわたって豊かなスポーツライフを送ってほしいという教師の願いを伝える。
40			[指導の実際] これまでの資料を参考にしました。	高校生の総まとめ
50				単元のまとめのテスト

※ 発問と思考・判断のレベルの確認表
- レベル1　情報の確認、要約
- レベル2　情報の解釈、拡散的思考
- レベル3　情報の絞り込み、条件選択
- レベル4　情報の再考、推察、組合せ
- レベル5　結論、評価、提案

3 学習資料（ワークシート）の工夫

> 活動①（発問①）　今回学習したことを踏まえて、これから豊かなスポーツライフを送るために、自分に誓うスポーツ行動指針を書きましょう。
>
> **豊かなスポーツライフに向けて私のスポーツアジェンダ（宣言）**
>
> ★実践者からのアドバイス
> 「ライフステージ」「ライフスタイル」「スポーツ振興」「環境」のキーワードをもとに、無理なく実践できるスポーツとのかかわり方を考えさせました。

回答例：　生徒の書いた「私のスポーツアジェンダ」

＊私は運動やスポーツは苦手だけど、楽しいスポーツライフを送るために、日頃からストレッチをしたり、散歩をしたりして体を動かそうと思う。（女子）
＊10代は部活動、授業、学校外のスポーツを頑張る。20代は部活でしているバドミントンと趣味でしているフットサル、剣道を続けて、常にスポーツとかかわっていられるようにしたい。30代は年齢にあったスポーツをしたい。40代以降は無理な運動はせずに体や健康のことを考えた運動をしたい。（男子）
＊週2回は登校時に1階から授業のある階まで、階段で上がっていく。体育の授業で楽しくやっている卓球やバドミントンをがんばる。（女子）
＊友人と一緒にガンバってサッカーの練習をしていきます。僕は今サッカーをしているので、練習にランニングやボールタッチ、連係プレーをいまのところを頑張りたい。常に目標を持って頑張っていきたいです。（男子）

4 まとめ

(1) 単元のまとめ

豊かなスポーツライフを設計するためには、各世代（ライフステージ）や生活様式（ライフスタイル）に応じて、無理のないスポーツとの親しみ方を考えることが大切ですね。さらに、社会全体でよりよいスポーツ環境を支える持続可能なスポーツの在り方を考えていきましょう。

(2) 高校生の総まとめ

高等学校では、スポーツのプラスの面だけでなくマイナスの面からも見て、スポーツを多面的に考えました。体育理論の授業で学んださまざまなスポーツの価値を、卒業後はもちろん、生涯を通じた豊かなスポーツライフの実現に生かしていこうね。

ウ．評価問題例
＜知識・理解の設問例＞

1. スポーツの楽しみ方について、次の空欄に、適切な語句を書き入れなさい。
   ・ライフステージには（　　　　）（　　　　　）（　　　　　　）特徴に応じた楽しみ方がある。

2. 次の空欄に適切な語句を、語群から選び記号で答えなさい。
   ・スポーツの行い方や楽しみ方は、個人のスポーツ（　①　）や（　②　）によってはぐくまれたスポーツに対する（　③　）や（　④　）、健康や体力を求める（　⑤　）や個人の（　⑥　）などに応じて変化する。
   【語群】ア　考え方　　イ　経験　　ウ　必要性　　エ　健康目標
   　　　　オ　学習　　カ　欲求

3. 次の文を読み、下線部Aの条件を４つ挙げなさい。また、文中（　　）の中に当てはまる適切な語句を答えなさい。

   > 自分に適した生涯にわたっての豊かなスポーツライフを設計していくためには、各ライフステージやライフスタイルに応じたスポーツへのかかわり方の特徴や条件がある。それらの特徴やA．条件に応じて、無理なくスポーツを継続するための（　B　）をたてることが大切である。

   A．条件（　　　　）（　　　　）（　　　　）（　　　　）　B（　　　　）

4. 国や地方自治体のスポーツ振興施策には、どのような条件整備が必要であると思いますか。３つ挙げなさい。
   （①　　　　　）（②　　　　　）（③　　　　　　　　）
   　また、国や地方公共団体の他スポーツ振興を支援するために、どのような団体や個人が支援に参加していますか？
   （④　　　　　　　　　　　　　　　　　　　　　　　　　　　　　　）

5. 次の文を読み、下の問いに答えなさい。

   > スポーツにかかわる人々の増加は、施設工事など、大規模開発を伴うことがあり、環境への影響が大きくなってきている。そのことから、スポーツの発展のためには（　A　）な開発と（　B　）の観点から十分な検討と配慮が、今求められている。
   > 加えて、スポーツにかかわる人々の増加は、スポーツをする一人一人の環境に対する配慮をますます求めるようになっています。

   (1) 文中A、Bにあてはまる適切な語句を入れて文を完成しなさい。
   　　A（　　　　　　　　）　B．（　　　　　　　　）
   (2) 下線部について、具体例を１つ挙げなさい。

＜思考・判断の設問例＞

6. 豊かなスポーツライフを送るために、次の用語を用いて「私のスポーツアジェンダ（自分に誓う行動指針）」を書きましょう。

   > ライフステージ、　ライフスタイル、　スポーツ振興、　環境

＜知識・理解の解答例＞

1.	身体的		精神的		社会的	
2.	① イ	② オ	③ カ	④ ア	⑤ ウ	⑥ エ

3.	A	スポーツに取り組む意欲	身近なスポーツ施設	B	計画
		自由に使える時間	一緒に行う仲間		

4.	① 人や財源	② 施設や用具	③ 情報の提供
	④ 企業や競技者の社会貢献、スポーツボランティアや非営利組織（NPO）など		

5.	(1)	A	持続可能	B	環境保護
	(2)	・スポーツ施設利用時には、公共の交通機関を利用する。 ・ごみの持ち帰りに協力をする。 ・スポーツ環境の整備に対する提言を各自治体にする。　　など			

＜思考・判断の解答例＞

6. 評価マトリックス（評価の視点と判断の目安）

キーワード ＼ 分析の視点	○各キーワードが正しく理解されている。 ○判断、結論、提案等が読み取れる		
	上記の視点で記載	いずれかの視点	記載が不十分
「ライフステージ」「ライフスタイル」「スポーツ振興」「環境」と関連するキーワードを用いている	A○	A	B
上記の一部を用いて説明している。	A	B	C
キーワードを使わず説明している	B	C	C△

A○の例）

私は豊かなスポーツライフを送るために、次のことを行動指針としていきます。
①その時の ライフステージ に応じたスポーツを楽しんでいきます。体力もある青年期は部活でやっているサッカーを続けて行きます。健康により配慮が必要な壮年期・高齢期では楽しみ方は変わっていくと思いますが、サッカーを含めてスポーツを楽しむというかかわり方で取り組んでいきます。
②その時の ライフスタイル に応じてスポーツを楽しんでいきます。仕事や家族の状況にも影響されますが、スポーツへの意欲はじめ、スポーツにかかわる機会（時間）や活動の場（空間）、スポーツの仲間を持つようにし、計画と修正を繰り返しながら、無理のない形で取り組んでいきます。
③ スポーツ振興 にかかわる諸施策や各種活動を積極的に活用してスポーツを楽しんでいきます。公的・民間にかかわらず、スポーツの情報、イベント、施設、クラブなどを活用して、スポーツライフを広げていきます。
④環境保護と持続可能な社会の実現に責任を持ってスポーツを楽しんでいきます。自分がスポーツをする場合の 環境 への配慮はもちろん、スポーツ全般の環境への影響にも関心を向けスポーツを続けていきます。

エ．授業工夫のための資料
○高3-イ　スポーツとのかかわりを知るワークシート

1）最近の1週間の生活を振り返り、何をどのくらいしたかまとめよう。			
かかわり方	するスポーツ	みるスポーツ	支える、ほか
活動内容	（例）体育の授業でバスケットボール（3時間）	（例）Jリーグのゲームをテレビで観戦（2試合）	（例）近所の子どもにドッチボールを教える（2時間）

2）現在のライフスタイルから、スポーツ実践上のプラス面、マイナス面をまとめてみよう。

プラス面	マイナス面
（例）友達との交流がある。	（例）授業や部活がないと何もしない。

3）現在のあなたが、豊かなスポーツライフ実現のために整備することを、先生になったつもりで自分に対してアドバイスしてみよう。

> （例）体育の授業や部活がない日は、友達と集ってバスケットボールやフットサルを楽しんだり、近所の子どもたちに教えたりするといいね。

○高3-ウ　支えるスポーツをインターネットで調べるワークシート

自分が調べた検索キーワード（○印で囲む）	・各都道府県のスポーツ施策　・企業の社会貢献 ・NPO　スポーツ　　　　　　・スポーツボランティア ・日本体育協会　　　　　　　・スポーツ選手　社会貢献 ・（その他）
自分が調べたことのまとめ 1　名　称　（　　　　　　　　　　　　　　　　　　　　　） 2　支援内容（　　　） 3　URL　　（　http://　　　　　　　　　　　　　　　　　）	

○高3-エ 「スポーツと環境」の別資料

例2　富士山の清掃活動
　富士山は日本を代表する山で、だれでも一度は登りたいと思っている山です。
　しかし、富士山にはその山麓や国道、県道、細い林道のすぐ側には、数多くの、様々な「ポイ捨てゴミ」が実際に捨てられているのが現状で、それ以上に家庭から出されたと思われる家財道具や家電、一般廃棄物、自動車までが捨てられています。
　これらのゴミが30年も40年もたった今も分解されないまま残り、野生動物の足元を危険な状態にさらしていたり、水質および土壌汚染を引き起こしていると思われます。
　このような現状に対して、NPO法人やさまざまなボランティアの方および山小屋の方々の清掃活動が定期的に行われたり、また、少しずつではありますが、登山者自身がゴミ袋を携行するようになり、登山者が多く利用する登山道周辺は本当にゴミが少なくなりました。

例3　バンクーバー冬季オリンピックの環境対策
・消費エネルギーの節約（二酸化炭素の排出量の削減）
・環境に優しい路面電車
・化石燃料から作った材料を使わず、木材で施設を作った。松くい虫で被害にあった木材も使用。
・雨水などを利用していた。
・自然の中で行う競技では、必要最小限の施設のみ作り、木材の伐採を少なくした。
・川の流れを変えたりしないで、生物、植物にも影響があまり出ないようにした。

○高3-エ 「スポーツの発展のための環境対策アイディア」

「スポーツと環境」を学び、環境保護の視点からスポーツの発展のために、私たちができる効果的な環境対策のアイデアを考えてみよう。
・大会などでは、風力発電や太陽光発電のエネルギーを利用する。
・公共の交通機関をできるだけ利用。誘導車などの試合運営には電気自動車を使用。
・競技施設や宿泊施設のトイレなどは雨水を利用する。
・競技施設の建設に際しては、生態系の維持、および持続可能な開発に努める。
・ウェアや用具などは、再生可能な開発に取り組む。
・マイカップの利用促進やゴミの持ち帰りに努める。

オ．授業を終えた実践者からのアドバイス

○1～6時間目実践者：西塚専助先生からのアドバイス
教材研究で調べたことを全部教えたくなるものですが、学習指導要領に戻り教える内容を精選することで、授業の流れが良くなりました。生涯にわたってスポーツを続けてほしいという願いを強く伝えていきましょう。

○1～6時間目実践者：杉山正明先生からのアドバイス
この単元は、体育理論の終着点です。教える前に、まず教師が自己と向き合うことと生徒の学習してきたことを整理することが大切だと思いました。

(4) 体育理論を深めよう ―スポーツ科学への誘い―

①スポーツ科学の始まり

　スポーツ科学は、ギュムナスティケーの語によって、紀元前6世紀のギリシャに始まります。ギリシャ人は古くから冠婚葬祭などさまざまな機会にスポーツをおこなう習慣をもっており、スポーツをするのは男子市民の教養と考えていました。そうした文化を背景に、スポーツについて深く考える営みがギュムナスティケーを生み出しました。ギュムナスティケーは、「裸でおこなう運動」を意味するギュムナシアと、学問を意味するケーの合成語でした。当時のギリシャ人は裸体にオリーブ油を塗ってスポーツをする習慣をもっていたので、スポーツを「裸でおこなう運動」といったのです。

　ギュムナスティケーは、図1に示すように、3つの分野から成っていました。運動によって健康を維持増進するためのスポーツ医学、スポーツマンの競技力向上を支えるコーチング学、都市国家ポリスの青少年教育を文芸と共に実現する体育、の3分野でした。当時、栄養過多と運動不足の都市生活がもたらす肥満と体調不良の問題は深刻で、はやくも60kmを歩く健康ウォーキングがおこなわれていました。他方で、4年に1度のオリンピック以外にそれぞれのポリスが軒並み古くからの祭りを懸賞金つきスポーツ大会としたため、プロのスポーツマンが続出し、彼らのための健康・技術管理が要請され、ギュムナスティケーを身につけた専門職業人（ソフィスト）までが現れていたのです。哲学者のプラトンはしばしば青少年にいかにスポーツが必要であるかを説いていますが、彼自身レスリングに優れ、いくつかの地方大会で優勝したことが知られている、そんな時代でした。

```
┌─────────────────────────────────────┐
│                        ┌── ①スポーツ医学  │
│  ギムナスティケー ──────┼── ②コーチング学 │
│                        └── ③体育        │
└─────────────────────────────────────┘
```

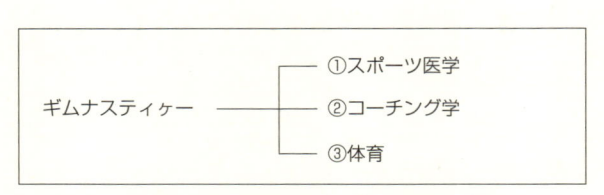

図1　ギムナスティケーの3つの分野

スポーツ科学はこのように2500年の歴史をもち、数学や天文学や哲学などと並ぶ最も古い学問のひとつでした。それが近代的なかたちをとって現れたのは20世紀のことで、1933年にドイツ語でSportwissenshaftとして提唱されました。そこではスポーツ科学は、スポーツを生理学、解剖学、生物学、衛生学、化学、人類学、教育学、心理学、哲学、歴史学から研究する総合科学と理解されていました。スポーツに自然科学系と人文社会科学系の諸学問から接近する学際的分野であるという理解の仕方は、20世紀後半に英語のsport sciencesの語が現れて、これが国際語となって後もなお、今日まで変わることなく続いています。しかし日本では、1964年のオリンピック東京大会に際し、「スポーツ科学」が競技に勝つためのアスリートの体づくり・技術づくり・心づくりの学問として報道されたため、自然科学的分野というニュアンスがつくられました。しかし、本来は人文社会科学をも包摂した総合科学なのです。

②スポーツ科学のいま

　スポーツ科学が20世紀に近代的に蘇った背景には、1896年に始まる近代オリンピックの発展が導いたスポーツの世界的普及があります。スポーツでの優位が国家と国民の優秀性を誇示すると考えた政治指導者たちは競ってスポーツに国費を投入しました。またスポーツがテレビで観戦できるようになると、欧米を中心に本格的なスポーツビジネスが生まれ、それが世界中を市場としてネットワークで結びつけるようになりました。スポーツが政治や経済に強くかつ深くかかわってゆくのに対応するかのように、スポーツ科学も発展していったのです。

　今日のスポーツ科学は、スポーツ○○学と呼ばれる数多くの専門学が集合してできています。○○に入るのは医学や社会学などいわゆる親科学で、その親科学の方法論でスポーツを研究する応用学という位置づけです。現在では、親科学の数だけスポーツ科学の専門学があるといわれるほどに細分化していますが、比較的新しいものにスポーツ栄養学、スポーツ法学、スポーツ経済学、スポーツ精神科学があります。そして、めざましい脳科学の発達を受けて、スポーツ脳科学が誕生しようとしています。

　近年のスポーツ科学の特徴は、例えばエアロビクスが年齢や性別を問わない普通の人の健康運動システムとして考案されたり、またスポーツ史の本が

書店の教養書の棚に並べられることに象徴されるように、かつてのような専門アスリートのためばかりでなく、むしろ広く一般人に訴え、また受け入れられていることです。スポーツ科学は、今や、日常生活化しているのです。大学など高等教育機関に「スポーツ科学」を名乗る学部・学科・大学院研究科が数多く存在するのは、こうしたスポーツ科学に対する社会的需要がいかに大きいかを示すものでもあります。

③スポーツ科学と体育理論

　学習指導要領に示された体育理論は、その内容と根拠をスポーツ科学に求めているといってよいでしょう。学校において生徒が学ぶ体育理論をより直接的に準備するのは体育学(主として体育科教育学)ですが、近年では、この分野もスポーツ教育学としてスポーツ科学の中に位置づき、他の専門諸学の成果を教育という営みの中に反映させることをその機能のひとつとしています。さまざまな専門学から寄せられる知的情報がスポーツ教育学の中で、ある独自な基準と目的の下に選別され、加工されて生徒に提供されるのです。そしてその内容は、人文社会科学系の情報から自然科学系の情報までを含み、他の教科には見られない総合科学の体系となっています。例えば、これまで人類はどれほどのスポーツを開発してきたのか、またスポーツの始まりはどのように考えたらよいのか、さらにスポーツはどのように発展して今日に至ったのか、ルールや技術にはどのような変化があったのか、そしてスポーツを文化としてみるとはどういうことなのかといった、スポーツの多様性、始まりと発展、文化性についてはスポーツ史とスポーツ人類学。日々の暮らしや国際社会の中でスポーツはどのような役割を果たしているのか、またスポーツと生涯にわたって関わるにはどうすればよいのかについてはスポーツ社会学。スポーツと産業・ビジネスの問題についてはスポーツ経済学。スポーツ技術の学び方についてはスポーツ心理学。スポーツが体力や健康に及ぼす影響についてはスポーツ生理学やスポーツ医学。カーブやシュートのボールはなぜそう曲がるのかについてはスポーツバイオメカニクスの情報によっているのです。

　こうした情報・知識が授業の中で体育理論として生徒に教えられていくのですが、そうした体育理論は、目の前に起こるさまざまなスポーツ問題を生徒が冷静かつ客観的に捉え、いい意味で批判・相対化して、これにどのよう

```
①体育哲学        ⑨測定評価
②体育史          ⑩体育方法
③体育社会学      ⑪保健
④体育心理学      ⑫体育科教育学
⑤運動生理学      ⑬スポーツ人類学
⑥バイオメカニクス ⑭アダプテッド・スポーツ科学
⑦体育経営管理    ⑮介護福祉・健康づくり
⑧発育発達
```

図2　日本体育学会の専門分科会

に対応すべきかを考えるための判断根拠となるのです。また、生徒が現にかかわっているそれぞれのスポーツ種目において、より優れたパフォーマンスを達成するための科学的な方法を提供するのです。

★資料
体育理論の知識の発展と系統性のイメージ図

| 小学校（運動を通した実践的理解） | 中学校（原則等の理解） |

1) 体の動かし方や運動の行い方に関する知識
- ○運動はなぜよいのか
- ○発達による個人差
- ○運動のこつ
- ○技術や用具の名称
- ○作戦や戦術

→

1) 体の動かし方や運動の行い方に関する知識
- ○運動の生理的効果
- ○トレーニングの原則
- ○身体と体の関係
- ○技術上達の過程
- ○技術や用具の名称
- ○作戦や戦術の立て方

→

2) 運動やスポーツにおける健康・安全に関する知識（医学・健康科学分野の知識）
- ○早寝早起き朝ご飯
- ○運動時の休憩
- ○健康・安全の約束

→

2) 運動やスポーツにおける健康・安全に関する知識（医学・健康科学分野の知識）
- ○身体と体の関係
- ○健康・安全と医学
- ○けがの予防と対応
- ○用具の使用法
- ○水分補給やビタミン剤

→

3) 運動・スポーツへの態度に関する知識（哲学・歴史・原理分野の知識）
- ○役割分担の約束
- ○友達とのかかわり方
- ○チャレンジの意味
- ○ゲームのマナー

→

3) 運動・スポーツへの態度に関する知識（哲学・歴史・原理分野の知識）
- ○用具の使用法
- ○課題、発見や解決の方法
- ○簡単な運動の分析
- ○スポーツ時のマナー

→

4) 生涯スポーツを設計するための知識（社会科学、哲学、歴史、原理）
- ○家族や地域での運動
- ○運動を楽しもう

→

4) 生涯スポーツを設計するための知識（社会科学、哲学、歴史、原理）
- ○運動部活動、スポーツクラブ
- ○オリンピックの意義
- ○運動の特性
- ○運動の多様なかかわり方
- ○スポーツの歴史

→

体育理論を教える際に、小中高の各々で学ぶ知識がどのようにつながり、スポーツ科学や体育学という専門の研究領域に至っているのかを意識することで、知識の発展と系統性を見通して授業をつくることも大切です。

高等学校（総合的、包括的理解）	スポーツ科学・体育学
1) 体の動かし方や運動の行い方に関する知識 ○体力の概念 ○運動のメカニズム ○運動処方の実際 ○技術上達の位相 ○技術や用具の名称 ○作戦や戦術の系統 ○運動の技能の系統	発育発達学 スポーツ生理学（運動生理学） スポーツバイオメカニクス 体育・スポーツ測定評価学 スポーツ運動学（運動学）
2) 運動やスポーツにおける健康・安全に関する知識（医学・健康科学分野の知識） ○スポーツと栄養、障害の予防 ○身体と心の相関 ○気候や場所の安全と健康 ○けが回復時の運動の仕方 ○応急手当、RICE ○アンチドーピング	スポーツ医学 健康科学 体育・スポーツ経営学
3) 運動・スポーツへの態度に関する知識（哲学・歴史・原理分野の知識） ○スポーツマンシップ ○運動観察 ○課題解決のプロセス ○意思決定のプロセス	スポーツ心理学（体育心理学） コーチング科学（運動方法学） スポーツ教育学（体育科教育学） スポーツ人類学
4) 生涯スポーツを設計するための知識（社会科学、哲学、歴史、原理） ○スポーツの特性 ○スポーツの歴史と技術の変化 ○オリンピックムーブメント ○スポーツの文化的価値 ○スポーツの財政・経済 ○アダプテッドスポーツ ○老化と運動	スポーツ哲学（体育原理） スポーツ史学（体育史） スポーツ社会学（体育社会学） アダプテッド・スポーツ科学

（佐藤　豊）

(5) スポーツ関連職業と資格のあれこれ

①スポーツにかかわる職業の全体図

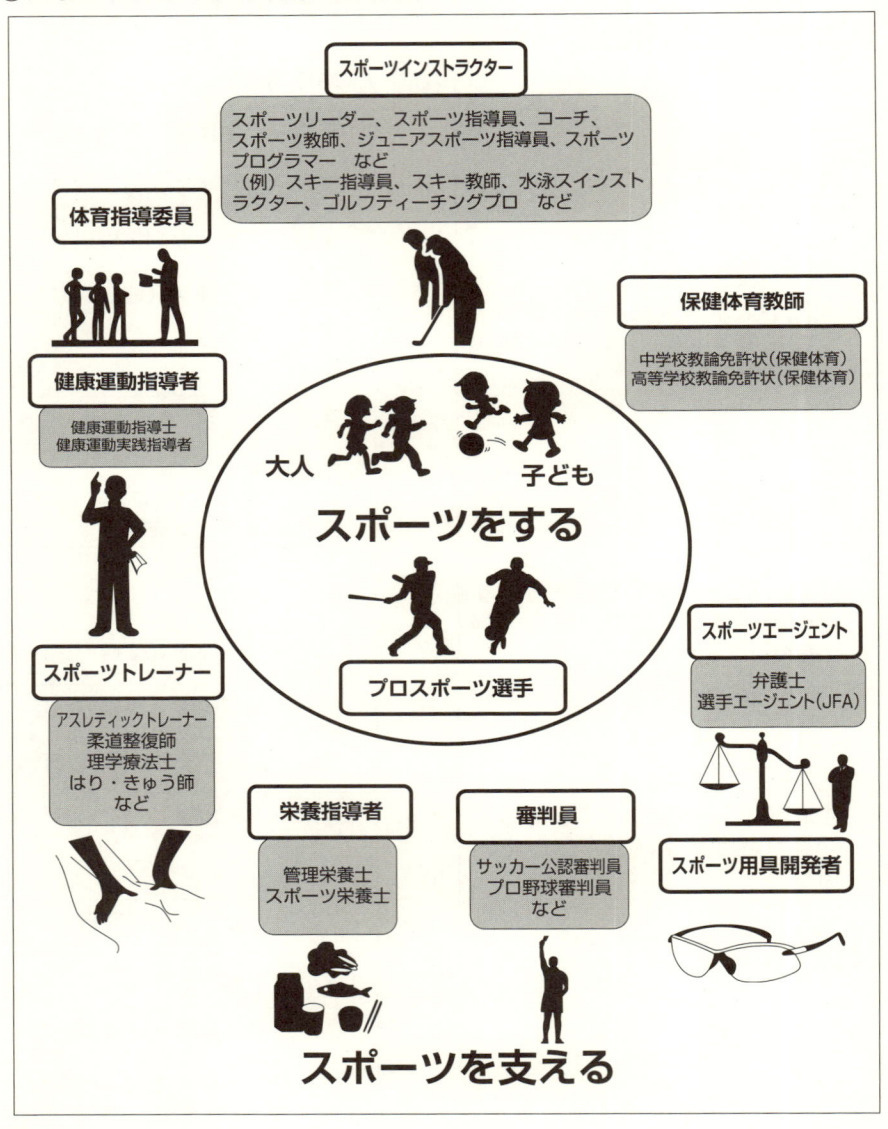

スポーツインストラクター
スポーツリーダー、スポーツ指導員、コーチ、スポーツ教師、ジュニアスポーツ指導員、スポーツプログラマー など
（例）スキー指導員、スキー教師、水泳スインストラクター、ゴルフティーチングプロ など

体育指導委員

健康運動指導者
健康運動指導士
健康運動実践指導者

保健体育教師
中学校教諭免許状（保健体育）
高等学校教諭免許状（保健体育）

スポーツトレーナー
アスレティックトレーナー
柔道整復師
理学療法士
はり・きゅう師
など

スポーツエージェント
弁護士
選手エージェント（JFA）

スポーツ用具開発者

栄養指導者
管理栄養士
スポーツ栄養士

審判員
サッカー公認審判員
プロ野球審判員
など

スポーツをする
大人　子ども
プロスポーツ選手

スポーツを支える

第6章　楽しい授業にチャレンジ　273

テレビ放送局
スポーツ番組の製作や放送
- ディレクター
- アナウンサー
- テレビカメラマン

インターネット放送

ラジオ放送局
スポーツ番組の製作や放送
- ディレクター
- アナウンサー

広告代理店
- 営業
- マーケッター

競技大会のスポンサーや放送権の獲得

旅行代理店
スポーツ観戦ツアーの企画
- 企画
- 添乗員

スポーツ施設
公共のスポーツ施設やプロリーグ用のスタジアムなどの運営
- 運営係

新聞社
スポーツにかかわる記事の作成
- スポーツ記者

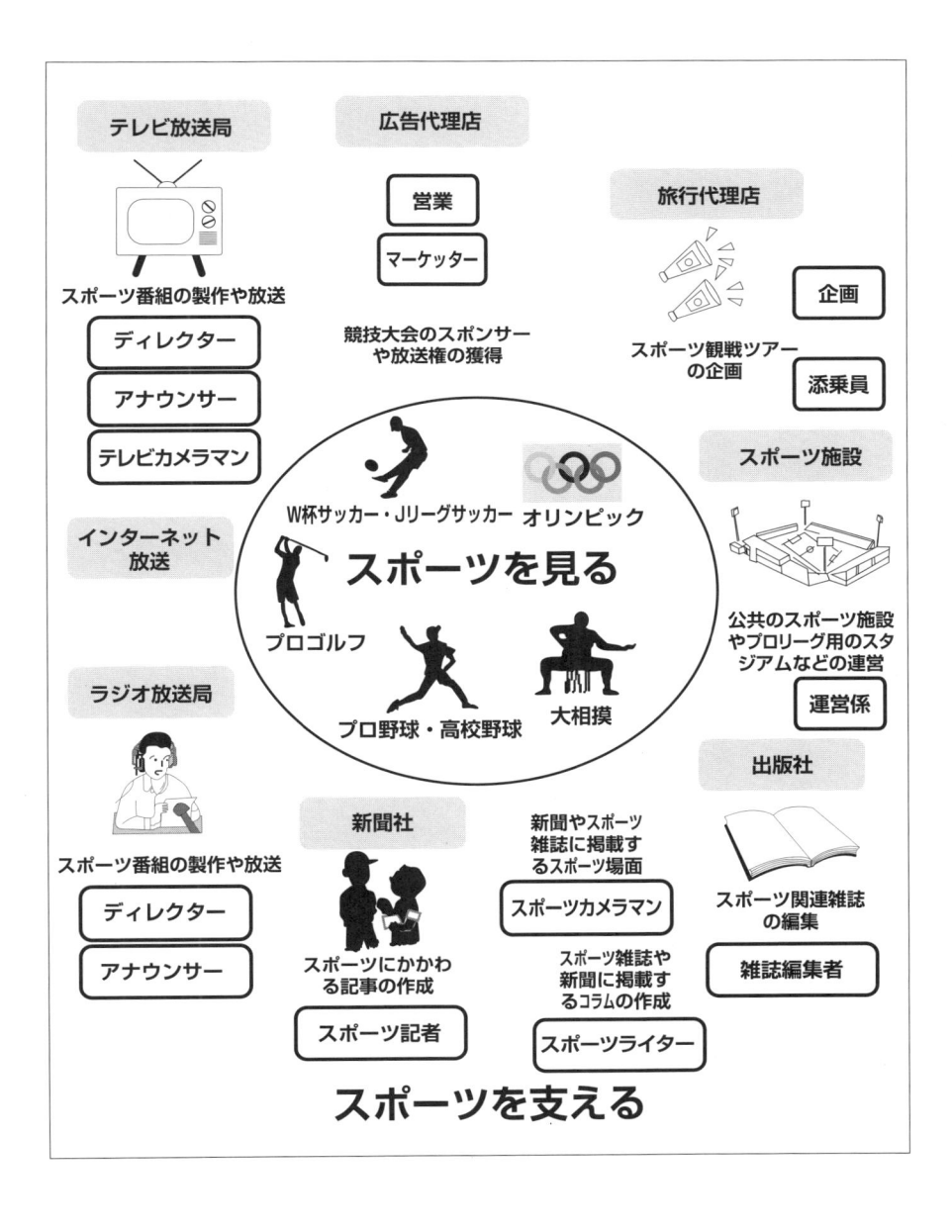

新聞やスポーツ雑誌に掲載するスポーツ場面
- スポーツカメラマン

スポーツ雑誌や新聞に掲載するコラムの作成
- スポーツライター

出版社
スポーツ関連雑誌の編集
- 雑誌編集者

スポーツを見る
- W杯サッカー・Jリーグサッカー
- オリンピック
- プロゴルフ
- プロ野球・高校野球
- 大相撲

スポーツを支える

②スポーツに関連した主な職業と資格

　スポーツは、人々が心身を健康に保ち、豊かな生活を営むことを可能にする文化として社会的に認知されるようになりました。スポーツのとらえ方は時代とともに変容してきましたが、今日では「するスポーツ（行うスポーツ）」と「見るスポーツ」、そしてそれらを「支えるスポーツ」により構成されているといえます。

　「するスポーツ」には、体育授業や運動部活動での取り組みだけでなく、趣味や健康の保持増進を目的とした余暇での取り組みや、スポーツを行うことを生業とするプロスポーツ選手の取り組みなども挙げられます。そして、これらを「支えるスポーツ」として、スポーツインストラクターやスポーツトレーナー、スポーツエージェントなどの取り組みが挙げられます。一方、「見るスポーツ」には、テレビでスポーツ中継を見たり、競技場でスポーツを観戦したりすることなどが挙げられます。そして、これらを「支えるスポーツ」として、メディアを通じてスポーツに関連する情報を発信するアナウンサーやスポーツ記者の取り組みなどが挙げられます。

　する、見る、支えるに関連して発展してきたスポーツにはさまざまな職業が生まれてきています。それらはいずれも、経済活動を支える職業として重要な役割を担っています。それでは、ここからはスポーツに関連した職業の具体的な仕事内容と必要とされる資格などについてみていきましょう。

＜プロスポーツ選手＞

　プロスポーツ選手とは、専門とするスポーツ種目で優れた競技成績を収めて、その対価として一定の報酬を得る人のことです。代表的なプロスポーツ選手として、プロ野球選手やプロサッカー選手（Ｊリーガー）、プロゴルファー、大相撲の力士などが挙げられます。プロ野球選手を例にしますと、まず日本プロ野球機構に属する球団に支配下選手として登録され、春から秋にかけて開催されるペナントレースの試合へ出場します。そしてシーズン終了後に、チームならびに個人の成績に基づいて年俸更改が行われ、翌シーズンの給与の金額が決定することになります。最近では、米国のメジャーリーグ（通称「MLB」）で活躍する日本人選手も増え、シアトル・マリナーズに所属しているイチロー選手の2010年シーズンの年俸は1800万ドル（約14億7600万円）といわれています。

プロスポーツ選手になる道は種目によってさまざまですが、子どもの頃から専門とするスポーツ種目の技能を高め、大会等で優秀な成績を収める必要があります。プロ野球選手の場合は、主に高校野球で活躍するか、大学野球あるいは社会人野球などで活躍した後に、プロ野球のドラフト会議で指名されることによってプロ野球選手になることができます。他方で、オリンピックに出場してメダルを獲得し、その宣伝効果を期待されて企業とスポンサー契約を結び、プロスポーツ選手になる道もあります。水泳競技の北島康介選手は2004年アテネオリンピックで2個の金メダルを獲得したことで、日本コカ・コーラ社と4年間で総額4億円の所属契約を結ぶことができました。

　しかしながら、すべてのスポーツ選手がプロスポーツ選手として活躍できるわけではありません。所属契約やスポンサー契約を結ぶことができない選手の中には、民間のスポーツクラブなどでインストラクターとして働きながら競技を続けている人たちも少なくありません。それだけプロスポーツ選手への道は狭きものといえます。

＜スポーツインストラクター＞

　公共ならびに民間のスポーツ施設で、余暇を楽しむためにスポーツ活動を行ったり、健康のためにトレーニングに取り組んだりする人々に対して、運動やスポーツに関連する技術や適切な実施方法について指導するのがスポーツインストラクターです。現代社会では、人々の健康への取り組みが国民的課題となっていることから、健康関連体力の向上や老化防止のために適度な運動やスポーツに取り組むことが必要不可欠となっています。そのため、それぞれのスポーツ施設では、一人ひとりのニーズに応じた運動プログラムを作成できる専門家が求められており、その役割を担っているのがこのスポーツインストラクターであるといえます。

　スポーツインストラクターにはさまざまな資格があります。財団法人日本体育協会では、地域のスポーツクラブでスポーツに初めて取り組む初心者を対象に指導を行う「指導員」や、広域スポーツセンターや各競技のトレーニング拠点において有望なスポーツ競技者を育成するための指導を行う「コーチ」、地域スポーツクラブなどにおいてフィットネスの維持や向上のための指導や助言を行う「スポーツプログラマー」など、スポーツを行う人々の技能レベルやニーズに合わせたスポーツ指導者の資格が認定されています。ま

た、スキーを例に挙げれば、スキー学校やスキー講習会での指導にたずさわるスキーインストラクターには、SIA（日本職業スキー教師協会）の「スキー教師」とSAJ（全日本スキー連盟）の「スキー指導員」という2つの資格があります。これらは、それぞれのスポーツ団体が主催する講習を受講し、一定の学習成果を収めることによって資格を取得することができます。

また、それぞれの地域で住民に対するスポーツの実技指導やスポーツ事業への助言など行う「体育指導委員」という非常勤公務員も挙げられます。体育指導委員になるためには、スポーツ振興法第19条に基づいて各市区町村の教育委員会によって任命されなければなりません。平成22年度は全国で約53,000人の体育指導委員が活動しています。

＜スポーツトレーナー＞

スポーツ選手が、試合で最大限の能力を発揮できるようにコンディショニングを調整したり、競技力向上のための筋力アップやけがの快復・予防のためのトレーニングなどにかかわる職業を「スポーツトレーナー」といいます。主に、試合や練習中に発生したけがに対する応急処置（患部をアイシングしたり、テーピングを巻いたりするなど）やリハビリテーションなどが仕事となります。近年では、スポーツの高度化によって選手にこれまで以上に高いパフォーマンスが求められるようになっていることから、いずれの競技においてもスポーツトレーナーの需要が高まっています。特に、プロスポーツ選手にとっては、コンディショニングが選手生命に大きく左右することから、専門性を備えたスポーツトレーナーの存在が不可欠となっています。

スポーツトレーナーになるためには、「アスレティックトレーナー」や「柔道整復師」、「理学療法士」などの資格が必要になります。

アスレティックトレーナーは、財団法人日本体育協会（以下、日本体育協会）が認定している資格です。日本体育協会に加盟する団体などに推薦を受けて養成講習会を受講するか、アスレティックトレーナー免除適用コースに承認された大学または専門学校へ進学し、傷害評価法やテーピング・マッサージなどを含めた所定のカリキュラムを修了することで日本体育協会が実施する検定試験の受験資格を得ることができます。アスレティックトレーナーの資格を有する人の中には、スポーツ団体やスポーツクラブなどと契約してスポーツトレーナーとして活躍する人たちがいます。

柔道整復師は、捻挫や骨折などのけがをした人を手技療法を用いて治療する人のことです。スポーツ選手の捻挫や骨折などでも、ギブスを使用せず治療するなど、身体が本来備えている自然治癒力を最大限に生かして選手に治療を施していくので、競技生活でのけがによるダメージが少なくすむ場合が多いという利点があります。柔道整復師は国家資格ですので、大学や専門学校などの養成施設で知識や技術を修得した後、国家試験を受けて合格することで資格が認定されます。資格を取得した後は、主に接骨院に勤務して患者の治療に取り組んでいます。

　理学療法士は、けがや病気などで身体に障がいのある人々に対して、体操やマッサージなどの運動療法や、電気刺激や温熱などの物理療法を用いて、座る、立つ、歩くなどの基本的な動作能力を回復させる人のことです。理学療法士は、柔道整復師と同様に国家資格ですので、免許を取得しなければ仕事はできません。理学療法士を養成する大学や専門学校などで3年以上学び、必要な知識や技術を身に付けることで国家試験の受験資格が与えられます。資格の取得後は、総合病院の整形外科などに勤務してリハビリテーションの仕事に従事するのが一般的ですが、企業チームやクラブチームなどのトレーナーとして活躍する人たちもいます。

＜スポーツエージェント＞
　スポーツエージェントは、スポーツ選手が活躍しやすい環境を整えるために、選手の代理として所属チームやスポンサー企業との契約交渉などを行う人のことです。スポーツエージェントが担う業務は幅広く、選手の契約金や年俸を交渉したり、メディアからの取材依頼に対応したり、用品メーカーとの契約交渉を行ったりすることなどが挙げられます。米国では、NFL（アメリカンフットボールのプロリーグ）やMLBで選手のトレードが頻繁に行われるため、多くのスポーツエージェントが活躍しています。

　日本では、2000年に、弁護士資格を有する者がプロ野球選手の契約更改に立ち会うことが認められるエージェント制度が導入されました。しかし、「代理人は日本弁護士連合会所属の日本人弁護士に限る」や「一人の代理人が複数の選手と契約することは認められない」などの条件付きであるため、毎シーズン20人程度のエージェントしか活動できていません。また、サッカーの場合は、各国のサッカー協会が選手エージェントの公認ライセンスを

発行しています。認定試験は、毎年3月と9月に、FIFA（国際サッカー連盟）が定める内容で全世界同日に実施されますが、日本では試験が難関であることやエージェント契約を結ぶ選手を探すことが困難であることから受験者が集まらず試験自体が中止になる場合もあります。

このように、日本ではスポーツエージェントが活躍する場は少ないのが現状です。したがって、スポーツエージェントになるための安定したルートは未確立のままといえます。しかし、最近では、スポンサーとのコマーシャル契約やメディアからの取材交渉などの仲介を中心としたエージェントサービスを提供する会社が増えつつあります。サッカーの元日本代表選手である中田英寿さんやプロゴルファーの上田桃子選手が所属するサニーサイドアップや、MLBで活躍する黒田博樹選手や福留孝介選手らが所属する吉本興業などはその一例です。スポーツの高度化に伴い、選手たちもより良い環境（給与面を含む）を求めて所属会社やスポンサー企業との契約交渉に臨む機会が増えることが予想されます。そのような意味では、スポーツエージェントの必要性が今後高まっていく可能性があるといえるでしょう。

＜スポーツ記者＞

「スポーツ記者」とは、新聞（全国紙や地方紙）のスポーツ部門やスポーツ新聞などに所属し、スポーツの試合を観戦したり、試合の前後に選手や監督、コーチなどの関係者を取材したり、過去の試合のデータを分析ならびに考察したりしながら、スポーツにかかわる記事を書く人のことです。また、フリーランスとして、あるいは編集プロダクションに所属して、スポーツ専門雑誌や一般雑誌のコラムなどにスポーツにかかわる記事を提供する人のことを「スポーツライター」とも呼びます。この職業は主に、一般新聞のスポーツ担当記者やスポーツ新聞の記者、テレビのスポーツ記者などを経験した人や、実際にスポーツ選手だった人が、それまでのキャリアを活かしてかかわるケースが多くみられます。いずれも学歴や資格などは不問ですが、記事を書くにあたってはスポーツに関する専門的知識が必要になります。例えば、野球やサッカーなどの球技では、それぞれのポジションの役割、攻撃や守備の戦術などを熟知していなければ、選手や監督、コーチから具体的な内容を聞き出すことができません。加えて、スポーツがもつ魅力を読者に伝えることができる文章力も必要な能力として求められるといえます。

資料編　体育・スポーツにかかわる法規・憲章

①中学校学習指導要領／②高等学校学習指導要領／③スポーツ振興法／④ユネスコ 体育およびスポーツに関する国際憲章／⑤新ヨーロッパ・スポーツ憲章／⑥オリンピック憲章／⑦スポーツ振興基本計画／⑧世界ドーピング防止規程／⑨アテネ宣言／⑩スポーツ立国戦略／⑪スポーツ基本法／⑫スポーツ基本計画

■資料1　中学校学習指導要領　（2008年）　　　　※他の資料と関連する主要個所を中心に抜粋しています。

H　体育理論
内容
[第一学年及び第二学年]
（1）運動やスポーツが多様であることについて理解できるようにする。
　ア　運動やスポーツは，体を動かしたり，健康を維持したりするなどの必要性や，競技に応じた力を試すなどの楽しさから生みだされ発展してきたこと。
　イ　運動やスポーツには，行うこと，見ること，支えることなどの多様なかかわり方があること。
　ウ　運動やスポーツには，特有の戦術があり，その学び方には一定の方法があること。
（2）運動やスポーツの意義や効果などについて理解できるようにする。
　ア　運動やスポーツは，身体の発達やその機能の維持，体力の向上などの効果や自信の獲得，ストレスの解消などの心理的効果が期待できること。
　イ　運動やスポーツは，ルールやマナーについて合意したり，適切な人間関係を築いたりするなどの社会性を高める効果が期待できること。
　ウ　運動やスポーツを行う際は，その特性や目的，発達の段階や体調などを踏まえて運動を選ぶなど，健康・安全に留意する必要があること。

[第三学年]
（1）文化としてのスポーツの意義について理解できるようにする。
　ア　スポーツは文化的な生活を営み，よりよく生きていくために重要であること。
　イ　オリンピックや国際的なスポーツ大会などは，国際親善や世界平和に大きな役割を果たしていること。
　ウ　スポーツは，民族や国，人種や性，障害の違いなどを超えて人々を結び付けているということ。

＜理解を深めるために＞
　これからの社会で望まれる，人間と運動やスポーツとのかかわり方とは，運動やスポーツをおこなうことによる楽しさや喜びを味わうとともに，各自のペースに合わせた実践を生涯にわたって継続しながら，健康の保持増進を図れるようになることである。そして，そのようなかかわり方を実現するためには，各自が単に能動的に運動やスポーツをおこなうだけではなく，運動やスポーツに関する適切な認識と知識に基づいた，能動的なスポーツライフを築く必要がある。
　そこで，中学期では，「体育理論」の学習から下記の点を理解し，豊かなスポーツライフに向けた第一歩とすることをめざす。

[第1学年及び第2学年]
1. 運動やスポーツの多様性
ア　運動やスポーツは，人びとの生活と結びつきながら，多様な必要性や欲求，楽しさを満たしてきた。運動やスポーツの捉え方は，時代や社会の変化とともに変容していくものである。
　　参考資料→「スポーツ振興法」第二条，「新ヨーロッパ・スポーツ憲章」第2条，「ユネスコ体育とスポーツに関する国際憲章」第3条，「スポーツ基本法」前文
イ　運動やスポーツには，行うこと，見ること，支えることなどの多様なかかわり方がある。
　　参考資料→「スポーツ振興基本計画」総論，「スポーツ立国戦略」Ⅱ
ウ　運動やスポーツには，特有の技術や戦術があり，その学び方には一定の方法がある。

2．運動やスポーツが心身の発達に与える効果と安全

ア　運動やスポーツは、身体の発達やその機能の維持、体力の向上などの効果や自信の獲得、ストレスの解消などの心理的効果が期待できる。
　　参考資料→「スポーツ振興基本計画」総論、「ユネスコ　体育とスポーツに関する国際憲章」第1条
イ　運動やスポーツは、ルールやマナーについて合意したり、適切な人間関係を築いたりするなどの社会性を高める効果が期待できる。
　　参考資料→「スポーツ基本法」前文
ウ　運動やスポーツを行う際は、その特性や目的、発達の段階や体調などをふまえて運動を選ぶなど、健康・安全に留意する必要がある。

[第3学年]
3．文化としてのスポーツの意義

ア　現代社会に生きる人々は、スポーツによって心身を健康に保ち、豊かで文化的な生活を営むことができる。また、周囲との交流や自己開発の機会をもつことができる。
　　参考資料→「スポーツ振興基本計画」総論、「ユネスコ　体育およびスポーツに関する国際憲章」第2条、「スポーツ基本法」前文
イ　オリンピックや国際的なスポーツ大会などは、国際親善や世界平和に大きな役割を果たしている。
　　参考資料→「スポーツ振興基本計画」総論1、「オリンピック憲章」根本原則2、「アテネ宣言」、「ユネスコ　体育とスポーツに関する国際憲章」第10条
ウ　スポーツは、民族や国、人種や性、障害の違いなどを超えて人びとを結びつけている。
　　参考資料→「オリンピック憲章」根本原則5、「新ヨーロッパ・スポーツ憲章」第4条、「アテネ宣言」、「ユネスコ　体育とスポーツに関する国際憲章」第1条

■資料2　高等学校学習指導要領　（2009年）　　※他の資料と関連する主要個所を中心に抜粋しています。

H　体育理論
(1)　スポーツの歴史、文化的特性や現代のスポーツの特徴について理解できるようにする。
　　ア　スポーツは、人類の歴史とともに始まり、その理念が時代に応じて変容してきていること。また、我が国から世界に普及し、発展しているスポーツがあること。
　　イ　スポーツの技術や戦術、ルールは、用具の改良やメディアの発達に伴い変わり続けていること。
　　ウ　現代のスポーツは、国際親善や世界平和に大きな役割を果たしており、その代表的なものにオリンピックムーブメントがあること。また、ドーピングは、フェアプレイの精神に反するなど、能力の限界に挑戦するスポーツの文化的価値を失わせること。
　　エ　現代のスポーツは、経済的な波及効果があり、スポーツ産業が経済の中で大きな影響を及ぼしていること。
(2)　運動やスポーツの効果的な学習の仕方について理解できるようにする。
　　ア　運動やスポーツの技術は、学習を通して技能として発揮されるようになること。また、技術の種類に応じた学習の仕方があること。
　　イ　運動やスポーツの技能の上達過程にはいくつかの段階があり、その学習の段階に応じた練習方法や運動観察の方法、課題の設定方法などがあること。
　　ウ　運動やスポーツの技能と体力は、相互に関連していること。また、期待する効果に応じた技能や体力の高め方があること。
　　エ　運動やスポーツを行う際は、気象条件の変化など様々な危険を予見し、回避することが求められること。
(3)　豊かなスポーツライフスタイル設計の仕方について理解できるようにする。
　　ア　スポーツは、各ライフステージにおける身体的、心理的、社会的特徴に応じた楽しみ方があること。また、その楽しみ方は、個人のスポーツに対する欲求などによっても変化すること。
　　イ　生涯にわたってスポーツを継続するためには、自己に適した運動機会をもつこと、施設などを活用して活動の場をもつこと、ライフスタイルに応じたスポーツとのかかわり方を見付けることなどが必要であること。
　　ウ　スポーツの振興は、様々な施策や組織、人々の支援や参画によって支えられていること。
　　エ　スポーツを行う際は、スポーツが環境にもたらす影響を考慮し、持続可能な社会の実現に寄与する責任ある行動が求められること。

＜理解を深めるために＞

　新学習指導要領では、生涯にわたる豊かなスポーツライフの実現に向けて、小学校から高等学校までの12年間を見通したうえでの指導内容の体系化が目指されている。そのなかで、高等学校における指導内容として、次の点が重視されている。まず、中学校第3学年での指導内容と接続しているという点、そして、生徒の主体的な学習と多様性をふまえた指導を図ることができるという点である。
　そこで、中学校期に学習した内容をふまえ、「基礎的な知識が生徒の主体的な学習（意欲、思考力、運動の技能を含む）につな

がるという認識にもとづきながら、「体育理論」の指導内容は次のような構成をとる。

1．スポーツの歴史、文化的特性や現代のスポーツの特徴
中学校では、運動やスポーツの必要性と楽しさ、現代生活におけるスポーツの文化的意義、国際的なスポーツ大会などが果たす役割、人々を結びつけるスポーツの文化的な働きなどについて学習している。
上記をふまえ、スポーツの歴史、日本から世界に発展したスポーツ、国際親善や世界平和に貢献するオリンピック・ムーブメント、スポーツの文化的価値を失わせる行為としてのドーピング、現代社会におけるスポーツと経済の大きなかかわりについて理解する。

参考資料→「スポーツ振興基本計画」総論、「オリンピック憲章」根本原則、「世界ドーピング防止規定」、「スポーツ基本法」

2．運動やスポーツの効果的な学習の仕方
中学校では、運動やスポーツの学び方、運動やスポーツが心身に及ぼす影響、安全な運動やスポーツの行い方などについて学習している。
上記をふまえ、技術は練習により技能として発揮できるようになること、様々なケースに応じた学習の仕方があること、技能と体力は相互に関連していること、運動やスポーツの活動時の健康・安全などについて理解する。

3．豊かなスポーツライフの設計の仕方
中学校では、運動やスポーツへの多様なかかわり方、現代生活におけるスポーツの文化的意義などについて学習している。
上記をふまえ、各ライフステージの身体的・心理的・社会的特徴に応じたスポーツの楽しみ方があること、スポーツの楽しみ方は個人の必要と欲求によっても変化すること、それぞれのライフスタイルに適した多様なスポーツのかかわり方があること、スポーツの振興に向けた条件整備が公的な施策として進められていること、スポーツを行う際の環境への配慮の重要性などについて理解する。

参考資料→「スポーツ振興法」、「スポーツ振興基本計画」総論、「新ヨーロッパ・スポーツ憲章」第10条、「アテネ宣言」、「ユネスコ　体育およびスポーツに関する国際憲章」第5条、「スポーツ立国戦略」、「スポーツ基本法」

■資料3　スポーツ振興法（1961年）　※学習指導要領「体育理論」の内容に対応している部分のみ抜粋しています。

（目的）
第一条　この法律は、スポーツの振興に関する施策の基本を明らかにし、もって国民の心身の健全な発達と明るく豊かな国民生活の形成に寄与することを目的とする。

（定義）
第二条　この法律においてスポーツとは、運動競技及び身体運動（キャンプ活動その他の野外活動を含む）であって、心身の健全な発達を図るためにされるものをいう。

（施策の方針）
第三条　国及び地方公共団体は、スポーツの振興に関する施策の実施に当たっては、国民の間において行われるスポーツに関する自発的な活動に協力しつつ、広く国民があらゆる機会とあらゆる場所において自主的にその適性及び健康状態に応じてスポーツをすることができるような諸条件の整備に努めなければならない。

（施設の整備）
第十二条　国及び地方公共団体は、体育館、水泳プールその他の政令で定めるスポーツ施設（スポーツの設備を含む。以下同じ。）が政令で定める基準に達するよう、その整備に努めなければならない。

（スポーツの水準の向上のための措置）
第十四条　国及び地方公共団体は、わが国のスポーツの水準を国際的に高いものにするため、必要な措置を講ずるよう努めなければならない。

＜理解を深めるために＞
東京でのオリンピック開催が決定した1959年以降、環境整備や選手強化事業をはじめとする、スポーツ行政施策が次々とおこなわれるようになった。1961年に制定されたスポーツ振興法は、そのような東京オリンピックをにらんだ数々の施策の一つである。しかしその一方で、広く国民一般の生涯スポーツの振興に貢献する性格も併せ持っている。
スポーツ振興法は、全二十三条を通じて、スポーツ振興に関連する様々な領域（スポーツの定義、行政計画の策定、施設設備、指導者養成、国民体育大会や各種競技会の開催、研究、補助金など）をとりあげている。この法令によって、第三条や第十二条、第十四条などが示すように、スポーツ施設設備の整備やスポーツ水準のレベルアップといったスポーツ振興施策を、国や自治体がおこなうことの法的根拠が与えられることになった。
「体育理論」との関連についていえば、第二条にあるとおり、ここでいうスポーツとは、競技にとどまらない幅広い身体活動であると同時に、心身の健全な発達を図るものとして認識されている【中学校第1単元ア】。また、スポーツの振興に向けた条件整備が公的な施策としておこなわれているということが、スポーツ振興をめぐる国の基本方針を定めたこの法令全体において示されている【高校第3単元ウ】。

■資料4　ユネスコ　体育およびスポーツに関する国際憲章　（1978年）

※学習指導要領「体育理論」の内容に対応している部分のみ抜粋しています。

第1条　体育・スポーツの実践はすべての人にとって基本的権利である。
1.3　学齢期前児童を含む若い人々、高齢者、身体障害者に対して、その要求に合致した体育・スポーツのプログラムにより、その人格を全面的に発達させるための特別な機会が利用可能とされなければならない。

第2条　体育・スポーツは全教育体系において生涯教育の不可欠の要素を構成する。
2.1　体育・スポーツは、教育と文化の不可欠の要素として、社会の完全な構成員としてのすべての人間の能力、意志力および自己教育力を発達させなければならない。身体活動の継続とスポーツの実践は、全世界的な、生涯にわたる民主化された教育によって生涯を通じて保障されなければならない。

第3条　体育・スポーツのプログラムは個人および社会のニーズに合致しなければならない。
3.1　体育・スポーツのプログラムは、各国の制度的、文化的、社会経済的、風土的条件とともに、体育・スポーツを行う人々の要求と特性に一致するよう計画されなければならない。それは社会的に恵まれない集団の要求に優先権を与えなければならない。

第5条　十分な施設と設備は体育・スポーツに不可欠である。
5.2　あらゆる段階の政府、公当局、学校および適当な私的機関は、協力し、ともに計画して、体育・スポーツの施設、設備、用具を提供し、最適な条件で利用できるようにする義務がある。
5.3　自然環境によって与えられた機会を考慮しながら、農村や都市の開発計画は体育・スポーツの施設、設備、用具に関する長期的ニーズへの対策を含むことが必須である。

第10条　国際協力は体育・スポーツの全般的で十分に均衡のとれた振興に必要不可欠である。
10.1　国家、および関係国を代表しかつ体育・スポーツに責任を持つ国際的、地域的な政府間組織と非政府組織は、国際的な二国間および多数国間協力で体育・スポーツにより大きな地位を与えることが肝要である。
10.3　世界共通語としての体育・スポーツにおける協力と相互利益の追求を通じて、全ての諸国民は、恒久平和、相互尊重、および友好の維持に貢献し、国際問題解決のための好ましい環境を作り出すであろう。関係する国内的、国際的な政府機関と非政府機関のすべての間の密接な協力は、それぞれの固有の権限の尊重を基礎にして、世界の体育・スポーツの発展を必ず奨励するであろう。

＜理解を深めるために＞
　ヨーロッパでは、スポーツが一部の恵まれた人々だけのものではなく、すべての人々が享受すべき基本的人権であるという認識が、比較的早い時期から存在していた。その理念を形にしたのが、ヨーロッパ・スポーツ・フォー・オール憲章(1975年)である。ユネスコ「体育およびスポーツに関する国際憲章」の採択(1978年)は、ヨーロッパ・スポーツ・フォー・オール憲章を、国際機関であるユネスコが承認したことを意味する。「基本的人権としてのスポーツ」をめぐる同憲章の姿勢は第1条において示されている。
　「体育理論」との関連についていえば、スポーツの文化的意義および重要性として、それが教育と文化の不可欠の要素であること、世界共通語として国際交流や世界平和、国際問題の解決に寄与する可能性をもつことが挙げられ、加えて、そうした意義にふさわしい地位を国家や政府間組織および非政府組織がスポーツに与えるべきであるということが明記されている【中学校第3単元、高校第1単元】。また、「誰もがスポーツに参加できる」という理念は他の憲章や宣言にも共有されており、その点をめぐる条文では、年齢や障害によってスポーツ参加が阻害されないようにすべきであること、社会的に恵まれない人々のスポーツ参加に向けた優先的な配慮が必要であることが明記されている【中学校第1単元、高校第3単元】。

■資料5　新ヨーロッパ・スポーツ憲章　（1992年）

※学習指導要領「体育理論」の内容に対応している部分のみ抜粋しています。

第2条　憲章の定義及び範囲
1．本憲章の目的に関連して
　a　"スポーツ"とは、気軽にあるいは組織的に参加することにより、体力の向上、精神的充足感の表出、社会的関係の形成、あらゆるレベルでの競技成績の追求を目的とする身体活動の総体を意味する。
　b　本憲章は、以下の協定で宣言された倫理的諸原則及び政策指針を補完するものである。
　　ⅰ　スポーツ大会、特にサッカーの試合における無法・暴力行為に関する協定
　　ⅱ　ドーピング禁止規定

第3条　スポーツ振興活動
1．公共機関はスポーツ振興活動を支援していくことにその主要な役割を担っている。従って、本憲章の目的を遂行するために、スポーツの振興と協同のために必要な機構の設置など、非政府機関のスポーツ団体との密接な協力が不可欠である。

第4条　施設及び活動
1．性別、民族、人種、言語、宗教、政治等の信条、国もしくは社会的出身地、少数民族国家集団、財産、出生状況などにより

差別を受けることなく，スポーツ施設の利用とスポーツ活動への参加が認められる。
4. 身障者や精神障害者など，障害者や恵まれない人びとがスポーツ施設を容易に利用できるように，スポーツ施設の管理責任者(オーナー)は，適切な対策を講じるべきである。

第5条　スポーツ基盤の形成
青少年の体力の向上，基礎的なスポーツ技術の習得，さらにスポーツ実施を促進するための必要な対策を講じる。特に，
　ⅰ　すべての児童生徒に対して，スポーツ，レクリエーション，体育のプログラム及び施設が提供され，このための十分な時間があたえられる。
　ⅲ　義務教育修了後も，引き続きスポーツに参加できる機会を確保する。
　ⅳ　学校あるいはその他の教育機関と学校スポーツクラブ，地域スポーツ間の望ましい連携関係の発展を促す。

第10条　スポーツと環境保全
何世代にもわたって，人々の身体的，精神的，社会的健康状態を確保し高めていくためには，都市，野外地域，水辺地域でのスポーツ活動は，地球上の限られた資源に順応し，かつ環境の保全と調和のとれた管理の諸原則に基づいて実施することが求められる。このことは次のことを含んでいる。
――スポーツ施設の計画及び建設に際して，自然及び環境の価値を考慮する。
――自然と環境の保護に努めるスポーツ団体を支援し，奨励する。
――スポーツと環境保全との関係についての人びとの知識と自覚を高め，自然に対する理解を深める。

＜理解を深めるために＞
　新ヨーロッパ・スポーツ憲章は，1992年のヨーロッパ・スポーツ閣僚会議で採択された。ヨーロッパでは，スポーツが一部の恵まれた人々だけのものではなく，すべての人々が享受すべき基本的人権であるという認識にもとづく理念が，ヨーロッパ・スポーツ・フォー・オール憲章(1975年)として示されている。このような経緯に加え，ベルリンの壁崩壊後のヨーロッパの著しい変化と，それに伴う価値観や文化の多様化を背景として，新しい社会に対応すべく要請されたのがこの新憲章である。全13条にわたって，誰もがスポーツに参加できるようにするため，スポーツの道徳的・倫理的基礎を確立するため，そして国内および国際的な協調を築くために，各国政府が必要な措置を講じるべきであることがうたわれている。
　「体育理論」との関連についていえば，スポーツが競技にとどまらずレクリエーションなどを含む広い意味での身体活動であること，スポーツの機会は学校だけではなく他の教育機関や地域社会との連携を通じて確保されるものであることが明記されている【中学校第3単元ウ】。また，第3条では，政府系団体および非政府系団体がそれぞれスポーツ振興のための役割を担っていることが明記されている【高校第3単元ウ】。その他，新憲章がアンチ・ドーピング活動の促進に寄与するものであること【高校第1単元ウ】，スポーツへのアクセスを人権の一部としてとらえる観点から，性別や人種，民族，言語，宗教，障がいの有無などの差異がスポーツ参加の妨げとなってはならないことなどが明記されている【中学校第3単元ウ】。

■資料6　オリンピック憲章　（2007年改正）※学習指導要領「体育理論」の内容に対応している部分のみ抜粋しています。
オリンピズムの根本原則
1. オリンピズムは人生哲学であり，肉体と意志と知性の資質を高めて融合させた，均等のとれた総体としての人間を目指すものである。スポーツを文化や教育と融合させるオリンピズムが求めるものは，努力のうちに見出される喜び，よい手本となる教育的価値，普遍的・基本的・倫理的諸原則の尊重などに基づいた生き方の創造である。
2. オリンピズムの目標は，スポーツを人間の調和のとれた発達に役立てることにある。その目的は，人間の尊厳保持に重きを置く，平和な社会を推進することにある。
3. オリンピック・ムーブメントは，オリンピズムの諸価値に依って生きようとする全ての個人や団体による，IOCの最高権威のもとで行われる，計画され組織された普遍的かつ恒久的な活動である。それは五大陸にまたがるものである。またそれは世界中の競技者を一堂に集めて開催されるスポーツの祭典，オリンピック競技大会で頂点に達する。そのシンボルは，互いに交わる五輪である。
4. スポーツを行うことは人権の一つである。各個人はスポーツを行う機会を与えられなければならない。そのような機会は，友情，連帯そしてフェアプレーの精神に基づく相互理解が必須であるオリンピック精神に則り，そしていかなる種類の差別もなく，与えられるべきである。スポーツの組織，管理，運営は独立したスポーツ団体によって監督されなければならない。
5. 人種，宗教，政治，性別，その他の理由に基づく国や個人に対する差別はいかなる形であれオリンピック・ムーブメントに属する事とは相容れない。
6. オリンピック・ムーブメントに属するためには，オリンピック憲章の遵守及びIOCの承認が必要である。

＜理解を深めるために＞
　スポーツを通じて心身ともに調和のとれた若者を育成し，人々が手を取り合う平和な世界をつくろうという教育思想ならびに平和思想を，オリンピズムという。これまで，オリンピズムの内容として「スポーツと文化の融合」が示されてきたが，1994年IOCの100周年を記念する総会で，IOCが環境問題に取り組むことが決まり，その翌年にスポーツと環境委員会が設立されてからは，「スポーツ・文化・環境」がオリンピズムの三本柱となった。そして，そのオリンピズムを世界中に広めようという活動を，オリンピック・ムーブメントという。オリンピック憲章とは，オリンピズムの本質を示す基本法であると同時に，オリ

ンピック・ムーブメントを展開していくための、組織、活動、運用に関するより具体的な基準でもある。国際オリンピック委員会（IOC）に加盟しているすべての国内オリンピック委員会（NOC）および国際競技団体（IF）と、その傘下にあるすべてのスポーツ団体および選手は、オリンピック憲章によってその権利と義務を規定されるとともに、それに従うことが求められている。

「体育理論」と関連する項目は、「根本原則」に集約されている。まず、スポーツの文化的意義として、教育的価値、倫理的な生き方の創造への寄与、そして人間形成を通じた平和の促進などが挙げられている。加えて、オリンピック競技大会が国際親善や世界平和に貢献しており、人種や宗教、政治、性別による差別はオリンピック・ムーブメントに反するものだと明記されている【中学校第3単元イ・ウ、高校第1単元ウ】。

■**資料7　スポーツ振興基本計画　（2000年）**※学習指導要領「体育理論」の内容に対応している部分のみ抜粋しています。

Ⅰ　総論
1．スポーツの意義
　スポーツは、人生をより豊かにし、充実したものとするとともに、人間の身体的・精神的な欲求にこたえる世界共通の人類の文化の一つである。(略)更に、スポーツは、社会的に次のような意義も有し、その振興を一層促進していくための基盤の整備・充実を図ることは、従前にも増して地方公共団体の重要な責務の一つとなっている。

ア　スポーツは、青少年の心身の健全な発達を促すものであり、特に自己責任、克己心やフェアプレイの精神を培うものである。また、仲間や指導者との交流を通じて、青少年のコミュニケーション能力を育成し、豊かな心と他人に対する思いやりをはぐくむ。さらに、様々な要因による子どもたちの精神的なストレスの解消にもなり、多様な価値観を認め合う機会を与えるなど、青少年の健全育成に資する。

イ　スポーツを通じて住民が交流を深めていくことは、住民相互の新たな連携を促進するとともに、住民が一つの目標に向かい共に努力し達成感を味わうことや地域に誇りや愛着を感じることにより、地域の一体感や活力が醸成され、人間関係の希薄化などの問題を抱えている地域社会の再生にもつながるなど、地域における連帯感の醸成に資する。

ウ　スポーツを振興することは、スポーツ産業の広がりとそれに伴う雇用創出等の経済的効果を生み、我が国の経済の発展に寄与するとともに、国民の心身両面にわたる健康の保持増進に大きく貢献し、医療費の節減の効果等が期待されるなど、国民経済に寄与する。

エ　スポーツは世界共通の文化の一つであり、言語や生活習慣の違いを超え、同一のルールの下で互いに競うことにより、世界の人々との相互の理解や認識を一層深めることができるなど、国際的な友好と親善に資する。

　(略)なお、人間とスポーツとのかかわりについては、スポーツを自ら行うことのほかに、スポーツをみて楽しむことやスポーツを支援することがある。スポーツをみて楽しむことは、スポーツ振興の面だけではなく、国民生活の質的向上やゆとりある生活の観点からも有意義である。

　このように多様な意義を有する文化としてのスポーツは、現代社会に生きるすべての人々にとって欠くことのできないものとなっており、性別や年齢、障害の有無にかかわらず国民一人一人が自らスポーツを行うことにより心身ともに健康で活力ある生活を形成するよう努めることが期待される。

　なお、人間とスポーツとのかかわりについては、スポーツを自ら行うことのほかに、スポーツをみて楽しむことやスポーツを支援することがある。

2．計画のねらい
　(略)現代社会におけるスポーツの果たす意義、役割を考えたとき、国民のスポーツへの主体的な取り組みを基本としつつ、国民のニーズや期待に適切にこたえ、国民一人一人がスポーツ活動を継続的に実践できるような、また、競技力の向上につながるようなスポーツ環境を整備することは、国、地方公共団体の重要な責務である。(略)

Ⅱ　スポーツ振興基本施策の展開方策
1．スポーツの振興を通じた子どもの体力の向上方策
2．生涯スポーツ社会の実現に向けた、地域におけるスポーツ環境の整備充実方策
　政策目標：(2) (略)できるかぎり早期に、成人の週1回以上のスポーツ実施率が2人に1人（50パーセント）となることを目指す。

3．我が国の国際競技力の総合的な向上施策
　政策目標：(2) 我が国のトップレベルの競技者の育成・強化のための諸施策を総合的・計画的に推進し、早期にメダル獲得率が倍増し、夏季・冬季合わせて3.5パーセントとなることを目指す。

B．政策目標達成のための必要な側面的な施策
(2) アンチ・ドーピング活動の推進
　①到達目標
　　我が国のアンチ・ドーピング体制の整備と国際機関との連携強化を促進する。

<理解を深めるために>

スポーツ振興基本計画は、国や地方自治体が目指す今後のスポーツ振興の基本的方向を示した10年計画である。1961年に制定されたスポーツ振興法の第四条には、「文部科学大臣は、スポーツの振興に関する基本的計画を定めるものとする」とある。それを受けて、長期的かつ総合的な視点にもとづき、基本計画は振興法から約40年を経た2000年に策定された。この計画は、学校体育・スポーツ、生涯スポーツ、競技スポーツの三本柱で構成されており、なかでも生涯スポーツと競技スポーツの政策目標は明確に数値化されている。競技スポーツの政策目標の背景としては、オリンピックにおけるわが国のメダル獲得率が長期的に低下の傾向にあった(1996年のアトランタ・オリンピックにおいては1.7%にまで低下した)ことが挙げられる。

現行の計画は、策定の5年後に見直しと改訂が加えられたものである。改訂によって、外遊びやスポーツによる「子どもの体力の向上」が施策課題の一つ目の柱とされた。それにともなって、改訂前は「生涯スポーツおよび競技スポーツと連携する対象」という位置づけであった学校体育・スポーツが、政策課題に取り組む独立したエージェントとして定められた。それは、わが国のスポーツ振興における学校体育・スポーツの意義や役割が、より重視されるようになったことのあらわれともいえる。

「体育理論」との関連についていえば、この基本計画では、「スポーツの意義」として、スポーツの必要性やかかわり方、そして楽しさにおける多様性が挙げられている。また、国際競技力に向けた側面的な施策として、アンチ・ドーピング活動の推進が掲げられている【中学校第1単元イ・第2単元ア・第3単元ア・イ、高校第1単元ウ・第3単元】。

■資料8 世界ドーピング防止規程 (WADA規程) (2003年)

※学習指導要領「体育理論」の内容に対応している部分のみ抜粋しています。

〈世界ドーピング防止プログラム及び本規則の目的,適用範囲及び構成〉

本規則及び本規則を支援する世界ドーピング防止プログラムの目的は、次のとおりである。

・ドーピングのないスポーツに参加するという競技者の基本的権利を保護し、もって世界中の競技者の健康、公平及び平等を促進する。
・ドーピングの検出、抑止及び防止に関して、国際的及び国内的レベルにおいて、調和がとれた、実効的なドーピング防止プログラムを確保する。

本規則は、スポーツにおける世界ドーピング防止プログラムの基礎となる基本的かつ全世界共通の文書である。本規則の目的は、ドーピング防止の中心となる要素の全世界的な調和を通じてドーピング防止活動を推進することである。

〈世界ドーピング防止規程の基本原理〉

ドーピング防止プログラムの目標は、スポーツ固有の価値を保護することである。これは、スポーツ精神と呼ばれ、オリンピック精神の真髄でもある。スポーツ精神は、人間の魂、身体及び心を祝福するものであり、次に掲げる価値によって特徴づけられる。

・倫理観、フェアプレーと誠意
・健康
・優れた競技能力
・人格と教育
・楽しみと喜び
・チームワーク
・謙信と真摯な取組
・規則・法律を尊重する姿勢
・自分自身とその他の参加者を尊重する姿勢
・勇気
・共同体意識と連帯意識

ドーピングは、スポーツ精神に根本的に反するものである。

スポーツ精神の振興によりドーピングと戦うため、本規則は各ドーピング防止機関に対し、青少年及び競技者支援要員をも含めた競技者のための教育プログラムを策定し、実施することを要求する。

〈序論〉

(略)本規則の全ての規定は実質上強制的なものであり、各ドーピング防止機関、競技者又はその他の人は規定どおりに従わなければならない。

(略)ドーピング防止規則は、競技会の規則と同様、スポーツを行う上での条件を取り決める規則である。競技者又はその他の人は、当該規則をスポーツへの参加条件として承諾し、それに拘束されなければならない。(略)

〈第1条:ドーピングの定義〉

ドーピングとは、本規則の第2.1項から第2.8項に定められている一又は二以上のドーピング防止の規則に対する違反が発生することをいう。

〈第2条:ドーピング防止規則違反〉

競技者又はその他の人は、ドーピング防止規則違反の構成要件、禁止表に掲げられた物質及び方法を知る責任を負わなければ

ならない。
　次に掲げるものがドーピング防止規則違反を構成する。
2.1　競技者の検体に，禁止物質又はその代謝物若しくはマーカーが存在すること
2.2　競技者が禁止物質若しくは禁止方法を使用すること又はその使用を企てること
2.2.1　禁止物質が体内に入らないようにすることは，各競技者が自ら取り組まなければならない責務である。ゆえに，禁止物質又は禁止方法の使用についてのドーピング防止規則違反を証明するためには，競技者側に使用に関しての意図，過誤，過失又は使用を知っていたことがあったことが示される必要はない。
2.6　禁止物質又は禁止方法を保有すること
2.7　禁止物質若しくは禁止方法の不正取引を実行し，又は不正取引を企てること。

〈第9条：個人の成績の自動的失効〉
　個人スポーツにおける競技会検査に関してドーピング防止規則違反があった場合には，当該競技会において得られた個人の成績は，自動的に失効し，その結果として，当該競技会において獲得されたメダル，得点，及び賞の剥奪を含む措置が課される。

〈第18条：教育〉
18.1　基本原則及び主要目的
　ドーピングのないスポーツのための情報及び教育プログラムに関する基本原則は，本規則の序論に記載されているスポーツ精神がドーピングによって害されることから守ることである。当該プログラムの主要目的は，予防である。その目的は，競技者による禁止物質又は禁止方法の意図的な又は意図によらない使用を防止することである。（略）
18.2　プログラム及び活動内容
　これらのプログラムは，競技者及びその他の人に対し，少なくとも次の各点を含む最新かつ正確な情報を提供する。
・禁止表に記載された物質及び方法
・ドーピング防止規則違反
・制裁措置，健康及び社会的な結果を含むドーピングの結果
・ドーピング・コントロール手続
・競技者又は競技者支援員の権利及び責任
・TUE
・栄養補助食品のリスク管理
・スポーツ精神に対するドーピングの害悪

＜理解を深めるために＞
　世界のアンチ・ドーピング（ドーピング防止）運動のバイブルとして機能する「世界ドーピング防止規程（WADA規程）」は，2003年，デンマークのコペンハーゲンで開催された「世界ドーピング会議」において制定された。WADAとは世界ドーピング防止機構（WADA: World Anti-Doping Agency）という組織をさし，同機構は国際レベルのあらゆるアンチ・ドーピング活動を促進し，調整することを目的として1999年に設立された。日本では，2001年に国内におけるアンチ・ドーピング活動をマネジメントする機関として日本アンチ・ドーピング機構（JADA）が設立され，WADA規程に基づく国内のドーピング防止規程（JADA規程）が定められた。WADA規程が制定された背景の一つとして，国際競技連盟の規定と国際オリンピック委員会（IOC）の規程との齟齬が考えられる。それぞれの組織が独自に定めた禁止リストに違いがみられたり，罰則規定が競技種目によって異なったりということが，選手の混乱や不公平感を招いていたのである。WADA規程ができてからは，あらゆる競技会および競技種目で等しくこの規程が用いられることになった。
　他の法令や憲章などの多くがドーピングについて言及しているように，ドーピングをめぐる問題およびアンチ・ドーピング活動は，現代のスポーツの状況と切り離せないものであるといえる。オリンピック憲章はドーピングをオリンピズムに反するものとしているが，それと同様の認識がWADA規程においても「スポーツ精神に反する」ものとして明記されている。

■資料9　アテネ宣言　—スポーツマン精神に則った健全な社会を築く—　（2004年）
※学習指導要領「体育理論」の内容に対応している部分のみ抜粋しています。
　我々，第4回体育・スポーツ担当大臣等国際会議（MINEPS IV）に参加した閣僚は，（略）スポーツと体育によってもたらされる倫理的価値観と万国共通の価値観を分かち合うことを通じて，スポーツと体育が国内の結束に寄与し，先入観を克服し，なおかつ世論にプラスの影響を行使することにより，社会において重要な役割を果たしているという信念を再確認し，（略）自国政府内において下記の措置を早急に講じていく決意である。
＊人としての在り方，倫理的価値，相互理解及び諸国民の団結を促進・推進する要因として，スポーツに対してこれまでよりも重要な役割を与える努力を強化する。
＊スポーツを通じて平和を実現するという理念と，普遍的人権の尊重という面でスポーツが寄与するという考え方を育成する施策を推進する。
＊開発途上国と連携するという精神を尊重し，地元レベル，地域レベル，国際的レベルにおいて積極的参加を図る施策を推進することにより，体育・スポーツの効果的な推進に向けて措置を講じ資源を投入する。

＊運動・スポーツを振興し女子・女性に対して参加の場を拡充するとともに,「女性とスポーツ」プログラムの推進を目的とした多国間協力を展開し,「女子に対するあらゆる形態の差別の撤廃に関する国連条約に反映された形で社会において民主主義を深く根付かせる。
　各国政府,政府間団体,非政府系団体,国内団体,地域団体,国際団体全てに対して,以下の施策を講じるよう勧告する。
＊各自の職務・職責の枠内において,スポーツにおけるドーピング対策活動と効果的なアンチ・ドーピング・コントロール体制の確立に向けて積極的に参加する。
＊個別具体的なプロジェクトを通じて実際の経験や模範的施策に関する意見交換を推進するとともに,先進国及び発展途上国のスポーツ団体相互間における協力を強化して,現在みられる格差及び不平等を低減させる。
　UNESCOに対しては,以下の措置を実施するよう要請する。
＊体育・スポーツの全面的発展を支援して,体育・スポーツが教育体系にて重要な要素として位置づけられるようにするとともに,教育改革にも尽力して,教育カリキュラムにおける体育・スポーツの比重が増すようにする。
＊国際的スポーツ団体との協力を強化する。このような形で協力関係が強化されれば,あらゆる階層・年齢層における体育・スポーツの振興に取り組んでいる公的機関の問題意識と民間団体の問題意識が相互に近いものになっていることが国際レベルで明らかにされることになる。

＜理解を深めるために＞
アテネ宣言は,ユネスコ(国際連合教育科学文化機関:UNESCO)による第4回体育・スポーツ担当大臣等国際会議(MINEPS)において採択された。「スポーツは青少年の健全育成に重要な影響を与える国際的な活動である」との認識にもとづき,ユネスコは,1976年の第1回パリ会議から始まり,「体育とスポーツに関する国際憲章」を定めた1978年(ナイロビ),1999年(プンタデルエステ),2004年(アテネ)の4回にわたって同会議を開催している。ここで採択される憲章や宣言は,国際法や条約のような一定の強制力をもつものではないが,参加した国の担当大臣は,自国内で宣言にもとづく適切な対処をしなければならないとされている。
「体育理論」との関連についていえば,同宣言において,スポーツは社会的重要性および意義をもつとされている。つまり,倫理的価値の理解や団結の促進,平和への協力,人権の尊重,国際協調など,人の生き方にかかわる価値観の構築にポジティヴな影響を与えうる要因として位置づけられている【中学校第1単元】。また,性別や国・地域によるスポーツ普及の格差の解消や,アンチ・ドーピング・コントロール体制の確立などに向けた積極的な姿勢も示されている【高校第1単元ウ】。

■資料10　スポーツ立国戦略 ―スポーツコミュニティ・ニッポン（2010年）

※学習指導要領「体育理論」の内容に対応している部分のみ抜粋しています。

Ⅰ．スポーツ立国戦略の目指す姿
○スポーツは,私たちの「こころ」と「からだ」の健全な発達を促し,人生をより充実したものとするとともに,明るく豊かで活力に満ちた社会の形成に寄与する世界共通の人類の文化の一つである。
○スポーツはその活動自体,体を動かすという人間の本源的な欲求にこたえ,爽快感,達成感,他者との連帯感等の精神的充足や楽しさ,喜びをもたらすという内在的な価値を有する。このため,生涯にわたり主体的にスポーツに親しむことのできる地域社会をつくることは幅広い世代の人々にとって大きな意義のあるものである。
○また,スポーツは社会的にも多様な意義を有しており,少子高齢社会を迎え,様々な課題に対峙しなければならない我が国にとって,スポーツの振興は,従前にも増して国や地方公共団体,スポーツ団体の重要な責務となっている。
○これまでもスポーツの意義や価値は,スポーツ関係者はもとより,多くの人々から指摘されてきており,政府としてもスポーツ振興のための取組を進めてきたところであるが,本戦略においては,さらに,今後概ね10年間を見据え,「新しい公共」の理念の下,各々の興味・関心,適性等に応じて現状よりさらに多くの人々が様々な形態(する,観る,支える(育てる))でスポーツに積極的に参画できる環境を実現することを目指している。
○本戦略は,このような取組を通じて,スポーツの意義や価値が広く国民に共有され,より多くの人々がスポーツの楽しさや感動を分かち,互いに支え合う「新たなスポーツ文化」を確立することを目指すものである。

Ⅱ．基本的な考え方
1. 人(する人,観る人,支える(育てる)人)の重視
　すべての人々のスポーツ機会の確保,安全・公正にスポーツを行うことができる環境の整備
2. 連携・協働の推進
　トップスポーツと地域スポーツの好循環の創出,「新しい公共」の形成等による社会全体でスポーツを支える基盤の整備
　これらの基本的な考え方のもとで実施すべき5つの重点戦略
　(1) ライフステージに応じたスポーツ機会の創造
　(2) 世界で競い合うトップアスリートの育成・強化
　(3) スポーツ界の連携・協働による「好循環」の創出
　(4) スポーツ界における透明性や公平・公正性の向上
　(5) 社会全体でスポーツを支える基盤の整備

Ⅲ．5つの重点戦略の目標と主な施策

1. ライフステージに応じたスポーツ機会の創造
   ○国民の誰もが，それぞれの体力や年齢，技術，興味・目的に応じて，いつでも，どこでも，いつまでもスポーツに親しむことができる生涯スポーツ社会を実現する。
   ○その目標として，できるかぎり早期に，成人の週1回以上のスポーツ実施率が3人に2人（65パーセント程度），成人の週3回以上のスポーツ実施率が3人に1人（30パーセント程度）となることを目指す。
   ○豊かなスポーツライフを実現する基礎となる学校体育・運動部活動の充実を図る。
2. 世界で競い合うトップアスリートの育成・強化
   ＜目標＞
   ○国際競技大会等を積極的に招致・開催し，競技力向上を含めたスポーツの振興，地域の活性化等を図る。
3. スポーツ界の連携・協働による「好循環」の創出
   ＜目標＞
   ○トップスポーツと地域スポーツの好循環を創出するため，広域市町村圏（全国300箇所程度）を目安として，拠点となる総合型クラブ（「拠点クラブ」）に引退後のトップアスリートなどの優れた指導者を配置する。
   ○学校と地域の連携を強化し，人材の好循環を図るため，学校体育・運動部活動で活用する地域のスポーツ人材の拡充を目指す。
4. スポーツ界における透明性や公平・公正性の向上
   ＜目標＞
   ○スポーツ団体のガバナンスを強化し，団体の管理運営の透明性を高めるとともに，スポーツ紛争の迅速・円滑な解決を支援し，公平・公正なスポーツ界を実現する。
   ○ドーピングのないクリーンで公正なスポーツ界を実現する。
5. 社会全体でスポーツを支える基盤の整備
   ＜目標＞
   地域スポーツ活動の推進により「新しい公共」の形成を促すとともに，国民のスポーツへの興味・関心を高めるための国民運動の展開や税制措置等により，社会全体でスポーツを支えるための基盤を整備する。

＜理解を深めるために＞

文部科学省は，スポーツ振興法（資料3参照）の見直しをはかり，現代のスポーツをめぐる課題を整理・検討してきた。また，2000年に策定されたスポーツ振興基本計画（資料7参照）の10年間の成果もふまえながら，次なるステップを見据えてきた。このような経緯から，2010年8月にスポーツ立国戦略を策定・公表し，今後概ね10年にわたって実施すべき5つの重点戦略，政策目標，重点的に実施すべき施策・体制整備のあり方を示した。本戦略の実現のための今後の方策としては，スポーツ振興財源の効率的な活用や，国の総合的なスポーツ行政体制，スポーツ基本法など関連法制の整備検討が考えられており，今後新たに策定されるスポーツ振興基本計画において具体的な実施計画が示される。

「体育理論」との関連でいえば，本戦略では，地域住民が自主的に運営するコミュニティスポーツクラブが主体となる「新しい公共」理念のもと，多種多様なかたちでスポーツに参画することができる環境の実現をめざしている。また，トップスポーツと地域スポーツとを一体的にとらえ，両輪が相互に支え合う「好循環」の創出を掲げている。さらに，スポーツ界における透明性や公平・公正性を向上させることが重要視されており，組織運営の外部から調査できる仕組みを設けるといった，スポーツ団体の統治能力（ガバナンス）の強化が構想されている【中学校第1単元，高校第3単元】。

■資料11　スポーツ基本法　（2011年）

（前文）

　　スポーツは，世界共通の人類の文化である。
　　スポーツは，心身の健全な発達，健康及び体力の保持増進，精神的な充足感の獲得，自律心その他の精神の涵（かん）養等のために個人又は集団で行われる運動競技その他の身体活動であり，今日，国民が生涯にわたり心身ともに健康で文化的な生活を営む上で不可欠のものとなっている。スポーツを通じて幸福で豊かな生活を営むことは，全ての人々の権利であり，全ての国民がその自発性の下に，各々の関心，適性等に応じて，安全かつ公正な環境の下で日常的にスポーツに親しみ，スポーツを楽しみ，又はスポーツを支える活動に参画することのできる機会が確保されなければならない。
　　スポーツは，次代を担う青少年の体力を向上させるとともに，他者を尊重しこれと協同する精神，公正さと規律を尊ぶ態度や克己心を培い，実践的な思考力や判断力を育む等人格の形成に大きな影響を及ぼすものである。
　　また，スポーツは，人と人との交流及び地域と地域との交流を促進し，地域の一体感や活力を醸成するものであり，人間関係の希薄化等の問題を抱える地域社会の再生に寄与するものである。また，スポーツは，心身の健康の保持増進にも重要な役割を果たすものであり，健康で活力に満ちた長寿社会の実現に不可欠である。
　　スポーツ選手の不断の努力は，人間の可能性の極限を追求する有意義な営みであり，こうした努力に基づく国際競技大会における日本人選手の活躍は，国民に誇りと喜び，夢と感動を与え，国民のスポーツへの関心を高めるものである。これらを通じて，スポーツは，我が国社会に活力を生み出し，国民経済の発展に広く寄与するものである。また，スポーツの国際的な交流や貢献が，

国際相互理解を促進し、国際平和に大きく貢献するなど、スポーツは、我が国の国際的地位の向上にも極めて重要な役割を果たすものである。

そして、地域におけるスポーツを推進する中から優れたスポーツ選手が育まれ、そのスポーツ選手が地域におけるスポーツの推進に寄与することは、スポーツに係る多様な主体の連携と協働による我が国のスポーツの発展を支える好循環をもたらすものである。

このような国民生活における多面にわたるスポーツの果たす役割の重要性に鑑み、スポーツ立国を実現することは、二十一世紀の我が国の発展のために不可欠な重要課題である。ここに、スポーツ立国の実現を目指し、国家戦略として、スポーツに関する施策を総合的かつ計画的に推進するため、この法律を制定する。

第一章　総則

（目的）

第一条　この法律は、スポーツに関し、基本理念を定め、並びに国及び地方公共団体の責務並びにスポーツ団体の努力等を明らかにするとともに、スポーツに関する施策の基本となる事項を定めることにより、スポーツに関する施策を総合的かつ計画的に推進し、もって国民の心身の健全な発達、明るく豊かな国民生活の形成、活力ある社会の実現及び国際社会の調和ある発展に寄与することを目的とする。

（基本理念）

第二条　スポーツは、これを通じて幸福で豊かな生活を営むことが人々の権利であることに鑑み、国民が生涯にわたりあらゆる機会とあらゆる場所において、自主的かつ自律的にその適性及び健康状態に応じて行うことができるようにすることを旨として、推進されなければならない。

2　スポーツは、とりわけ心身の成長の過程にある青少年のスポーツが、体力を向上させ、公正さと規律を尊ぶ態度や克己心を培う等人格の形成に大きな影響を及ぼすものであり、国民の生涯にわたる健全な心と身体を培い、豊かな人間性を育む基盤となるものであるとの認識の下に、学校、スポーツ団体（スポーツの振興のための事業を行うことを主たる目的とする団体をいう。以下同じ。）、家庭及び地域における活動の相互の連携を図りながら推進されなければならない。

3　スポーツは、人々がその居住する地域において、主体的に協働することにより身近に親しむことができるようにするとともに、これを通じて、当該地域における全ての世代の人々の交流が促進され、かつ、地域間の交流の基盤が形成されるものとなるよう推進されなければならない。

4　スポーツは、スポーツを行う者の心身の健康の保持増進及び安全の確保が図られるよう推進されなければならない。

5　スポーツは、障害者が自主的かつ積極的にスポーツを行うことができるよう、障害の種類及び程度に応じ必要な配慮をしつつ推進されなければならない。

6　スポーツは、我が国のスポーツ選手（プロスポーツの選手を含む。以下同じ。）が国際競技大会（オリンピック競技大会、パラリンピック競技大会その他の国際的な規模のスポーツの競技会をいう。以下同じ。）又は全国的な規模のスポーツの競技会において優秀な成績を収めることができるよう、スポーツに関する競技水準（以下「競技水準」という。）の向上に資する諸施策相互の有機的な連携を図りつつ、効果的に推進されなければならない。

7　スポーツは、スポーツに係る国際的な交流及び貢献を推進することにより、国際相互理解の増進及び国際平和に寄与するものとなるよう推進されなければならない。

8　スポーツは、スポーツを行う者に対し、不当に差別的取扱いをせず、また、スポーツに関するあらゆる活動を公正かつ適切に実施することを旨として、ドーピングの防止の重要性に対する国民の認識を深めるなど、スポーツに対する国民の幅広い理解及び支援が得られるよう推進されなければならない。

（国の責務）

第三条　国は、前条の基本理念（以下「基本理念」という。）にのっとり、スポーツに関する施策を総合的に策定し、及び実施する責務を有する。

（地方公共団体の責務）

第四条　地方公共団体は、基本理念にのっとり、スポーツに関する施策に関し、国との連携を図りつつ、自主的かつ主体的に、その地域の特性に応じた施策を策定し、及び実施する責務を有する。

（スポーツ団体の努力）

第五条　スポーツ団体は、スポーツの普及及び競技水準の向上に果たすべき重要な役割に鑑み、基本理念にのっとり、スポーツを行う者の権利利益の保護、心身の健康の保持増進及び安全の確保に配慮しつつ、スポーツの推進に主体的に取り組むよう努めるものとする。

2　スポーツ団体は、スポーツの振興のための事業を適正に行うため、その運営の透明性の確保を図るとともに、その事業活動に関し自らが遵守すべき基準を作成するよう努めるものとする。

3　スポーツ団体は、スポーツに関する紛争について、迅速かつ適正な解決に努めるものとする。

（国民の参加及び支援の促進）

第六条　国、地方公共団体及びスポーツ団体は、国民が健やかで明るく豊かな生活を享受することができるよう、スポーツに対

する国民の関心と理解を深め，スポーツへの国民の参加及び支援を促進するよう努めなければならない。

（関係者相互の連携及び協働）
第七条 国，独立行政法人，地方公共団体，学校，スポーツ団体及び民間事業者その他の関係者は，基本理念の実現を図るため，相互に連携を図りながら協働するよう努めなければならない。

（法制上の措置等）
第八条 政府は，スポーツに関する施策を実施するため必要な法制上，財政上又は税制上の措置その他の措置を講じなければならない。

第二章　スポーツ基本計画等

（スポーツ基本計画）
第九条 文部科学大臣は，スポーツに関する施策の総合的かつ計画的な推進を図るため，スポーツの推進に関する基本的な計画（以下「スポーツ基本計画」という。）を定めなければならない。

2　文部科学大臣は，スポーツ基本計画を定め，又はこれを変更しようとするときは，あらかじめ，審議会等（国家行政組織法（昭和二十三年法律第百二十号）第八条に規定する機関をいう。以下同じ。）で政令で定めるものの意見を聴かなければならない。

3　文部科学大臣は，スポーツ基本計画を定め，又はこれを変更しようとするときは，あらかじめ，関係行政機関の施策に係る事項について，第三十条に規定するスポーツ推進会議において連絡調整を図るものとする。

（地方スポーツ推進計画）
第十条 都道府県及び市（特別区を含む。以下同じ。）町村の教育委員会（地方教育行政の組織及び運営に関する法律（昭和三十一年法律第百六十二号）第二十四条の二第一項の条例の定めるところによりその長がスポーツに関する事務（学校における体育に関する事務を除く。）を管理し，及び執行することとされた地方公共団体（以下「特定地方公共団体」という。）にあっては，その長）は，スポーツ基本計画を参酌して，その地方の実情に即したスポーツの推進に関する計画（以下「地方スポーツ推進計画」という。）を定めるよう努めるものとする。

2　特定地方公共団体の長が地方スポーツ推進計画を定め，又はこれを変更しようとするときは，あらかじめ，当該特定地方公共団体の教育委員会の意見を聴かなければならない。

第三章　基本的施策

第一節　スポーツの推進のための基礎的条件の整備等

（指導者等の養成等）
第十一条 国及び地方公共団体は，スポーツの指導者その他スポーツの推進に寄与する人材（以下「指導者等」という。）の養成及び資質の向上並びにその活用のため，系統的な養成システムの開発又は利用への支援，研究集会又は講習会（以下「研究集会等」という。）の開催その他の必要な施策を講ずるよう努めなければならない。

（スポーツ施設の整備等）
第十二条 国及び地方公共団体は，国民が身近にスポーツに親しむことができるようにするとともに，競技水準の向上を図ることができるよう，スポーツ施設（スポーツの用に供する施設をいう。以下同じ。）の整備，利用者の需要に応じたスポーツ施設の運用の改善，スポーツ施設への指導者等の配置その他の必要な施策を講ずるよう努めなければならない。

2　前項の規定によりスポーツ施設を整備するに当たっては，当該スポーツ施設の利用の実態等に応じ，安全の確保を図るとともに，障害者等の利便性の向上を図るよう努めるものとする。

（学校施設の利用）
第十三条 学校教育法（昭和二十二年法律第二十六号）第二条第二項に規定する国立学校及び公立学校の設置者は，その設置する学校の教育に支障のない限り，当該学校のスポーツ施設を一般のスポーツのための利用に供するよう努めなければならない。

2　国及び地方公共団体は，前項の利用を容易にさせるため，又はその利用上の利便性の向上を図るため，当該学校のスポーツ施設の改修，照明施設の設置その他の必要な施策を講ずるよう努めなければならない。

（スポーツ事故の防止等）
第十四条 国及び地方公共団体は，スポーツ事故その他スポーツによって生じる外傷，障害等の防止及びこれらの軽減に資するため，指導者等の研修，スポーツ施設の整備，スポーツにおける心身の健康の保持増進及び安全の確保に関する知識（スポーツ用具の適切な使用に係る知識を含む。）の普及その他の必要な措置を講ずるよう努めなければならない。

（スポーツに関する紛争の迅速かつ適正な解決）
第十五条 国は，スポーツに関する紛争の仲裁又は調停の中立性及び公正性が確保され，スポーツを行う者の権利利益の保護が図られるよう，スポーツに関する紛争の仲裁又は調停を行う機関への支援，仲裁人等の資質の向上，紛争解決手続についてのスポーツ団体の理解の増進その他のスポーツに関する紛争の迅速かつ適正な解決に資するために必要な施策を講ずるものとする。

（スポーツに関する科学的研究の推進等）
第十六条 国は，医学，歯学，生理学，心理学，力学等のスポーツに関する諸科学を総合して実際的及び基礎的な研究を推進し，

これらの研究の成果を活用してスポーツに関する施策の効果的な推進を図るものとする。この場合において，研究体制の整備，国，独立行政法人，大学，スポーツ団体，民間事業者等の間の連携の強化その他の必要な施策を講ずるものとする。
2 　国は，我が国のスポーツの推進を図るため，スポーツの実施状況並びに競技水準の向上を図るための調査研究の成果及び取組の状況に関する情報その他のスポーツに関する国の内外の情報の収集，整理及び活用について必要な施策を講ずるものとする。

（学校における体育の充実）
第十七条　国及び地方公共団体は，学校における体育が青少年の心身の健全な発達に資するものであり，かつ，スポーツに関する技能及び生涯にわたってスポーツに親しむ態度を養う上で重要な役割を果たすものであることに鑑み，体育に関する指導の充実，体育館，運動場，水泳プール，武道場その他のスポーツ施設の整備，体育に関する教員の資質の向上，地域におけるスポーツの指導者等の活用その他の必要な施策を講ずるよう努めなければならない。

（スポーツ産業の事業者との連携等）
第十八条　国は，スポーツの普及又は競技水準の向上を図る上でスポーツ産業の事業者が果たす役割の重要性に鑑み，スポーツ団体とスポーツ産業の事業者との連携及び協力の促進その他の必要な施策を講ずるものとする。

（スポーツに係る国際的な交流及び貢献の推進）
第十九条　国及び地方公共団体は，スポーツ選手及び指導者等の派遣及び招へい，スポーツに関する国際団体への人材の派遣，国際競技大会及び国際的な規模のスポーツの研究集会等の開催その他のスポーツに係る国際的な交流及び貢献を推進するために必要な施策を講ずることにより，我が国の競技水準の向上を図るよう努めるとともに，環境の保全に留意しつつ，国際相互理解の増進及び国際平和に寄与するよう努めなければならない。

（顕彰）
第二十条　国及び地方公共団体は，スポーツの競技会において優秀な成績を収めた者及びスポーツの発展に寄与した者の顕彰に努めなければならない。

第二節　多様なスポーツの機会の確保のための環境の整備

（地域におけるスポーツの振興のための事業への支援等）
第二十一条　国及び地方公共団体は，国民がその興味又は関心に応じて身近にスポーツに親しむことができるよう，住民が主体的に運営するスポーツ団体（以下「地域スポーツクラブ」という。）が行う地域におけるスポーツの振興のための事業への支援，住民が安全かつ効果的にスポーツを行うための指導者等の配置，住民が快適にスポーツを行い相互に交流を深めることができるスポーツ施設の整備その他の必要な施策を講ずるよう努めなければならない。

（スポーツ行事の実施及び奨励）
第二十二条　地方公共団体は，広く住民が自主的かつ積極的に参加できるような運動会，競技会，体力テスト，スポーツ教室等のスポーツ行事を実施するよう努めるとともに，地域スポーツクラブその他の者がこれらの行事を実施するよう奨励に努めなければならない。
2 　国は，地方公共団体に対し，前項の行事の実施に関し必要な援助を行うものとする。

（体育の日の行事）
第二十三条　国及び地方公共団体は，国民の祝日に関する法律（昭和二十三年法律第百七十八号）第二条に規定する体育の日において，国民の間に広くスポーツについての関心と理解を深め，かつ，積極的にスポーツを行う意欲を高揚するような行事を実施するよう努めるとともに，広く国民があらゆる地域でそれぞれその生活の実情に即してスポーツを行うことができるよう行事が実施されるよう，必要な施策を講じ，及び援助を行うよう努めなければならない。

（野外活動及びスポーツ・レクリエーション活動の普及奨励）
第二十四条　国及び地方公共団体は，心身の健全な発達，生きがいのある豊かな生活の実現等のために行われるハイキング，サイクリング，キャンプ活動その他の野外活動及びスポーツとして行われるレクリエーション活動（以下この条において「スポーツ・レクリエーション活動」という。）を普及奨励するため，野外活動又はスポーツ・レクリエーション活動に係るスポーツ施設の整備，住民の交流の場となる行事の実施その他の必要な施策を講ずるよう努めなければならない。

第三節　競技水準の向上等

（優秀なスポーツ選手の育成等）
第二十五条　国は，優秀なスポーツ選手を確保し，及び育成するため，スポーツ団体が行う合宿，国際競技大会又は全国的な規模のスポーツの競技会へのスポーツ選手及び指導者等の派遣，優れた資質を有する青少年に対する指導その他の活動への支援，スポーツ選手の競技技術の向上及びその効果の十分な発揮を図る上で必要な環境の整備その他の必要な施策を講ずるものとする。
2 　国は，優秀なスポーツ選手及び指導者等が，生涯にわたりその有する能力を幅広く社会に生かすことができるよう，社会の各分野で活躍できる知識及び技能の習得に対する支援並びに活躍できる環境の整備の促進その他の必要な施策を講ずるものとする。

（国民体育大会及び全国障害者スポーツ大会）
第二十六条 国民体育大会は，公益財団法人日本体育協会(昭和二年八月八日に財団法人大日本体育協会という名称で設立された法人をいう。以下同じ。)，国及び開催地の都道府県が共同して開催するものとし，これらの開催者が定める方法により選出された選手が参加して総合的に運動競技をするものとする。

2　全国障害者スポーツ大会は，財団法人日本障害者スポーツ協会(昭和四十年五月二十四日に財団法人日本身体障害者スポーツ協会という名称で設立された法人をいう。以下同じ。)，国及び開催地の都道府県が共同して開催するものとし，これらの開催者が定める方法により選出された選手が参加して総合的に運動競技をするものとする。

3　国は，国民体育大会及び全国障害者スポーツ大会の円滑な実施及び運営に資するため，これらの開催者である公益財団法人日本体育協会又は財団法人日本障害者スポーツ協会及び開催地の都道府県に対し，必要な援助を行うものとする。

（国際競技大会の招致又は開催の支援等）
第二十七条 国は，国際競技大会の我が国への招致又はその開催が円滑になされるよう，環境の保全に留意しつつ，そのための社会的気運の醸成，当該招致又は開催に必要な資金の確保，国際競技大会に参加する外国人の受入れ等に必要な特別の措置を講ずるものとする。

2　国は，公益財団法人日本オリンピック委員会(平成元年八月七日に財団法人日本オリンピック委員会という名称で設立された法人をいう。)，財団法人日本障害者スポーツ協会その他のスポーツ団体が行う国際的な規模のスポーツの振興のための事業に関し必要な措置を講ずるに当たっては，当該スポーツ団体との緊密な連絡を図るものとする。

（企業，大学等によるスポーツへの支援）
第二十八条 国は，スポーツの普及又は競技水準の向上を図る上で企業のスポーツチーム等が果たす役割の重要性に鑑み，企業，大学等によるスポーツへの支援に必要な施策を講ずるものとする。

（ドーピング防止活動の推進）
第二十九条 国は，スポーツにおけるドーピングの防止に関する国際規約に従ってドーピングの防止活動を実施するため，公益財団法人日本アンチ・ドーピング機構(平成十三年九月十六日に財団法人日本アンチ・ドーピング機構という名称で設立された法人をいう。)と連携を図りつつ，ドーピングの検査，ドーピングの防止に関する教育及び啓発その他のドーピングの防止活動の実施に係る体制の整備，国際的なドーピングの防止に関する機関等への支援その他の必要な施策を講ずるものとする。

第四章　スポーツの推進に係る体制の整備
（スポーツ推進会議）
第三十条 政府は，スポーツに関する施策の総合的，一体的かつ効果的な推進を図るため，スポーツ推進会議を設け，文部科学省及び厚生労働省，経済産業省，国土交通省その他の関係行政機関相互の連絡調整を行うものとする。

（都道府県及び市町村のスポーツ推進審議会等）
第三十一条 都道府県及び市町村に，地方スポーツ推進計画その他のスポーツの推進に関する重要事項を調査審議させるため，条例で定めるところにより，審議会その他の合議制の機関(以下「スポーツ推進審議会等」という。)を置くことができる。

（スポーツ推進委員）
第三十二条 市町村の教育委員会(特定地方公共団体にあっては，その長)は，当該市町村におけるスポーツの推進に係る体制の整備を図るため，社会的信望があり，スポーツに関する深い関心と理解を有し，及び次項に規定する職務を行うのに必要な熱意と能力を有する者の中から，スポーツ推進委員を委嘱するものとする。

2　スポーツ推進委員は，当該市町村におけるスポーツの推進のため，教育委員会規則(特定地方公共団体にあっては，地方公共団体の規則)の定めるところにより，スポーツの推進のための事業の実施に係る連絡調整並びに住民に対するスポーツの実技の指導その他スポーツに関する指導及び助言を行うものとする。

3　スポーツ推進委員は，非常勤とする。

第五章　国の補助等
（国の補助）
第三十三条 国は，地方公共団体に対し，予算の範囲内において，政令で定めるところにより，次に掲げる経費について，その一部を補助する。

一　国民体育大会及び全国障害者スポーツ大会の実施及び運営に要する経費であって，これらの開催地の都道府県において要するもの

二　その他スポーツの推進のために地方公共団体が行う事業に要する経費であって特に必要と認められるもの

2　国は，学校法人に対し，その設置する学校のスポーツ施設の整備に要する経費について，予算の範囲内において，その一部を補助することができる。この場合においては，私立学校振興助成法(昭和五十年法律第六十一号)第十一条から第十三条までの規定の適用があるものとする。

3　国は，スポーツ団体であってその行う事業が我が国のスポーツの振興に重要な意義を有すると認められるものに対し，当該事業に関し必要な経費について，予算の範囲内においてその一部を補助することができる。

（地方公共団体の補助）
第三十四条　地方公共団体は，スポーツ団体に対し，その行うスポーツの振興のための事業に関し必要な経費について，その一部を補助することができる。

（審議会等への諮問等）
第三十五条　国又は地方公共団体が第三十三条第三項又は前条の規定により社会教育関係団体（社会教育法（昭和二十四年法律第二百七号）第十条に規定する社会教育関係団体をいう。）であるスポーツ団体に対し補助金を交付しようとする場合には，あらかじめ，国にあっては文部科学大臣が第九条第二項の政令で定める審議会等の，地方公共団体にあっては教育委員会（特定地方公共団体におけるスポーツに関する事務（学校における体育に関する事務を除く。）に係る補助金の交付については，その長）がスポーツ推進審議会等その他の合議制の機関の意見を聴かなければならない。この意見を聴いた場合においては，同法第十三条の規定による意見を聴くことを要しない。

附則
（施行期日）
第一条　この法律は，公布の日から起算して六月を超えない範囲内において政令で定める日から施行する。

（スポーツに関する施策を総合的に推進するための行政組織の在り方の検討）
第二条　政府は，スポーツに関する施策を総合的に推進するため，スポーツ庁及びスポーツに関する審議会等の設置等行政組織の在り方について，政府の行政改革の基本方針との整合性に配慮して検討を加え，その結果に基づいて　必要な措置を講ずるものとする。

（スポーツの振興に関する計画に関する経過措置）
第三条　この法律の施行の際現に改正前のスポーツ振興法第四条の規定により策定されている同条第一項に規定するスポーツの振興に関する基本的計画又は同条第三項に規定するスポーツの振興に関する計画は，それぞれ改正後のスポーツ基本法第九条又は第十条の規定により策定されたスポーツ基本計画又は地方スポーツ推進計画とみなす。

（スポーツ推進委員に関する経過措置）
第四条　この法律の施行の際現に改正前のスポーツ振興法第十九条第一項の規定により委嘱されている体育指導委員は，改正後のスポーツ基本法第三十二条第一項の規定により委嘱されたスポーツ推進委員とみなす。

＜理解を深めるために＞
1961年のスポーツ振興法（資料3参照）制定から半世紀を経た2011年6月にスポーツ基本法が成立した。これはスポーツの大衆化（一方では高度化）やスポーツへの参加の多様化，地域スポーツクラブの出現など，スポーツを取り巻く社会的条件の変化にともない，振興法を全面改訂し，わが国における今後のスポーツ振興の根幹をなす立法として位置づけられる。前文では，スポーツの定義が新たに示されるとともに，振興法では示されなかった広義の「スポーツ権」にかかわる記述が含まれている。また，附則にはスポーツ庁設置の検討および必要な措置を講じていくことが明記されている。このような基本法の成立によって，国家戦略としてスポーツの振興や競技力向上のための諸施策を推進する方針が示されたといえる。しかし，基本法が理念法に終始してしまわないためにも，今後策定されるスポーツ基本計画の内容が重要視されるといえる。

「体育理論」と関連する項目は，前文および第二条の基本理念に集約されている。前文ではスポーツの定義が新たに示されたことや，スポーツ権の記述が含まれたことが挙げられる【中学校第3単元ア，高校第1単元ア】。第二条では，スポーツにかかわる国際的な交流，貢献による国際平和への寄与【中学校第3単元イ】や障害者スポーツの推進【中学校第3単元ウ】，ドーピング防止活動の推進【高校第1単元ウ】などが挙げられる。

■資料12　スポーツ基本計画（2012年）
※概要のみを抜粋しています。

＜はじめに＞
ここに，スポーツ基本法第9条の規定に基づき，スポーツの推進に関する基本的な計画（「スポーツ基本計画」）を策定する。

＜第2章　今後10年間を見通したスポーツ推進の基本方針＞
「年齢や性別，障害等を問わず，広く人々が，関心，適性等に応じてスポーツに参画することができる環境を整備すること」を基本的な政策課題とし，次の課題ごとに政策目標を設定する。

①子どものスポーツ機会の充実，②ライフステージに応じたスポーツ活動の推進，③住民が主体的に参画する地域のスポーツ環境の整備，④国際競技力の向上に向けた人材の養成やスポーツ環境の整備，⑤オリンピック・パラリンピック等の国際競技大会の招致・開催等を通じた国際貢献・交流の推進，⑥スポーツ界の透明性，公平・公正性の向上，⑦スポーツ界の好循環の創出。

なお，続く第3章では「今後5年間に総合的かつ計画的に取り組むべき施策」が個々に挙げられ，第4章では掲げた施策を総合的かつ計画的に推進するために，スポーツの推進に関わる全ての関係者に留意してほしい事柄がまとめられている。

※計画の詳細は，下記の文部科学省HPで確認してください。
http://www.mext.go.jp/a_menu/sports/plan/

執筆者紹介 （所属・役職位は執筆時）

編者

佐藤 豊（さとう ゆたか）

文部科学省・教科調査官（国立教育政策研究所・教育課程調査官併任）を経て、現在は鹿屋体育大学体育学部教授。専門は体育科教育学。主な著書に『めざそう！保健体育教師』（朝日出版社、共編著）、『教師を目指す学生必携 保健体育科教育法』（大修館書店、特別協力）がある。
【執筆担当】第2章、第4章、第5章、教育コラム02、資料（URL、チャート図）
【一言】中学校・高校における体育理論の授業は、これからの日本において、体育・スポーツを応援するサポーターを増やすことができる可能性をもっています。初めてのことは誰でも不安ですが、挑戦してみてください。その一歩が大きな一歩です。

友添 秀則（ともぞえ ひでのり）

中学校学習指導要領解説「保健体育編」作成協力者。香川大学教授を経て、現在は早稲田大学スポーツ科学学術院教授。専門はスポーツ教育学、スポーツ倫理学。主な著書に『体育の人間形成論』（大修館書店）、『教養としての体育原理』（共編著、大修館書店）などがある。
【執筆担当】第1章、第3章(1)、(2)①、同(3)①、教育コラム01、単元のワンポイント：中1、高1
【一言】新しい学習指導要領は、中学校・高校の校種を越えた学びの連携が重視されています。中・高を通した素晴らしい体育理論の実践は、きっと生徒の体育やスポーツ観を大きく変えてくれるでしょう。体育理論から体育の授業が変わることを楽しみにしています。

執筆者

岡出 美則　（筑波大学教授……第3章(2)②、同(3)②、教育コラム03、単元のワンポイント：中2、高2）

菊　幸一　　（筑波大学教授……第3章(2)③、同(3)③、単元のワンポイント：中3、高3）

寒川 恒夫　（早稲田大学教授……第6章(4)）

吉永 武史　（早稲田大学准教授……第6章(5)）

稲葉 佳奈子（成蹊大学専任講師……資料編）

岡部 祐介　（早稲田大学招聘研究員……資料編）

■授業実践および執筆者

内山 みのり（長野県立長野高等学校・保健体育科教諭）
　専門は陸上競技。武道やダンスも必修となり、新しいことばかりですね。実践を通して、さまざまな授業スタイルがあることを再発見しました。

後藤 晃伸（愛知県立西春高等学校・保健体育科教諭）
　専門はアメリカンフットボールとバスケットボール。今回の実践では、特に運動の苦手な生徒が体育に関心を持つようになったことが印象的でした。

佐藤 　豊（東京都中野区立第十中学校・保健体育科教諭）
　専門は陸上競技とフラッグフットボール。授業に取り組む中で、生き生きと発言する生徒の姿に体育理論の可能性を発見することができました。

佐藤 正男（福岡県粕屋町立粕屋中学校・保健体育科主幹教諭）
　専門は陸上競技。実技の授業とは違う面を生徒は見せてくれました。体育を通して、運動・スポーツを応援する人になってほしいです。

杉山 正明（東京都立桜町高等学校＜定時＞・保健体育科教諭）
　専門は陸上競技。日々、体育理論の資料を探しています。授業を通して、生徒のビフォアー・アフターを感じ取ってほしいと思います。

髙木 　健（佐賀県立香楠中学校・保健体育科教諭）
　専門は野球。本質を貫くベースボール型の授業づくりへ向け、生徒への問いかけの仕方と教材の工夫に日々取り組んでいます。

谷口 行孝（宮崎県教育庁スポーツ指導センター）
　専門は剣道。完全実施に向けて授業に挑戦してみました。「はじめの一歩」は不安でしたが、繰り返すたびに、スムーズに進めることができました。

西塚 専助（山形県立霞城学園高等学校＜定時制＞・保健体育科教諭）
　専門はスキーと野外活動。生徒が互いを尊重し合える学習集団をつくるため、日々、努力しています。

林 ますみ（湯河原町立湯河原中学校・保健体育科教諭）
　専門はバスケットボール。運動・スポーツの新しい面を知った時の生徒たちの目は輝いていました。運動が苦手な子も頑張っていました。

松野 　明（神奈川県立希望ケ丘高等学校・保健体育科教諭）
　専門はバレーボール。毎日の授業実践を通して、日々進化し続ける授業をめざしています。

宮本 乙女（お茶の水女子大学附属中学校・保健体育科教諭）
　専門はダンス。ダンスや武道における、生徒の探求的で創造的な学習を実現したいと考えて、少しずつ実践を重ねています。

■授業実践編集および執筆者

大越 正大（東海大学体育学部・准教授）

楽(たの)しい体育(たいいく)理論(りろん)の授業(じゅぎょう)をつくろう
ⓒ Sato Yutaka, Tomozoe Hidenori, 2011　　NDC375/ ⅷ 295p/21cm

初版第1刷発行　2011年8月20日
第3刷発行　　2014年9月1日

編著者――――佐藤　豊・友添秀則
発行者――――鈴木一行
発行所――――株式会社　大修館書店
　　　　　　　〒113-8541　東京都文京区湯島2-1-1
　　　　　　　電話03-3868-2651（販売部）　03-3868-2299（編集部）
　　　　　　　振替00190-7-40504
　　　　　　　［出版情報］http://www.taishukan.co.jp

装丁＆本文デザイン――石山智博
カバー写真――アフロ
写真提供――フォート・キシモト、朝日新聞社
印刷所――壮光舎印刷
製本所――牧製本

ISBN978-4-469-26717-4　　Printed in Japan.

Ⓡ本書のコピー、スキャン、デジタル化等の無断複製は著作権法上での例外を除き禁じられています。本書を代行業者等の第三者に依頼してスキャンやデジタル化することは、たとえ個人や家庭内での利用であっても著作権法上認められておりません。